2025年版

ユー○○

保育士

過去&予想問題集

おことわり

ユーキャン がよくわかる!! その理由

❶ 出題の意図がわかる充実解説で、応用力が身につく!

◉ **すべての選択肢に詳細な解説を掲載**
重要過去問を厳選した要点チェック問題では、全選択肢について、出題意図を確実に押さえた詳細な解説を掲載しています。

◉ **補足解説も充実**
関連する重要語句、合格のために押さえたい事項を掲載。難しいテーマの内容や問題のテーマと合わせて覚えたいポイントは図解でまとめています。

❷ 科目別の重要過去問題を厳選!全9科目、205問掲載!

◉ **科目ごとに、的確にポイントを押さえた205問を掲載**
徹底的に過去問題の分析を行い、出題されるポイントを的確に押さえた問題を、205問掲載しています。

◉ **すべての問題に重要度を表示**
過去問題の分析に基づいた重要度を、すべての問題に★の数で表示しています（最重要は★3つ）。

◉ **問題を「基礎」「標準」「発展」に分類**
問題を難易度によって基礎、標準、発展に分類し、それぞれマークで示しています。

❸ 予想模擬試験は本試験×1回分の160問を掲載!

◉ **本番の試験をシミュレーション**
予想模擬試験では実際の試験に即した問題構成・体裁・解答方法で、本試験をシミュレーションすることができます。
本試験同様の条件で実施することにより、試験対策の仕上げができます。

◉ **取り外せる問題冊子**
それぞれ本試験の1日目、2日目対応の科目で取り外せます。

本書の使い方

問題を解くためのポイントをセリフで補足しています！

羊子さん

チェックくま

猫太さん

重要事項のチェック

項目別の「要点チェック問題」（p.24〜268）を解き、本試験に頻出の重要事項を押さえてください。しっかり解説を読んで、理解を深めましょう。

第 **1** 章　保育原理

保育に関する法律

 1　次のうち、「保育所保育指針」に関する記述として、適切なものを○、不適切なものを×とした場合の正しい組み合わせを一つ選びなさい。　　　【R6前・問1】

A　「総則」、「保育の内容」、「食育の推進」、「子育て支援」、「職員の資質向上」の全5章から構成されている。

B　「総則」に記載される「職員の研修等」の内容は、「幼稚園教育要領」及び「幼保連携型認定こども園教育・保育要領」と共通になっている。

C　「保育の内容」には、「家庭及び地域社会との連携」に関することが記載されている。

D　「子育て支援」には、地域の保護者等に対して、保育所保育の専門性を生かした子育て支援を積極的に行うよう努めることが記載されている。

（組み合わせ）
```
　　A　B　C　D
1　○　○　○　×
2　○　×　○　○
3　○　×　×　×
4　×　○　×　○
5　×　×　○　○
```

重要度を表示

本試験における重要度を★の数で表示。
最重要の★★★は確実に解けるようにしておきましょう。

★★★
7

問題の出典を表示

何年に出題されたどの問題かを表示しています。
【R6前・問1】
↓
令和6年前期試験の問1

● 法改正等で語句が一部変わっている問題は「改」と表示してあります。

基礎

難易度を表示

問題を「基礎」「標準」「発展」に分類し、それぞれマークで表示しました。

基礎　基礎レベルの問題です。取りこぼしのないように注意しましょう。

標準　試験全体のなかで標準に位置する問題です。必ず押さえておきましょう。

発展　発展的な内容を含むため、やや難易度が高い問題です。

● 科目名の略称
保育原理─────→保原
教育原理─────→教原
社会的養護────→社養
子ども家庭福祉──→子福
社会福祉─────→社福
保育の心理学───→保心
子どもの保健───→保健
子どもの食と栄養─→栄養
保育実習理論───→保実

模擬試験にチャレンジ

「要点チェック問題」が終わったら、予想模擬試験に挑戦しましょう。本試験同様の時間や条件（p.9参照）で実施し、終了後に「解答・解説」で採点をしましょう。

繰り返し学習で知識を確実に！

まちがえた問題や知識があやふやな問題にはチェックを入れて、繰り返し学習しましょう。

☑ □

[模擬試験　問題]

・この表紙は残したまま、問題冊子を取り外してお使いください。

〈得点表〉

	科目名	問題数	目標時間
一日目対応科目	保育の心理学	/20 問	60 分
	保育原理	/20 問	60 分
	子ども家庭福祉	/20 問	60 分
	社会福祉	/20 問	60 分

〈1日目〉
学 〈解答・解説〉

第 ❶ 章

1　解説
正答 ☞ 5

A　不適切である。「保育所保育指針」は、「総則」、「保育の内容」、「健康及び安全」、「子育て支援」、「職員の資質向上」の全5章から構成されている。

B　　　　　。「職員の研修等」は第5章「　　　　　　　」に記載されている。「幼稚園教育要領」および「幼保連携型認定こども園教育・保育要領」には記載がな　。

C　　　　　。「保育所保育指針」第2章「保育の内容」には、「家庭及び地域社会との連携」として「子どもの　　　　　　を踏まえ、家庭及び地域社会と連携して保育が展開されるよう配慮すること（後略）」との記述がある。

D　　　　　。「保育所保育指針」第4章「子育て支援」において、「地域の保護者等に対して、保育所保育の　　　を生かした子育て支援を積極的に行うよう努めること」と記載されている。

赤シートで重要部分を確認

解説の重要部分が赤字になっているので、穴埋め問題として使用することもできます。

 合格

保育士の資格と資質

保育士の登録
保育士となる資格を有する者が保育士となるには、保育士登録簿に、氏名、生年月日その他内閣府令で定める事項の登録を受けなければならない

信用失墜行為の禁止
保育士は、保育士の信用を傷つけるような行為をしてはならない

保育士試験は、内閣総理大臣の定める基準により、保育士として必要な知識および技能について行う

名称独占
保育士でない者は、保育士またはこれに紛らわしい名称を使用してはならない

守秘義務
保育士は、正当な理由がなく、その業務に関して知り得た人の秘密を漏らしてはならない。保育士でなくなった後においても、同様とする

コラムも充実

 キーワード

その項目で出てくる重要な用語などを詳しく説明しています。

合格エッセンス

合格のために押さえておきたい頻出事項をまとめています。

 視覚でインプット

文字だけでは覚えにくいテーマの内容や出題ポイントを図解でわかりやすくまとめています。

＊ここに掲載したページは「本書の使い方」を説明するための見本です

目次

おことわり ……………… 2

本書の使い方 …………… 4

資格について ……………… 8

読むだけで役立つ！三大特集

ココに注目！出題傾向徹底分析 …… 10

ひと目でわかる！

過去5年出題実績一覧 ……… 11

2025（令和7）年試験法改正の

ポイントなど ……………… 20

要点チェック問題

第1章　保育原理

保育に関する法律………………… 24

子どもの権利…………………… 26

わが国における保育の思想と歴史…… 28

諸外国における保育の思想と歴史…… 30

保育所保育の基本………………… 32

保育の計画と評価………………… 36

養護に関わるねらい及び内容…… 40

小学校との連携………………… 42

保護者に対する支援……………… 44

施設・職員の責務／

　　　障害児保育…………………… 46

家庭や地域との連携……………… 48

苦情解決………………………… 50

保育所等の現状………………… 52

多様な保育サービス……………… 54

第2章　教育原理

教育に関する法律 ……………… 56

教育思想 ………………………… 58

教育の制度 ……………………… 62

教育課程と教育の評価 ………… 64

教育の課題 ……………………… 66

配慮を必要とする子どもへの支援 … 70

第3章　社会的養護

社会的養護の理念と概念 ……… 72

社会的養護の内容 ……………… 74

児童養護施設入所児童等調査 …… 76

児童福祉施設の運営指針／

　　　家庭養護と施設養護 ……… 78

専門職の対応 …………………… 82

社会的養護の課題／子どもの権利擁護

…………………………………… 86

第4章　子ども家庭福祉

子ども家庭福祉の理念と概念 …… 88

子ども家庭福祉の歴史 ………… 90

子ども家庭福祉の法律 ………… 92

児童虐待への対応 ……………… 94

児童買春・児童ポルノ ………… 96

障害のある子どものための福祉 …… 98

産前・産後のケア ……………… 100

子ども家庭福祉と保育 ………… 102

少年非行／多様な保育ニーズ …… 104

子ども家庭福祉に携わる人々 …… 106

里親制度／児童福祉法 ………… 110

子ども家庭福祉の動向 ………… 112

子ども・子育て支援制度 ……… 116

第5章　社会福祉

社会福祉の理念と概念 ………… 118

社会福祉の歴史 ………………… 120

社会福祉に関する法律 ………… 122

社会保障制度 …………………… 124

社会福祉行財政／社会福祉の実施機関

…………………………………… 128

社会福祉従事者 ………………… 130

相談援助 ………………………… 132

福祉サービス／人口・世帯構造…… 136

情報提供と苦情解決 …………… 138

地域福祉 ………………………… 140

福祉サービスの評価…………… 142

第6章　保育の心理学

発達の理論 …………………………144
認知の発達 …………………………148
愛着 …………………………………154
他者との関わり ……………………156
心身の発達 …………………………162
学習の理論 …………………………168
子ども家庭支援と心理学 …………170
子どもと環境 ………………………174
発達援助 ……………………………176
家族の理解 …………………………178

第7章　子どもの保健

子どもの発育・発達 ………………180
母子保健対策／子どもの健康 ……184
感染症 ………………………………188
子どもの疾病 ………………………192
子どもの心の健康 …………………196
健康と安全管理 ……………………200
アレルギー …………………………204
慢性疾患や障害のある子ども ……206

第8章　子どもの食と栄養

乳幼児の食生活 ……………………208
食材 …………………………………210
栄養素 ………………………………212
妊娠期・授乳期の食生活 …………218
授乳・離乳の支援ガイド …………222
食に関する制度・指針 ……………224
学童期・思春期の食生活 …………226
日本人の食事摂取基準 ……………228
食育 …………………………………232
特別な配慮が必要な子どもの食と栄養
………………………………………234

第9章　保育実習理論

曲の伴奏 ……………………………238
音楽用語 ……………………………240
コードネーム ………………………244
移調 …………………………………248
リズム譜 ……………………………250
音楽の基礎知識 ……………………252
幼児と造形 …………………………254
造形の基礎知識 ……………………260
言語の基礎知識 ……………………262
保育士としての対応 ………………266

予想模擬試験解答用紙 ……………271

予想模擬試験

《別冊》
■模擬試験問題
　（1日目対応科目）………… 1〜44
■模擬試験問題
　（2日目対応科目）………… 1〜43

《巻末》解答・解説
模擬試験 解答一覧 ………………… 2
模擬試験（1日目）解答・解説………… 4
模擬試験（2日目）解答・解説……… 21

予想模擬は問題冊子を取り外して本番と同じ時間で解いてみましょう。

❶ 保育士とは

　近年の少子高齢社会のなかで、地域の子育ての中核を担う専門職として保育士の重要性がいっそう高まってきています。このような社会的要請を背景として、2003（平成15）年11月29日の「児童福祉法」一部改正施行により保育士資格が法定化され、国家資格となりました。

登録……都道府県知事委託　保育士登録機関 登録事務処理センターで行われる。

保育士登録証交付……都道府県知事から受ける。

❷ 主な受験資格

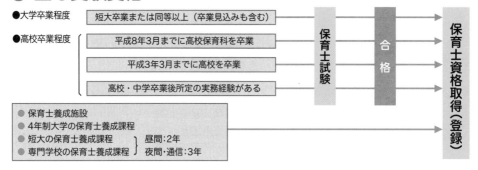

❸ 試験について

　試験は原則年2回、各都道府県それぞれの選定会場で実施されます。受験希望者は所定の期間内に保育士試験事務センターへ受験申請を行います。

〈一般社団法人 全国保育士養成協議会〉

ホームページ（https://www.hoyokyo.or.jp/exam/）

電話 0120-4194-82（保育士試験事務センター）

受験申請は、オンラインによる方法と郵送による方法があります。

（1）試験のスケジュール（令和6年筆記試験）

	前期	後期
実施要項（受験申請書）配布期間	1月中旬～1月末	7月上旬～7月末
受験申請書受付期間	1月中旬～1月末	7月上旬～7月末
試験日（筆記試験）	4月20、21日	10月19、20日

※具体的なスケジュールについては、必ず最新の情報を確認してください。

実技試験（筆記試験全科目合格者のみ）

	前期	後期
試験日（実技試験）	6月下旬の1日	12月上旬の1日

(2) 筆記試験の試験科目と出題数

試験科目名と出題数は下の表の通りです。

		試験科目	出題数	配点	時間
1日目	1	保育の心理学	20問	100	60分
	2	保育原理	20問	100	60分
	3	子ども家庭福祉	20問	100	60分
	4	社会福祉	20問	100	60分
2日目	5	教育原理	10問	50	30分
	6	社会的養護	10問	50	30分
	7	子どもの保健	20問	100	60分
	8	子どもの食と栄養	20問	100	60分
	9	保育実習理論	20問	100	60分

(3) 筆記試験の出題形式

①マークシート方式

②五肢択一……5つの選択肢から正解を1つ選ぶ

(4) 試験科目の一部免除

　保育士試験は科目別の合格制をとっています。また、一度合格した科目は翌々年までの3年間有効となります。たとえば4科目が合格点に達していた場合、その4科目について合格証が交付され、次の保育士試験では残りの科目のみを受験すればよいことになります。

　以下の該当者は、保育士試験受験申請書提出時に、下記①②③を証明する書類を添えて提出することで、試験科目の一部が免除されます。

①前年あるいは前々年に、保育士試験の一部科目に合格している人は、その科目が免除されます。

②幼稚園教諭免許所有者で都道府県知事が指定する保育士を養成する学校そのほかの施設において、指定された科目を履修した人は、その科目が免除されます。

③幼稚園教諭免許所有者の免除科目については、平成25年より、「保育の心理学」・「教育原理」と実技試験が免除されています（幼稚園教諭免許所有者に限ります。取得見込みの方には適用されません）。なお、平成30年試験からは、社会福祉士、介護福祉士、精神保健福祉士の資格保有者は、社会福祉、子ども家庭福祉、社会的養護の3科目が免除されています。

(5) 合格基準

①筆記試験

　各科目とも6割以上得点すれば合格となります。

※ただし、教育原理と社会的養護は両方が同一試験において6割に達していないと合格とならない。

②実技試験

　「音楽に関する技術」「造形に関する技術」「言語に関する技術」の3分野から2分野を選択し、両分野とも6割以上の得点が必要となります。

本書は筆記試験合格を目指した学習内容になっています。

■受験者数と合格率

	平成26年	平成27年	平成28年	平成29年	平成30年	令和元年	令和2年	令和3年	令和4年
受験者数（名）※	51,257	57,301	70,710	62,555	68,388	77,076	44,914	83,175	79,378
合格者数（名）	9,894	12,962	18,229	13,511	13,500	18,330	10,890	16,600	23,758
合格率（%）	19.3	22.6	25.8	21.6	19.7	23.9	24.2	20.0	29.9

※ 特例制度による試験免除者を除く。令和2年は前期の筆記試験が中止となった

出典：こども家庭庁ホームページより

読むだけで役立つ！ 三大特集

合格のためには試験傾向を把握し、知識・情報をアップデートすることが大切です。試験突破に差がつく情報を三大特集としてまとめました。必ず確認しましょう！

⬤ ココに注目！ 出題傾向徹底分析

過去5年の本試験の主な出題傾向を直近2回分を中心にみていきます。

◯ 「保育所保育指針」関連の問題

「保育所保育指針」の内容から毎年頻出ですが、令和5年後期・令和6年前期試験では「保育所保育指針」「保育所保育指針解説」からの出題であることが明記されている問題が保育原理、保育の心理学、社会福祉、子どもの保健、子どもの食と栄養、保育実習理論の6科目でみられました。このほかには、出典は書かれていないものの、**「保育所保育指針」に示されている内容に沿った出題**もみられました。ほぼ全科目で、関連した内容が出題される可能性があります。原文を繰り返し読んで理解しておきましょう。

◯ 各種資料や法律に基づいた問題

用いられやすい資料として「児童養護施設入所児童等調査結果」、児童福祉施設等の「**運営指針**」「日本人の食事摂取基準」「**授乳・離乳の支援ガイド**」「国民健康・栄養調査」「児童福祉施設における食事の提供ガイド」「**保育所における感染症対策ガイドライン**」「保育所におけるアレルギー対応ガイドライン」などの資料や、「**児童福祉法**」「児童福祉施設の設備及び運営に関する基準」「教育基本法」、社会福祉関連法などの法律があげられます。また、近年の傾向として、**資料が表やグラフなどの形式で示され、内容を読み解く出題形式**がみられます（「保育所等関連状況取りまとめ」「男女共同参画白書」など）。注意深く読み解けば**調査結果を暗記していなくても得点できる場合もある**ため、本書で問題を解いて慣れておきましょう。

◯ 事例問題

令和5年後期・令和6年前期試験では、**保育所を利用し始めたばかりの子どもへの対応**（保育原理）、**障害児や、被虐待児等への対応**（保育原理、社会的養護、子ども家庭福祉）、**子どもの遊びや表現活動**（保育実習理論）、**保育士等のキャリアに応じた資質向上**（保育実習理論）などについての事例が出題されました。子どもへの対応は、相談援助の手法や「**保育所保育指針**」の内容に沿って考えられるようにしましょう。

◯ 人物に関する問題

令和5年後期・令和6年前期試験においては、**保育原理と教育原理で関連している人物が出題される**というような**標準的な出題傾向**でした。人物に関する問題は、確実な得点源ということができます。人物と考え方、理論を結びつけて理解しておくとともに、創設した施設や学校、私塾等があれば創設時期と名称をセットで覚えておくようにするとよいでしょう。

特集
その2

　この特集では、厚生労働省の通知「保育士試験出題範囲」（ガイドライン）の内容に沿って、過去5年分の出題実績を表にしました。科目によっては出題テーマを明確にするため、ガイドラインの小項目を整理してまとめています。

※ここでの科目順はガイドラインに準じています。

○ 保育原理

※各年の数値は出題数、R2は後期、R6は前期のみ

項目	R2	R3	R4	R5	R6
1　保育の意義					
（1）保育の理念と概念	1	2	2	3	0
（2）児童の最善の利益を考慮した保育	1	2	1	2	1
（3）保護者との協働	2	0	0	0	0
（4）保育の社会的意義	0	0	0	1	0
（5）保育所保育と家庭的保育	0	0	0	1	0
（6）保育所保育指針の制度的位置づけ	0	0	0	2	1
2　保育所保育指針における保育の基本					
（1）養護と教育の一体性	1	2	2	2	0
（2）環境を通して行う保育	0	0	5	3	1
（3）発達過程に応じた保育	4	11	7	9	3
（4）保護者との緊密な連携	1	3	2	3	1
（5）倫理観に裏付けられた保育士の専門性	0	2	1	1	1
3　保育の目標と方法					
（1）現在を最もよく生き、望ましい未来をつくりだす力の基礎を培う	1	2	1	2	2
（2）生活と遊びを通して総合的に行う保育	0	0	0	0	1
（3）保育における個と集団への配慮	0	0	2	1	1
（4）計画・実践・記録・評価の連動	3	8	5	4	3
4　保育の思想と歴史的変遷					
（1）諸外国の保育の思想と歴史	2	3	3	2	1
（2）日本の保育の思想と歴史	3	2	4	2	1
5　保育の現状と課題					
（1）諸外国の保育の現状と課題	0	0	1	0	0
（2）日本の保育の現状と課題	1	3	4	2	3

要注意 !!
「保育所保育指針」の子どもの発達に関する問題は、毎年出題されています。

要注意 !!
保育の思想・歴史については、日本・外国ともに出題されることが多いです。主な施設・人物を押さえておくことで確実な得点源になります。

要注意 !!
「保育所等関連状況取りまとめ」に基づいた出題があります。数値が示されますので落ちついて考えましょう。

過去5年間の出題傾向

● 20問の出題中、**「保育所保育指針」からの出題**であることが明記されている問題が10問前後。それ以外にも、「保育所保育指針」に示されている考え方から判断する問題が数問あるため、確実に理解しておきたい。

● 毎年、**事例問題**が出題される。過去問での問われ方や具体的対応についても理解しておくことが不可欠。

● 保育の歴史については、諸外国、わが国で最低1〜2問ずつ出題されることが多い。**教育原理と関連付けて学習すること**が必要。幼保連携型認定こども園についても確実な理解が必要。

◯ 教育原理

※各年の数値は出題数、R2は後期、R6は前期のみ

項目	R2	R3	R4	R5	R6
1　教育の意義、目的及び子ども家庭福祉等との関連性					
（1）教育の意義	0	0	0	0	0
（2）教育の目的	0	0	0	0	0
（3）教育と子ども家庭福祉の関連性	0	0	0	0	0
（4）人間形成と家庭・地域・社会等との関連性	0	0	0	2	1
2　教育の思想と歴史的変遷					
（1）諸外国の教育思想と歴史	2	3	4	2	1
（2）日本の教育思想と歴史	1	3	2	2	3
（3）子ども観と教育観の変遷	0	0	0	0	1
3　教育の制度					
（1）教育制度の基礎	1	1	2	0	0
（2）教育法規・教育行政の基礎	3	6	8	4	1
（3）諸外国の教育制度	0	2	0	1	1
4　教育の実践					
（1）教育実践の基礎理論－内容、方法、計画と評価－	1	1	0	3	1
（2）教育実践の多様な取り組み	0	0	0	2	0
5　生涯学習社会における教育の現状と課題					
（1）生涯学習社会と教育	1	2	1	1	0
（2）現代の教育課題	1	2	3	3	1

要注意 !!
諸外国および日本の教育思想が毎年出題されています。教育家とその考え方を理解し、確実な得点源にしましょう。

要注意 !!
「教育基本法」や「幼稚園教育要領」「学校教育法」は確実に押さえておくことが必要です。

今後注意が必要 !
現代の教育課題に関する問題が、毎年出題されています。どのように対応するかも考えられるようにしておきましょう。

10問しかないので「教育原理」と「社会的養護」は取りこぼしのないようにしましょう。

●●● 過去5年間の出題傾向

- 10問の出題中、2～3問が日本や諸外国の**教育思想や歴史に関する問題**。保育原理で学習した人物・理論も出題されることがある。誰がどのような思想をもち、それに基づいてどのような教育を行ったのかを確実に理解し、長文の中から手がかりを見つけられるようにしておくことが必要。
- 「**日本国憲法**」「**教育基本法**」「**学校教育法**」「**幼稚園教育要領**」の原文からの出題は頻出。穴埋めにも対応できるよう確実に理解しておきたい。
- 特別支援教育に関する出題もみられる。障害のある子どもへの対応のほか、社会教育についても理解しておくことが必要。
- 「**諸外国の教育統計**」（文部科学省）を確認し、教育体系や学校系統図を理解しておきたい。

○ 子ども家庭福祉

※各年の数値は出題数、R2は後期、R6は前期のみ

項目	R2	R3	R4	R5	R6
1　現代社会における子ども家庭福祉の意義と歴史的変遷					
（1）子ども家庭福祉の理念と概念	0	3	4	2	0
（2）子ども家庭福祉の歴史的変遷	1	1	1	3	2
（3）現代社会と子ども家庭福祉	1	1	2	5	2
2　子ども家庭福祉と保育					
（1）子ども家庭福祉の一分野としての保育	1	0	0	0	0
（2）子どもの人権擁護と子ども家庭福祉	1	2	4	2	0
3　子ども家庭福祉の制度と実施体系					
（1）子ども家庭福祉の制度と法体系	3	8	5	3	1
（2）子ども家庭福祉行財政と実施機関	0	0	0	1	0
（3）児童福祉施設等	3	3	5	5	1
（4）子ども家庭福祉の専門職・実施者	1	2	2	3	1
4　子ども家庭福祉の現状と課題					
（1）少子化と子育て支援サービス	3	5	4	3	4
（2）母子保健と児童の健全育成	0	1	0	1	1
（3）多様な保育ニーズへの対応	0	2	4	1	0
（4）児童虐待防止・ドメスティックバイオレンス	4	7	4	6	4
（5）社会的養護	0	1	0	1	1
（6）障害のある児童への対応	1	2	2	2	2
（7）少年非行等への対応	1	1	1	0	0
5　子ども家庭福祉の動向と展望					
（1）次世代育成支援と子ども家庭福祉の推進	0	1	2	2	1
（2）保育・教育・療育・保健・医療等との連携とネットワーク	0	0	0	0	0
（3）諸外国の動向	0	0	0	0	0

注意!!
子ども家庭福祉の歴史的変遷は、確実に理解できていれば得点しやすい項目。年表にまとめるなどして、しっかり理解しておきましょう。

注意!!
「児童の権利に関する条約」を基本とした出題が毎年みられます。

要注意!!
毎年出題数が多い項目です。「子ども・子育て支援法」とそれに基づく体系を確実に理解し得点源にしましょう。

要注意!!
障害児施策に関する出題が毎回みられます。必須の学習項目といえます。

●●● 過去5年間の出題傾向

- 毎年、**事例問題**が出題されている。障害児の保育や**児童虐待**、DVへの対応は事例の形で出題されることが多いので自分であればどのように対応するかを考えるなど、対策を立てておきたい。
- 「児童福祉法」に規定されている施設の目的、「児童福祉施設の設備及び運営に関する基準」の職員規定についても押さえておきたい。
- 法律に関する問題は、原文を確実に理解しておくことが不可欠。**使われている文言**にも注意しながら覚えることが重要。主要な法律については制定年を覚え、**制定順**を問う問題にも備えておきたい。
- 少子化対策や子育て支援など「児童福祉法」「子ども・子育て支援法」に基づいた**施策**に関する問題が増えている。
- 配偶者からの暴力や子どもの貧困対策についても理解が必要。

○ 社会福祉

※各年の数値は出題数、R2は後期、R6は前期のみ

項目	R2	R3	R4	R5	R6
1　現代社会における社会福祉の意義と歴史的変遷					
（1）社会福祉の理念と概念	2	2	1	2	0
（2）社会福祉の歴史的変遷	2	2	2	2	1
2　社会福祉と子ども家庭福祉					
（1）社会福祉の一分野としての子ども家庭福祉	0	1	3	3	0
（2）子どもの人権擁護と社会福祉	1	1	0	1	2
（3）家庭支援と社会福祉	1	2	0	2	1
3　社会福祉の制度と実施体系					
（1）社会福祉の制度と法体系	2	4	7	3	3
（2）社会福祉行財政と実施機関	0	0	1	0	1
（3）社会福祉施設等	0	0	4	2	0
（4）社会福祉の専門職・実施者	1	3	1	5	0
（5）社会保障及び関連制度の概要	3	5	2	2	1
4　社会福祉における相談援助					
（1）相談援助の意義と原則	0	3	3	6	1
（2）相談援助の方法と技術	3	7	7	3	3
5　社会福祉における利用者の保護にかかわる仕組み					
（1）情報提供と第三者評価	1	2	2	1	1
（2）利用者の権利擁護と苦情解決	0	4	1	4	3
6　社会福祉の動向と課題					
（1）少子高齢化社会への対応	2	2	2	1	1
（2）在宅福祉・地域福祉の推進	2	2	4	3	2
（3）保育・教育・療育・保健・医療等との連携とネットワーク	0	0	0	0	0
（4）諸外国の動向	0	0	0	0	0

要注意！！

毎年出題数が多い項目です。社会福祉関連法について確実に理解しておくことが重要。得点源にしましょう。「社会福祉法」は特に重要です。

要注意！！

児童福祉施設以外の社会福祉施設職員について出題されることがあります。確認しておくことが必要です。

要注意！！

年金、介護保険、健康保険、雇用保険、生活保護などについて出題されます。社会保障制度について確実に理解しておくことが必要となります。

要注意！！

相談援助で使われる用語の意味や手法、原則を問う出題がよくみられます。確実に理解しておくことが必要です。

●●● 過去5年間の出題傾向

● **社会福祉関連法からの出題**は問題数も多く、頻出。各法律で規定されていること、目的、さまざまな定義、制定年などを確実に覚えておくことが必要。法律ごとに定義されている福祉計画などの理解も不可欠。施策の根拠法も確認しておきたい。

● 年金・介護・医療などの**社会保障**に関する出題がみられるため、各制度について確実に理解しておきたい。

● 情報提供、第三者評価、苦情解決など**利用者保護**に関する出題もよくみられる。それぞれの仕組みだけでなく、「社会福祉法」でどのように規定しているかを押さえておくことも必要。

● ソーシャルワークについては、理論を確実に理解したうえで、適切な対応が何かを、選択肢の内容を消去法で判断できる力をつけておくことが必要。

○ 社会的養護

※各年の数値は出題数、R2は後期、R6は前期のみ

項目	R2	R3	R4	R5	R6
1　現代社会における社会的養護の意義と歴史的変遷					
（1）社会的養護の理念と概念	0	1	1	1	1
（2）社会的養護の歴史的変遷	0	0	1	0	1
2　社会的養護と子ども家庭福祉					
（1）子ども家庭福祉の一分野としての社会的養護	0	1	1	0	0
（2）子どもの権利擁護と社会的養護	0	1	0	0	0
3　社会的養護の制度と実施体系					
（1）社会的養護の制度と法体系	2	1	0	2	0
（2）社会的養護の仕組みと実施体系	2	3	2	3	0
（3）家庭的養護と施設養護	1	3	3	2	1
（4）社会的養護の専門職・実施者	0	2	2	3	0
4　施設養護の実際					
（1）施設養護の基本原理	3	0	0	2	2
（2）施設養護の実際－日常生活支援、治療的支援、自己実現・自立支援等－	1	4	7	2	3
（3）施設養護とソーシャルワーク	0	3	2	4	1
5　社会的養護の現状と課題					
（1）施設等の運営管理	0	1	1	1	0
（2）倫理の確立	0	0	0	0	0
（3）被措置児童等の虐待防止	0	0	0	0	1
（4）社会的養護と地域福祉	1	0	0	0	0

要注意!!
4年連続で出題されている項目です。この科目の基礎となる内容でもあるため、しっかりと理解しておきましょう。

今後注意が必要！
「社会的養育の推進に向けて」が毎年更新されています。家庭と同様の環境における養育・家庭養護の状況を理解しておきましょう。

要注意!!
「児童養護施設入所児童等調査結果」などから施設の児童の状況について出題されます。令和6年に5年ぶりの調査結果が公表されていますので、引き続きポイントを確認しておきましょう。

●●● 過去5年間の出題傾向

- 「児童養護施設入所児童等調査結果」（5年ごとに調査され、最新は令和5年2月1日現在のもの）からの出題は子ども家庭福祉などでの出題もみられ、調査結果全体を把握しておくことが不可欠。
- 「社会的養育の推進に向けて」「新しい社会的養育ビジョン」からの出題もある。できれば原文を確認しておきたい。
- 厚生労働省が定める児童福祉施設の**運営指針**からの出題については、運営指針を確実に理解しておくことも大切だが、施設のあるべき姿、職員の倫理観などについて学習しておくことで得点できることもあるため、ソーシャルワークの基本を確実に理解しておきたい。
- **里親**や**特別養子縁組**に関する出題も増えている。フォスタリング機関の業務についても確実に理解しておきたい。

○ 保育の心理学

※各年の数値は出題数、R2は後期、R6は前期のみ

項目	R2	R3	R4	R5	R6
1　保育と心理学					
（1）子どもの発達を理解することの意義	1	0	0	1	0
（2）保育実践の評価と心理学	1	1	0	0	1
（3）発達観、子ども観と保育観	0	0	2	0	0
2　子どもの発達理解					
（1）子どもの発達と環境	1	2	2	1	3
（2）感情の発達と自我	0	0	0	0	1
（3）身体的機能と運動機能の発達	0	0	1	1	1
（4）知覚と認知の発達	2	4	2	2	1
（5）言葉の発達と社会性	1	2	1	3	0
3　人との相互的かかわりと子どもの発達					
（1）基本的信頼感の獲得	0	0	0	1	0
（2）他者とのかかわり	2	2	2	3	2
（3）社会的相互作用	0	4	0	1	0
4　生涯発達と初期経験の重要性					
（1）生涯発達と発達援助	0	1	1	2	0
（2）胎児期及び新生児期の発達	0	0	1	1	0
（3）乳幼児期の発達	0	3	3	2	1
（4）学童期から青年期の発達	0	2	5	3	2
（5）成人期、老年期の発達	2	2	3	4	1
5　子どもの発達と保育実践					
（1）子ども理解における発達の把握	0	1	0	1	0
（2）個人差や発達過程に応じた保育	2	1	2	1	0
（3）身体感覚を伴う多様な経験と環境との相互作用	0	0	0	0	0
（4）環境としての保育者と子どもの発達	0	0	1	0	0
（5）子ども相互のかかわりと関係作り	0	4	1	0	0
（6）自己主張と自己統制	0	1	0	0	0
（7）子ども集団と保育の環境	0	1	0	0	0
6　生活や遊びを通した学びの過程					
（1）子どもの生活と学び	1	0	1	1	0
（2）子どもの遊びと学び	1	0	3	1	2
（3）生涯にわたる生きる力の基礎を培う	0	0	0	0	0
7　保育における発達援助					
（1）基本的生活習慣の獲得と発達援助	1	0	0	0	0
（2）自己の主体性の形成と発達援助	1	0	1	0	0
（3）発達課題に応じたかかわりと援助	1	2	2	1	2
（4）発達の連続性と就学への支援	0	0	0	1	0
（5）発達援助における協働	0	2	2	0	2
（6）現代社会における子どもの発達と保育の課題	3	4	4	8	1

注意!!
認知の発達については頻出です。ピアジェの理論などを確実に理解しておきましょう。

注意!!
さまざまな形での他者とのかかわり方を理解しておきましょう。

注意!!
成人期、老年期についても確認しておきましょう。

注意!!
「保育所保育指針」の考え方に沿って答えられるようにしておきましょう。

要注意!!
発達援助に関する問題は事例の形で出題されることもあります。確実に理解しておきましょう。

●●● 過去5年間の出題傾向

● さまざまな人物の理論が出題されている。心理学の基本的な考え方を確実に理解して問題文を判断できるようにしておくことが必要といえる。

● 愛着や認知発達理論、発達課題などについては頻出。**ピアジェやエリクソン、エインズワース、ブロンフェンブレンナー、ボウルビィ、マーシア、ヴィゴツキー、バンデューラ**など人物の考え方については確実に理解しておくことが必要。

● 遺伝と環境、子どもと大人との関係についても確認しておくことが必要。

○ 子どもの保健

※各年の数値は出題数、R2は後期、R6は前期のみ

項目	R2	R3	R4	R5	R6
1 子どもの健康と保健の意義					
（1）生命の保持と情緒の安定に係る保健活動の意義と目的	0	0	2	2	1
（2）健康の概念と健康指標	0	1	1	1	0
（3）地域における保健活動と児童虐待防止	1	2	3	1	1
2 子どもの発育・発達と保健					
（1）生物としてのヒトの成り立ち	0	1	0	2	2
（2）身体発育と保健	0	1	1	5	0
（3）生理機能の発達と保健	0	1	1	2	1
（4）運動機能の発達と保健	1	0	1	0	0
（5）精神機能の発達と保健	0	0	0	0	0
3 子どもの疾病と保育					
（1）子どもの健康状態の把握と主な疾病の特徴	4	6	6	4	3
（2）子どもの疾病の予防と適切な対応	2	9	7	8	3
4 子どもの精神保健					
（1）子どもの生活環境と精神保健	1	0	0	0	0
（2）子どもの心の健康とその課題	4	9	4	0	0
5 環境及び衛生管理並びに安全管理					
（1）保育環境整備と保健	3	0	0	2	0
（2）保育現場における衛生管理	0	1	2	3	0
（3）保育現場における事故防止及び安全対策並びに危機管理	2	5	7	4	3
6 健康及び安全の実施体制					
（1）職員間の連携と組織的取組	0	0	0	0	0
（2）母子保健対策と保育	2	1	0	0	1
（3）家庭・専門機関・地域との連携	0	1	1	1	0
7 保健活動の計画及び評価					
（1）保健計画の作成と活用	0	0	1	0	0
（2）保健活動の記録と自己評価	0	0	0	0	0
（3）子どもの保健に係る個別対応と子ども集団全体の健康と安全・衛生管理	0	2	3	5	5

要注意 !!

予防接種など感染症予防について確実に理解しておきましょう。嘔吐などへの対応、症状についても押さえておくことが必要です。「保育所における感染症対策ガイドライン」に示されている消毒方法も確実に理解しておきましょう。

要注意 !!

アレルギーや事故への対応について「保育所におけるアレルギー対応ガイドライン」「教育・保育施設等における事故防止及び事故発生時の対応のためのガイドライン」で確認しておきましょう。

●●● 過去5年間の出題傾向

- ●人口動態統計については社会福祉や子ども家庭福祉で出題されることがある。死因順位だけでなく不慮の事故の種類別順位、母子保健に関する統計も確実に押さえておきたい。
- ●事故防止のための取り組みについてもよく出題されるため、確実に答えられるようにしておきたい。
- ●**子どもがかかりやすい疾患やアレルギーの特徴**と、症状が現れたときの対応などを確実に理解しておきたい。「保育所における感染症対策ガイドライン」も頻出。
- ●虐待や災害などが子どもの心に与える影響についても出題される。
- ●身体・発育の特徴や脳の構造について理解しておきたい。
- ●予防接種の種類と接種スケジュールについて最新の情報を必ず確認しておきたい。

○ 子どもの食と栄養

※各年の数値は出題数、R2は後期、R6は前期のみ

項目	R2	R3	R4	R5	R6
1　子どもの健康と食生活の意義					
（1）子どもの心身の健康と食生活	0	2	2	2	1
（2）子どもの食生活の現状と課題	1	3	1	2	2
2　栄養に関する基本的知識					
（1）国民健康・栄養調査	1	2	2	0	0
（2）栄養の基本的概念と栄養素の種類と機能	2	4	6	6	2
（3）食事摂取基準と献立作成・調理の基本	3	6	5	4	4
3　子どもの発育・発達と食生活					
（1）乳幼児期の授乳・離乳の意義と食生活	3	7	8	7	4
（2）幼児期の心身の発達と食生活	2	1	1	3	1
（3）学童期の心身の発達と食生活(思春期を含む)	1	3	3	3	2
（4）生涯発達と食生活	0	0	1	0	0
4　食育の基本と内容					
（1）食育における養護と教育の一体性	0	0	0	0	0
（2）食育の内容と計画及び評価	3	3	3	2	1
（3）食育のための環境	0	2	2	3	0
（4）地域の関係機関や職員間の連携	0	0	0	1	0
（5）食生活指導及び食を通した保護者への支援	0	0	0	1	0
5　家庭や児童福祉施設における食事と栄養					
（1）家庭における食事と栄養	0	0	0	0	0
（2）児童福祉施設における食事と栄養	2	2	1	4	0
6　特別な配慮を要する子どもの食と栄養					
（1）疾病及び体調不良の子どもへの対応	1	1	1	0	0
（2）食物アレルギーのある子どもへの対応	1	2	3	1	1
（3）障害のある子どもへの対応	0	2	1	1	0

要注意！！

栄養素の働き、食事摂取基準などについては頻出です。各栄養素について確実に理解し、得点源にしましょう。

要注意！！

授乳期、離乳期については頻出です。この時期の問題点も含めて確実に理解しておきましょう。

注意！！

「保育所保育指針」に示されている食育の考え方を確実に理解しておきましょう。

注意！！

頻出。確実に理解しておきましょう。

●●● 過去５年間の出題傾向

- 「日本人の食事摂取基準」「国民健康・栄養調査」「授乳・離乳の支援ガイド」「食生活指針」「食事バランスガイド」「食育基本法」などをしっかり学習しておくことで、得点を伸ばすことが可能な科目。確実に理解しておきたい。
- 食物アレルギーについての問題が頻出。原因食物の除去や症状、対応について子どもの保健と結びつけて確実に押さえておきたい。
- 栄養素や食材、郷土料理の知識を問う問題が出題されているため、対策をしておきたい。
- 乳幼児期の子どもの食における問題点についても「平成27年度乳幼児栄養調査」などを確実に押さえておきたい。
- 学校給食法の達成目標、学校給食実施基準の内容を押さえておきたい。
- 障害のある子どもや体調不良の子どもへの対応もよく出題されている。対応の違いを押さえておきたい。

○ 保育実習理論

※各年の数値は出題数、R2は後期、R6は前期のみ

項目	R2	R3	R4	R5	R6
1　保育所保育					
（1）保育所の役割と機能	1	2	0	2	1
（2）全体的な計画と指導計画	1	1	3	2	0
（3）保育の内容					
①　養護にかかわる保育の内容	1	1	2	1	0
②　教育にかかわる保育の内容	2	5	4	3	2
（4）記録と自己評価	0	1	2	1	1
（5）保育士の役割と職業倫理	0	4	1	2	1
2　児童福祉施設(保育所以外)					
（1）施設の役割と機能	1	0	1	1	0
（2）児童の生活の実際	1	0	0	0	0
（3）支援計画の作成と実践	1	1	1	0	0
（4）記録と自己評価	1	1	2	2	0
（5）保育士の役割と職業倫理	0	1	0	1	2
3　音楽					
（1）歌	1	2	2	2	1
（2）音楽標語	1	2	2	2	1
（3）コードネーム	1	2	2	2	1
（4）移調	1	2	2	2	1
（5）リズム譜	1	2	2	2	1
（6）基礎問題	1	2	2	2	1
4　造形					
（1）描画	2	3	2	1	1
（2）色彩	1	2	2	2	1
（3）造形活動	2	4	4	8	2
5　言語					
（1）言語教材	0	2	2	0	2
（2）言語指導の方法	0	0	2	1	1
（3）絵本などに関する基礎問題	0	0	0	1	0

要注意 !!

「保育所保育指針」の穴うめ問題が出題されています。確実に理解しておきましょう。

注意 !!

実習生の実習記録の書き方や子どもへの対応について出題がみられます。記録に含める内容や子どもへの対応を考えられるようにしておきましょう。

注意 !!

音楽については、毎年出題される内容がほぼ決まっています。確実に理解しておきましょう。

注意 !!

紙を折って切ると切った形がどうなるかをイメージできるようにしましょう。

●●● 過去5年間の出題傾向

● 保育所保育や児童福祉施設については、**「保育所保育指針」「児童福祉施設の設備及び運営に関する基準」**から出題されている。どちらも**他科目と関連**しているため、理解しておくことが保育士試験全体における重要なポイントである。

● 「音楽」については、**リズム譜**を見て該当する曲を選択する問題が出題されているため、様々な曲を覚えておく必要がある。

● 「造形」「言語」については、「保育所保育指針」の**「保育の内容」**の**「表現」「言葉」**からの出題がみられる。「保育所保育指針」を確実に理解しておきたい。

● 児童福祉施設での入所児童に対する対応が事例として出題されている。ソーシャルワークや障害等に関する知識も踏まえて考えられるようにすることも必要。

2025（令和7）年保育士試験の出題範囲となる法改正のポイントなどについて、まとめました。試験で出題される可能性がある必須項目なので、必ず押さえておきましょう。

○「児童福祉法」の改正

2022（令和4）年に「児童福祉法」が改正されました。児童にわいせつ行為を行った保育士の資格管理の厳罰化などはすでに施行されていますが、2024（令和6）年4月1日から施行された主な改正内容について理解しておきましょう。

■「児童福祉法」の主な改正内容

こども家庭センターの設置	・すべての妊産婦、子育て世帯、こどもの包括的な相談支援等を行うこども家庭センターを設置するように努める。こども家庭センターでは、**サポートプラン**（支援計画）を作成する ・保育所等、身近な子育て支援の場における相談機関整備に努める
児童発達支援の一元化	福祉型と医療型に分かれていた児童発達支援を一元化し、**児童発達支援センター**で肢体不自由児にも福祉的支援と**医療**（リハビリテーション）を行えるようにする
児童自立生活援助の年齢制限弾力化	満20歳以降も、都道府県知事が認めた年齢まで利用することが可能（教育機関在学中以外、やむを得ない事情があると認められた場合も可能）
障害児入所施設の入所年齢制限緩和	18歳直前に入所して障害者施設への移行が可能な状態になっていない、強度行動障害等が強く十分な配慮が必要などの場合には、**22歳**まで入所継続が可能
地域子ども・子育て支援事業の追加	・**子育て世帯訪問支援事業** 　要支援児童、要保護児童およびその保護者、特定妊婦、支援を必要とする**ヤングケアラー**などを訪問して、子育てに関する情報提供、家事・養育に関する援助等を行う ・**児童育成支援拠点事業** 　虐待リスクが高い、不登校等の主に学齢期の児童の居場所になる拠点を開設し、居場所や食事の提供、学習支援、相談等を行う ・**親子関係形成支援事業** 　要支援児童、要保護児童およびその保護者等を対象として親子間の適切な関係性の構築、こどもの発達状況等に応じた支援を行う
里親支援センター	家庭養育の推進によって児童の養育環境を向上させるために設置。児童福祉施設に位置づけ

■こども家庭センターの役割

こども家庭センターでは、これまで子育て世代包括支援センター（母子保健）と市区町村子ども家庭総合支援拠点（児童福祉）という異なる組織がそれぞれ担ってきた役割を一つの組織が担うことで、市区町村として**母子保健と児童福祉を一体的に**提供します。また、**サポートプランの作成や地域資源の開拓**という役割を新たに担うことで、さらなる**支援の充実・強化**を図ります。

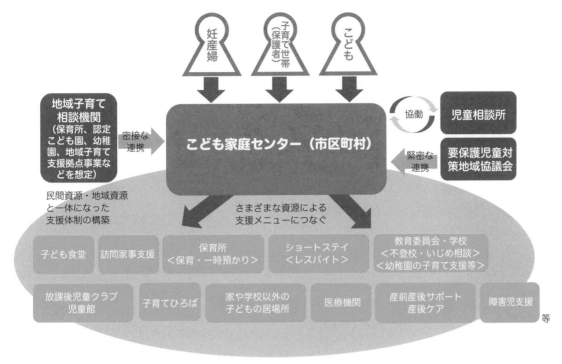

出典：こども家庭庁「こども家庭センターについて」をもとに作成

○ こども大綱

　2023（令和5）年4月1日に「**こども基本法**」が施行されました。この法律に基づいて「こども大綱」が策定され「**こどもまんなか社会**」を目指すとされています。ポイントを押さえておきましょう。

　こどもまんなか社会とは、「全てのこども・若者が、日本国憲法、こども基本法及びこどもの権利条約の精神にのっとり、生涯にわたる人格形成の基礎を築き、自立した個人としてひとしく健やかに成長することができ、心身の状況、置かれている環境等にかかわらず、ひとしくその権利の擁護が図られ、身体的・精神的・社会的に将来にわたって幸せな状態（ウェルビーイング）で生活を送ることができる社会」と定義されています。

■こどもまんなか社会を実現するための基本的な方針（6本の柱）

①こども・若者を**権利の主体**として認識し、その多様な人格・個性を尊重し、権利を保障し、こども・若者の今とこれからの**最善の利益**を図る

②こどもや若者、子育て当事者の視点を尊重し、その**意見を聴き**、対話しながら、ともに進めていく

③こどもや若者、子育て当事者の**ライフステージ**に応じて切れ目なく対応し、十分に支援する

④良好な**成育環境**を確保し、貧困と格差の解消を図り、全てのこども・若者が幸せな状態で成長できるようにする

⑤若い世代の**生活の基盤**の安定を図るとともに、多様な価値観・考え方を大前提として若い世代の視点に立って結婚、子育てに関する希望の形成と実現を阻む隘路（あいろ）の打破に取り組む

⑥施策の総合性を確保するとともに、関係省庁、地方公共団体、民間団体等との**連携**を重視する

■ **こどもまんなか社会を実現するための重要事項**

○**ライフステージ別の主な重要事項**
こどもの誕生前から幼児期まで：こどもの将来にわたる**ウェルビーイング**の基礎を培い、人生の確かなスタートを切るための最も重要な時期

重要事項 ・妊娠前から妊娠期、出産、幼児期までの**切れ目ない保健・医療の確保**
　　　　　・こどもの誕生前から幼児期までのこどもの成長の保障と遊びの充実

学童期・思春期：学童期は、こどもにとって、身体も心も大きく成長する時期であり、自己肯定感や道徳性、社会性などを育む時期。思春期は、性的な成熟が始まり、それに伴って心身が変化し、自らの内面の世界があることに気づき始め、他者との関わりや社会との関わりの中で、自分の存在の意味、価値、役割を考え、アイデンティティを形成していく時期

重要事項 ・こどもが安心して過ごし学ぶことのできる質の高い**公教育の再生等**
　　　　　・**居場所づくり**
　　　　　・小児医療体制、心身の健康等についての情報提供や**こころのケア**の充実
　　　　　・**成年年齢**を迎える前に必要となる知識に関する情報提供や教育
　　　　　・いじめ防止、不登校のこどもへの支援、校則の見直し、**体罰**や不適切な指導の防止、高校中退の予防、高校中退後の支援

○ 「児童養護施設入所児童等調査の概要（令和5年2月1日現在）」

　5年に1度実施される「児童養護施設入所児童等調査」が2023（令和5）年に実施され、2024（令和6）年2月末に公表されました。この調査の結果は、**社会的養護、子ども家庭福祉**などで頻出です。入所している児童の現在の年齢、**委託（入所）時の年齢**、委託（在所）期間、心身の状況、**養護問題発生理由**、入所前の**被虐待経験**の有無・虐待の種類、今後の見通しなどさまざまな項目について出題されています。

以下のQRコードまたはURLから原文にアクセスし、内容を必ず確認しておきましょう。

■ **児童養護施設入所児童等調査の概要**
　（こども家庭庁支援局 / 家庭福祉課・障害児支援課）令和6年2月

https://www.cfa.go.jp/assets/contents/node/basic_page/
field_ref_resources/8aba23f3-abb8-4f95-8202-f0fd487fbe16/
5c104d63/20240229_policies_shakaiteki-yougo_86.pdf

保育士「過去＆予想問題集」

要点チェック問題

1 保育原理 ………………… p.24
2 教育原理 ………………… p.56
3 社会的養護 ……………… p.72
4 子ども家庭福祉 ………… p.88
5 社会福祉 ……………… p.118
6 保育の心理学 ………… p.144
7 子どもの保健 ………… p.180
8 子どもの食と栄養 …… p.208
9 保育実習理論 ………… p.238

過去に出題された調査や統計
などは、最新の数値も必ず
チェックしておきましょう。

保育士試験は科目別の合格制です。
一度で全ての科目に合格できなくても、
諦めずにチャレンジしましょう！

保育に関する法律

★★ 1 次のうち、「保育所保育指針」に関する記述として、適切なものを○、不適切なものを×とした場合の正しい組み合わせを一つ選びなさい。　【R6前・問1】

A 「総則」、「保育の内容」、「食育の推進」、「子育て支援」、「職員の資質向上」、の全5章から構成されている。

B 「総則」に記載される「職員の研修等」の内容は、「幼稚園教育要領」及び「幼保連携型認定こども園教育・保育要領」と共通になっている。

C 「保育の内容」には、「家庭及び地域社会との連携」に関することが記載されている。

D 「子育て支援」には、地域の保護者等に対して、保育所保育の専門性を生かした子育て支援を積極的に行うよう努めることが記載されている。

（組み合わせ）

	A	B	C	D
1	○	○	○	×
2	○	×	○	×
3	○	×	×	×
4	×	○	×	○
5	×	×	○	○

基礎

1 解説　　　　　　　　　　　　　　　　　　　　　　　　正答 ☞ 5

A　**不適切である。**「保育所保育指針」は、「総則」、「保育の内容」、「健康及び安全」、「子育て支援」、「職員の資質向上」の全5章から構成されている。

B　**不適切である。**「職員の研修等」は第5章「**職員の資質向上**」に記載されている。「幼稚園教育要領」および「幼保連携型認定こども園教育・保育要領」には記載がない。

C　**適切である。**「保育所保育指針」第2章「保育の内容」には、「家庭及び地域社会との連携」として「子どもの**生活の連続性**を踏まえ、家庭及び地域社会と**連携**して保育が展開されるよう配慮すること（後略）」との記述がある。

D　**適切である。**「保育所保育指針」第4章「子育て支援」において、「地域の保護者等に対して、保育所保育の**専門性**を生かした子育て支援を積極的に行うよう努めること」と記載されている。

合格エッセンス　　　　　　　　保育士の資格と資質

保育士試験
保育士試験は、内閣総理大臣の定める基準により、保育士として必要な知識および技能について行う

保育士の登録
保育士となる資格を有する者が保育士となるには、保育士登録簿に、氏名、生年月日その他内閣府令で定める事項の登録を受けなければならない

信用失墜行為の禁止
保育士は、保育士の信用を傷つけるような行為をしてはならない

名称独占
保育士でない者は、保育士またはこれに紛らわしい名称を使用してはならない

守秘義務
保育士は、正当な理由がなく、その業務に関して知り得た人の秘密を漏らしてはならない。保育士でなくなった後においても、同様とする

子どもの権利

★★★
2 次の文は、「児童の権利に関する条約」第27条の一部である。（　A　）〜
（　C　）にあてはまる語句の正しい組み合わせを一つ選びなさい。

【R5後・問18】

1　締約国は、児童の身体的、精神的、道徳的及び社会的な発達のための相当な
　（　A　）についてのすべての児童の権利を認める。

2　父母又は児童について責任を有する他の者は、自己の能力及び資力の範囲内で、児
　童の発達に必要な生活条件を確保することについての（　B　）責任を有する。

3　締約国は、国内事情に従い、かつ、その能力の範囲内で、1の権利の実現のため、
　父母及び児童について責任を有する他の者を援助するための適当な措置をとるものと
　し、また、必要な場合には、特に栄養、衣類及び住居に関して、（　C　）及び支援計
　画を提供する。

（組み合わせ）

	A	B	C
1	教育環境	一定程度の	緊急避難所
2	生活水準	第一義的な	物的援助
3	文化水準	全面的な	保健衛生
4	教育環境	第一義的な	保健衛生
5	生活水準	全面的な	物的援助

★★★
3 次の【Ⅰ群】の記述と、【Ⅱ群】の語句を結びつけた場合の正しい組み合わせを一つ選
びなさい。　【R4前・問13】

【Ⅰ群】

A　児童は、人として尊ばれる。児童は、社会の一員として重んぜられる。児童は、よ
　い環境のなかで育てられる。

B　乳児又は幼児の保護者は、みずからすすんで、育児についての正しい理解を深め、
　乳児又は幼児の健康の保持及び増進に努めなければならない。

C　締約国は、すべての児童が生命に対する固有の権利を有することを認める。

【Ⅱ群】　　　　　　　　　　　　　　　（組み合わせ）

ア　母子保健法

イ　児童憲章

ウ　子ども・子育て支援法

エ　児童の権利に関する条約

	A	B	C
1	ア	エ	イ
2	イ	ア	エ
3	イ	ウ	エ
4	ウ	イ	エ
5	エ	ア	イ

2 **解説** 正答 ☞ 2

1 締約国は、児童の身体的、精神的、道徳的及び社会的な発達のための相当な（A. 生活水準）についてのすべての児童の権利を認める。

2 父母又は児童について責任を有する他の者は、自己の能力及び資力の範囲内で、児童の発達に必要な生活条件を確保することについての（B. 第一義的な）責任を有する。

3 締約国は、国内事情に従い、かつ、その能力の範囲内で、1の権利の実現のため、父母及び児童について責任を有する他の者を援助するための適当な措置をとるものとし、また、必要な場合には、特に栄養、衣類及び住居に関して、（C. 物的援助）及び支援計画を提供する。

「児童の権利に関する条約」は、1989（平成元）年国際連合により採択された。条約は前文と、子どもの権利に関する具体的規定で構成される41条からなる第1部、条約の普及、実施にかかわる手続き規定で構成される4条からなる第2部、署名、批准等にかかわる手続き規定で構成される9条からなる第3部、合計54条で構成されている。

3 **解説** 正答 ☞ 2

A　イ　「児童憲章」の前文である。1951（昭和26）年に制定され、国民の道義的規範として位置づけられた。

B　ア　「母子保健法」第4条第2項に規定されている。「母子保健法」は1965（昭和40）年に母性ならびに乳児、幼児の健康の保持および増進を図るために制定された。

C　エ　「児童の権利に関する条約」第6条に規定されている。「児童の権利に関する条約」は、1989（平成元）年に国際連合によって採択され、日本は1994（平成6）年に批准している。

「児童の権利に関する条約」では子どもを権利を受ける者としてではなく、権利を行使する者として捉えています

わが国における保育の思想と歴史

4 次の【Ⅰ群】の記述と、【Ⅱ群】の人名を結びつけた場合の正しい組み合わせを一つ選びなさい。 　　　　　　　　　　　　　　　　　　　　　　　　　　　　　【R3後・問6】

【Ⅰ群】

A　高等女学校在学中に二葉幼稚園を知り卒業後保姆となり「二葉の大黒柱」と呼ばれた。二葉保育園と改称された同園の分園を設立し、保育にとどまらず社会事業に尽力した。特に「母の家」はわが国初の母子寮として知られる。

B　さまざまな事情で教育を受けられない貧しい子どもたちに私塾を開いた。また生徒が子守りから解放されて勉強できるように、生徒の幼い弟妹を校内で預り世話をした。

【Ⅱ群】　　　　　　　　　　（組み合わせ）

ア　赤沢鍾美　　　　　　　　　　　A　B

イ　野口幽香　　　　　　　1　ア　イ

ウ　徳永恕　　　　　　　　2　ア　ウ

　　　　　　　　　　　　　3　イ　ア

　　　　　　　　　　　　　4　イ　ウ

　　　　　　　　　　　　　5　ウ　ア

5 次のうち、保育所の歴史に関する記述として、適切なものを○、不適切なものを×とした場合の正しい組み合わせを一つ選びなさい。　　　　　【R4後・問17】

A　第二次世界大戦以前は、託児所などの保育施設は基本的に貧困対策事業だった。

B　1947（昭和22）年に「児童福祉法」が成立するまで、保育所は国の制度として規定されていなかった。

C　1997（平成9）年の「児童福祉法」改正で、保育所の利用については市区町村が措置決定していたものが、市区町村と利用者との契約に変わった。

D　2015（平成27）年の「子ども・子育て支援法」施行までは、両親が就労している場合しか保育所を利用できなかった。

（組み合わせ）

　　A　B　C　D

1　○　○　○　×

2　○　○　×　○

3　○　×　○　×

4　×　○　×　○

5　×　×　×　○

4　　解説　　　　　　　　　　　　　　　　　　　　　正答 ☞　5

A　**ウ**　二葉幼稚園は、1900（明治33）年に華族女学校附属幼稚園に勤務していた野口幽香と森島峰により設立された。徳永恕（とくながゆき）は野口幽香の後継者として、1935（昭和10）年に運営を任されている。

B　**ア**　赤沢鍾美（あかざわあつとみ）は1890（明治23）年新潟市に私立静修学校を開設した。静修学校に通学している貧困児童についてくる幼児を別室で妻が保育し、のちに労働等で保育に欠ける幼児も一緒に面倒を見るようになり、守孤扶独幼稚児保護会（しゅこふどくようちじほごかい）と称した。これが日本で最初の託児所であるといわれている。

5　　解説　　　　　　　　　　　　　　　　　　　　　正答 ☞　1

A　**適切である。**第二次世界大戦以前は、低所得・貧困層の乳幼児のため、母親が就労している間にこれに代わって面倒をみる施設として託児所が作られていた。日本で最初とされる託児所は、1890（明治23）年に赤沢鍾美がつくった新潟静修学校に付設された。

B　**適切である。**1947（昭和22）年、「児童福祉法」が成立し、その中に保育所が規定され、保育に欠ける児童に対する社会福祉事業の一つとして、厚生省が所管することとなった。

C　**適切である。**1997（平成9）年に「児童福祉法」制定後初の大改正が行われ、保育所の措置制度が廃止され、市区町村と利用者との契約に変わった。

D　**不適切である。**2015（平成27）年の「子ども・子育て支援法」施行以前から、就労、妊娠・出産、（養育者の）疾病・障害、同居親族の介護等が「保育に欠ける」事由とされていた。その後、「子ども・子育て支援法」施行により、「保育に欠ける」が「保育を必要とする」に定義が変更され、その事由に求職や虐待も加わることとなった。

諸外国における保育の思想と歴史

6 ★★ 次の文のうち、フレーベル（Fröbel, F.W.）に関する記述として、適切な記述を○、不適切な記述を×とした場合の正しい組み合わせを一つ選びなさい。

【R3前・問8】

A　幼児教育における母親の役割と母性愛の重要性を説くとともに、子どもの知性への働きかけの方法として事物による教育が必要であるとして、直観教授を提唱した。

B　「子どもの発見者」とも呼ばれ、代表作『エミール』を通して、子ども時代のもつ価値を説くとともに、自然主義の教育と消極的教育を主張した。

C　幼児教育の教材・遊具として考案されたガーベ（Gabe）は、日本では明治期に「恩物」として紹介され、当時の幼稚園において広く活用された。

D　『人間の教育』、『母の歌と愛撫の歌』を出版するとともに、世界で最初の幼稚園（Kindergarten）を創設した。

（組み合わせ）

```
   A B C D              A B C D
1  ○ ○ × ○         4  × ○ × ×
2  ○ × × ○         5  × × ○ ○
3  × ○ ○ ×
```

標準

7 ★★★ 次の文のうち、諸外国の幼児教育・保育に関する記述として、適切な記述を○、不適切な記述を×とした場合の正しい組み合わせを一つ選びなさい。

【R2後・問19】

A　「ラーニング・ストーリー」は、子どもたちの育ちや経験を観察し、写真や文章などの記録を通して理解しようとする方法であり、自らも保育者であったマーガレット・カー（Carr, M.）を中心にニュージーランドで開発された。

B　1965年に、スウェーデンで開始された「ヘッド・スタート計画」は、主に福祉的な視点から、貧困家庭の子どもたちに適切な教育を与えて小学校入学後の学習効果を高めることを意図した包括的プログラムである。

C　イタリアのレッジョ・エミリア市では、第二次世界大戦後、ローリス・マラグッツィ（Malaguzzi, L.）のリーダーシップのもと、独創的な保育の取り組みが進められてきた。

（組み合わせ）

```
   A B C                A B C
1  ○ ○ ○            4  × ○ ×
2  ○ ○ ×            5  × × ×
3  ○ × ○
```

標準

6 解説 正答 ☞ 5

A **不適切である。**幼児教育における母親の役割と母性愛の重要性を説くとともに、子どもの知性への働きかけの方法として事物による教育が必要であるとして、**直観教授**を提唱したのは**コメニウス**（Comenius, J.A.）である。

B **不適切である。**「子どもの発見者」とも呼ばれ、代表作として『エミール』を著したのは**ルソー**（Rousseau, J.J.）である。**消極（的）教育**というワードもルソーの代表的な理論であり、ヒントになる。

C **適切である。**恩物は、毛糸玉や木製のブロックなどで構成され、それを用いて遊びながら、様々なことを理解していくために考案された。

D **適切である。**『人間の教育』のなかで、**フレーベル**は、幼児期の最も大切な教育は遊びであるとし、幼児にとっての遊びの重要性を説いている。

7 解説 正答 ☞ 3

A **適切である。ラーニング・ストーリー**とはニュージーランドで開発され、子どもを「できる、できない」で判定するのではなく、子どもの興味や気持ちに目を向け、肯定的にとらえることを目的としている。

B **不適切である。ヘッド・スタート計画**はアメリカの就学前教育の支援施策で、未就学の貧困家庭の幼児に適切な教育を与えることで、あらかじめ教育的格差を解消することを目的としている。

C **適切である。レッジョ・エミリア教育**とは、子どもが主体的に活動し、それぞれの個性を引き出すことを大切にした教育方法である。アート活動やドキュメンテーションなどを取り入れている。

👀 視覚でインプット　　フレーベルの恩物

子どもの発達を促す方法として遊びを特に重要視したフレーベルが考案した
教育的遊具

第2恩物：三体（球・円柱・立方体）　　第3恩物：立方体の積木

保育所保育の基本 (1)

★★★
8 次の文は、「保育所保育指針」第1章「総則」の1「保育所保育に関する基本原則」の（1）「保育所の役割」に関する記述である。適切な記述を○、不適切な記述を×とした場合の正しい組み合わせを一つ選びなさい。　【R1後・問2】

A　保育所は、保育を必要とする子どもの保育を通して、子どもの身体の発達を図ることを目標とした児童自立支援施設である。

B　保育所は、入所する子どもの保護者に対する支援や地域の子育て家庭に対する支援を行う役割を担っている。

C　保育所の保育士は、子どもの保育を行うとともに、子どもの保護者に対する保育に関する指導を行う役割がある。

（組み合わせ）
```
    A    B    C
1   ○    ○    ○
2   ○    ○    ×
3   ×    ○    ○
4   ×    ×    ○
5   ×    ×    ×
```

基礎

★★★
9 次の【Ⅰ群】と【Ⅱ群】は、「保育所保育指針」第1章「総則」の4「幼児教育を行う施設として共有すべき事項」(1)「育みたい資質・能力」に関する記述である。【Ⅰ群】と【Ⅱ群】の記述を結びつけた場合の正しい組み合わせを一つ選びなさい。　【R2後・問12】

【Ⅰ群】
A　学びに向かう力、人間性等
B　知識及び技能の基礎
C　思考力、判断力、表現力等の基礎

【Ⅱ群】
ア　豊かな体験を通じて、感じたり、気付いたり、分かったり、できるようになったりする。
イ　心情、意欲、態度が育つ中で、よりよい生活を営もうとする。
ウ　気付いたことや、できるようになったことなどを使い、考えたり、試したり、工夫したり、表現したりする。
エ　してよいことや悪いことがわかり、自分の行動を振り返ったり、よりよい生活を営もうとする。

（組み合わせ）
```
    A    B    C
1   ア    ウ    エ
2   イ    ア    ウ
3   イ    エ    ア
4   ウ    エ    イ
5   エ    イ    ウ
```

基礎

8 解説 正答 ☞ 3

A 不適切である。「保育所保育指針」第1章「総則」1「保育所保育に関する基本原則」の（1）「保育所の役割」では、「保育所は、児童福祉法第39条の規定に基づき、保育を必要とする子どもの保育を行い、その健全な心身の発達を図ることを目的とする児童福祉施設」としている。児童自立支援施設ではない。

B 適切である。「保育所保育指針」では、「保育所は、入所する子どもを保育するとともに、家庭や地域の様々な社会資源との連携を図りながら、入所する子どもの保護者に対する支援及び地域の子育て家庭に対する支援等を行う役割を担うものである」としている。

C 適切である。「保育所保育指針」では、「保育所における保育士は、児童福祉法第18条の4の規定を踏まえ、保育所の役割及び機能が適切に発揮されるように、倫理観に裏付けられた専門的知識、技術及び判断をもって、子どもを保育するとともに、子どもの保護者に対する保育に関する指導を行うものであり、その職責を遂行するための専門性の向上に絶えず努めなければならない」としている。

9 解説 正答 ☞ 2

A イ 「保育所保育指針」第1章「総則」の4「幼児教育を行う施設として共有すべき事項」（1）育みたい資質・能力（以下「指針」）では、「学びに向かう力、人間性等」を「心情、意欲、態度が育つ中で、よりよい生活を営もうとする」としている。

B ア 「指針」では、「知識及び技能の基礎」で、「豊かな体験を通じて、感じたり、気付いたり、分ったり、できるようになったりする」としている。

C ウ 「指針」では、「思考力、判断力、表現力等の基礎」で、「気付いたことや、できるようになったことなどを使い、考えたり、試したり、工夫したり、表現したりする」としている。

エの文章は、「指針」に示されていない。

キーワード 「保育所保育指針」

保育所における保育の内容や方法、配慮事項などについての基本原則を定めたガイドライン。「児童福祉施設の設備及び運営に関する基準」第35条に規定されており、現在の指針は2017（平成29）年に改定されたものである。これまでは厚生労働省が改定を行ってきたが、2023（令和5）年にこども家庭庁が発足したことに伴い、今後は同庁が指針の改定を行う。

★★★
10 次の文は、「保育所保育指針」第1章「総則」の2「養護に関する基本的事項」の一部である。（　A　）～（　E　）にあてはまる語句の正しい組み合わせを一つ選びなさい。
【R2後・問2】

・一人一人の子どもの置かれている状態や（　A　）などを的確に把握し、子どもの（　B　）を適切に満たしながら、（　C　）な触れ合いや言葉がけを行う。

・保育士等との信頼関係を基盤に、一人一人の子どもが主体的に活動し、自発性や（　D　）などを高めるとともに、自分への（　E　）をもつことができるよう成長の過程を見守り、適切に働きかける。

（組み合わせ）

	A	B	C	D	E
1	家庭での様子	欲求	応答的	好奇心	満足感
2	発達過程	欲求	応答的	探索意欲	自信
3	家庭での様子	不満	密接	好奇心	満足感
4	発達過程	欲求	応答的	好奇心	自信
5	発達過程	不満	密接	探索意欲	自信

基礎

★★
11 次のうち、「保育所保育指針」に照らし、保育所における3歳以上児の戸外での活動として、適切な記述を○、不適切な記述を×とした場合の正しい組み合わせを一つ選びなさい。
【R6前・問3】

A　子どもの関心が戸外に向けられるようにし、戸外の空気に触れて活動する中で、その楽しさや気持ちよさを味わえるようにすることが必要である。

B　園庭ばかりではなく、近隣の公園や広場などの保育所の外に出かけることも考えながら、子どもが戸外で過ごすことの心地よさや楽しさを十分に味わうことができるようにすることが大切である。

C　室内での遊びと戸外での遊びは内容や方法も異なるため、室内と戸外の環境を常に分けて考える必要がある。

D　園庭は年齢の異なる多くの子どもが活動したり、交流したりする場であるので、園庭の使い方や遊具の配置の仕方を必要に応じて見直すことが求められる。

（組み合わせ）

	A	B	C	D			A	B	C	D
1	○	○	○	×		4	×	×	○	○
2	○	○	×	○		5	×	×	×	○
3	×	○	○	×						

標準

保原

10　解説　　　　　　　　　　　　　　　　　　　　正答　☞　2

・一人一人の子どもの置かれている状態や（A．発達過程）などを的確に把握し、子どもの（B．欲求）を適切に満たしながら、（C．応答的）な触れ合いや言葉がけを行う。

・保育士等との信頼関係を基盤に、一人一人の子どもが主体的に活動し、自発性や（D．探索意欲）などを高めるとともに、自分への（E．自信）をもつことができるよう成長の過程を見守り、適切に働きかける。

　「保育所保育指針」第1章「総則」2「養護に関する基本的事項」（2）「養護に関わるねらい及び内容」イ「情緒の安定」（イ）「内容」の文章である。保育士と子どもとの応答的な触れ合いや言葉がけが、子どもの成長に大きな影響を与える。

11　解説　　　　　　　　　　　　　　　　　　　　正答　☞　2

A　適切である。「保育所保育指針解説」（以下「解説」）では、「保育所では、子どもの関心を戸外に向けながら、戸外の空気に触れて活動するようにし、その楽しさや気持ちよさを味わえるようにすることが必要である」とされている。

B　適切である。「解説」では、「園庭ばかりではなく、近隣の公園や広場、野原や川原などの保育所の外に出かけることも考えながら、子どもが戸外で過ごすことの心地よさや楽しさを十分に味わうことができるようにすることが大切である」とされている。

C　不適切である。選択肢Aの解説にも示したとおり、室内においても子どもの関心を戸外に向けながら活動するようにする。

D　適切である。「解説」では、「子どもの年齢や生活経験などを考慮し、安全に配慮しながら、子どもが取り組んでみたいと思えるように保育所内の遊具や用具を配置したり、自然環境の整備をしたりすることが大切である」とされている。

 合格エッセンス　　　　　　　　　　　保育の特性

保育
養護と教育を一体的に行う営み

〈養護〉
世話をしながら、大人の表情、話す言葉、動作、行動を伝える
教育的要素

〈教育〉
生きていくための能力や知識、行動様式、マナーなどを、世話をしながら伝える
養護的要素

保育の計画と評価 (1)

★★★
12 次のうち、「保育所保育指針」第1章「総則」3「保育の計画及び評価」に照らし、全体的な計画の作成に続く保育の計画及び評価の過程として、A～Dを並べた場合の正しい組み合わせを一つ選びなさい。　【R5後・問15】

A　評価を踏まえた計画の改善

B　保育内容等の評価

C　指導計画の展開

D　指導計画の作成

（組み合わせ）

1　A→B→C→D

2　B→A→C→D

3　C→B→D→A

4　D→B→A→C

5　D→C→B→A

★★
13 「保育所保育指針」第1章の3「保育の計画及び評価」では、「3歳未満児については、一人一人の子どもの生育歴、心身の発達、活動の実態等に即して、個別的な計画を作成すること」とされている。その背景として、適切な記述を○、不適切な記述を×とした場合の正しい組み合わせを一つ選びなさい。【R4後・問4】

A　特に心身の発育や発達が顕著な時期であると同時に、個人差が大きい時期でもあるため。

B　一日の生活全体の連続性を踏まえて家庭との連携が求められるため。

C　心身の諸機能が未熟であり、感染症対策からも1対1対応に近い少人数で保育することで、保護者の理解が得やすいため。

D　緩やかな担当制の中で、特定の保育士等が子どもとゆったりとした関わりをもちながら、情緒的な絆を深められるようにするため。

（組み合わせ）

```
    A  B  C  D
1   ○  ○  ○  ×
2   ○  ○  ×  ○
3   ○  ×  ×  ○
4   ×  ○  ○  ×
5   ×  ×  ×  ○
```

12　解説

正答 ☞　5

全体的な計画の作成に続く保育の計画及び評価の過程は、**D　指導計画の作成**→**C　指導計画の展開**→**B　保育内容等の評価**→**A　評価を踏まえた計画の改善**の順に展開される。

A　4番目。「保育所保育指針」によれば、「保育所は、評価の結果を踏まえ、当該保育所の保育の内容等の改善を図る」、「保育の計画に基づく保育、保育の内容の評価及びこれに基づく改善という一連の取組により、保育の質の向上が図られるよう、全職員が共通理解をもって取り組むことに留意すること」とされている。

B　3番目。保育内容等の評価については、保育士等の自己評価と、保育所の自己評価がある。

C　2番目。指導計画に基づいて、保育を実施する。

D　1番目。「保育所保育指針」によれば、「保育所は、全体的な計画に基づき、具体的な保育が適切に展開されるよう、子どもの生活や発達を見通した長期的な指導計画と、それに関連しながら、より具体的な子どもの日々の生活に即した短期的な指導計画を作成しなければならない」とされている。

13　解説

正答 ☞　2

A　適切である。「保育所保育指針解説」によれば、「3歳未満児は、特に心身の発育・発達が顕著な時期であると同時に、その個人差も大きいため、一人一人の子どもの状態に即した保育が展開できるよう個別の指導計画を作成することが必要である」とされている。

B　適切である。「保育所保育指針解説」によれば、「保護者の思いを受け止めながら、『子どもの育ちを共に喜び合う』という基本姿勢の下で、一日の生活全体の連続性を踏まえて家庭との連携を指導計画に盛り込んでいくことが求められる」とされている。

C　不適切である。「保育所保育指針解説」によれば、「3歳未満児は心身の諸機能が未熟であるため、担当する保育士間の連携はもちろんのこと、看護師・栄養士・調理員等との緊密な協力体制の下で、保健及び安全面に十分配慮することが必要である」とされている。

D　適切である。「保育所保育指針解説」によれば、「緩やかな担当制の中で、特定の保育士等が子どもとゆったりとした関わりをもち、情緒的な絆を深められるよう指導計画を作成する」とされている。

保育の計画と評価 (2)

14 ★★★ 次の文のうち、「保育所保育指針」第1章「総則」3「保育の計画及び評価」の一部として、下線部分が正しいものを○、誤ったものを×とした場合の正しい組み合わせを一つ選びなさい。　　　　　　　　　　　　　【R3前・問7】

A　全体的な計画は、保育所保育の全体像を包括的に示すものとし、これに基づく<u>指導計画、環境計画、食育計画</u>等を通じて、各保育所が創意工夫して保育できるよう、作成されなければならない。

B　指導計画においては、保育所の生活における子どもの発達過程を見通し、<u>生活の連続性、季節の変化</u>などを考慮し、子どもの実態に即した具体的なねらい及び内容を設定すること。

C　保育士等は、子どもの実態や子どもを取り巻く状況の変化などに即して保育の過程を記録するとともに、これらを踏まえ、<u>指導計画に基づく保育の内容の見直しを行い、改善を図ること。</u>

D　保育士等による自己評価に当たっては、子どもの活動内容やその結果だけでなく、<u>子どもの心の育ちや意欲、取り組む過程</u>などにも十分配慮するよう留意すること。

（組み合わせ）

	A	B	C	D
1	○	○	×	×
2	○	×	○	×
3	×	○	○	○
4	×	○	×	○
5	×	×	×	○

基礎

具体的な指導計画は、子どもの保育を直接担当する保育士が作成します

14　解説　　　　　　　　　　　　　　　　正答 ☞　3

保原

A　誤り。環境計画ではない。「保育所保育指針」第1章「総則」3「保育の計画及び評価」（以下「指針」）（1）全体的な計画の作成ウでは、「全体的な計画は、保育所保育の全体像を包括的に示すものとし、これに基づく指導計画、**保健計画**、食育計画等を通じて、各保育所が創意工夫して保育できるよう、作成されなければならない」としている。保育所では、子どもたちの保健衛生等を考慮した計画を立てる。

B　正しい。「指針」（2）指導計画の作成ウに示されている文章である。選択肢の文章に続けて「また、具体的なねらいが達成されるよう、子どもの生活する姿や発想を大切にして適切な環境を構成し、子どもが**主体的**に活動できるようにすること」としている。

C　正しい。「指針」（3）指導計画の展開エに示されている文章である。

D　正しい。「指針」（4）保育内容等の評価アの（イ）に示されている文章である。

評価する際の配慮について、A～Dの下線部は過去にも穴埋めや文章で出題されている。

 **合格エッセンス**　　　　　　　　　　　**指導計画の種類**

	指導計画	内容
長期	年間指導計画	● 4月から翌年の3月までを各期間、各月に配分した計画。 ● 発達過程区分の発達上の特性と、対象となる組の実際の子どもの実態とを照らし合わせて作成する。
	期間指導計画	● 1年間をほぼ季節に沿って4つの期間に分ける。 ● 期間ごとに活動内容とねらいを定めた計画。
	月間指導計画 （月案）	● 1か月単位で保育内容を具体化する。 ● 月ごとの主な活動内容とねらいを明確にする。
短期	週間指導計画 （週案）	● 1週間単位で保育内容を具体化する。 ● 週ごとの主な活動内容とねらいを明確にする。
	1日の指導計画 （日案）	● 1日単位で保育内容を具体化する。 ● その日の主題、具体的な活動順序、注意点をあらかじめ決めておく。

養護に関わるねらい及び内容 □□

★★★
15 次の文のうち、保育所において、養護に関わるねらいと内容を踏まえた保育が展開されなければならないと言われる理由として、「保育所保育指針」に照らして、適切な記述を○、不適切な記述を×とした場合の正しい組み合わせを一つ選びなさい。 【R3前・問1】

A 子どもを放任したり、干渉的に関わったりすることによって、子どもの自立が早期に図られると考えられるから。

B 子どもは、保育士等との信頼関係を拠りどころにしながら、周囲の環境に対する興味や関心を高め、その活動を広げていくと考えられるから。

C 子どもが集団としての統一的な行動がとれるように働きかけることが、子どもの規範意識を培うことにつながると考えられるから。

D 保育士等が、子どもに対する温かな視線や信頼をもって援助することにより、子どもの意欲や主体性が育まれていくと考えられるから。

E 子どもの生命を守り、子どもの生理的欲求を十分満たすことは、子ども一人一人の生きることそのものを保障することであるから。

（組み合わせ）

	A	B	C	D	E			A	B	C	D	E
1	○	○	○	×	×		4	×	○	×	○	○
2	○	×	○	○	○		5	×	×	×	×	○
3	×	○	○	○	×							

基礎

★★★
16 次の文は、「保育所保育指針」第1章「総則」の2「養護に関する基本的事項」の一部である。「生命の保持」のねらいとして、正しいものを○、誤ったものを×とした場合の正しい組み合わせを一つ選びなさい。 【R1後・問12】

A 一人一人の子どもが、安定感をもって過ごせるようにする。

B 一人一人の子どもがくつろいで共に過ごし、心身の疲れが癒されるようにする。

C 一人一人の子どもが、自分の気持ちを安心して表すことができるようにする。

D 一人一人の子どもの生理的欲求が、十分に満たされるようにする。

E 一人一人の子どもが、快適に生活できるようにする。

（組み合わせ）

	A	B	C	D	E			A	B	C	D	E
1	○	×	○	×	○		4	×	○	×	○	×
2	○	×	×	○	×		5	×	×	×	○	○
3	×	○	○	×	×							

基礎

15 解説 正答 ☞ 4

A **不適切である。**「保育所保育指針」第1章「総則」2「養護に関する基本的事項」（2）養護に関わるねらい及び内容（以下「指針」）には、選択肢の内容は示されていない。

B **適切である。**「指針」では、「保育士等との信頼関係を基盤に、一人一人の子どもが主体的に活動し、自発性や探索意欲などを高めるとともに、自分への自信をもつことができるよう成長の過程を見守り、適切に働きかける」としている。

C **不適切である。**「指針」では、「一人一人の子どもの生活リズム、発達過程、保育時間などに応じて、活動内容のバランスや調和を図りながら、適切な食事や休息がとれるようにする」としている。統一的な行動がとれるように働きかける、子どもの規範意識を培うことにつながるという記述は不適切である。

D **適切である。** 選択肢Bの解説の内容を参照。

E **適切である。**「指針」では、「一人一人の子どもの生理的欲求が、十分に満たされるようにする」としている。清潔で安全な環境を整えることが、子ども一人一人の健康で安全・快適な生活を保障すること、ひいては生きることにつながる。

16 解説 正答 ☞ 5

A **誤り。**「保育所保育指針」第1章「総則」2「養護に関する基本的事項」の（2）養護に関わるねらい及び内容（以下「指針」）イ「情緒の安定」の（ア）ねらい①に示されている。一人一人の子どもが、保育士等に受け止められながら、安定感をもって過ごし、自分の気持ちを安心して表すことができることは、子どもの心の成長の基盤になる。

B **誤り。**「指針」イ「情緒の安定」の（ア）ねらい④に示されている。子どもたちが生活を共にする保育所において、保育士等が一人一人の子どもの状態を把握し、心身の疲れが癒やされるよう心がけることが必要である。

C **誤り。**「指針」イ「情緒の安定」の（ア）ねらい②に示されている。子どもは、保育士等をはじめ周囲の人からかけがえのない存在として受け止められ認められることで、自己を十分に発揮することができる。

D **正しい。**「指針」ア「生命の保持」の（ア）ねらい③に示されている。清潔で安全な環境を整え、適切な援助や応答的な関わりを通して子どもの生理的欲求を満たしていくことが必要である。

E **正しい。**「指針」ア「生命の保持」の（ア）ねらい①に示されている。一人一人の子どもの平常の健康状態や発育および発達状態を的確に把握し、異常を感じる場合は、速やかに適切に対応することが求められる。

小学校との連携

★★★
17 次の文は、保育所における小学校との連携に関する記述である。「保育所保育指針」第2章「保育の内容」の（2）「小学校との連携」に照らして、適切な記述を○、不適切な記述を×とした場合の正しい組み合わせを一つ選びなさい。

【R1後・問15】

A 保育所に入所している子どもが就学する際の子どもの情報に関しては、「幼児期の終わりまでに育ってはしい姿」を中心に保護者から直接情報を得て小学校に説明できるようにすることが大切である。

B 小学校では、「幼児期の終わりまでに育ってほしい姿」を踏まえた指導を工夫することによって、幼児期の保育を通して育まれた資質・能力を踏まえて教育活動を実施し、子どもが主体的に自己を発揮しながら学びに向かうことが可能となるようにすることが求められている。

C 保育所保育と小学校教育の円滑な接続を図るため、「幼児期の終わりまでに育ってほしい姿」をテーマにするなどして、小学校の教師との意見交換や合同の研究会や研修会の機会を設けることが大切である。

D 保育所保育を小学校以降の生活や学習の基盤の育成につなげていくための有効で確かな方法の一つは、「幼児期の終わりまでに育ってほしい姿」を到達目標にして小学校教育の先取りをすることである。

（組み合わせ）

	A	B	C	D
1	○	○	×	○
2	○	×	○	×
3	×	○	○	×
4	×	○	×	○
5	×	×	○	○

基礎

17　解説　　　　　　　　　　　　　　　　　　正答 ☞　3

A　**不適切である。**「保育所保育指針解説」第2章「保育の内容」の4「保育の実施に関して留意すべき事項」（2）「小学校との連携」（以下「解説」）では、「保育所の生活を通して**一人一人の子どもが育ってきた過程を振り返り**、保育における援助の視点や配慮を踏まえ、その育ちの姿を**的確に記録する**ことが必要である」としている。こうした記録を基に、子どもの就学先に送付するのが「保育所児童保育要録」である。

B　**適切である。**「解説」では、「保育所では**計画的に環境を構成**し、遊びを中心とした生活を通して体験を重ね、一人一人に応じた**総合的な指導**を行っている。一方、小学校では、時間割に基づき、各教科の内容を教科書などの教材を用いて学習している。このように、保育所と小学校では、子どもの生活や教育の方法が異なる。（中略）小学校においては、**幼児期の終わりまでに育ってほしい姿**を踏まえた指導を工夫することにより、幼児期の保育を通して育まれた資質・能力を踏まえて教育活動を実施し、子どもが主体的に自己を発揮しながら学びに向かうことが可能となるようにすることとされている」としている。

C　**適切である。**「解説」では、「保育所保育と小学校教育の円滑な接続を図るため、小学校の教師との意見交換や合同の研究会や研修会、保育参観や授業参観などを通じて連携を図るようにすることが大切である。その際、『幼児期の終わりまでに育ってほしい姿』を共有して**意見交換**を行ったり、**事例を持ち寄って話し合ったりする**ことなどが考えられる」としている。

D　**不適切である。**「解説」では、「発達や学びは連続しており、保育所から小学校への移行を円滑にする必要がある。しかし、それは、小学校教育の**先取りをすること**ではなく、就学前までの**幼児期にふさわしい保育**を行うことが最も肝心なことである」としている。

「幼児期の終わりまでに育ってほしい姿」については、「保育所保育指針」「幼稚園教育要領」「幼保連携型認定こども園教育・保育要領」に共通の内容として10項目が示されているよ

保護者に対する支援

次の保育所での【事例】を読んで、【設問】に答えなさい。

【R5前・問12】

【事例】

　1歳児クラスでは運動会で、保護者も一緒に参加する内容を行うこととした。保護者にはクラス便りで次の2点を伝えた。一つ目は、特別に何かを発表するために練習するのではなく、普段の遊びの姿を見せていくこと、二つ目は、当日は保護者がゴール地点に立ち、子どもが保護者のもとに走っていくのを抱き止めてもらい、その後に親子でダンスをしてほしいことである。ダンスはこれまでクラスで子どもと親しんだものを選び、運動会までの間は保護者のお迎えの時間にも音楽をかけて、保護者も一緒にダンスを楽しめる機会を持つよう配慮した。運動会の当日は、いつもとは違う雰囲気の中で泣き出してしまう子どももいたが、ほとんどの子どもは普段通りの姿を見せることができた。

【設問】

次のうち、担当保育士の振り返りの記述として、「保育所保育指針」第1章「総則」、第2章「保育の内容」、第4章「子育て支援」に照らし、適切なものを○、不適切なものを×とした場合の正しい組み合わせを一つ選びなさい。

A　せっかく保護者が見に来ているので、子どもが一人ずつセリフを言う機会を設けるなど、より保護者が楽しめる内容を考える必要があった。

B　何か特別なことをするのではなく、普段の遊びの姿を見せる内容にすることで、子どもに負担をかけずに当日を迎えることができた。

C　普段の遊びの姿を見せるという保育方針を保護者とも共有した上で、運動会を迎えることができて良かった。

D　泣き出してしまった子どもの保護者には、保護者の思いを受けとめ、この時期の子どもの発達の姿を共有していこう。

（組み合わせ）

	A	B	C	D
1	○	○	○	×
2	○	○	×	×
3	○	×	×	○
4	×	○	○	○
5	×	×	×	○

発展

18 　解説　　　　　　　　　　　　　　　　　　　　　正答 ☞　4

A　**不適切**である。「保育所保育指針」（以下「指針」）第1章1 （1）ア「保育所は、児童福祉法第39条の規定に基づき、保育を必要とする子どもの保育を行い、その健全な心身の発達を図ることを目的とする児童福祉施設であり、入所する**子どもの最善の利益**を考慮し、その福祉を積極的に増進することに最もふさわしい生活の場でなければならない」に適合しない記述である。

B　**適切**である。「指針」第1章1 （3）イ「子どもの**生活リズム**を大切にし、健康、安全で**情緒の安定した生活**ができる環境や、自己を十分に発揮できる環境を整えること」に適合する。

C　**適切**である。「指針」第4章2 （1）ア「日常の保育に関連した様々な機会を活用し子どもの日々の様子の伝達や収集、**保育所保育の意図の説明**などを通じて、保護者との**相互理解**を図るよう努めること」に適合する。

D　**適切**である。「指針」第4章1 （1）イ「保育及び子育てに関する知識や技術など、保育士等の専門性や、子どもが常に存在する環境など、保育所の特性を生かし、保護者が子どもの**成長**に気付き**子育ての喜び**を感じられるように努めること」に適合する。なお、子どもが泣き出してしまった場合などには、「指針」第2章2 （2）イ（ウ）②「思い通りにいかない場合等の子どもの**不安定な感情**の表出については、保育士等が**受容的**に受け止めるとともに、そうした気持ちから立ち直る経験や感情をコントロールすることへの気付き等につなげていけるように援助すること」に基づいて対応する。

 合格エッセンス　　「保育所保育指針」第4章「子育て支援」のポイント

入所する子どもの保護者に対する支援等	地域の保護者等に対する子育て支援
● 保護者との相互理解 ● 保育の活動に対する積極的な参加を促す ● 保護者の多様化した保育の需要に応じる（保護者の状況および子どもの福祉に配慮して実施する） ● 子どもに障害や発達上の課題がある際の、市町村や関係機関との連携及び協力と保護者への個別の支援 ● 特別な配慮を必要とする家庭への個別の支援 ● 育児不安等が見られる保護者への個別の支援 ● 不適切な養育等が疑われる場合の適切な対応（市町村等との連携、虐待が疑われる場合の通告）	● 保育に支障がない限りにおいて、地域の保護者等に対しての子育て支援 ● 一時預かり事業など（一人一人の子どもの心身の状態や日常の保育との関連に配慮する） ● 地域の関係機関等との積極的な連携及び協働、子育て支援に関する地域の人材と積極的に連携 ● 地域の要保護児童への対応など（要保護児童対策地域協議会などと連携及び協力して取り組む）

出典：厚生労働省『保育所保育指針』第4章「子育て支援」、2018年をもとに作成

施設・職員の責務 □ □

19 ★★★ 次の文は、「保育所保育指針」第5章「職員の資質向上」の一部である。（　a　）
〜（　e　）の下線部分が正しいものを○、誤ったものを×とした場合の正しい
組み合わせを一つ選びなさい。　　　　　　　　　　　　【R4前・問12】

　子どもの最善の利益を考慮し、(a) 環境に配慮した
保育を行うためには、職員一人一人の (b) 倫理観、
人間性並びに保育所職員としての職務及び責任の理解
と自覚が基盤となる。

　各職員は、(c) 自己評価に基づく課題等を踏まえ、
保育所内外の (d) 研究等を通じて、保育士・看護師・
調理員・栄養士等、それぞれの職務内容に応じた専門
性を高めるため、必要な知識及び (e) 技術の修得、
維持及び向上に努めなければならない。

（組み合わせ）

	a	b	c	d	e
1	○	○	○	○	×
2	○	×	×	○	○
3	○	×	×	×	○
4	×	○	○	×	○
5	×	×	○	○	×

基礎

障害児保育 □ □

20 ★★★ 次のうち、障害や発達上の課題が見られる子どもの保育に関わる条約や法律に関
する記述として、適切な記述を○、不適切な記述を×とした場合の正しい組み合
わせを一つ選びなさい。　　　　　　　　　　　　　　【R4前・問9】

A　「障害を理由とする差別の解消の推進に関する法律」は、障害がある者にとって日常
　生活又は社会生活を営む上で障壁となるような段差などの建築物における障害物のみ
　を社会的障壁と定義し、その除去のための合理的配慮について規定している。

B　「子ども・子育て支援法」は、保護者が子育てについての第一義的責任を有するので、
　子どもの発達上の課題に関する保護者の要望があったときのみ、社会のあらゆる分野
　における全ての構成員が、子ども・子育て支援における各々の役割を果たさなければ
　ならないと規定している。

C　「障害者の権利に関する条約」は、障害者の社会への完全かつ効果的な参加及び包容
　を原則としている。

D　「発達障害者支援法」は、保育所での保育において他の児童と別に生活することを通
　じて、発達障害児の健全な発達が図られるよう適切な配慮をするものと規定している。

（組み合わせ）

	A	B	C	D			A	B	C	D
1	○	○	○	×		4	×	○	×	○
2	○	○	×	○		5	×	×	○	×
3	○	×	×	×						

標準

19 解説

　　子どもの最善の利益を考慮し、（ a ）×環境→人権に配慮した保育を行うために
は、職員一人一人の（ b ）〇倫理観、人間性並びに保育所職員としての職務及び責
任の理解と自覚が基盤となる。

　　各職員は、（ c ）〇自己評価に基づく課題等を踏まえ、保育所内外の（ d ）×研究
→研修等を通じて、保育士・看護師・調理員・栄養士等、それぞれの職務内容に応
じた専門性を高めるため、必要な知識及び（ e ）〇技術の修得、維持及び向上に努
めなければならない。

　「保育所保育指針」第5章「職員の資質向上」1　職員の資質向上に関する基本的
事項（1）「保育所職員に求められる専門性」の記述である。

　（ a ）は環境ではなく人権である。文の冒頭の「子どもの最善の利益」という言葉
がヒントになる。

　（ d ）は研究ではなく研修である。「保育所保育指針」第5章3「職員の研修等」
でも詳しく述べられているとおり、職員の資質向上における重要な要素として研修
の機会の確保と充実があげられる。

20 解説

A　不適切である。「障害を理由とする差別の解消の推進に関する法律」第2条第二号
において、社会的障壁を「障害がある者にとって日常生活又は社会生活を営む上で
障壁となるような社会における事物、制度、慣行、観念その他一切のものをいう」
と定義しており、建築物における障害物には限らない。

B　不適切である。「子ども・子育て支援法」第2条において、「子ども・子育て支援は、
父母その他の保護者が子育てについての第一義的責任を有するという基本的認識の
下に、家庭、学校、地域、職域その他の社会のあらゆる分野における全ての構成員
が、各々の役割を果たすとともに、相互に協力して行われなければならない」と規
定されており、保護者の要望があったときのみという規定はない。

C　適切である。「障害者の権利に関する条約」第3条「一般原則」に「社会への完全
かつ効果的な参加及び包容」が挙げられている。

D　不適切である。「発達障害者支援法」第7条において、「保育所における保育を行
う場合（中略）は、発達障害児の健全な発達が他の児童と共に生活することを通じ
て図られるよう適切な配慮をするものとする」と規定されている。

家庭や地域との連携

★★★
21 次の文は、保育所における子育て支援の基本的事項に関する記述である。「保育所保育指針」第4章「子育て支援」に照らして、適切な記述を○、不適切な記述を×とした場合の正しい組み合わせを一つ選びなさい。　【R2後・問10】

A　保護者の気持ちを受け止め、相互の信頼関係を基本に、保護者自らが選択、決定していけるように支援する。

B　保護者の話から不適切と思われる行動が行われているとわかれば、はっきりと非難の意思を示し禁止するように指示する。

C　保護者とのコミュニケーションは、日常の送迎時における対話や連絡帳、電話、面接など様々な機会をとらえて行う。

D　保育士や看護師、栄養士等の専門性を有する職員が配置されていることを生かして、保護者が子どもの成長に気付けるようにする。

E　保護者の保育参観や保育体験への参加の機会は、他の子どもの家庭の状況がわかることから子育ての支援としては行わない。

（組み合わせ）

	A	B	C	D	E
1	○	○	○	○	×
2	○	○	×	×	○
3	○	×	○	○	×
4	×	○	×	○	○
5	×	×	○	×	×

★★★
22 次のうち、「保育所保育指針」第2章「保育の内容」(3)「家庭及び地域社会との連携」の一部として、（a）～（e）の下線部分が正しいものを○、誤ったものを×とした場合の正しい組み合わせを一つ選びなさい。　【R3前・問17】

子どもの（a）生活の連続性を踏まえ、家庭及び地域社会と連携して保育が展開されるよう配慮すること。その際、家庭や地域の機関及び団体の協力を得て、地域の（b）小学校、高齢者や異年齢の子ども等を含む（c）人材、行事、施設等の地域の（d）資源を積極的に活用し、豊かな生活体験をはじめ（e）保育環境の充実が図られるよう配慮すること。

（組み合わせ）

	a	b	c	d	e			a	b	c	d	e
1	○	○	○	○	×		4	×	○	×	×	○
2	○	×	○	○	×		5	×	×	○	○	○
3	○	×	×	×	○							

21　解説　　　　　　　　　　　　　　　　　正答 ☞ 3

A　適切である。「保育所保育指針」第４章「子育て支援」１「保育所における子育て支援に関する基本的事項」（１）保育所の特性を生かした子育て支援のアでは、「**各地域の家庭の実態等を踏まえるとともに、保護者の気持ちを受け止め、相互の信頼関係を基本に、保護者の自己決定を尊重すること**」としている。

B　**不適切である。**不適切と思われる行動があっても、非難の意思を示し禁止するように指示するのではなく、まず、**保護者の気持ちを受け止め**、保護者の希望に応じて個別の支援を行うことが必要である。

C　適切である。「保育所保育指針解説」第４章「子育て支援」（以下「解説」）１「保育所における子育て支援に関する基本的事項」（１）保育所の特性を生かした子育て支援の【保護者とのコミュニケーションの実際】では、「日常の**送迎時**における対話や**連絡帳**、電話又は面談など、様々な機会をとらえて行うことができる」としている。

D　適切である。「解説」では、保育所を「保育士や看護師、栄養士等の専門性を有する職員が配置されているとともに、**子育て支援の活動にふさわしい設備を備えている施設である**」としている。

E　**不適切である。**「解説」では、「保育所を利用している保護者に対しては、**保育参観や参加などの機会**を、また地域の子育て家庭に対しては、行事への親子参加や保育体験への参加などの機会を提供することが考えられる。保護者が、他の子どもと触れ合うことは、**自分の子どもの育ちを客観的に捉える**ことにもつながることから、（後略）」としている。

22　解説　　　　　　　　　　　　　　　　　正答 ☞ 2

ａ．正しい。家庭や地域社会における生活と保育所での**生活の連続性**に配慮して保育することが求められる。

ｂ．**誤り。**正しくは**自然**である。**都市化**が進むなかで、日常生活において自然に接する体験が不足しがちな子どもも多いことから、地域と連携してそのような機会を設けることが必要である。

ｃ．正しい。保育所内外において子どもが**豊かな体験**を得る機会を積極的に設けることが必要である。

ｄ．正しい。**地域の資源**から協力を得るためには、保育士等が日頃から身近な**地域社会**の実情を把握しておくことが求められる。

ｅ．**誤り。**正しくは**保育内容**である。子どもの発達やその時々の状態を丁寧に把握し、一人一人の子どもにとって無理なく充実した体験ができるよう**指導計画**に基づいて実施することが重要となる。

苦情解決

★★ 23 次の文のうち、保育所における苦情解決に関する記述として、「保育所保育指針」に照らして、適切な記述を○、不適切な記述を×とした場合の正しい組み合わせを一つ選びなさい。 【R3前・問9】

A 保育所は、苦情解決責任者である施設長の下に、苦情解決担当者を決め、苦情に対応するための体制を整備することが必要である。

B 苦情に関しての検討内容や解決までの経過を記録し、職員会議などで共通理解を図り、実践に役立てることが必要である。

C 施設長の責任の下で、保育所内で解決することが望ましいため、中立、公正な立場となる職員で構成される評価委員会を設置することが必要である。

D 苦情は保護者等からの問題提起と受け止め、苦情解決を通して、自らの保育や保護者等への対応を謙虚に振り返り、保育を見直したり改善したりするための材料として捉えることが必要である。

（組み合わせ）

	A	B	C	D
1	○	○	○	×
2	○	○	×	○
3	×	○	○	○
4	×	×	○	×
5	×	×	×	○

基礎

23 解説 正答 ☞ 2

A **適切である。**「保育所保育指針解説」（以下「解説」）では、苦情に対応するための体制整備の一環として、「保育所が、苦情解決責任者である施設長の下に、苦情解決担当者を決め、苦情受付から解決までの手続きを明確化」することなどが盛り込まれている。

B **適切である。**「解説」では、「苦情に関しての検討内容や解決までの経過を記録し、職員会議などで共通理解を図り、実践に役立てる」ことが盛り込まれている。

C **不適切である。** 保育所内で解決するのではなく第三者の関与が求められている。「解説」では、苦情に対応するための体制整備の一環として、「中立、公正な第三者の関与を組み入れるために第三者委員を設置することも求められている」としている。

D **適切である。**「解説」では、「苦情を通して、自らの保育や保護者等への対応を謙虚に振り返り、誠実に対応していくこと」、苦情解決を保護者等からの問題提起として「保育の内容を継続的に見直し、改善し、保育の質の向上を図っていくための材料として捉えること」が盛り込まれている。

合格エッセンス　　　保育所における苦情の解決

　保育所における苦情の解決について、「社会福祉法」第82条および「児童福祉施設の設備及び運営に関する基準」第14条の3に明記されている。

　保育所は、苦情解決責任者である施設長のもとに、苦情解決担当者を決め、苦情受付から解決までの手続きを明確化し、その内容や一連の経過と結果について書面での記録を残すなど、苦情に対応するための体制の整備が必要である。また、中立、公正な第三者の関与を組み入れるために第三者委員を設置することも求められている。

保育所等の現状

★★★
24　次の表は、年齢区分別の保育所等利用児童の人数と割合（保育所等利用率）を示したものである。この表を説明した記述として、正しいものを一つ選びなさい。ただし、ここでいう「保育所等」は、従来の保育所に加え、平成27年4月に施行した子ども・子育て支援新制度において新たに位置づけられた幼保連携型認定こども園等の特定教育・保育施設と特定地域型保育事業（うち2号・3号認定）を含むものとする。

【R5後・問20】

表　年齢区分別の就学前児童数に占める保育所等利用児童数の割合（保育所等利用率）

		令和4年4月	令和3年4月
3歳未満児（0〜2歳）		1,100,925人（43.4%）	1,105,335人（42.1%）
	うち0歳児	144,835人（17.5%）	146,361人（17.5%）
	うち1・2歳児	956,090人（56.0%）	958,974人（53.7%）
3歳以上児		1,628,974人（57.5%）	1,636,736人（56.0%）
全年齢児計		2,729,899人（50.9%）	2,742,071人（49.4%）

（保育所等利用率：当該年齢の保育所等利用児童数÷当該年齢の就学前児童数）

出典：厚生労働省「保育所等関連状況取りまとめ（令和4年4月1日）」（令和4年8月30日発表）

1　令和4年4月の全年齢児の保育所等利用児童数は前年と比べて増えており、保育所等利用率も前年と比べて高くなっている。

2　令和4年4月の保育所等利用率は、0歳児、1・2歳児、3歳以上児のすべてにおいて前年と比べて低くなっている。

3　令和4年4月の3歳未満児の保育所等利用率は、同年の3歳以上児の保育所等利用率と比べて高い。

4　令和4年4月において、前年と比べて最も保育所等利用率が増えたのは1・2歳児である。

5　令和4年4月の全年齢児の保育所等利用率は50%を超えており、3歳未満児、3歳以上児別にみても、保育所等利用率はともに50%を超えている。

標準

24 解説 正答 ☞ 4

1 **誤り**。令和4年4月の全年齢児の保育所等利用率は50.9％、令和3年4月は49.4％で、前年より高くなっているが、保育所等利用児童数については令和4年は2,729,899人、令和3年は2,742,071人で、前年より**減っている**。

2 **誤り**。令和4年4月と令和3年4月の保育所等利用率を比べると、0歳児ではいずれも17.5％、1・2歳児では53.7％→56.0％、3歳以上児では56.0％→57.5％で**増加**している。

3 **誤り**。令和4年4月の3歳未満児の保育所等利用率は43.4％、同年の3歳以上児は57.5％で、**3歳以上児のほうが高い**。

4 **正しい**。令和3年4月から令和4年4月にかけての保育所等利用率の変化を年齢別に比べると、0歳児では（小数点第一位では）差がなく、1・2歳児では2.3％の増加、3歳以上児では1.5％の増加となっており、最も増えたのは**1・2歳児**である。

5 **誤り**。令和4年4月の全年齢児の保育所等利用率は50.9％、3歳以上児は57.5％で、50％を超えているが、3歳未満児については43.4％で、50％を**超えていない**。

試験では表やグラフ、資料からわかることを問う問題が増えています

出典がある資料は直近のものが更新されている可能性があります。直近のものから過去数年分の数字は押さえておくと安心ですね

キーワード 支給認定

自治体が必要に応じたサービスを提供するため、教育・保育給付の際に保育の必要性や必要量を判定する制度のこと。保育施設（認可保育所・認定こども園・地域型保育施設）の利用を希望する保護者は、保育の必要性の認定（支給認定）を受ける必要がある。

保育の必要性の認定区分

認定区分	対象	利用先
1号認定 （教育標準時間認定）	児童が満3歳以上で、教育を希望する場合	幼稚園、認定こども園
2号認定 （満3歳以上・保育認定）	児童が満3歳以上で、「保育の必要な事由」に該当し、保育所等での利用を希望する場合	認可保育所、認定こども園
3号認定 （満3歳未満・保育認定）	児童が満3歳未満で、「保育の必要な事由」に該当し、保育所等での保育を希望する場合	認可保育所、認定こども園、地域型保育施設

多様な保育サービス ☐☐

★★
25 次の文のうち、「子ども・子育て支援新制度」による地域型保育事業に含まれる事業についての記述として、適切な記述を〇、不適切な記述を×とした場合の正しい組み合わせを一つ選びなさい。 【R1後・問19】

A 「小規模保育事業」とは、保育を必要とする乳児・幼児であって満3歳未満のものの保育を、利用定員が6人から19人までの施設で行う事業である。

B 「家庭的保育事業」とは、保育を必要とする乳児・幼児であって満3歳未満のものの保育を、家庭的保育者の居宅等において行う事業であり、利用定員は10人以下である。

C 「居宅訪問型保育事業」とは、保育を必要とする乳児・幼児であって満3歳未満のものの保育を、乳児・幼児の居宅において家庭的保育者により行う事業である。

D 「事業所内保育事業」とは、事業主がその雇用する労働者の監護する乳児・幼児及びその他の乳児・幼児の保育を、自ら設置する施設又は事業主が委託した施設において行う事業である。

（組み合わせ）

	A	B	C	D
1	〇	〇	×	×
2	〇	×	〇	〇
3	〇	×	〇	×
4	×	〇	×	〇
5	×	×	〇	×

基礎

25　解説　　　　　　　　　　　　　　　正答 ☞　2

A　適切である。「児童福祉法」第6条の3第10項第一号では、小規模保育事業について「保育を必要とする乳児・幼児であって満3歳未満のものについて、当該保育を必要とする乳児・幼児を保育することを目的とする施設（利用定員が6人以上19人以下であるものに限る。）において、保育を行う事業」と規定している。

B　不適切である。「児童福祉法」第6条の3第9項第一号では、家庭的保育事業について「子ども・子育て支援法第19条第二号の内閣府令で定める事由により家庭において必要な保育を受けることが困難である乳児又は幼児であって満3歳未満のものについて、家庭的保育者の居宅その他の場所において、家庭的保育者による保育を行う事業（利用定員が5人以下であるものに限る。）」と規定している。利用定員は、10人以下ではない。

C　適切である。「児童福祉法」第6条の3第11項第一号では、居宅訪問型保育事業について「保育を必要とする乳児・幼児であって、満3歳未満のものについて、当該保育を必要とする乳児・幼児の居宅において家庭的保育者による保育を行う事業」と規定している。

D　適切である。「児童福祉法」第6条の3第12項第一号イでは、事業所内保育事業について「保育を必要とする乳児・幼児であって、満3歳未満のものについて、事業主がその雇用する労働者の監護する乳児若しくは幼児及びその他の乳児若しくは幼児を保育するために自ら設置する施設又は事業主から委託を受けて当該事業主が雇用する労働者の監護する乳児若しくは幼児及びその他の乳児若しくは幼児の保育を実施する施設において、保育を行う事業」と規定している。

キーワード　　　　　　　　　　　　　　　地域型保育事業

市町村による認可事業として原則0〜2歳児を対象とする4つの事業が「児童福祉法」に位置付けられている。

・家庭的保育（保育ママ）

　家庭的な雰囲気のもとで、少人数（定員5人以下）を対象にきめ細かな保育を行う。

・小規模保育

　少人数（定員6から19人）を対象に家庭的保育に近い雰囲気のもと、きめ細かな保育を行う。

・事業所内保育

　企業の事業所の保育施設で、従業員の子どもと地域の子どもを一緒に保育する。

・居宅訪問型保育

　障害・疾患などで個別のケアが必要な場合や、施設がなくなった地域で保育を維持する必要がある場合などに、乳児・幼児の居宅で1対1の保育を行う。

教育に関する法律

★★★
1 次の文は、「幼稚園教育要領」の一部である。（　A　）～（　C　）にあてはまる語句を【語群】から選択した場合の正しい組み合わせを一つ選びなさい。

【R5後・問2】

（　A　）は、生涯にわたる人格形成の基礎を培う重要なものであり、（　B　）は、（　C　）に規定する目的及び目標を達成するため、幼児期の特性を踏まえ、環境を通して行うものであることを基本とする。

【語群】

ア　乳幼児教育　　イ　幼稚園教育　　ウ　幼児期の教育
エ　就学前教育　　オ　教育基本法　　カ　学校教育法

（組み合わせ）

	A	B	C
1	ア	イ	オ
2	ア	ウ	カ
3	ウ	ア	カ
4	ウ	イ	カ
5	エ	ウ	オ

★★★
2 次の文は、「教育基本法」第11条の一部である。（　A　）・（　B　）にあてはまる語句の正しい組み合わせを一つ選びなさい。　　【R1後・問1】

幼児期の教育は、生涯にわたる（　A　）の基礎を培う重要なものであることにかんがみ、国及び地方公共団体は、幼児の（　B　）に資する良好な環境の整備その他適当な方法によって、その振興に努めなければならない。

（組み合わせ）

	A	B
1	人格形成	のびやかな発達
2	人格形成	望ましい発育
3	人格形成	健やかな成長
4	資質・能力形成	のびやかな発達
5	資質・能力形成	健やかな成長

1 解説　　　　　　　　　　　　　　　　　　　　　　正答 ☞ 4

　（A. **ウ　幼児期の教育**）は、生涯にわたる人格形成の基礎を培う重要なものであり、（B. **イ　幼稚園教育**）は、（C. **カ　学校教育法**）に規定する目的及び目標を達成するため、幼児期の特性を踏まえ、環境を通して行うものであることを基本とする。

　「幼稚園教育要領」第1章「総則」第1「幼稚園教育の基本」の内容である。続けて、「このため教師は、幼児との**信頼関係**を十分に築き、（中略）幼児と共によりよい**教育環境**を創造するように努めるものとする」としている。

教原

2 解説　　　　　　　　　　　　　　　　　　　　　　正答 ☞ 3

　幼児期の教育は、生涯にわたる（A. **人格形成**）の基礎を培う重要なものであることにかんがみ、国及び地方公共団体は、幼児の（B. **健やかな成長**）に資する良好な環境の整備その他適当な方法によって、その振興に努めなければならない。

　「教育基本法」第11条「幼児期の教育」の規定である。

　条文中の「人格形成」は、「保育所保育指針」では「**人間形成**」とされている。また、第10条では、**家庭教育**においては、父母その他の保護者が子の教育について第一義的責任を有することが規定されている。

> 「学校教育法」と「(旧) 教育基本法」は 1947 (昭和 22) 年に制定されました。「教育基本法」は 2006 (平成 18) 年に旧法を全面的に改正し制定されたものです

 **合格エッセンス**　　　　　　　　　　**教育の権利と義務**

「日本国憲法」第26条において、次のように規定されている。
第26条　すべて国民は、法律の定めるところにより、その能力に応じて、ひとしく教育を受ける権利を有する。
②　すべて国民は、法律の定めるところにより、その保護する子女に普通教育を受けさせる義務を負ふ。義務教育は、これを無償とする。

教育思想 (1)

3 次の文にあてはまる人物として、正しいものを一つ選びなさい。

【R4後・問4】

　学習とは行動の変容であると考える立場に立って、行動の変容をいかにして効率化できるかを考えた。学習を効率的に行わせるには、正の強化要因を与えるか、負の強化要因を除けばよいとした。学習者が反応（解答）した際に、正しかったかどうかについてフィードバックがあるように、ティーチング・マシーンを考案した。問題は綿密にプログラム化されており、プログラム学習といわれる。

1　ライン（Rein, W.）

2　ブルーナー（Bruner, J.S.）

3　スキナー（Skinner, B.F.）

4　ピアジェ（Piaget, J.）

5　ヴィゴツキー（Vygotsky, L.S.）

4 次のうち、プロジェクト・メソッドについての説明として、<u>不適切な記述</u>を一つ選びなさい。

【R5後・問4】

1　プロジェクト・メソッドは、デューイ（Dewey, J.）の後継者の一人であったキルパトリック（Kilpatrick, W.H.）によって提唱されたもので、問題解決学習の一種と考えられる。

2　プロジェクト・メソッドでは、目標の設定→計画の立案→実践→反省・評価、という一連の学習活動を生徒自身が行うことになる。

3　プロジェクト・メソッドは、学習内容を系統化し、学習者が各ステップを踏みながら、確実に目標に到達できるように計画された教授学習の方法である。

4　プロジェクトとは、「社会的な環境の中で全精神を打ち込んで行われる目的の明確な活動」と定義されるものである。

5　プロジェクト・メソッドでは、生徒の学習が生徒自身の自発的な活動として展開されることに力点がおかれる。

3 解説　　　　　　　　　　　　　　　　　　　　正答 ☞ 3

1　誤り。ラインは、「予備－提示－比較－概括－応用」という教師の教授過程論である五段階教授法を提唱した。

2　誤り。ブルーナーは、直感や想像力により学問の構造を子どもたち自身で発見させる過程を通して、学習の仕方そのものも発見させるという学習方式の発見学習を提唱した。

3　正しい。行動分析の創始者であるスキナーは、スキナーボックスと呼ばれる装置を用いて、箱に入れたネズミが偶然レバーを押すことで餌が出ることを学び、餌が欲しい時に自分でレバーを押すという行動が強化されるオペラント条件づけを発見した。これを人間の教育に応用したのがプログラム学習である。

4　誤り。ピアジェは、子どもの認知・思考は、4つの段階（感覚運動期、前操作期、具体的操作期、形式的操作期）を経て質的に高次なものへと発達するという発達段階説を提唱した。

5　誤り。ヴィゴツキーは、子どもの発達水準には、課題を子ども自身で解決できる水準と、大人の助けを借りて解決可能となる水準の2つがあるとした。この2つの水準の間を発達の最近接領域と名付け、この領域に適切に働きかけることによって、子どもに新しい能力を獲得させることができるという発達の最近接領域説を提唱した。

4 解説　　　　　　　　　　　　　　　　　　　　正答 ☞ 3

1　適切である。キルパトリックは、アメリカの教育哲学者であり、デューイの後継者の一人であった。問題解決学習の一種であるプロジェクト・メソッドを考案したことで知られる。

2　適切である。プロジェクト・メソッドは、生徒自身の自発的な活動として展開されることに力点が置かれており、生徒自身が行う「目的設定→計画立案→実践・遂行→反省・評価」という4段階の学習過程が設定されている。

3　不適切である。プロジェクト・メソッドは、学習者自らが課題を発見し解決する能力を養うことを目的とした問題解決学習の一種である。選択肢の内容は、スキナーが提唱したプログラム学習である。

4　適切である。キルパトリックは、プロジェクトを「社会的な環境の中で全精神を打ち込んで行われる目的の明確な活動」と定義し、生徒自身に「目的設定→計画立案→実践・遂行→反省・評価」の活動を行わせる新しい教育を推進した。

5　適切である。プロジェクト・メソッドでは、受動的な知識学習ではなく、生徒自身の自発的な活動として展開されることに力点が置かれている。

教育思想 (2)

★★★
5 次の【Ⅰ群】の記述と、【Ⅱ群】の人物を結びつけた場合の正しい組み合わせを一つ選びなさい。　　　　　　　　　　　　　　　　　　　　　　【R3後・問5】

【Ⅰ群】

A　愛知県出身。欧州を数年旅した後、1875（明治8）年に東京女子師範学校の創設とともに英語教師として招かれる。翌年、東京女子師範学校附属幼稚園の開設に伴い初代監事に任じられた。

B　愛媛県出身の心理学者・教育学者。1936（昭和11）年に保育問題研究会を結成し、その会長に就任。研究者と保育者の共同による幼児保育の実証的研究を推進した。

C　兵庫県出身。東京女子師範学校卒業後、同校附属幼稚園の保母となる。その後、華族女学校附属幼稚園で保母をしながら、1900（明治33）年に二葉幼稚園を設立した。

【Ⅱ群】

ア　松野クララ
イ　野口幽香
ウ　倉橋惣三
エ　関信三
オ　城戸幡太郎

（組み合わせ）

	A	B	C			A	B	C
1	ア	ウ	イ		4	エ	オ	ア
2	ウ	エ	ア		5	エ	オ	イ
3	ウ	エ	イ					

 基礎

★★
6 次の記述に該当する人物として、正しいものを一つ選びなさい。

【R6前・問5】

　日本において最も早く体系的ともいえる教育論をまとめた儒学者である。ロック（Locke, J.）とほぼ同時代の人であり、ともに医学を修め、しかも自分自身健康に恵まれなかったことに共通したものがあるため、「日本のロック」と称されることもある。

　子育ての書として晩年にまとめた著作では、6歳から20歳に至るまでの成長過程に即して、教育方法と学習教材とが「随年教法」として提示されている。彼は、「小児の教は早くすべし」と、早い時期からの善行の習慣形成の必要性を主張した。

1　荻生　徂徠　　　　4　伊藤　仁斎
2　貝原　益軒　　　　5　太田　道灌
3　佐藤　信淵

 発展

5　解説　　　　　　　　　　　　　　　　　　　　正答 ☞ 5

A　エ　**関信三**は、欧州から帰国後の1875（明治8）年に**東京女子師範学校**（現在の
お茶の水女子大学）の英語教師となる。1876（明治9）年、日本で最初の官立幼稚
園として開設された同校附属幼稚園の初代監事（園長）に任じられた。主任保母で
ある**松野クララ**らと実務にあたりながら、フレーベルの幼稚園教育について書かれ
た『幼稚園記』などを翻訳・著述し、創設期の幼稚園教育に大きな影響を与えた。

B　オ　**城戸幡太郎**は、1936（昭和11）年に**保育問題研究会**を結成し、会長に就任。
研究者と保育者の共同による幼児保育の実証的研究を推進した。倉橋惣三の子ども
中心主義に対し、大人が子どもを導かなければならないという**社会中心主義**を唱え
た人物である。戦後は教育刷新委員会委員、国立教育研究所所長、北海道教育大学
学長などを歴任した。

C　イ　**野口幽香**は、同じ華族女学校附属幼稚園に勤務していた**森島峰**とともに、
1900（明治33）年、貧しい子どもたちを対象とした**二葉幼稚園**（1916〔大正5〕年
には二葉保育園に名称変更）を東京・麹町に開設し、フレーベルの理念を基本とす
る保育を行った。

6　解説　　　　　　　　　　　　　　　　　　　　正答 ☞ 2

1　**誤り**。荻生徂徠は、古い辞句や文章を、当時の言葉を理解したうえで、後世の注
釈にとらわれずに理解しなければならないという**古文辞学**を提唱した。また、江戸
に**蘐園塾**を開いた。

2　**正しい**。貝原益軒は、子どもの年齢に即した教育方法や学習教材として**随年教法**
を示した。また、日本最初の体系的な児童教育書である『和俗童子訓』において、
早い時期からの善行の習慣形成の必要性を主張した。

3　**誤り**。佐藤信淵は、「**日本のフレーベル**」とも呼ばれ、江戸時代に日本で初めて公
共保育施設の設立を提唱し、『垂統秘録』の中で、貧しい乳幼児のための慈育館や、
昼間に4、5歳の子どもを遊ばせる遊戯廠という、現在の乳児院と保育所に相当する
施設を構想した。

4　**誤り**。伊藤仁斎は、儒学から派生した**古義学**を唱え、実行と個性尊重の教育を施
すための**古義堂**を京都に開いた。

5　**誤り**。太田道灌は、室町中期の**武将**で、**江戸城**を築いて居城とした。歌人でもあ
り、歌集に『慕景集』や『花月百首』などがある。

教育の制度

7 次の文は、日本における明治期の教育についての記述である。（　A　）・（　B　）にあてはまる語句の正しい組み合わせを一つ選びなさい。　【R4前・問7】

　明治維新後、近代教育制度が確立されていった。1871（明治4）年に文部省が創設され、1872（明治5）年には学区制度と単線型の学校制度を構想した（　A　）が公布された。その後、初代文部大臣となった（　B　）は、国民教育制度の確立に力を注ぎ、特に初等教育の普及と教員養成の充実を図った。

（組み合わせ）

	A	B
1	教育令	西村茂樹
2	教育令	森有礼
3	学制	伊藤博文
4	学制	西村茂樹
5	学制	森有礼

8 次の文は、ある国の就学前教育についての記述である。どこの国のものか、正しいものを一つ選びなさい。　【R3後・問7】

　就学前教育は、3〜4歳児を中心に幼稚園やプレイセンター、また、0〜4歳児を対象とする多様な就学前教育機関において提供されている。また、マオリの言語・文化を教える機関「コハンガ・レオ」も設置されている。子どもの「今、ここにある生活」を重視し、実践者、研究者、マオリの人々の意見を集めて作られたカリキュラム「テ・ファリキ」により幼児教育が展開されている。

1　イタリア
2　アルゼンチン
3　フィンランド
4　ニュージーランド
5　シンガポール

7　解説　　　　　　　　　　　　　　　　　　　　　　　正答 ☞　5

　明治維新後、近代教育制度が確立されていった。1871（明治4）年に文部省が創設され、1872（明治5）年には学区制度と単線型の学校制度を構想した（A. 学制）が公布された。その後、初代文部大臣となった（B. 森有礼）は、国民教育制度の確立に力を注ぎ、特に初等教育の普及と教員養成の充実を図った。

　「学制」は、日本で最初に近代的学校制度を定めた法令であり、主に欧米の学校制度にならって近代教育の構築を図った。全国を大学区・中学区・小学区に分ける学区制と、小学校・中学校・大学を基本型とする単線型の学校制度を構想したが、社会の実情に合わず、「教育令」に移行した。

　森有礼は、初代文部大臣になると「教育令」を廃し、「小学校令」「中学校令」「師範学校令」など、学校種別にそれぞれ学校令を制定した。「小学校令」においては、小学校を尋常小学校と高等小学校の2段階に分け、尋常小学校の就学を義務化し、日本で初めて義務教育制度が法制上明文化された。また、教員養成制度については高等師範学校と尋常師範学校の2段階からなる独自の師範学校制度を設立するなど教員養成の充実を図った。

8　解説　　　　　　　　　　　　　　　　　　　　　　　正答 ☞　4

1　誤り。文部科学省の資料によれば、イタリアの就学前教育は、3～5歳児を対象に幼稚園で行われる。市民らによって始められた保育実践であるレッジョ・エミリア・アプローチがよく知られている。

2　誤り。文部科学省の資料によれば、アルゼンチンの就学前教育は、3～5歳児を対象に幼稚園で行われる。

3　誤り。文部科学省の資料によれば、フィンランドの就学前教育は、0～6歳を対象にデイケアセンターで行われる。また、総合制学校に付設された就学前学級では、6歳児を対象とした教育が提供されている。

4　正しい。「テ・ファリキ」は、ニュージーランドの幼保統一カリキュラムである。1996年に制定された。「テ・ファリキ（ＴＥ　Whāriki）」とはニュージーランドの先住民マオリの言葉で、縦糸と横糸を織りなした織物を意味する。テ・ファリキにおける4つの原則（「エンパワメント」「総合的な発達」「家族とコミュニティ」「関係構築」）と、5つの要素（「ウェル・ビーイング〔心身の健康〕」「所属意識」「貢献」「コミュニケーション」「探究」）、そして各幼児施設の独自の方針が縦糸と横糸となり、1つの織物が作られることを理想とする。各幼児教育施設が「テ・ファリキ」を共通基盤にしながら、各施設の方針を加え、就学前教育の実践が図られている。

5　誤り。文部科学省の資料によれば、シンガポールの就学前教育は、3～5歳児を対象に幼稚園および保育センターで行われる。

9 ★★ 次の文の（　）にあてはまる語句として、最も適切なものを一つ選びなさい。

【R2後・問8】

（　　）とは、主として学校において、子どもたちが学校の文化ひいては近代社会の文化としての価値、態度、規範や慣習などを知らず知らず身につけていく一連のはたらきのことである。無意図的に、目に見えない形ではあるが、子どもたちに影響を及ぼし、その発達を方向づけていく。

1　融合カリキュラム
2　経験カリキュラム
3　潜在的カリキュラム
4　顕在的カリキュラム
5　コア・カリキュラム

10 ★★★ 次のうち、中央教育審議会答申「幼稚園、小学校、中学校、高等学校及び特別支援学校の学習指導要領等の改善及び必要な方策等について」（平成28年12月）の教育課程に関する記述として、適切なものを○、不適切なものを×とした場合の正しい組み合わせを一つ選びなさい。

【R5前・問6】

A　教育課程とは、学校教育の目的や目標を達成するために、教育の内容を子供の心身の発達に応じ、授業時数との関連において総合的に組織した学校の教育計画のことである。

B　教育課程の編成主体は学級担任である。

C　各学校には、学習指導要領等を受け止めつつ、子供たちの姿や地域の実情等を踏まえて、各学校が設定する学校教育目標を実現するために、学習指導要領等に基づき教育課程を編成する。

D　教育課程を実施・評価し改善していくことが求められる。これが、いわゆる「カリキュラム・マネジメント」である。

（組み合わせ）

	A	B	C	D
1	○	○	×	○
2	○	×	○	○
3	×	○	×	×
4	×	×	○	○
5	×	×	○	×

9　解説　　　　　　　　　　　　　　　　　　　　　　　　　正答 ☞　3

1　**不適切である**。**融合カリキュラム**は、教科間の枠組みを取り除き、複数の教科の共通要素を統合して広い領域に編成し直したカリキュラムをいう。たとえば、日本史と世界史、地理、政治経済、公民などをまとめて社会科とするようなことである。

2　**不適切である**。**経験カリキュラム**は、子どもたちの興味や関心、自発性などを尊重して自分から学習しようという意欲がわくようにするカリキュラムである。**体験**に基づいたカリキュラムである。

3　**適切である**。**潜在的カリキュラム**は、学校の伝統、教師など、さまざまな環境が**無意識**のうちに子どもに影響を及ぼすことをいう。「無意図的に、目に見えない形ではあるが、子どもたちに影響を及ぼし、その発達を方向づけていく」が手がかりになる。

4　**不適切である**。**顕在的カリキュラム**は、潜在的カリキュラムと対になるカリキュラムである。学習する内容などが**意図的**に組み込まれた一般的なカリキュラムの総称である。

5　**不適切である**。**コア・カリキュラム**は、主になる教材や学習内容を設定した上で、問題解決学習の方法を用いて指導する方法である。主になる教育内容に関連した基礎的な知識などを設定し、両方を統合して、子どもたち自身で問題を解決し、理解できるように指導していく。

10　解説　　　　　　　　　　　　　　　　　　　　　　　　正答 ☞　2

選択肢A～Dの文章は、いずれも本答申「第1部　学習指導要領等改訂の基本的な方向性」「第4章　学習指導要領等の枠組みの改善と『社会に開かれた教育課程』」「2.学習指導要領等の改善の方向性」の記述に基づくものである。

A　**適切である**。「**教育課程**とは、学校教育の目的や目標を達成するために、教育の内容を子供の心身の発達に応じ、授業時数との関連において総合的に組織した**学校の教育計画**であり（後略）」と、教育課程の定義が規定されている。

B　**不適切である**。「教育課程とは、（中略）その編成主体は各**学校**である」と、教育課程の編成主体が各学校であることが規定されている。

C　**適切である**。「各学校には、学習指導要領等を受け止めつつ、子供たちの姿や地域の実情等を踏まえて、各学校が設定する学校教育目標を実現するために、**学習指導要領等に基づき教育課程を編成し**（後略）」と、各学校における教育課程の編成のあり方について規定されている。

D　**適切である**。「学習指導要領等に基づき**教育課程**を編成し、それを実施・評価し改善していくことが求められる。これが、いわゆる『**カリキュラム・マネジメント**』である」と、カリキュラム・マネジメントの定義が規定されている。

教育の課題 (1)

11 ★★★ 次のうち、「OECD生徒の学習到達度調査2022年調査（PISA2022）のポイント」（令和5年12月5日　文部科学省・国立教育政策研究所）における日本の結果として、**不適切な記述**を一つ選びなさい。　　　　　【R4後・問8改】

1　数学的リテラシー及び科学的リテラシーは、引き続き世界トップレベルである。

2　読解力は、OECD平均より高得点のグループに位置しており、前回より平均得点・順位が統計的に有意に上昇した。

3　読解力の問題で、日本は習熟度レベル1以下の低得点層の割合が前回調査に比べて有意に減少している。

4　日本の高校における「学校でのICTリソースの利用しやすさ」指標はOECD平均を上回っている。

5　社会経済文化的背景の水準が低い生徒群で、習熟度レベルの高い生徒の割合が他のOECD加盟国よりも顕著に多かった。

発展

12 ★★ 次の文は、「子供の貧困対策に関する大綱～日本の将来を担う子供たちを誰一人取り残すことがない社会に向けて～」（令和元年 内閣府）の一部である。（　A　）・（　B　）にあてはまる語句の正しい組み合わせを一つ選びなさい。

【R4前・問10】

　子ども・子育て支援新制度に基づき、職員の配置や処遇改善等を通じた、幼児教育・保育・子育て支援の更なる質の向上を推進する。保育士等の専門性を高め、（　A　）が図られるよう、保育士等の給与状況を把握し、施策の効果を検証しながら更なる処遇改善に取り組む。

　また、各地方公共団体への「幼児教育センター」の設置や「幼児教育アドバイザー」の育成・配置等、公私の別や施設種を超えて幼児教育を推進する体制を構築し、幼児教育施設の教職員等への研修の充実や小学校教育との接続の推進を図る。

　さらに幼稚園教諭・保育士等による専門性を生かした子育て支援の取組を推進するとともに、子育てに悩みや不安を抱える保護者など、地域における保護者に対する（　B　）を充実するため、（　B　）チーム等による学習機会の提供や情報提供、相談対応、地域の居場所づくり、訪問型家庭教育支援等の取組を推進する。

（組み合わせ）

	A	B		A	B
1	研修の充実	家庭教育支援	4	キャリアアップ	社会進出支援
2	保育の質向上	社会進出支援	5	キャリアアップ	家庭教育支援
3	保育の質向上	家庭教育支援			

発展

11　解説

1　**適切である**。OECD加盟国（37か国）において、日本は、数学的リテラシーは1位（2018年調査では1位）、科学的リテラシーは1位（同2位）と、引き続き世界トップレベルである。

2　**適切である**。読解力の平均得点（516点）は、OECD平均（476点）より高得点のグループに位置する。OECD加盟国中2位であり、前回の2018年調査（11位・504点）から有意に上昇した。

3　**適切である**。読解力の問題では、「レベル1以下」から「レベル6以上」まで分けられている習熟度レベル別の生徒の割合について、低得点層である「レベル1以下」の生徒の割合が2018年調査では16.9％、2022年調査では13.8％と有意に減少している。

4　**適切である**。ICT活用調査の結果から算出された「学校でのICTリソースの利用しやすさ」指標において、OECD平均を0.00としたとき日本は0.31（29か国中第5位）であり、OECD平均を上回っている。

5　**不適切である**。日本もOECD加盟国の平均同様、社会経済文化的背景の水準（保護者の学歴や家庭の所有物に関する質問項目から作成した値）が低い生徒群ほど、習熟度レベルの低い生徒の割合が多い傾向が見られた。

12　解説

　　子ども・子育て支援新制度に基づき、職員の配置や処遇改善等を通じた、幼児教育・保育・子育て支援の更なる質の向上を推進する。保育士等の専門性を高め、（A.キャリアアップ）が図られるよう、保育士等の給与状況を把握し、施策の効果を検証しながら更なる処遇改善に取り組む。

　　また、各地方公共団体への「幼児教育センター」の設置や「幼児教育アドバイザー」の育成・配置等、公私の別や施設種を超えて幼児教育を推進する体制を構築し、幼児教育施設の教職員等への研修の充実や小学校教育との接続の推進を図る。

　　さらに幼稚園教諭・保育士等による専門性を生かした子育て支援の取組を推進するとともに、子育てに悩みや不安を抱える保護者など、地域における保護者に対する（B.家庭教育支援）を充実するため、（B.家庭教育支援）チーム等による学習機会の提供や情報提供、相談対応、地域の居場所づくり、訪問型家庭教育支援等の取組を推進する。

　　「子供の貧困対策に関する大綱～日本の将来を担う子供たちを誰一人取り残すことがない社会に向けて～」（令和元年　内閣府）における、「第4　指標の改善に向けた重点施策」の「1　教育の支援（1）幼児教育・保育の無償化の推進及び質の向上」の記述である。

教育の課題 (2)

13 ★★★ 次の文のうち、「いじめ防止対策推進法」第3条の一部として、下線部分が正しいものを○、誤ったものを×とした場合の正しい組み合わせを一つ選びなさい。

【R2後・問10】

A　いじめの防止等のための対策は、いじめが全ての児童等に関係する問題であることに鑑み、児童等が安心して学習その他の活動に取り組むことができるよう、<u>学校内ではいじめが行われなくなるようにすること</u>を旨として行われなければならない。

B　いじめの防止等のための対策は、全ての児童等がいじめを行わず、及び他の児童等に対して行われるいじめを認識しながらこれを放置することがないようにするため、いじめが児童等の心身に及ぼす影響その他のいじめの問題に関する<u>児童等の理解を深めること</u>を旨として行われなければならない。

C　いじめの防止等のための対策は、いじめを受けた児童等の生命及び心身を保護することが特に<u>重要</u>であることを認識しつつ、国、地方公共団体、学校、地域住民、家庭その他の<u>関係者の連携の下</u>、いじめの問題を克服することを目指して行われなければならない。

（組み合わせ）

	A	B	C			A	B	C
1	○	○	○		4	×	○	○
2	○	○	×		5	×	○	×
3	○	×	○					

基礎

14 ★★ 次の文は、中央教育審議会答申「子どもを取り巻く環境の変化を踏まえた今後の幼児教育の在り方について」（平成17年）の一部である。（　A　）・（　B　）にあてはまる語句の正しい組み合わせを一つ選びなさい。

【R3後・問10】

・幼稚園等施設において、小学校入学前の主に5歳児を対象として、幼児どうしが、教師の援助の下で、共通の目的・挑戦的な課題など、一つの目標を作り出し、協力工夫して解決していく活動を「（　A　）」として位置付け、その取組を推奨する必要がある。

・遊びの中での興味や関心に沿った活動から、興味や関心を生かした学びへ、さらに（　B　）等を中心とした学習へのつながりを踏まえ、幼児期から児童期への教育の流れを意識して、幼児教育における教育内容や方法を充実する必要がある。

（組み合わせ）

	A	B			A	B
1	協同的な学び	教科		4	人間性の涵養	主体的な取組
2	協同的な学び	主体的な取組		5	プロジェクト学習	教科
3	人間性の涵養	教科				

標準

13　解説　　　　　　　　　　　　　　　　　　　　　　正答 ☞　4

A　誤り。「いじめ防止対策推進法」第3条第1項では、いじめの防止等のための対策は、いじめが全ての児童等に関係する問題であることに鑑み、児童等が安心して学習その他の活動に取り組むことができるよう、**学校の内外を問わずいじめが行われなくなるようにすること**を旨として行われなければならないとしている。

B　正しい。「いじめ防止対策推進法」第3条第2項の条文である。いじめは、どの子どもにも、どの学校でも起こりうることを踏まえ、より根本的ないじめの問題克服のためには、**全ての児童生徒**を対象としたいじめの未然防止の観点が必要である。

C　正しい。「いじめ防止対策推進法」第3条第3項の条文である。いじめの問題への対策を社会総がかりで進め、いじめの防止、**早期発見**、いじめへの対処、地域や家庭・関係機関間の連携等をより実効的なものにするための取り組みが重要である。

14　解説　　　　　　　　　　　　　　　　　　　　　　正答 ☞　1

・幼稚園等施設において、小学校入学前の主に5歳児を対象として、幼児どうしが、教師の援助の下で、共通の目的・挑戦的な課題など、一つの目標を作り出し、協力工夫して解決していく活動を「（A．**協同的な学び**）」として位置付け、その取組を推奨する必要がある。

・遊びの中での興味や関心に沿った活動から、興味や関心を生かした学びへ、さらに（B．**教科**）等を中心とした学習へのつながりを踏まえ、幼児期から児童期への教育の流れを意識して、幼児教育における教育内容や方法を充実する必要がある。

　　本答申は、「幼児教育の重要性について、国民各層に向けて広く訴えること」を目的として幼児教育の在り方を示すものである。協同的な学びについては、「保育所保育指針解説」においても「幼児期に育まれた**協同性**は、小学校における学級での**集団生活**の中で、（中略）教師や友達と**協力して生活したり学び合ったりする姿**につながっていく」と言及されている。

合格エッセンス　　　　　　　　　　　いじめの認知件数

区分	2021（令和3）年度（件）	2022（令和4）年度（件）
小学校	50万562	55万1,944
中学校	9万7,937	11万1,404
高等学校	1万4,157	1万5,568
特別支援学校	2,695	3,032
合計	61万5,351	68万1,948

★平成25年度調査からは高等学校に通信制課程を含めている。

出典：文部科学省「令和4年度　児童生徒の問題行動・不登校等生徒指導上の諸課題に関する調査結果について」

配慮を必要とする子どもへの支援 □□

★★
15 次の文は、中央教育審議会答申「幼稚園、小学校、中学校、高等学校及び特別支援学校の学習指導要領等の改善及び必要な方策等について」（平成28年）の一部である。（　A　）・（　B　）にあてはまる語句の正しい組み合わせを一つ選びなさい。　　　　　　　　　　　　　　　　　　　　　　　　　【R3前・問10】

　通級による指導を受ける児童生徒及び特別支援学級に在籍する児童生徒については、一人一人の教育的ニーズに応じた指導や支援が組織的・継続的に行われるよう、「個別の教育支援計画」や「個別の指導計画」を（　A　）作成することが適当である。

（中略）

　障害者理解や交流及び共同学習については、グローバル化など社会の急激な変化の中で、多様な人々が共に生きる社会の実現を目指し、一人一人が、多様性を尊重し、協働して生活していくことができるよう、各教科等の特質に応じた「見方・考え方」と関連付けながら、学校の教育活動全体での一層の推進を図ることが求められる。さらに、学校の（　B　）としての学習活動にとどまらず、地域社会との交流の中で、障害のある子供たちが地域社会の構成員であることをお互いが学ぶという、地域社会の中での交流及び共同学習の推進を図る必要がある。

（組み合わせ）

	A	B
1	必要に応じて	教育課程上
2	必要に応じて	授業
3	全員	教育課程上
4	全員	授業
5	ある特定の事例に対して	教育課程上

15　解説　　　　　　　　　　　　　　　　　　　　正答 ☞　3

　　通級による指導を受ける児童生徒及び特別支援学級に在籍する児童生徒について
は、一人一人の教育的ニーズに応じた指導や支援が組織的・継続的に行われるよう、
「個別の教育支援計画」や「個別の指導計画」を（A．**全員**）作成することが適当で
ある。

（中略）

　　障害者理解や交流及び共同学習については、グローバル化など社会の急激な変化
の中で、多様な人々が共に生きる社会の実現を目指し、一人一人が、多様性を尊重
し、協働して生活していくことができるよう、各教科等の特質に応じた「見方・考
え方」と関連付けながら、学校の教育活動全体での一層の推進を図ることが求めら
れる。さらに、学校の（B．**教育課程上**）としての学習活動にとどまらず、地域社
会との交流の中で、障害のある子供たちが地域社会の構成員であることをお互いが
学ぶという、地域社会の中での交流及び共同学習の推進を図る必要がある。

　　「第1部　学習指導要領等改訂の基本的な方向性」「第8章　子供一人一人の発達を
どのように支援するか －子供の発達を踏まえた指導－」「5．教育課程全体を通じ
たインクルーシブ教育システムの構築を目指す特別支援教育」にある記述である。

　　本答申は、よりよい学校教育を通じてよりよい社会を創るという目標を学校と社
会とが共有し、学校と社会が連携・協働しながらその実現を図る「**社会に開かれた
教育課程**」を目指すべき理念として位置づけ、改訂が行われた。

合格エッセンス　　ESD（持続可能な開発のための教育）

　　ESDとは、“Education for Sustainable Development”の略で、「持続可能な開
発のための教育」と訳されている。1992年、国連環境開発会議（リオデジャネイ
ロ）においてその重要性が指摘されて以来、ESDは世界的な規模で取り組まれる
べき課題となっている。

〔ESDの目標〕

①全ての人が質の高い教育の恩恵を享受すること。

②持続可能な開発のために求められる原則、価値観及び行動が、あらゆる教育や
　学びの場に取り込まれること。

③環境、経済、社会の面において持続可能な将来が実現できるような価値観と行
　動の変革をもたらすこと。

社会的養護

社会的養護の理念と概念

□ □

★★★
1 次の文は、「児童福祉法」第2条の一部である。（　A　）～（　C　）にあてはまる語句を【語群】から選択した場合の正しい組み合わせを一つ選びなさい。

【R1後・問1】

　全て国民は、児童が良好な環境において生まれ、かつ、社会のあらゆる分野において、児童の年齢及び（　A　）の程度に応じて、その（　B　）が尊重され、その（　C　）の利益が優先して考慮され、心身ともに健やかに育成されるよう努めなければならない。

【語群】

ア　能力　　イ　発達　　ウ　自律　　エ　意見　　オ　最低限　　カ　最善

（組み合わせ）

	A	B	C			A	B	C
1	ア	ウ	オ		4	イ	エ	オ
2	ア	エ	カ		5	イ	エ	カ
3	イ	ウ	オ					

★★★
2 次のうち、「新しい社会的養育ビジョン」（平成29年　厚生労働省）に示された内容として、適切なものを○、不適切なものを×とした場合の正しい組み合わせを一つ選びなさい。

【R6前・問3】

A　社会的養育の対象は全ての子どもであり、家庭で暮らす子どもから代替養育を受けている子ども、その胎児期から自立までが対象となる。

B　新たな社会的養育という考え方では、そのすべての局面において、子ども・家族の参加と支援者との協働を原則とする。

C　子どもに永続的な家族関係をベースにしたパーマネンシーを保障するために、特別養子縁組や普通養子縁組は実父母の死亡などの場合に限られる。

D　施設で培われた豊富な体験による子どもの養育の専門性をもとに、施設が地域支援事業やフォスタリング機関事業等を行う多様化を、乳児院から始め、児童養護施設、児童心理治療施設、児童自立支援施設でも行う。

（組み合わせ）

	A	B	C	D			A	B	C	D
1	○	○	×	○		4	×	○	○	×
2	○	×	○	○		5	×	×	×	○
3	○	×	○	×						

1 　解説　　　　　　　　　　　　　　　正答 ☞ 5

　　全て国民は、児童が良好な環境において生まれ、かつ、社会のあらゆる分野において、児童の年齢及び（A.　イ　発達）の程度に応じて、その（B.　エ　意見）が尊重され、その（C.　カ　最善）の利益が優先して考慮され、心身ともに健やかに育成されるよう努めなければならない。

　　「児童福祉法」第2条第1項の規定である。第2項では「児童の保護者は、児童を心身ともに健やかに育成することについて**第一義的責任を負う**」とし、児童の健全な育成の責任は、まず保護者にあることを規定している。また、第3項では「国及び地方公共団体は、**児童の保護者とともに**、児童を心身ともに健やかに育成する責任を負う」として、国や地方公共団体の責任についても規定している。

社養

2 　解説　　　　　　　　　　　　　　　正答 ☞ 1

A　**適切である。**「新しい社会的養育ビジョン」に記載されている。

B　**適切である。**「新しい社会的養育ビジョン」に記載されている。参加とは、「十分な情報を提供されること、**意見**を表明し尊重されること、支援者との適切な**応答関係**と意見交換が保障されること、**決定**の過程に参加することを意味する」とされている。

C　**不適切である。**「新しい社会的養育ビジョン」に「実親による養育が困難であれば、特別養子縁組による永続的解決（パーマネンシー保障）や里親による養育を推進する」と示されており、死亡などの場合には**限らない**。パーマネンシー保障は、まず①家庭復帰に向けた努力を最大限に行い、それが困難な場合は②親族・知人による養育、③特別養子縁組、④普通養子縁組、⑤長期里親・ファミリーホーム、⑥施設養護の順で検討される。

D　**適切である。**「新しい社会的養育ビジョン」に記載されている。里親のリクルート、登録から子どもの委託、措置解除に至るまでの過程及び委託後の里親養育といった一連の包括的な業務を**フォスタリング業務**と呼ぶ。

キーワード　　　　　　　社会的養育の推進に向けて

「社会的養育の推進に向けて」は、こども家庭庁（これまでは厚生労働省）が発表している資料で、わが国の社会的養護の現状、社会的養護の基本理念と原理などがまとめられている。統計数値等の更新のたびに発表されており、直近では2024（令和6）年4月に出されている。「家庭と同様の環境における養育の推進」の項では、社会的養護を必要とする児童がより家庭に近い環境で養育される必要性を示しており、施設における養護もできる限り小規模型に替えていくこととしている。

社会的養護の内容

3 ★★★ 次の文のうち、社会的養護に関わる相談援助の知識・技術に関する記述として、最も適切なものを一つ選びなさい。　【R4前・問8】

1　入所児童の言動や家族の状況について情報を収集し、その全体像を把握し、現状を評価する取り組みをエンパワメントという。

2　入所児童数人で一つの目標に取り組み、その際に生じる相互関係を通して問題解決を図る取り組みを生活場面面接という。

3　子どもが本来持つ力に着目し、それを発揮しやすい環境を整えることをアセスメントという。

4　ティータイムなど、施設生活の中で職員が意図的に面接場面を設けることをインテークという。

5　子どもが永続的かつ恒久的に生活できる家庭環境で、心身の健康が保障された生活を実現するための援助計画をパーマネンシー・プランニングという。

基礎

4 ★★ 次の文のうち、アタッチメントに関する記述として、適切なものの組み合わせを一つ選びなさい。　【R4前・問6】

A　回避型のアタッチメントでは、養育者との分離時や再会時に、固まったり近づいたと思ったら離れたり、一貫性がない傾向がみられる。

B　養育者の子どもに対する感受性、応答性、一貫性が保たれていることが重要である。

C　無秩序型のアタッチメントでは、養育者と分離後、一貫して再会してもあまり気にしていないような傾向がみられる。

D　養育者にアタッチメントへの理解があることにより、子どもの表面的な行動に惑わされることが少なくなる。

（組み合わせ）

1　A　B
2　A　C
3　B　C
4　B　D
5　C　D

標準

3　解説

1　**不適切である。**入所児童の言動や家族の状況について情報を収集し、その全体像を把握し、現状を評価する取り組みを**アセスメント**という。

2　**不適切である。**入所児童数人で一つの目標に取り組み、その際に生じる相互関係を通して問題解決を図る取り組みを**グループワーク**という。

3　**不適切である。**子どもが本来持つ力に着目し、それを発揮しやすい環境を整えることを**エンパワメント**という。

4　**不適切である。**ティータイムなど、施設生活の中で職員が意図的に面接場面を設けることを**生活場面面接**という。

5　**適切である。パーマネンシー・プランニング**の第一目標は家庭維持、第二目標は家族再統合、第三目標が養子縁組、第四目標は社会自立である。

4　解説

A　**不適切である。**養育者との分離時や再会時に、固まったり近づいたと思ったら離れたり、一貫性がない傾向がみられるのは、**無秩序型**のアタッチメントである。

B　**適切である。**養育者の子どもに対する感受性、応答性、一貫性が保たれていることにより、**安定型**のアタッチメントが形成される。

C　**不適切である。**養育者と分離後、一貫して再会してもあまり気にしていないような傾向がみられるのは、**回避型**のアタッチメントである。

D　**適切である。**アタッチメントとは人や動物などに対して築く特別な**情緒的**な結びつきのことで、イギリスの児童精神科医**ボウルビィ**によって定義づけられた。特に幼児期までの子どもと養育者との間に形成される関係を中心とした結びつきを指す。

合格エッセンス　　　　　　　　　愛着の種類

アメリカの**エインズワース**は、子どもと母親を短時間分離し、再会させたときの子どもの反応をみる新奇場面法（**ストレンジ・シチュエーション法**）によって愛着を分類した。

A型（回避型）	離れていた母親と再会しても、そっけない態度で母親を避けようとする。自立的な態度にみえるが、成長するにつれて分離不安を起こすなどの不適応がみられ、内的なストレスを抱えている状態。
B型（安定型）	母親から離れるときは嫌がっても、しばらくすると一人遊びを始め、再会したときは喜ぶ。母親について、自分を理解し、的確に要求にこたえてくれる存在であると捉えている状態。
C型（両価型）	離れていた母親と再会すると、叩いたりものを投げつけたりするなどの激しい反応を示す。アンビバレンス型、抵抗型ともよばれる。
D型（混乱型）	離れていた母親と再会したことでとまどうなど、混乱した反応を示す。

児童養護施設入所児童等調査

5 ★★ 次の文のうち、「児童養護施設入所児童等調査の概要（令和5年2月1日現在）」（こども家庭庁）における、児童養護施設の入所児童の状況に関する記述として、適切なものを一つ選びなさい。　　　　　　　　　【R4前・問2改】

1　6歳未満で入所した児童が約8割である。

2　児童の平均在所期間は、10年を超えている。

3　児童の入所経路では、「家庭から」が約6割である。

4　心身の状況について「該当あり」の児童は、約7割である。

5　虐待を受けた経験がある児童のうち、心理的虐待は約6割である。

6 ★★★ 次のうち、「児童養護施設入所児童等調査の概要（令和5年2月1日現在）」（こども家庭庁）における母子生活支援施設入所世帯（母親）の状況に関する記述として、適切なものを一つ選びなさい。　　　　　　　　【R4後・問3改】

1　入所理由は「経済的理由による」が最も多い。

2　在所期間は「10年以上」が最も多い。

3　母子世帯になった理由は、「未婚の母」が最も多い。

4　平均所得金額（不詳を除く）はおおよそ「165万円」である。

5　母の従業上の地位は、「常用勤労者」が最も多い。

5 　解説　　　　　　　　　　　　　　　　　　　　　　　　　正答 ☞ 3

1　不適切である。「児童養護施設入所児童等調査結果の概要（令和５年２月１日現
　　在）」（以下、本調査）によると、児童養護施設において６歳未満で入所した児童は
　　48.2%で、約５割である。

2　不適切である。本調査によると、児童養護施設において児童の平均在所期間は
　　5.2年である。

3　適切である。本調査によると、児童養護施設の入所経路で「家庭から」は62.4%
　　である。「乳児院から」の22.5%がこれに次ぐ。

4　不適切である。本調査によると、児童養護施設において心身の状況について「該
　　当あり」（障害等を有する）の児童は**42.8%**である。

5　不適切である。本調査によると、児童養護施設において虐待を受けた経験がある
　　児童のうち、心理的虐待は**33.1%**である。約６割（61.2%）を占めているのは**ネグ
　　レクト**であった。

6 　解説　　　　　　　　　　　　　　　　　　　　　　　　　正答 ☞ 4

1　不適切である。「児童養護施設入所児童等調査の概要（令和５年２月１日現在）」
　　（以下、本調査）によれば、入所理由は「**配偶者からの暴力**」が50.3%で最も多い。

2　不適切である。本調査によれば、在所期間は「**５年未満**」が84.2%で最も多い。

3　不適切である。本調査によれば、母子世帯になった理由は、「**離婚**」が56.1%で最
　　も多い。

4　適切である。本調査によれば、平均所得金額（不詳を除く）は「**165万円**」であ
　　る。

5　不適切である。本調査によれば、母の従業上の地位は、「**臨時・日雇・パート**」が
　　40.1%で最も多い。

合格エッセンス　　　　　児童養護施設入所児童等調査

■同調査は、「児童福祉法」に基づいて措置されている要保護児童を対象におおむ
ね５年ごとに実施するもので、令和５年２月１日に実施。概要や集計結果はこど
も家庭庁（これまでは厚生労働省）が公表している。

■調査の対象となるのは、全国の里親委託児童、児童養護施設の入所児童、児童
心理治療施設の入所児童、児童自立支援施設の入所児童、乳児院の入所児童、母
子生活支援施設の児童および保護者、ファミリーホーム委託児童、自立援助ホー
ム入居児童ならびに障害児入所施設の入所児童の全員。

児童福祉施設の運営指針

7 ★★★ 次の文は、「児童養護施設運営指針」（平成24年3月　厚生労働省）の「社会的養護の原理」の一部である。（　A　）～（　C　）にあてはまる語句を【語群】から選択した場合の正しい組み合わせを一つ選びなさい。　　　【R2後・問8】

　社会的養護を必要とする子どもには、その子どもに応じた成長や発達を支える支援だけでなく、虐待体験や（　A　）体験などによる悪影響からの癒しや（　B　）をめざした専門的ケアや（　C　）などの治療的な支援も必要となる。

【語群】

ア	分離	イ	貧困
ウ	克服	エ	回復
オ	医療的ケア	カ	心理的ケア

（組み合わせ）

	A	B	C			A	B	C
1	ア	ウ	オ		4	イ	ウ	カ
2	ア	ウ	カ		5	イ	エ	オ
3	ア	エ	カ					

家庭養護と施設養護（1）

8 ★★★ 次のうち、小規模住居型児童養育事業（ファミリーホーム）に関する記述として、適切なものを一つ選びなさい。　　　【R5前・問2】

1　この事業は、家庭養護として養育者が親権者となり、委託児童を養育する取り組みである。

2　この事業の対象児童は、「児童福祉法」における「要支援児童」である。

3　この事業は、第一種社会福祉事業である。

4　この事業は、5人または6人の児童を養育者の家庭において養育を行う取り組みである。

5　この事業において委託児童の養育を担う養育者は、保育士資格を有していなければならない。

9 ★★★ 次のうち、「児童福祉施設の設備及び運営に関する基準」（昭和23年厚生省令第63号）において、児童自立支援計画の策定が義務づけられている施設として、正しい組み合わせを一つ選びなさい。　　　【R3後・問4】

A　乳児院　　　　　　　C　児童家庭支援センター
B　児童厚生施設　　　　D　児童心理治療施設

（組み合わせ）

1	A B		4	B C
2	A C		5	C D
3	A D			

7 解説 正答☞ **3**

　社会的養護を必要とする子どもには、その子どもに応じた成長や発達を支える支援だけでなく、虐待経験や（A．**ア　分離**）体験などによる悪影響からの癒しや（B．**エ　回復**）をめざした専門的ケアや（C．**カ　心理的ケア**）などの治療的な支援も必要となる。

　「児童養護施設運営指針」（平成24年3月　厚生労働省）の「社会的養護の原理」からの出題である。児童養護施設に入所する子どもは保護者と離れ、虐待や分離体験で心に深い傷を負っていることを踏まえると語句を選びやすくなる。

8 解説 正答☞ **4**

1　**不適切である**。この事業は、「要保護児童の養育に関し相当の経験を有する者その他の内閣府令で定める者の住居において養育を行う事業」であると「**児童福祉法**」第6条の3第8項で規定されている。養育者が**親権者となるわけではない**。

2　**不適切である**。この事業の対象は、「児童福祉法」における「**要保護児童**」である。「**要保護児童**」とは、保護者のない児童又は保護者に監護させることが不適当であると認められる児童を指す。

3　**不適切である**。この事業は、**第二種社会福祉事業**である。

4　**適切である**。この事業において、養育者は当該住居に生活の本拠をおき、専任の養育者にならなければならないとされ、委託児童の定員は**5人または6人**である。

5　**不適切である**。この事業において、養育者の要件については養育里親としての経験または児童養護施設等における養育経験とされ、人数については2人の養育者（夫婦）及び1人以上の補助者、または1人の養育者と2人以上の補助者とされている。保育士資格の有無については**規定されていない**。

9 解説 正答☞ **3**

　「児童福祉施設の設備及び運営に関する基準」において児童自立支援計画の策定が義務づけられている施設は、**乳児院**、母子生活支援施設、児童養護施設、**児童心理治療施設**、児童自立支援施設である。

A　**該当する**。乳児院には児童自立支援計画の策定が**義務づけられている**（「児童福祉施設の設備及び運営に関する基準」第24条の2）。

B　**該当しない**。児童厚生施設には児童自立支援計画の**策定義務はない**。

C　**該当しない**。児童家庭支援センターには児童自立支援計画の**策定義務はない**。

D　**該当する**。児童心理治療施設には児童自立支援計画の策定が**義務づけられている**（「児童福祉施設の設備及び運営に関する基準」第76条）。

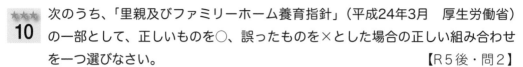

家庭養護と施設養護 (2)

★★★
10 次のうち、「里親及びファミリーホーム養育指針」（平成24年3月　厚生労働省）の一部として、正しいものを○、誤ったものを×とした場合の正しい組み合わせを一つ選びなさい。　　　　　　　　　　　　　　　　　　　　　　　【R5後・問2】

A　社会的養護を必要とする子どもを、養育者の家庭に迎え入れて養育する「家庭的養護」である。

B　養育者の個人的な責任に基づいて提供される養育の場である。

C　家庭内における養育上の課題や問題を解決し或いは予防するためにも、養育者は協力者を活用し、養育のありかたをできるだけ「ひらく」必要がある。

D　里親制度は、養育里親、専門里親、養子縁組里親、親族里親の4つの類型の特色を生かしながら養育を行う。

（組み合わせ）

	A	B	C	D
1	○	○	○	×
2	○	○	×	○
3	○	×	○	×
4	×	×	○	○
5	×	×	×	○

★★★
11 次のうち、「里親及びファミリーホーム養育指針」（平成24年3月　厚生労働省）で示された養育・支援に関する記述として、適切なものを○、不適切なものを×とした場合の正しい組み合わせを一つ選びなさい。　　　　　　　　　　　　　　【R6前・問6】

A　里親及びファミリーホームに委託される子どもは、原則として新生児から義務教育終了までの子どもが対象である。

B　児童相談所は、子どもが安定した生活を送ることができるよう自立支援計画を作成し、養育者はその自立支援計画に基づき養育を行う。

C　里親に委託された子どもは、里親の姓を通称として使用することとされている。

D　里親やファミリーホームは、特定の養育者が子どもと生活基盤を同じ場におき、子どもと生活を共にする。

（組み合わせ）

	A	B	C	D
1	○	○	○	×
2	○	×	○	○
3	×	○	○	×
4	×	○	×	○
5	×	×	×	○

10　解説

正答 ☞ 4

A　**不適切である。**「里親及びファミリーホーム養育指針」では、「里親及びファミリーホームは、社会的養護を必要とする子どもを、養育者の家庭に迎え入れて養育する「家庭養護」である」としている。

B　**不適切である。**「里親及びファミリーホーム養育指針」では、里親及びファミリーホームは、「社会的養護の担い手として、**社会的**な責任に基づいて提供される養育の場である」としている。

C　**適切である。**「里親及びファミリーホーム養育指針」では、「社会的養護の養育は、家庭内の養育者が単独で担えるものではなく、家庭外の協力者なくして成立し得ない。養育責任を**社会的に共有**して成り立つものである。また、家庭内における養育上の課題や問題を解決し或いは予防するためにも、養育者は協力者を活用し、養育のありかたをできるだけ「**ひらく**」必要がある」としている。

D　**適切である。**「里親及びファミリーホーム養育指針」では、「里親制度は、養育里親、**専門里親**、養子縁組里親、親族里親の４つの類型の特色を生かしながら養育を行う。また、ファミリーホームは、家庭養護の基本に立って、複数の委託児童の相互の交流を活かしながら養育を行う」としている。

11　解説

正答 ☞ 4

A　**不適切である。**「里親及びファミリーホーム養育指針」では、「里親及びファミリーホームに委託される子どもは、新生児から年齢の高い子どもまで、**すべての子どもが対象となる**」としている。

B　**適切である。**「里親及びファミリーホーム養育指針」では、「児童相談所は、子どもが安定した生活を送ることができるよう**自立支援計画**を作成し、養育者はその自立支援計画に基づき養育を行う」としている。

C　**不適切である。**「里親及びファミリーホーム養育指針」では、「子どもを迎え入れた里親の姓を通称として使用することがあるが、その場合には、委託に至った子どもの背景、委託期間の見通しとともに、子どもの利益、子ども自身の意思、実親の意向の尊重といった観点から**個別に慎重に検討する**」としている。

D　**適切である。**「里親及びファミリーホーム養育指針」では、家庭養護のあり方の基本として、「**特定の養育者**が子どもと生活する場に生活基盤をもち、生活の本拠を置いて、子どもと**起居をともにすること**」としている。

社養

専門職の対応 (1)

★★★
12 次の【事例】を読んで、【設問】に答えなさい。

【R4後・問10】

【事例】

　Yくん（4歳、男児）は、食事が与えられないなどのネグレクトを理由に児童養護施設に入所して半年になる。両親共に養育拒否の意向を示し、また他に養育できる親族等がいないため、児童相談所は児童養護施設に入所後に措置変更し、養育里親に委託をするとの方針を立てた。里親委託に対して、両親は同意している。その後、委託候補の夫婦が決まり、夫婦とYくんの交流が始まった。Yくんには施設の担当職員が里親について事前に丁寧に説明をした後、週末に園内で顔合わせをして、公園に出かけるという交流を行った。交流後にYくんは、「とても楽しかった」「おばちゃんのお家に遊びに行ってみたい」と前向きな反応を示した一方、「お母さんに会いたい」と実親を思い出し泣き出す場面が見られた。

【設問】

　次のうち、「里親委託ガイドライン」（平成30年3月　厚生労働省）に照らした際、適切なものを○、不適切なものを×とした場合の正しい組み合わせを一つ選びなさい。

A　両親共に養育拒否の意向を示しているが、子どもは実親の元で暮らすことが最優先されるため、里親委託を方針としたのは不適切である。

B　里親候補であることを伝えることは、委託がうまくいかなかった場合にダメージとなる可能性があるため、Yくんには里親委託が検討されていることは伏せて交流すべきである。

C　「お母さんに会いたい」というYくんの意向を尊重し、方針を変更し、実親との家族再統合に切り替える。

D　担当保育士はYくんの気持ちに寄り添いつつ、里親との交流を継続した。

（組み合わせ）

	A	B	C	D
1	○	○	○	○
2	○	○	×	×
3	○	×	○	○
4	×	○	○	×
5	×	×	×	○

基礎

12 解説 正答 ☞ 5

A **不適切である。**「里親委託ガイドライン」（以下「ガイドライン」）によれば、「保護者による養育が**不十分又は養育を受けることが望めない**社会的養護のすべての子どもの代替的養護は、家庭養護が望ましく、養子縁組里親を含む**里親委託**を原則として検討する」とされている。

B **不適切である。**「ガイドライン」によれば、「子どもに対し、面会についての**事前説明**や、里親や里親家庭についての紹介をした上で、里親との面会がうまく進むよう支援する。一方、子どもが里親委託を断ることができることも説明する」とされている。

C **不適切である。**「ガイドライン」によれば、「棄児、保護者が死亡し又は**養育を望めず**、他に養育できる親族等がいない子ども」について、「長期的な安定した養育環境が必要であり、法的にも安定した親子関係を築くことが望ましい。このため、**特別養子縁組**や普通養子縁組を希望する**養子縁組里親**に委託し、子どもの**パーマネンシー**（恒久的な養育環境）を保障することを優先して検討する必要がある」とされている。

D **適切である。**「ガイドライン」によれば、「**子どもの気持ちを大切にしながら**、子どもが安心できるよう支援し、里親と委託する子どもとの適合を調整することが重要であり、丁寧に準備を進めることが大切である」とされている。

キーワード　　　　　　　　里親支援センター

「児童福祉法」第44条の３に規定される児童福祉施設。目的や基準は以下の通り。

目的	里親支援事業を行うほか、**里親及びファミリーホーム**に従事する者、その養育される児童、**里親になろうとする者**について相談その他の援助を行い、**家庭養育を推進する**とともに、里子等が心身ともに健やかに育成されるよう、その**最善の利益**を実現すること
設置・運営主体	**地方公共団体又は社会福祉法人**等であって、都道府県知事（指定都市及び児童相談所設置市にあっては、その長とする）が適当と認めた者
職員	センターの長のほか、里親制度等普及促進担当者（**里親リクルーター**）、里親等支援員及び里親研修等担当者（**里親トレーナー**）を置かなければならない。なお、これらの者はすべて**専任**とする

専門職の対応 (2)

★★★
13 次の【事例】を読んで、【設問】に答えなさい。

【事例】

　Lさん（20代、女性）とその娘のMちゃん（4歳、女児）は、2年前から母子生活支援施設で暮らしている。Lさんの元夫からのDVが理由である。母子ともに入所当初、情緒的に混乱している様子がみられた。しかしLさんは、母子支援員との信頼関係の構築や、離婚の手続きが完了したこと、心療内科通院による治療により、最近は落ち着いた暮らしができている。半年前から始めた事務の仕事にも慣れ、安定した収入が得られる見通しが立ち、Lさんから退所の意向が示された。ただしMちゃんは今でも、大人の男性を怖がったり、大きな音に対して過敏に反応して泣き出したりするなど、情緒的に不安定な面がある。

【設問】

　次のうち、Lさんを担当する母子支援員の対応として、適切な記述を○、不適切な記述を×とした場合の正しい組み合わせを一つ選びなさい。

A　母子生活支援施設の退所に際しては、児童相談所の措置解除の手続きが必要であることをLさんに伝える。

B　退所後のアフターケアが効果的に行われるよう、退所後の支援計画を作成する。

C　必要に応じて、退所後に生活する地域の関係機関や団体とネットワークを形成する。

D　Mちゃんの情緒面が心配であるため、退所を思いとどまるように指導する。

（組み合わせ）

```
    A   B   C   D
1   ○   ○   ×   ○
2   ○   ×   ○   ×
3   ×   ○   ○   ×
4   ×   ○   ×   ○
5   ×   ×   ○   ×
```

13 解説

A　**不適切である。**母子生活支援施設の退所は、措置解除ではなく**契約解除**という形で行われる。また、「母子生活支援施設運営ハンドブック」（以下「ハンドブック」）によれば、「退所については、利用者・**福祉事務所**・施設の三者で課題の解決状況について確認したうえで決定することが必要である」とされており、児童相談所は母子生活支援施設の退所に関して介入しない。

B　**適切である。**「ハンドブック」によれば、「退所後の**アフターケア**が効果的に行われるよう、退所後の支援計画を作成する」とされている。

C　**適切である。**「ハンドブック」によれば、「退所した地域で健康で安心して暮らすために、必要に応じて退所先の行政、医療福祉、ボランティア・NPO団体をはじめ、幅広い地域の関係機関や団体と**ネットワーク**を形成し、母親と子どもが適切なサービスが受けられるように支援する」と明記されている。

D　**不適切である。**「ハンドブック」によれば、「退所後も母親と子どもが電話や来所によって、施設に相談できることを説明し、個々の状況に配慮しながら、生活や子育て等の相談や同行等必要な支援を提供する」「退所後も、学童保育や学習支援、施設行事への招待等の支援を行う」とされており、これらによって**退所後の生活を支える**ことが大切である。

合格エッセンス　子どもが意見や苦情を述べやすい環境

　「児童養護施設運営指針」の権利擁護の「子どもが意見や苦情を述べやすい環境」では、次のように述べられている。
①子どもが相談したり意見を述べたりしたい時に相談方法や相談相手を選択できる環境を整備し、子どもに伝えるための取組を行う。
● 複数の相談方法や相談相手の中から自由に選べることを、わかりやすく説明した文書を作成・配布する。
● 子どもや保護者等に十分に周知し、日常的に相談窓口を明確にした上で、内容をわかりやすい場所に掲示する。
②苦情解決の仕組みを確立し、子どもや保護者等に周知する取組を行うとともに、苦情解決の仕組みを機能させる。
● 苦情解決の体制（苦情解決責任者の設置、苦情受け付け担当者の設置、第三者委員の設置）を整備する。
● 苦情解決の仕組みを文書で配布するとともに、わかりやすく説明したものを掲示する。
③子ども等からの意見や苦情等に対する対応マニュアルを整備し、迅速に対応する。
● 苦情や意見・提案に対して迅速な対応体制を整える。
● 苦情や意見を養育や施設運営の改善に反映させる。
● 子どもの希望に応えられない場合には、その理由を丁寧に説明する。

社会的養護の課題

★★
14
次の文のうち、「新しい社会的養育ビジョン」（平成29年　新たな社会的養育の在り方に関する検討会）において、2016（平成28）年の改正児童福祉法の原則と原則を実現するための取り組みとして記された内容として、適切な記述の組み合わせを一つ選びなさい。
【R3前・問1】

A　全ての要保護児童に対して施設養育を原則とすることが示された。

B　市区町村の子ども家庭総合支援拠点の全国展開が示された。

C　全小中学校にスクールソーシャルワーカーの配置が義務付けられた。

D　永続的解決（パーマネンシーの保障）として特別養子縁組を推進していくことが示された。

（組み合わせ）

1　A　B

2　A　C

3　A　D

4　B　C

5　B　D

子どもの権利擁護

★★★
15
次の文のうち、「児童養護施設運営指針」（平成24年3月　厚生労働省）において示されている「権利擁護」に関する記述として<u>最も不適切な記述</u>を一つ選びなさい。
【R1後・問3】

1　子ども自身の出生や生い立ち、家族の状況については、義務教育終了後に開示する。

2　入所時においては、子どものそれまでの生活とのつながりを重視し、そこから分離されることに伴う不安を理解し受け止め、不安の解消を図る。

3　子どもが相談したり意見を述べたりしたい時に、相談方法や相談相手を選択できる環境を整備し、子どもに伝えるための取り組みを行う。

4　いかなる場合においても、体罰や子どもの人格を辱めるような行為を行わないよう徹底する。

5　様々な生活体験や多くの人たちとのふれあいを通して、他者への心づかいや他者の立場に配慮する心が育まれるよう支援する。

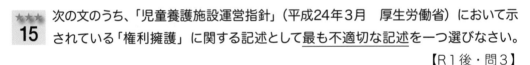

14   解説   正答 ☞ 5

A　**不適切である**。「新しい社会的養育ビジョン」では、「新しい社会的養育ビジョンの実現に向けた工程」の中で、平成28年改正児童福祉法の原則を実現するための事項として、①市区町村の子ども家庭支援体制の構築、②児童相談所・一時保護改革、③里親への包括的支援体制（**フォスタリング機関**）の抜本的強化と**里親制度改革**、④永続的解決（**パーマネンシー保障**）としての特別養子縁組の推進、⑤乳幼児の家庭養育原則の徹底と、年限を明確にした取組目標、⑥子どもニーズに応じた養育の提供と施設の抜本改革、⑦自立支援（**リービングケア、アフターケア**）、⑧担う人材の専門性の向上など、⑨都道府県計画の見直し、国による支援をあげている。すべての要保護児童に対して施設養育を原則とすることは示されていない。

B　**適切である**。①市区町村の子ども家庭支援体制の構築の中で、市区町村子ども家庭総合支援拠点の**全国展開**が示されている。

C　**不適切である**。全小中学校にスクールソーシャルワーカーの配置を義務づけることは示されていない。

D　**適切である**。おおむね**5年以内**に現状の約2倍の年間1000人以上の特別養子縁組成立を目指し、その後も増加を図るとしている。

15   解説   正答 ☞ 1

1　**不適切である**。「児童養護施設運営指針」第Ⅱ部「各論」4「権利擁護」（1）子ども尊重と最善の利益の考慮③では、「子どもの**発達**に応じて、子ども自身の出生や生い立ち、家族の状況について、子どもに適切に知らせる」としている。義務教育終了後に開示する、とするのは適切ではない。

2　**適切である**。「児童養護施設運営指針」第Ⅱ部（3）入所時の説明等③に示されている。子どもの親との離別による心理的ショックは、その後の人格形成に大きな影響を与えるため、入所型の施設では児童の**不安の解消**を図ることが必要である。

3　**適切である**。「児童養護施設運営指針」第Ⅱ部（5）子どもが意見や苦情を述べやすい環境①に示されている。相談窓口が整備されていることを子どもに伝える方法として、文書の**作成・配布**や、わかりやすい場所への**掲示**が有効である。

4　**適切である**。「児童養護施設運営指針」第Ⅱ部（6）被措置児童等虐待対応①に示されている。体罰等の禁止については、就業規則等の規定に**明記**するとともに、子どもや保護者にも周知する。また、職員が体罰等を伴わない援助技術を習得するための研修や話し合いの機会を設けることも有効である。

5　**適切である**。「児童養護施設運営指針」第Ⅱ部（7）他者の尊重①に示されている。同年齢だけでなく、上下の年齢などの**人間関係**を日常的に経験できる生活状況を用意する。

第4章 子ども家庭福祉

子ども家庭福祉の理念と概念 ☐ ☐

1 ★★★ 次の文は、「児童の権利に関する条約」第12条の一部である。（　A　）・（　B　）にあてはまる語句の正しい組み合わせを一つ選びなさい。　【H31前・問1】

1　締約国は、自己の（　A　）を形成する能力のある児童がその児童に影響を及ぼすすべての事項について自由に自己の（　A　）を表明する権利を確保する。この場合において、児童の（　A　）は、その児童の（　B　）に従って相応に考慮されるものとする。

（組み合わせ）

	A	B
1	幸福	状況及び発達
2	幸福	年齢及び成熟度
3	意見	成長及び発達
4	意見	年齢及び成熟度
5	意見	状況及び成長

2 ★★★ 次の文は、「児童福祉法」の一部である。（　A　）～（　D　）にあてはまる語句の正しい組み合わせを一つ選びなさい。　【R2後・問1】

第1条　全て児童は、（　A　）の精神にのつとり、適切に養育されること、その生活を保障されること、愛され、保護されること、その心身の健やかな成長及び発達並びにその（　B　）が図られることその他の福祉を等しく保障される権利を有する。

第2条　全て国民は、児童が良好な環境において生まれ、かつ、社会のあらゆる分野において、児童の年齢及び（　C　）に応じて、その意見が尊重され、その（　D　）が優先して考慮され、心身ともに健やかに育成されるよう努めなければならない。

（組み合わせ）

	A	B	C	D
1	日本国憲法	育成	機会	最善の利益
2	日本国憲法	育成	発達の程度	選択
3	日本国憲法	援助	機会	選択
4	児童の権利に関する条約	自立	機会	選択
5	児童の権利に関する条約	自立	発達の程度	最善の利益

1 解説　　　　　　　　　　　　　　　　　　　　　正答 ☞ 4

1　締約国は、自己の（A．意見）を形成する能力のある児童がその児童に影響を及ぼすすべての事項について自由に自己の（A．意見）を表明する権利を確保する。この場合において、児童の（A．意見）は、その児童の（B．年齢及び成熟度）に従って相応に考慮されるものとする。

　　「児童の権利に関する条約」第12条第1項である。第2項には「このため、児童は、特に、自己に影響を及ぼすあらゆる司法上及び行政上の手続において、国内法の手続規則に合致する方法により直接に又は代理人若しくは適当な団体を通じて聴取される機会を与えられる」とある。

2 解説　　　　　　　　　　　　　　　　　　　　　正答 ☞ 5

第1条　全て児童は、（A．児童の権利に関する条約）の精神にのつとり、適切に養育されること、その生活を保障されること、愛され、保護されること、その心身の健やかな成長及び発達並びにその（B．自立）が図られることその他の福祉を等しく保障される権利を有する。

第2条　全て国民は、児童が良好な環境において生まれ、かつ、社会のあらゆる分野において、児童の年齢及び（C．発達の程度）に応じて、その意見が尊重され、その（D．最善の利益）が優先して考慮され、心身ともに健やかに育成されるよう努めなければならない。

　　2016（平成28）年に改正された「児童福祉法」からの出題である。1994（平成6）年に批准した「児童の権利に関する条約」の精神、意見表明権、子どもの最善の利益の優先などが条文に盛り込まれた。

 合格エッセンス　「児童の権利に関する条約」に先行する宣言や条約

「世界人権宣言」（1948年）
「児童の権利に関する宣言」（1959年）
「市民的及び政治的権利に関する国際規約」（1966年）
「経済的、社会的及び文化的権利に関する国際規約」（1966年）
国際児童年（1979年）

 日本は1994年に批准しました

「児童の権利に関する条約」　1989年、国際連合で採択

子福

子ども家庭福祉の歴史 (1)

★★★
3 次のA～Eは、日本の少子化対策と子育て支援に関する法制度と取り組みである。これらを年代の古い順に並べた場合の正しい組み合わせを一つ選びなさい。

【R2後・問2】

A 「子ども・子育てビジョン」の策定
B 「少子化社会対策基本法」の施行
C 「ニッポン一億総活躍プラン」の閣議決定
D 「待機児童解消加速化プラン」の実施
E 「新エンゼルプラン」の策定

（組み合わせ）

1 B→A→E→C→D
2 B→A→E→D→C
3 B→E→A→C→D
4 E→B→A→D→C
5 E→B→D→A→C

★★★
4 次のA～Eは、子どもの権利に関する記述である。これらを年代の古い順に並べた場合の正しい組み合わせを一つ選びなさい。

【R1後・問3】

A 「児童福祉法」の制定
B 国際連合「国際児童年」
C 「児童憲章」の制定
D 日本の国際連合「児童の権利に関する条約」批准
E 国際連合「児童の権利に関する宣言」の採択

（組み合わせ）

1 A→C→E→B→D
2 B→E→A→D→C
3 C→E→B→A→D
4 D→B→E→A→C
5 E→A→C→B→D

3 解説　　　　　　　　　　　　　　　　　　　　　　正答 ☞ 4

A 「子ども・子育てビジョン」は、2010（平成22）年1月に策定され、「子どもが主人公（チルドレン・ファースト）」の考え方に基づいて、それまでの「少子化対策」から「子ども・子育て支援」へ視点が変更された。

B 「少子化社会対策基本法」は、2003（平成15）年7月に制定され、同年9月に施行された。少子化社会対策施策の基本理念を明らかにし、国、地方公共団体、事業主および国民の責務が規定されている。

C 「ニッポン一億総活躍プラン」は、2016（平成28）年6月に閣議決定された。子育て支援や社会保障の基盤を強化し、それによって経済を強くする新たな経済社会システム創りへの挑戦という政策を示したものである。

D 「待機児童解消加速化プラン」は、2013（平成25）年にから実施された。待機児童解消に意欲を示している地方公共団体に①賃貸方式や国有地を活用した保育所整備（「ハコ」）、②保育の量の拡大を支える保育士確保（「ヒト」）、③小規模保育事業などの新制度の先取り、④認可を目指す認可外保育施設への支援、⑤事業所内保育施設への支援の5つの支援策を講じるとされていた。

E 「新エンゼルプラン」は、1999（平成11）年に策定された。正式名称は「重点的に推進すべき少子化対策の具体的実施計画について」である。

　古い順に並べると、E→B→A→D→Cになる。

4 解説　　　　　　　　　　　　　　　　　　　　　　正答 ☞ 1

A 「児童福祉法」の制定は、1947（昭和22）年である。

B 国際連合「国際児童年」は、1979（昭和54）年である。1959（昭和34）年に採択された「児童権利宣言」の採択20周年を記念して、1976（昭和51）年の国連総会で1979年を国際児童年とすることが採択された。

C 「児童憲章」の制定は、1951（昭和26）年である。「児童憲章」は、「日本国憲法」の精神に従って、わが国独自の憲章として制定された。

D 日本の国際連合「児童の権利に関する条約」批准は、1994（平成6）年である。「児童の権利に関する条約」は、1989（平成元）年の国連総会で採択された国際条約である。

E 国際連合「児童の権利に関する宣言」の採択は、1959（昭和34）年である。「児童の権利に関する宣言」は、選択肢Bの解説にある「児童権利宣言」ともよばれる。

　古い順に並べるとA→C→E→B→Dになる。

子ども家庭福祉の歴史 (2)

★★★
5 次のうち、日本の児童福祉の歴史に関する記述として、<u>不適切なもの</u>を一つ選びなさい。

【R5後・問2】

1　糸賀一雄は、第二次世界大戦後の混乱期に「近江学園」を設立し、園長に就任した。その後「びわこ学園」を設立した。「この子らを世の光に」という言葉を残したことで有名である。

2　野口幽香らは、東京麹町に「二葉幼稚園」を設立し、日本の保育事業の草分けの一つとなった。

3　岩永マキは、1887（明治20）年に「岡山孤児院」を設立した。

4　日本で最初の知的障害児施設は、1891（明治24）年に石井亮一が設立した「滝乃川学園」である。

5　留岡幸助は、1899（明治32）年に東京巣鴨に私立の感化院である「家庭学校」を設立した。

子ども家庭福祉の法律

★★★
6 次のうち、「児童福祉法」に関する記述として、適切なものを○、不適切なものを×とした場合の正しい組み合わせを一つ選びなさい。

【R6前・問1】

A　乳児とは、満1歳に満たない者をいう。

B　幼児とは、満1歳から、小学校就学の始期に達するまでの者をいう。

C　少年とは、小学校就学の始期から、満20歳に達するまでの者をいう。

D　妊産婦とは、妊娠中又は出産後2年以内の女子をいう。

（組み合わせ）

	A	B	C	D
1	○	○	×	○
2	○	○	×	×
3	○	×	○	○
4	×	○	○	×
5	×	×	○	○

5	**解説**	正答 ☞ 3

1　適切である。糸賀一雄は知的障害児を対象とした福祉分野の開拓者として、「この子らを世の光に」という言葉を残している。この言葉は「この子らに世の光を」ではないことからわかるように、障害があってもいきいきと生きている障害児の姿が社会のなかの光であり、人間としての尊厳を示していると主張した。

2　適切である。1900年、野口幽香は森島峰とともに、東京のスラム街に貧民幼稚園である「二葉幼稚園」を開設した。日本の保育事業の先駆けと言われている。

3　**不適切である。**岩永マキは、1874年「浦上養育院」を創設した。浦上養育院は、赤痢や台風による遺児、孤児の救済と教育を目的とした施設である。岡山孤児院は1887年、石井十次によって設立された。

4　適切である。1891年、石井亮一は濃尾地震の際、20数名の孤児を引き取り、孤女学院を開設したが、そのうち２名が知的障害児であったことをきっかけに、その後知的障害児施設「滝乃川学園」を設立した。

5　適切である。留岡幸助は、1899年に東京巣鴨に家庭舎方式の私立感化院「巣鴨家庭学校」を設立した。現在の児童自立支援施設の原型となっている。留岡の主張や活動が契機となり、1900年、「感化法」が成立した。

6	**解説**	正答 ☞ 2

A　適切である。「児童福祉法」第４条において、乳児は「満１歳に満たない者」とされている。

B　適切である。「児童福祉法」第４条において、幼児は「満１歳から、小学校就学の始期に達するまでの者」とされている。

C　不適切である。「児童福祉法」第４条において、少年とは「小学校就学の始期から、満18歳に達するまでの者」とされている。

D　不適切である。「児童福祉法」第５条において、「妊産婦とは、妊娠中又は出産後１年以内の女子をいう」とされている。

児童虐待への対応

7 次の文は、「子ども虐待による死亡事例等の検証結果等について（第18次報告）」（2022（令和４）年９月　厚生労働省）の2020（令和２）年４月から2021（令和３）年３月までの１年間の死亡事例についての記述である。適切なものの組み合わせを一つ選びなさい。　　　　　　　　　　　　　　【R６前・問15】

A　「心中以外の虐待死」と、「心中による虐待死」を比較すると「心中による虐待死」の方が多い。

B　「心中以外の虐待死」で、加害者で最も多いのは「実母」である。

C　「心中以外の虐待死」で、最も多い子どもの年齢は「３歳」である。

D　「心中による虐待死」における加害の動機（背景）は、「保護者自身の精神疾患、精神不安」が最も多い。

（組み合わせ）

1　A　B
2　A　C
3　B　C
4　B　D
5　C　D

8 次の文は、被措置児童等の虐待の防止に関する記述である。（　A　）～（　C　）にあてはまる語句の正しい組み合わせを一つ選びなさい。　　　【R２後・問17】

　施設入所や里親委託などの措置がとられた被措置児童等への虐待があった場合、施設や事業者を監督する立場にある（　A　）は、（　B　）に基づき適切に対応する必要がある。これを受けて（　C　）では、「被措置児童等虐待対応ガイドライン」を作成している。

（組み合わせ）

	A	B	C
1	厚生労働省	児童福祉法	厚生労働省
2	厚生労働省	児童虐待の防止等に関する法律	都道府県等
3	都道府県等	児童福祉法	厚生労働省
4	都道府県等	児童虐待の防止等に関する法律	厚生労働省
5	市町村	児童虐待の防止等に関する法律	都道府県等

7　解説　　　　　　　　　　　　　　　　　　　　　　　　　正答 ☞　4

A　不適切である。「心中による虐待死」は19件、「心中以外の虐待死」は47件であり、「心中以外の虐待死」のほうが多い。

B　適切である。主たる加害者は「実母」が最も多く、全体の約6割を占める。

C　不適切である。最も多い子どもの年齢は0歳で、全体の約6.5割を占める。

D　適切である。「心中による虐待死」における加害の動機（背景）は、「保護者自身の精神疾患、精神不安」が最も多く、全体の約4割を占める。

8　解説　　　　　　　　　　　　　　　　　　　　　　　　　正答 ☞　3

　施設入所や里親委託などの措置がとられた被措置児童等への虐待があった場合、施設や事業者を監督する立場にある（A．都道府県等）は、（B．児童福祉法）に基づき適切に対応する必要がある。これを受けて（C．厚生労働省）では、「被措置児童等虐待対応ガイドライン」を作成している。

　このガイドラインは令和5年3月28日が直近の改正で、所管が厚生労働省だった。今後はこども家庭庁に移管される見込みがあることに注意したい。

　被措置児童等虐待の防止等については「児童福祉法」第33条の10〜第33条の17に規定され、被措置児童等虐待を定義するとともに、施設職員等の禁止行為、通告、秘密保持義務、被措置児童等の状況把握等と状況等の公表などが示されている。また、被措置児童等には、施設入所児童だけでなく一時保護中の児童も含まれる。

キーワード　　　「被措置児童等虐待対応ガイドライン」

被措置児童等虐待の発生予防から早期発見、迅速な対応、再発防止等のための取り組みを総合的に進めるよう、厚生労働省が2009（平成21）年3月に作成したガイドライン。①被措置児童等虐待の定義、②被措置児童等虐待に関する通告等、③通告を受けた場合に都道府県等が講ずべき措置、④被措置児童等の権利擁護に関する都道府県児童福祉審議会の関与について規定されている。

児童買春・児童ポルノ

★★★
9 次のうち、児童買春・児童ポルノ事件についての記述として、適切な記述を○、不適切な記述を×とした場合の正しい組み合わせを一つ選びなさい。

【R3後・問15】

A　児童ポルノ事件の検挙件数は、2011（平成23）年から2018（平成30）年まで増加し続けた。

B　令和元年中に新たに特定された児童ポルノ事件の被害児童のうち、学職別の割合が最も高いのは、小学生である。

C　日本は、「児童の売買、児童買春及び児童ポルノに関する児童の権利に関する条約の選択議定書」に批准している。

D　「児童買春、児童ポルノに係る行為等の規制及び処罰並びに児童の保護等に関する法律」では、児童買春をした者は、5年以下の懲役又は300万円以下の罰金に処することが定められている。

（組み合わせ）

	A	B	C	D
1	○	○	○	○
2	○	○	○	×
3	○	○	×	○
4	○	×	○	○
5	×	○	○	○

発展

9　解説

A　適切である。警察庁生活安全局少年課の「令和2年における少年非行、児童虐待及び子供の性被害の状況」によれば、児童ポルノ事件の検挙件数は2011（平成23）年の1,455件から2018（平成30）年の3,097件まで増加し続けた。2023（令和5）年には2,789件となり減少した。

B　不適切である。令和元年中の児童ポルノ事件の被害児童の学職別割合として、最も高いのは「中学生」の39.8%である。ついで「高校生」の39.6%、「小学生」の15.4%と続く。なお、令和5年においては「高校生」37.5%、「中学生」41.0%で中学生のほうが割合が高かった。

C　適切である。「児童の売買、児童買春及び児童ポルノに関する児童の権利に関する条約の選択議定書」は、2000（平成12）年にニューヨークにおいて作成され、第54回国連総会で採択された。子どもの売買、子ども売買春及び子どもポルノグラフィーから子どもを保護するため、一定の行為の犯罪化や国際協力などについて定めたものであり、日本は2005（平成17）年に批准した。

D　適切である。「児童買春、児童ポルノに係る行為等の規制及び処罰並びに児童の保護等に関する法律」第4条において、「児童買春をした者は、5年以下の懲役又は300万円以下の罰金に処する」と規定されている。

合格エッセンス　児童ポルノ事犯の被害児童の学職別割合

令和5年における児童ポルノ事犯の被害児童（1,444人）の学職別割合では、中学生が最多となった。

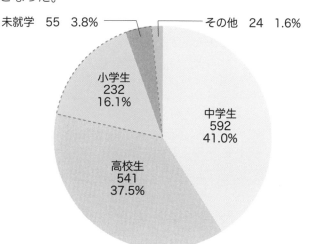

未就学　55　3.8%　　その他　24　1.6%

小学生　232　16.1%

中学生　592　41.0%

高校生　541　37.5%

出典：警察庁ホームページ「なくそう、子供の性被害。」統計データをもとに作成

子福

障害のある子どものための福祉

10 ★★★ 次の図は、障害児通所支援等事業の種類別にみた事業所数である。(A)・(B)にあてはまる事業名の正しい組み合わせを一つ選びなさい。

【R4後・問15】

図　障害児通所支援等事業所数

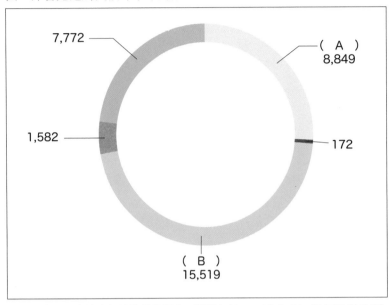

7,772

(A)
8,849

172

1,582

(B)
15,519

出典:「令和2年社会福祉施設等調査の概況」(2021(令和3)年 厚生労働省)

(組み合わせ)

	A	B
1	児童発達支援事業	居宅訪問型児童発達支援事業
2	児童発達支援事業	放課後等デイサービス事業
3	児童発達支援事業	障害児相談支援事業
4	保育所等訪問支援事業	放課後等デイサービス事業
5	保育所等訪問支援事業	障害児相談支援事業

10 解説 正答 ☞ 2

児童発達支援事業は全体の約3割弱、放課後等デイサービス事業は全体の約5割弱を占める。

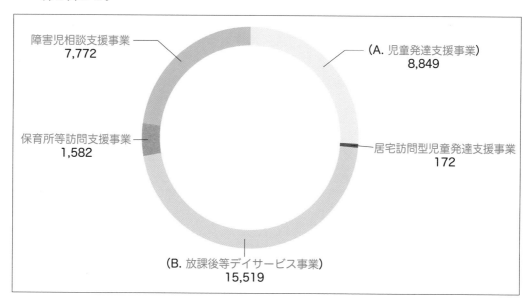

合格エッセンス 「児童福祉法」に基づく障害児通所支援

児童発達支援	児童発達支援センターなどの施設に通わせ、日常生活における基本的な動作及び知識技能の習得、集団生活への適応支援その他内閣府令で定める便宜を供与し、又はこれに併せて肢体不自由児への治療を行う。未就学児が対象。
放課後等デイサービス	就学している障害児を、授業の終了後または休みの日に児童発達支援センターその他の施設に通わせ、生活能力向上のために必要な支援、社会との交流の促進その他の便宜を供与する。
保育所等訪問支援	保育所などに通う障害児または乳児院や児童養護施設に入所している障害児について、その施設を訪問し、その施設の障害児以外の児童との集団生活への適応のための専門的な支援その他の便宜を供与する。
居宅訪問型児童発達支援 (きょたく)	重度の障害等によって児童発達支援または放課後等デイサービスを受けるために外出することが著しく困難な障害児の居宅を訪問し、日常生活における基本的な動作及び知識技能の習得、生活能力向上のために必要な支援その他内閣府令で定める便宜を供与する。

子福

産前・産後のケア

11 ★★★ 次のうち、「産前・産後サポート事業ガイドライン　産後ケア事業ガイドライン」（令和２年８月　厚生労働省）の産後ケア事業に関する記述として、適切なものを○、不適切なものを×とした場合の正しい組み合わせを一つ選びなさい。

【R６前・問12】

A　実施主体は市町村で、産後ケア事業の趣旨を理解し、適切な実施が期待できる団体等に事業の全部又は一部を委託することができる。

B　対象者は、当該自治体に住民票のある産婦に限られる。

C　実施担当者は、原則医師を中心とした実施体制とする。

D　事業の種類は、短期入所（ショートステイ）型、通所（デイサービス）型、居宅訪問（アウトリーチ）型である。

（組み合わせ）

	A	B	C	D
1	○	○	○	×
2	○	×	○	×
3	○	×	×	○
4	×	○	×	○
5	×	×	×	○

11 解説　　　　　　　　　　　　　　　　　　　　　　　正答 ☞ 3

　「産前・産後サポート事業ガイドライン　産後ケア事業ガイドライン」（以下「ガイドライン」）における産後ケア事業とは、「**母子保健法**」第17条の2に規定される事業である。出産後**1年以内**の母子を対象とし、病院、診療所、助産所、保健センター等（「産後ケアセンター」という）または対象者の居宅で助産師等の看護職が中心となり、母親の身体的回復と心理的な安定を促進し、母親自身が**セルフケア**能力を育み、母子の**愛着形成**を促し、母子とその家族が健やかな育児ができるよう支援することを目的としている。

A　**適切である**。実施主体は**市町村**で、適切な団体等への**委託**も可能である。

B　**不適切である**。「ガイドライン」では「**里帰り出産**により住民票がない状態の産婦をはじめ、住民票のない自治体において支援を受ける必要性が高いなどの状況であれば、住民票のない自治体において産後ケアも含めた母子保健事業等での支援を実施していただく必要がある」としている。

C　**不適切である**。「ガイドライン」では「助産師、保健師、看護師を1名以上置くこと。特に、出産後4か月頃までの時期は、褥婦や新生児に対する専門的ケア（乳房ケアを含む。）を行うことから、原則、**助産師**を中心とした実施体制での対応とする」としている。

D　**適切である**。事業の種類は、産後ケアに対する地域におけるニーズや社会資源等の状況から、**短期入所（ショートステイ）**型、**通所（デイサービス）**型（個別・集団）、**居宅訪問（アウトリーチ）**型の3種類に分かれている。

合格エッセンス　　　　　　　　　　　　**産後ケア事業の種類**

短期入所（ショートステイ）型	利用者を数日間（原則7日以内）入所させ、産後ケアを行う
通所（デイサービス）型	個別または複数の利用者を来所させ、産後ケアを行う
居宅訪問（アウトリーチ）型	利用者の居宅を助産師等の看護職（相談内容により保育士、管理栄養士、心理に関して知識のある者等）が訪問し、産後ケアを行う

子福

子ども家庭福祉と保育

12 ★★ 次の文のうち、「病児保育事業実施要綱」（平成30年7月30日　厚生労働省）に関する記述として適切な組み合わせを一つ選びなさい。　　　　　【R3前・問12】

A　病院・保育所等において、病気の児童を一時的に保育するほか、保育中に体調不良となった児童への緊急対応並びに病気の児童の自宅に訪問する。

B　病児保育の事業類型をみると、病児対応型、病後児対応型、体調不良児対応型、非施設型（訪問型）、送迎対応がある。

C　病児保育の実施主体は、市町村（特別区及び一部事務組合を含む。）とされており、委託等を行うことはできない。

D　本事業の対象となる病児は、市町村が必要と認めた未就学の乳児・幼児に限る。

（組み合わせ）

1　A　B　　　　　4　B　C
2　A　C　　　　　5　C　D
3　A　D

13 ★★ 次の文は、「全国保育士会倫理綱領」の一部である。（　A　）～（　D　）にあてはまる語句の正しい組み合わせを一つ選びなさい。　　　　　【R5前・問5】

前文（略）

1　私たちは、一人ひとりの子どもの最善の利益を第一に考え、保育を通してその（　A　）を積極的に増進するよう努めます。

2　（略）／3　（略）

4　私たちは、一人ひとりのプライバシーを保護するため、保育を通して知り得た個人の情報や（　B　）を守ります。

5　（略）

6　私たちは、日々の保育や子育て支援の活動を通して子どものニーズを受けとめ、子どもの立場に立ってそれを（　C　）します。また、子育てをしているすべての保護者のニーズを受けとめ、それを（　C　）していくことも重要な役割と考え、行動します。

7　（略）

8　私たちは、研修や自己研鑽を通して、常に自らの（　D　）と専門性の向上に努め、専門職としての責務を果たします。

（組み合わせ）

	A	B	C	D		A	B	C	D
1	幸福	秘密	代弁	人間性	4	福祉	法規	弁護	人間性
2	幸福	法規	弁護	人格	5	福祉	秘密	代弁	人格
3	福祉	秘密	代弁	人間性					

12　解説　　　　　　　　　　　　　　　正答 ☞ 1

A　**適切である。**病児対応型と病後児対応型は、**病院、診療所、保育所**などで、病気の子どもや病後の回復期にある子どもを一時的に保育する。また、体調不良児対応型は、事業を実施している**保育所**等で、子どもが保育中に体調不良になった際、保護者が迎えに来るまでの間保育する。非施設型（訪問型）は、病児、病後児の**自宅を訪問**して保育する。

　　送迎対応は、**訪問型以外**で実施される。保育所等で体調不良になった子どもに病院や診療所等で受診させ、保護者が迎えに来るまでの保育を行う。

B　**適切である。**病児保育事業の類型には、病児対応型、**病後児対応型**、体調不良児対応型、非施設型（訪問型）、**送迎対応**がある。

C　**不適切である。**病児保育の実施主体は市町村（特別区及び一部事務組合を含む）とされているが、市町村が適当と認めた事業者などに**委託**することができる。

D　**不適切である。**病児保育事業の対象となる病児には、未就学の乳幼児だけでなく**小学校就学児童**も含まれる。体調不良児対応型と送迎対応の２類型については保育所を利用している乳幼児が対象である。

13　解説　　　　　　　　　　　　　　　正答 ☞ 3

1　私たちは、一人ひとりの子どもの最善の利益を第一に考え、保育を通してその（A．**福祉**）を積極的に増進するよう努めます。

4　私たちは、一人ひとりのプライバシーを保護するため、保育を通して知り得た個人の情報や（B．**秘密**）を守ります。

6　私たちは、日々の保育や子育て支援の活動を通して子どものニーズを受けとめ、子どもの立場に立ってそれを（C．**代弁**）します。また、子育てをしているすべての保護者のニーズを受けとめ、それを（C．**代弁**）していくことも重要な役割と考え、行動します。

8　私たちは、研修や自己研鑽を通して、常に自らの（D．**人間性**）と専門性の向上に努め、専門職としての責務を果たします。

　　平成15年２月に採択された「全国保育士会倫理綱領」では、「私たちは、子どもの育ちを支えます／私たちは、保護者の子育てを支えます／私たちは、子どもと子育てにやさしい社会をつくります」という３点を掲げ、さらに具体的に「１．子どもの最善の利益の尊重／２．子どもの発達保障／３．保護者との協力／４．プライバシーの保護／５．チームワークと自己評価／６．利用者の代弁／７．地域の子育て支援／８．専門職としての責務」という８項目が挙げられている。

少年非行

14 次の少年非行に関する記述のうち、<u>不適切な記述</u>の組み合わせを一つ選びなさい。

【R2後・問15改】

A 触法少年とは、刑罰法令に触れる行為をした12歳未満の者である。

B ぐ犯少年とは、犯罪行為をした14歳以上20歳未満の者である。

C 少年鑑別所は、家庭裁判所の求めに応じて、鑑別を行う。

D 2005（平成17）年以降、ぐ犯少年の補導人数は、減少傾向にある。

（組み合わせ）

1 A B

2 A C

3 B C

4 B D

5 C D

多様な保育ニーズ

15 次のうち、外国籍や外国にルーツをもつ家庭の子どもの保育に関する記述として、適切なものを○、不適切なものを×とした場合の正しい組み合わせを一つ選びなさい。

【R5後・問13】

A 保育士は、それぞれの文化の多様性を尊重し多文化共生の保育を進めていくことが求められる。

B 保育士は、特別な配慮を必要とする家庭の場合には、状況等に応じて個別の支援を行うよう努めることが求められる。

C 保育士は、子どもの家庭の文化や宗教、生活習慣など、どの家庭にもあるそれぞれの文化を尊重する必要がある。

（組み合わせ）

	A	B	C
1	○	○	○
2	○	○	×
3	○	×	○
4	×	○	○
5	×	×	×

14　解説　　　　　　　　　　　　　　　　　　　　正答☞　1

A　**不適切である**。触法少年とは、刑罰法令に触れる行為を行った**14歳未満**の者である。

B　**不適切である**。ぐ犯少年とは、**将来**、罪を犯し、または刑罰法令に触れる行為を行う**おそれのある20歳未満**の者をいう。

C　**適切である**。「少年法」第17条において、「家庭裁判所は、審判を行うため必要があるときは、決定をもつて、次に掲げる観護の措置をとることができる」とされている。この条文にある観護の措置の一つとして、**少年鑑別所**への送致がある。観護措置として送致された少年に対して、少年鑑別所は、家庭裁判所が行う調査、審判、保護処分の執行に必要な医学、教育学、社会学などの専門知識に基づいて少年の資質の鑑別を行う。

D　**適切である**。ぐ犯少年の補導人数は、若干の動きはあるものの、全体としては、**減少傾向**にある。

15　解説　　　　　　　　　　　　　　　　　　　　正答☞　1

A　**適切である**。「保育所保育指針解説」（以下「解説」）では、「保育士等はそれぞれの文化の多様性を尊重し、**多文化共生**の保育を進めていくことが求められる」としている。

B　**適切である**。「保育所保育指針」では、「外国籍家庭など、特別な配慮を必要とする家庭の場合には、状況等に応じて**個別の支援**を行うよう努めること」としている。

C　**適切である**。「解説」では、「外国籍の子どもの文化だけでなく、宗教や生活習慣など、どの家庭にもある**それぞれの文化**を尊重することが必要である」としている。

子福

合格エッセンス　　　　　　　　非行少年の種類

犯罪少年	14歳以上で犯罪を行った少年
触法少年	14歳未満で刑罰法令にふれる行為をした少年
ぐ犯少年	将来、罪を犯し、または刑罰法令にふれる行為をするおそれのある少年

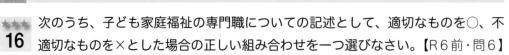

子ども家庭福祉に携わる人々 (1)

★★★
16 次のうち、子ども家庭福祉の専門職についての記述として、適切なものを○、不適切なものを×とした場合の正しい組み合わせを一つ選びなさい。【R6前・問6】

A 家庭相談員は、福祉事務所の家庭児童相談室に配置されている。

B 母子・父子自立支援員は、配偶者のない者で現に児童を扶養しているもの及び寡婦に対して、相談に応じている。

C 児童委員は、児童相談所に配置され、子どもの保護や福祉に関する相談に応じている。

D 児童福祉司は、精神保健福祉士や公認心理師からも任用することができる。

（組み合わせ）

	A	B	C	D
1	○	○	×	○
2	○	×	○	○
3	○	×	×	○
4	×	○	○	×
5	×	×	○	○

★★★
17 次のうち、児童相談所が受ける相談について、<u>不適切な記述</u>を一つ選びなさい。
【R5前・問7】

1 養護相談には、父又は母等保護者の家出、失踪、死亡、離婚、入院等による養育困難児に関する相談が含まれる。

2 障害相談には、知的障害児、発達障害児、重症心身障害児に関する相談が含まれる。

3 保健相談とは、未熟児、虚弱児、内部機能障害児や小児喘息等の疾患を有する子どもに関する相談である。

4 非行相談とは、ぐ犯行為や触法行為を行う子どもに関する相談である。

5 育成相談とは、児童虐待に関する相談である。

16　解説　　　　　　　　　　　　　　　　　　　　　　　正答 ☞ 1

A　適切である。家庭相談員は福祉事務所に配置されており、地域に密着した子ども
に関する相談を主に担当している。子育て支援や虐待予防を重視し、住民にとって
身近な相談機関としての役割を担っている。

B　適切である。母子・父子自立支援員は、原則として福祉事務所に配置され、ひと
り親家庭及び寡婦に対する相談を担っている。「母子及び父子並びに寡婦福祉法」第
8条により、都道府県知事、市長、福祉事務所設置町村長が委嘱する。

C　不適切である。児童委員は厚生労働大臣に委嘱され、担当区域内の児童および妊
産婦について、その生活や環境状態を把握し、必要な援助や指導などを行っている。
民生委員が児童委員を兼ねている。

D　適切である。児童福祉司は任用資格であり、「児童福祉法」第13条において、児童
福祉司もしくは児童福祉施設の職員を養成する学校等を卒業した者や都道府県知事
指定の講習会の課程を修了した者等に加えて、医師、社会福祉士、精神保健福祉士、
公認心理師等から任用されることとなっている。都道府県知事の補助機関に位置付
けられている。

17　解説　　　　　　　　　　　　　　　　　　　　　　　正答 ☞ 5

1　適切である。養護相談とは、父又は母等保護者の家出、失踪、死亡、離婚、入院、
稼働及び服役等による養育困難児、棄児、迷子、虐待を受けた子ども、親権を喪失
した親の子、後見人を持たぬ児童等環境的問題を有する子ども、養子縁組に関する
相談を指す。

2　適切である。障害相談とは、肢体不自由相談、視聴覚障害相談、言語発達障害等
相談、重症心身障害相談、知的障害相談、自閉症等相談を指している。

3　適切である。保健相談とは、未熟児、虚弱児、内部機能障害、小児喘息、その他
の疾患（精神疾患を含む）等を有する子どもに関する相談を指す。

4　適切である。非行相談とは、ぐ犯等相談や触法行為等相談を指す。

5　不適切である。育成相談とは、性格行動相談、不登校相談、適性相談、育児・し
つけ相談を指す。児童虐待に関する相談は養護相談にあたる。

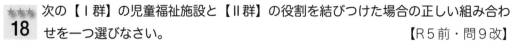

子ども家庭福祉に携わる人々 (2)

★★★
18 次の【Ⅰ群】の児童福祉施設と【Ⅱ群】の役割を結びつけた場合の正しい組み合わせを一つ選びなさい。 【R5前・問9改】

【Ⅰ群】　A　児童心理治療施設

　　　　　B　児童自立支援施設

　　　　　C　医療型障害児入所施設

　　　　　D　児童家庭支援センター

【Ⅱ群】

ア　地域の児童の福祉に関する各般の問題につき、児童に関する家庭その他からの相談のうち、専門的な知識及び技術を必要とするものに応じ、必要な助言を行う。

イ　障害のある児童を入所させて、保護、日常生活における基本的な動作及び独立自活に必要な知識技能の習得のための支援並びに治療を行う。

ウ　不良行為をなし、またはなすおそれのある児童及び家庭環境その他の環境上の理由により生活指導等を要する児童を入所させ、または保護者の下から通わせて、個々の児童の状況に応じて必要な指導を行い、その自立を支援し、あわせて退所した者について相談その他の援助を行う。

エ　保健上必要があるにもかかわらず、経済的理由により、入院助産を受けることができない妊産婦を入所させて、助産を受けさせる。

オ　児童を短期間入所させ、または保護者の下から通わせて、社会生活に適応するために必要な心理に関する治療及び生活指導を主として行い、あわせて退所した者について相談その他の援助を行う。

（組み合わせ）

	A	B	C	D
1	ウ	オ	イ	ア
2	ウ	オ	エ	イ
3	オ	ア	ウ	イ
4	オ	ウ	イ	ア
5	オ	ウ	エ	ア

18　解説　　　　　　　　　　　　　　　　　　　　

A　オ　児童心理治療施設は、児童を短期間入所させ、または保護者の下から通わせて、社会生活に適応するために必要な心理に関する治療及び生活指導を主として行い、あわせて退所した者について相談その他の援助を行う。「児童福祉法」第43条の2に規定されている。

B　ウ　児童自立支援施設は、不良行為をなし、またはなすおそれのある児童及び家庭環境その他の環境上の理由により生活指導等を要する児童を入所させ、または保護者の下から通わせて、個々の児童の状況に応じて必要な指導を行い、その自立を支援し、あわせて退所した者について相談その他の援助を行う。「児童福祉法」第44条に規定されている。

C　イ　医療型障害児入所施設は、障害のある児童を入所させて、保護、日常生活における基本的な動作及び独立自活に必要な知識技能の習得のための支援並びに治療を行う。「児童福祉法」第42条に規定されている。

D　ア　児童家庭支援センターは、地域の児童の福祉に関する各般の問題につき、児童に関する家庭その他からの相談のうち、専門的な知識及び技術を必要とするものに応じ、必要な助言を行う。「児童福祉法」第44条の2に規定されている。

合格エッセンス

児童福祉施設の職員

乳児院は規模によって必要な職員が変わることに注意。

	医師	嘱託医	看護師	個別対応職員	家庭支援専門相談員	栄養士	調理員	心理療法担当職員	保育士	児童指導員	母子支援員	少年を指導する職員	児童自立支援専門員	児童生活支援員	職業指導員
乳児院 10人以上	●		●	●	●	●	△	○	○	○					
乳児院 10人未満		●	●		●		●		○	○					
母子生活支援施設		●		○				○	○		●	●			
児童養護施設		●	○	●	●	△	△	○	●	●					○
児童心理治療施設	●		●	●	●		△	●	●	●					
児童自立支援施設	●			●	●	△	△	○					●	●	○

●＝必ず配置しなければならない職員
○＝条件によって配置される職員
△＝条件によって配置しないことができる職員

職員と施設が1対1で対応しているものは、セットで覚えてしまえば効率的。

子福

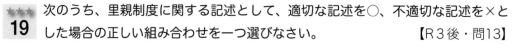

里親制度

★★★
19 次のうち、里親制度に関する記述として、適切な記述を○、不適切な記述を×とした場合の正しい組み合わせを一つ選びなさい。　【R3後・問13】

A　里親の新規開拓から委託児童の自立支援までの一貫した里親支援は、市町村の業務として位置づけられる。

B　専門里親に委託される対象児童は、①児童虐待等の行為により心身に有害な影響を受けた児童、②非行等の問題を有する児童、③身体障害、知的障害又は精神障害がある児童のうち、都道府県知事がその養育に関し特に支援が必要と認めたものである。

C　小規模住居型児童養育事業（ファミリーホーム）は、平成29年3月末現在、全国に約100か所ある。

D　平成30年7月に、厚生労働省より「都道府県社会的養育推進計画の策定要領」が示された。

（組み合わせ）

```
    A   B   C   D           A   B   C   D
1   ○   ○   ×   ○      4   ×   ○   ×   ○
2   ○   ○   ×   ×      5   ×   ×   ×   ○
3   ○   ×   ○   ×
```

児童福祉法

★★★
20 次のうち、「児童福祉法」第7条に示された児童福祉施設に含まれないものを一つ選びなさい。　【R2後・問8】

1　幼保連携型認定こども園　　　4　自立援助ホーム
2　児童家庭支援センター　　　　5　児童発達支援センター
3　児童厚生施設

★★★
21 次のうち、「児童福祉法」第11条に規定される都道府県の業務として、誤ったものを一つ選びなさい。　【R4前・問6】

1　児童及びその家庭につき、必要な調査並びに医学的、心理学的、教育学的、社会学的及び精神保健上の判定を行う

2　里親につき、その相談に応じ、必要な情報の提供、助言、研修その他の援助を行う

3　児童委員のうちから、主任児童委員を指名する

4　里親に関する普及啓発を行う

5　児童に関する家庭その他からの相談のうち、専門的な知識及び技術を必要とするものに応ずる

19 解説

正答 ☞ 4

A **不適切である。**「児童福祉法」第11条第1項第二号トにおいて、都道府県の業務として、里親の新規開拓から委託児童の自立支援までの一貫した里親支援が挙げられている。

B **適切である。**専門里親は、被虐待児、非行児、障害児である要保護児童を対象としており、登録の有効期間は2年、養育できる要保護児童の最大人数は4人（ただし、被虐待児、非行児、障害児は2人まで）とされている。

C **不適切である。**「平成28年度福祉行政報告例」によると、平成29年3月末で、小規模住居型児童養育事業（ファミリーホーム）の事業所数は313か所となっている。令和4（2022）年3月末現在で446か所である。

D **適切である。**「都道府県社会的養育推進計画の策定要領」とは、平成28年の「児童福祉法」一部改正、平成29年の「児童福祉法」及び「児童虐待防止法」の改正を受けて、既存の都道府県社会的養育推進計画を全面的に見直し、新たに策定するにあたって踏まえるべき基本的考え方や留意点を示したものである。

20 解説

正答 ☞ 4

「児童福祉法」第7条に規定されている児童福祉施設は、助産施設、乳児院、母子生活支援施設、保育所、幼保連携型認定こども園、児童厚生施設、児童養護施設、障害児入所施設、児童発達支援センター、児童心理治療施設、児童自立支援施設、児童家庭支援センター、里親支援センターである。よって、選択肢1、2、3、5は児童福祉施設である。

4 **含まれない。**自立援助ホームは、「児童福祉法」第6条の3に規定される児童自立生活援助事業として運営されている施設をいう。

21 解説

正答 ☞ 3

1 **正しい。**「児童福祉法」第11条第1項第二号ハに規定されている。
2 **正しい。**「児童福祉法」第11条第1項第二号ト（2）に規定されている。
3 **誤り。**「児童福祉法」第11条にこのような規定はない。「児童福祉法」第16条第3項に「厚生労働大臣は、児童委員のうちから、主任児童委員を指名する」と規定されている。
4 **正しい。**「児童福祉法」第11条第1項第二号ト（1）に規定されている。
5 **正しい。**「児童福祉法」第11条第1項第二号ロに規定されている。

子ども家庭福祉の動向（1）

【R４後・問18】

★★★ 22 次のうち、日本と諸外国における子どもや家庭の統計に関する記述として、適切な記述を○、不適切な記述を×とした場合の正しい組み合わせを一つ選びなさい。

A 「令和２年版 少子化社会対策白書」（2020（令和２）年 内閣府）によると、６歳未満の子供を持つ夫婦の家事・育児関連時間（１日当たり・国際比較）で、日本の妻の１日当たりの家事・育児平均時間が、記載国※の中で最も長かった。

B 「令和２年版 少子化社会対策白書」（2020（令和２）年 内閣府）によると、６歳未満の子供を持つ夫婦の家事・育児関連時間（１日当たり・国際比較）で、日本の夫の１日当たりの家事・育児平均時間が、記載国※の中で最も短かった。

C 「令和３年版 男女共同参画白書」（2021（令和３）年 内閣府）によると、OECD諸国の女性（15～64歳）の就業率（2019（令和元）年）で、日本はOECD平均より高いことが示されている。

※記載のある７か国 日本、アメリカ、イギリス、フランス、ドイツ、スウェーデン、ノルウェー

（組み合わせ）

	A	B	C
1	○	○	○
2	○	○	×
3	○	×	×
4	×	○	○
5	×	×	×

発展

22　解説　　　　　　　　　　　　　　　正答 ☞ 1

A　**適切である。**「令和2年版　少子化社会対策白書」によれば、日本の妻の1日当たりの家事・育児平均時間は7時間34分となっており、記載国の中で最も**長い**。

B　**適切である。**「令和2年版　少子化社会対策白書」によれば、日本の夫の1日当たりの家事・育児平均時間は1時間23分となっており、記載国の中で最も**短い**。

　　なお、「少子化社会対策白書」は「子供・若者白書」「子供の貧困の状況及び子供の貧困対策の実施の状況」と一本化し、「こども白書」として公表される予定になっている。

C　**適切である。**「令和3年版　男女共同参画白書」によれば、OECD諸国の女性（15～64歳）の就業率（2019（令和元）年）の平均は61.3％、日本は71.0％となっており、OECD平均より**高い**。

子福

合格エッセンス　**6歳未満の子供を持つ夫婦の家事・育児関連時間**
（週全体平均）（1日当たり、国際比較）

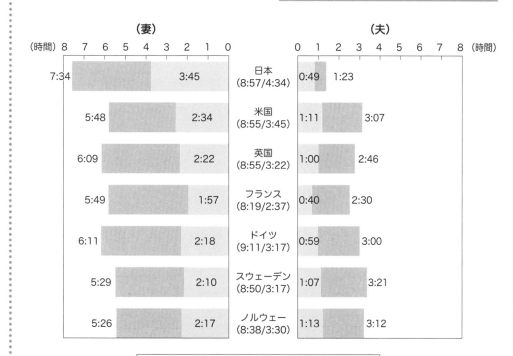

	（妻）		（夫）	
日本（8:57/4:34）	7:34	3:45	0:49	1:23
米国（8:55/3:45）	5:48	2:34	1:11	3:07
英国（8:55/3:22）	6:09	2:22	1:00	2:46
フランス（8:19/2:37）	5:49	1:57	0:40	2:30
ドイツ（9:11/3:17）	6:11	2:18	0:59	3:00
スウェーデン（8:50/3:17）	5:29	2:10	1:07	3:21
ノルウェー（8:38/3:30）	5:26	2:17	1:13	3:12

■家事・育児関連時間　　□うち育児の時間

※国名の下に記載している時間は、左側が「家事・育児関連時間」の夫と妻の時間を合わせた時間。右側が「うち育児の時間」の夫と妻の時間を合わせた時間。

出典：「令和2年版 男女共同参画白書」「令和2年版 少子化社会対策白書」ともに内閣府、2020年をもとに作成

子ども家庭福祉の動向 (2)

★★★
23 次のうち、多様な保育事業に関する記述として、適切な記述を○、不適切な記述を×とした場合の正しい組み合わせを一つ選びなさい。　【R4前・問11】

A 「夜間保育所の設置認可等について」（平成12年 厚生省）によると、開所時間は原則として概ね11時間とし、おおよそ午後10時までとすることとされている。

B 厚生労働省によると、2019（平成31）年4月1日現在、全国に設置されている夜間保育所は79か所となっており、2014（平成26）年4月1日現在に比べて10か所以上増加した。

C 延長保育事業には、都道府県及び市町村以外の者が設置する保育所又は認定こども園など適切に事業が実施できる施設等で実施される一般型と、利用児童の居宅において実施する訪問型がある。

D 厚生労働省によると、2018（平成30）年度の病児保育事業実施か所数は、2014（平成26）年度に比べて1,000か所以上増加した。

E 企業主導型保育事業は、企業が従業員の働き方に応じた柔軟な保育サービスを提供するために設置する保育施設であり、全企業に設置義務が課されている。

（組み合わせ）

```
   A B C D E
1  ○ ○ × ○ ×
2  ○ × ○ ○ ×
3  × ○ ○ × ×
4  × ○ × ○ ○
5  × ○ × × ○
```

23　解説　　　　　　　　　　　　　　　　　　　　　　正答 ☞　2

A　**適切である。**「夜間保育所の設置認可等について」（平成12年　厚生省）によると、「保育の方法」として「開所時間は原則として概ね**11**時間とし、おおよそ午後**10**時までとすること」と規定されている。

B　**不適切である。**2019（平成31）年4月1日現在、全国に設置されている夜間保育所は79か所、2014（平成26）年4月1日現在は85か所となっており、6か所**減少**している。なお、2023（令和5）年4月1日時点では73か所である。

C　**適切である。延長保育事業**は、就労形態の多様化等に伴い、やむを得ない理由により、保育時間を延長して児童を預けられる環境が必要とされていることから開始された。一般型と訪問型がある。

D　**適切である。**2018（平成30）年度の病児保育事業実施か所数は3,130か所、2014（平成26）年度は1,839か所となっており、1,000か所以上**増加**している。

E　**不適切である。**企業主導型保育事業は、平成28年度に**内閣府**が開始した企業向けの助成制度であり、保育施設の整備費や運営費の助成を行う事業である。企業のニーズに応じ、従業員の子どもやそれ以外の地域の子どもを受け入れる保育施設を設置することが可能だが、全企業への設置義務は**課されていない**。

子福

合格エッセンス　　　　夜間保育所の設置状況の推移

（か所）

年度	か所
平成18年度	71
平成19年度	74
平成20年度	77
平成21年度	77
平成22年度	77
平成23年度	77
平成24年度	78
平成25年度	82
平成26年度	85
平成27年度	82
平成28年度	81
平成29年度	81
平成30年度	81
令和元年度	79
令和2年度	76
令和3年度	75
令和4年度	73
令和5年度	73

※各年度4月1日時点
出典：厚生労働省・こども家庭庁資料をもとに作成

子ども家庭福祉の動向（3）

24 ★★ 次のうち、「令和４年版 厚生労働白書」（2022（令和４）年９月　厚生労働省）の保育人材に関する記述として、適切なものを○、不適切なものを×とした場合の正しい組み合わせを一つ選びなさい。　　　　　　　【R５後・問７】

A　2020（令和２）年10月１日現在、保育士の登録者数は、150万人を超えている。

B　保育士資格を有しながら保育所等で働いていない潜在保育士数は、2011（平成23）年から2020（令和２）年まで毎年減少している。

C　保育士として就業した者が退職した理由として最も多いのは「職場の人間関係」である。

D　潜在保育士が保育士として就業を希望しない理由として最も多いのは「賃金が希望と合わない」である。

（組み合わせ）

	A	B	C	D
1	○	○	×	○
2	○	○	×	×
3	○	×	○	○

	A	B	C	D
4	×	○	○	×
5	×	×	○	○

子ども・子育て支援制度

25 ★★ 次の【事例】を読んで、【設問】に答えなさい。

【R１後・問19】

【事例】

　R君（６歳、男児）は、S保育所に通っており、両親ともにフルタイムで就労している。ある日、R君の担当であるT保育士は、R君の母親から「うちには、身近に子育てを手伝ってくれる人がいない。（R君の）小学校入学後の預け先や病気になった時が不安である」と相談された。

【設問】

　次のうち、T保育士がR君の母親に利用を勧める事業や施設として、適切なものを○、不適切なものを×とした場合の正しい組み合わせを一つ選びなさい。

A　児童自立生活援助事業

B　放課後児童クラブ

C　子育て援助活動支援事業

（組み合わせ）

	A	B	C
1	○	○	○
2	○	○	×
3	○	×	○
4	×	○	○
5	×	○	×

24 　解説　　　　　　　　　　　　　　　　　　　　　　　　　正答 ☞ 3

A　適切である。「令和4年版 厚生労働白書」によれば、保育士の登録者数は、2020年10月1日現在、167万3千人で**150万人を超えている**。

B　**不適切である**。「令和4年版 厚生労働白書」によれば、保育所を含む社会福祉施設等で従事していない保育士数は、2007（平成19）年から2020（令和2）年まで毎年増加している。

C　適切である。「令和4年版 厚生労働白書」によれば、退職理由として「**職場の人間関係**」（33.5%）、次いで「給料が安い」（29.2%）、「仕事量が多い」（27.7%）となっている。

D　適切である。「令和4年版 厚生労働白書」によれば、保育士として就業を希望しない理由は「**賃金が希望と合わない**」（47.5%）、次いで「他職種への興味」（43.1%）、「責任の重さ・事故への不安」（40.0%）となっている。

25 　解説　　　　　　　　　　　　　　　　　　　　　　　　　正答 ☞ 4

A　**不適切である**。児童自立生活援助事業は、児童養護施設等を、**義務教育終了後に**措置解除によって退所した児童が利用するものである。

B　適切である。両親ともにフルタイムで就労している場合、昼間家庭にいない保護者に該当する。放課後児童クラブ（放課後児童健全育成事業）は「**小学校に就学している児童であって、その保護者が労働等により昼間家庭にいないものに、授業の終了後に児童厚生施設等の施設を利用して適切な遊び及び生活の場を与えて、その健全な育成を図る事業**」（「児童福祉法」第6条の3第2項）である。利用を勧める事業として適切である。

C　適切である。子育て援助活動支援事業（**ファミリー・サポート・センター**事業）は、児童を**一時的に預かり**、必要な保護（宿泊を伴って行うものを含む）を行うものである。**地域子ども・子育て支援事業**の一つであり、利用を勧める事業として適切である。

社会福祉

社会福祉の理念と概念

★★★
1 次のうち、日本の社会福祉の基本的な考え方に関する記述として、適切なものを
○、不適切なものを×とした場合の正しい組み合わせを一つ選びなさい。

【R5後・問1】

A　社会福祉における自立支援は、障害者福祉の分野ばかりでなく、高齢者福祉、子ど
も家庭福祉の分野にも共通の理念と考えられている。

B　私たち人間の幸福追求について、国が福祉政策によって関与することはない。

C　「日本国憲法」では、生存権を保障するため、最低限度の生活に関する基準を示して
いる。

D　社会福祉における相談援助は、福祉サービスを必要とする人と社会資源を結びつけ
る役割を果たす。

（組み合わせ）

	A	B	C	D
1	○	○	×	○
2	○	×	○	×
3	○	×	×	○
4	×	○	○	×
5	×	×	○	○

基礎

★★
2 次の文は、国際ソーシャルワーカー連盟（IFSW）によるソーシャルワーク（専
門職）のグローバル定義（2014年）の日本語定義の一部である。（　A　）～
（　C　）にあてはまる語句を【語群】から選択した場合の正しい組み合わせを
一つ選びなさい。

【R3後・問1】

　ソーシャルワークは、社会変革と（　A　）、社会的結束、および人々の（　B　）
と解放を促進する、実践に基づいた専門職であり学問である。（　C　）、人権、集団
的責任、および多様性尊重の諸原理は、ソーシャルワークの中核をなす。

【語群】

ア	民族固有の知	イ	ストレングス
ウ	社会開発	エ	エンパワメント
オ	自由	カ	社会正義

（組み合わせ）

	A	B	C			A	B	C
1	ア	エ	オ		4	ウ	エ	カ
2	イ	ウ	エ		5	ウ	オ	カ
3	イ	ウ	オ					

標準

1　解説　　　　　　　　　　　　　　　　　　　　　正答 ☞ 3

A　**適切である**。社会福祉における自立支援は、障害者福祉分野では「障害者基本法」や「障害者総合支援法」、高齢者福祉分野では「介護保険法」、子ども家庭福祉分野では「児童福祉法」など、いずれの分野においても**共通の理念**と考えられている。

B　**不適切である**。「日本国憲法」第13条において「幸福追求に対する国民の権利については、公共の福祉に反しない限り、**立法その他の国政**の上で、最大の尊重を必要とする」と定められ、第25条第２項においても「**国**は、すべての生活部面について、社会福祉、社会保障及び公衆衛生の向上及び増進に努めなければならない」としている。

C　**不適切である**。「日本国憲法」第25条第１項において「すべて国民は、健康で文化的な最低限度の生活を営む権利を有する」と定めているが、生存権を保障するための最低限度の生活に関する基準までは**示していない**。

D　**適切である**。社会福祉における相談援助は、**ソーシャルワーク**と呼ばれ、福祉サービスを必要とする人と人的・物的資源や制度等の社会資源を結びつけ、支援を行うものである。

2　解説　　　　　　　　　　　　　　　　　　　　　正答 ☞ 4

　　ソーシャルワークは、社会変革と（A．**ウ　社会開発**）、社会的結束、および人々の（B．**エ　エンパワメント**）と解放を促進する、実践に基づいた専門職であり学問である。（C．**カ　社会正義**）、人権、集団的責任、および多様性尊重の諸原理は、ソーシャルワークの中核をなす。

　　「**ソーシャルワーク専門職のグローバル定義**」は、ソーシャルワーク実践の基盤となり、その実践の拠り所である。

　　同定義では、ソーシャルワークの中核となる任務を、社会変革、**社会開発**、社会的結束、人々の**エンパワメント**と解放の促進であるとしている。また、ソーシャルワークの中核となる原理を**社会正義**、人権、集団的責任、多様性尊重の４つに定義している。

社福

社会福祉の歴史

★★
3 次のうち、戦前の社会事業と、それに関わりのある人名の組み合わせとして、適切なものを○、不適切なものを×とした場合の正しい組み合わせを一つ選びなさい。 【R4後・問1】

<戦前の社会事業>　　　　　　　　　　　　　　　　　　<人名>

A　非行少年を対象とした「家庭学校」――――――――――― 留岡幸助

B　知的障害児を対象とした「滝乃川学園」――――――――― 石井十次

C　孤児などを対象とした「岡山孤児院」―――――――――― 石井亮一

D　民生委員・児童委員制度の前身とされる「方面委員制度」――― 小河滋次郎

（組み合わせ）

	A	B	C	D
1	○	○	○	○
2	○	○	×	×
3	○	×	×	○
4	×	○	○	○
5	×	×	○	×

標準

3 解説

A **適切である。**留岡幸助は、非行少年の更生（感化）のためには懲罰ではなく、よい環境と教育が必要であると主張し、1899（明治32）年、東京に私立の感化院である**家庭学校**（現在の児童自立支援施設）を設立した。その業績から、「感化教育の父」「感化事業の先駆者」といわれる。

B **不適切である。**知的障害児を対象とした滝乃川学園を設立したのは、**石井亮一**である。**石井十次**は、孤児の救済のため、1887（明治20）年に**岡山孤児院**を設立した。最盛期には1,200人もの孤児を収容し、里親事業の施行や小舎制の導入など、先駆的な実践を行った。

C **不適切である。**孤児などを対象とした岡山孤児院を設立したのは、**石井十次**である。**石井亮一**は、1891（明治24）年の濃尾大地震の際の罹災孤児を石井十次と協力して引き取り、そこでの知的障害児との出会いが契機となって、1891（明治24）年に東京に孤女学院（後の**滝乃川学園**、明治30年に改称）を設立した。

D **適切である。**小河滋次郎は、当時の林市蔵大阪府知事とともに、小学校校区を一方面として、方面単位に委員を任命し、生活困窮者の発見・救済を行おうとする**方面委員制度**を1918（大正7）年に創設した。方面委員制度は、現在の民生委員・児童委員制度の前身とされる。

明治～大正期の日本の社会福祉事業

社会福祉事業の幕開け（明治初期）
● 恤救規則 明治7

└ 日本初の統一的な救済制度（救済は限定的で小規模）

民間による社会福祉活動（明治中～後期）
● 岡山孤児院（石井十次） 明治20

● 滝乃川学園（石井亮一） 明治24

● 巣鴨家庭学校（留岡幸助） 明治32

● 二葉幼稚園（野口幽香・森島峰） 明治33

新たな防貧制度の成立（大正）
● 済生顧問制度（笠井信一） 大正6

└ 貧困者に対する調査、相談、就職斡旋など

● 方面委員制度（林市蔵） 大正7

└ 現在の民生委員制度の前身

社会福祉に関する法律

4 ★★★ 次の文は、「社会福祉法」第4条に関する記述である。（　A　）〜（　C　）にあてはまる 語句を【語群】から選択した場合の最も適切な組み合わせを一つ選びなさい。 【R5後・問18】

・地域福祉の推進は、地域住民が相互に人格と個性を尊重し合いながら、参加し、（　A　）する地域社会の実現を目指して行うこと。

・地域住民等は、地域福祉の推進に当たっては、福祉サービスを必要とする地域住民及びその世帯が抱える福祉、介護、介護予防、保健医療、住まい、就労及び教育に関する課題、福祉サービスを必要とする地域住民の地域社会からの（　B　）等の課題を把握すること。

・地域住民等は、地域福祉の推進に当たっては、（　C　）課題の解決に資する支援を行う関係機関との連携等によりその解決を図るよう留意すること。

【語群】

> ア　包摂　　イ　共生　　ウ　相談支援　　エ　排除　　オ　孤立
> カ　地域生活

（組み合わせ）

	A	B	C			A	B	C
1	ア	エ	ウ		4	イ	ウ	カ
2	ア	エ	オ		5	イ	オ	カ
3	ア	オ	ウ					

5 ★★★ 次の社会福祉施策と、その根拠となる法律の組み合わせとして、適切な組み合わせを一つ選びなさい。 【R4前・問6】

    ＜施策＞　　　　　　　　　　＜根拠法＞

A　要介護認定 ——————「老人福祉法」

B　幼児に対する保健指導 ——「母子保健法」

C　教育扶助の給付 ————「児童福祉法」

D　特定健康診査 ——————「高齢者の医療の確保に関する法律」

（組み合わせ）

1　A　B
2　A　D
3　B　C
4　B　D
5　C　D

4 　**解説**　　　　　　　　　　　　　　　　　　　　　　　正答 ☞　5

・地域福祉の推進は、地域住民が相互に人格と個性を尊重し合いながら、参加し、
（A.　**イ　共生**）する地域社会の実現を目指して行うこと。

・地域住民等は、地域福祉の推進に当たっては、福祉サービスを必要とする地域住民
及びその世帯が抱える福祉、介護、介護予防、保健医療、住まい、就労及び教育に
関する課題、福祉サービスを必要とする地域住民の地域社会からの（B.　**オ　孤立**）
等の課題を把握すること。

・地域住民等は、地域福祉の推進に当たっては、（C.　**カ　地域生活**）課題の解決に資
する支援を行う関係機関との連携等によりその解決を図るよう留意すること。

　「社会福祉法」第4条では、地域福祉の推進について規定している。地域住民は、
福祉サービスの受け手であると同時に担い手でもあることが示されている。

5 　**解説**　　　　　　　　　　　　　　　　　　　　　　　正答 ☞　4

A　**不適切である。**要介護認定の根拠法は、「**介護保険法**」であり、同法第19条第1項
に「介護給付を受けようとする被保険者は、要介護者に該当すること及びその該当
する要介護状態区分について、市町村の認定（以下「**要介護認定**」という。）を受け
なければならない」とある。

B　**適切である。**「母子保健法」第1条に「この法律は、母性並びに乳児及び幼児の健
康の保持及び増進を図るため、母子保健に関する原理を明らかにするとともに、母
性並びに乳児及び幼児に対する保健指導、健康診査、医療その他の措置を講じ、も
つて国民保健の向上に寄与することを目的とする」とある。

C　**不適切である。**教育扶助の給付の根拠法は、「**生活保護法**」であり、同法第13条に
「教育扶助は、困窮のため最低限度の生活を維持することのできない者に対して、左
に掲げる事項の範囲内において行われる。一　義務教育に伴つて必要な教科書その
他の学用品　二　義務教育に伴つて必要な通学用品　三　学校給食その他義務教育
に伴つて必要なもの」とある。

D　**適切である。**「高齢者の医療の確保に関する法律」第18条第1項に「厚生労働大臣
は、特定健康診査（糖尿病その他の政令で定める生活習慣病に関する健康診査をい
う。以下同じ。）及び特定保健指導（略）の適切かつ有効な実施を図るための基本的
な指針を定めるものとする」とある。

社福

社会保障制度 (1)

★★★
6 次の文のうち、生活保護制度に関する記述として、適切な記述を○、不適切な記述を×とした場合の正しい組み合わせを一つ選びなさい。　【R3前・問7】

A　原則として、保護は、個人ではなく世帯を単位としてその要否及び程度を定める。

B　原則として、保護は、「民法」に定める扶養義務者の扶養に優先して行われる。

C　原則として、保護は、他の法律による扶助に優先して行われる。

D　原則として、保護は、要保護者、その扶養義務者又はその他の同居の親族による申請がなくても開始することができる。

（組み合わせ）

	A	B	C	D
1	○	○	×	×
2	○	×	×	×
3	×	○	×	×
4	×	×	○	○
5	×	×	×	○

★★
7 次の文のうち、社会保険制度に関する記述として、適切な記述を○、不適切な記述を×とした場合の正しい組み合わせを一つ選びなさい。　【R3後・問10】

A　通勤により負傷した場合は、労働者災害補償保険における保険給付の対象とならない。

B　業務上の事由により死亡した場合は、労働者災害補償保険における保険給付の対象となる。

C　育児休業給付金は、国民健康保険における保険給付である。

D　介護休業給付金は、雇用保険における保険給付である。

（組み合わせ）

	A	B	C	D
1	○	○	×	×
2	○	×	○	×
3	×	○	×	○
4	×	×	○	○
5	×	×	×	○

6 **解説**

A **適切である。**「生活保護法」第10条において、「保護は、世帯を単位としてその要否及び程度を定めるものとする、但し、これによりがたいときは、個人を単位として定めることができる」と規定している。**原則は、世帯単位**である。

B **不適切である。**「生活保護法」第4条第2項において、「民法に定める扶養義務者の扶養及び他の法律に定める扶助は、すべてこの法律による保護に優先して行われる」と規定されている。**扶養義務者の扶養**が優先される。**他法優先**という。

C **不適切である。**「生活保護法」第4条第2項に規定されている。あらゆる制度、扶助、資産を活用し、それでも最低限度の生活を維持できない場合にこの制度を利用できる。第4条は**保護の補足性**としてこれを定めている。

D **不適切である。**「生活保護法」第7条において、「保護は、要保護者、その扶養義務者又はその他の同居の親族の**申請に基いて開始**するものとする。但し、要保護者が急迫した状況にあるときは、保護の申請がなくても、必要な保護を行うことができる」と規定されている。

7 **解説**

A **不適切である。**労働者災害補償保険における保険給付の対象には、業務上の事由、複数事業労働者の2以上の事業の業務を要因とする事由のほか、**通勤による労働者の負傷**、疾病、障害、死亡等も含まれる。

B **適切である。**労働者災害補償保険における保険給付の対象は、複数事業労働者の2以上の事業の業務を要因とする事由や通勤によるほか、**業務上の事由**による労働者の負傷、疾病、障害、**死亡**等である。

C **不適切である。**育児休業給付金は、**雇用保険**における保険給付である。育児休業給付金は、原則1歳未満の子を養育するために育児休業を取得した被保険者に、休業前賃金の50%(育児休業開始から6か月までは67%)相当額を雇用保険から支給する。

D **適切である。**介護休業給付金は、家族の介護を行うために介護休業を取得した被保険者に、休業前賃金の67%相当額を**雇用保険**から支給する。支給対象となる同じ家族について通算93日を限度に支給される。介護休業は、3回を上限に分割して取得することが可能である。

社会保障制度 (2)

★★★
8 次のうち、介護保険制度に関する記述として、適切な記述を一つ選びなさい。

【R4前・問10】

1　要介護認定・要支援認定は、都道府県が行う。

2　第2号被保険者とは、市町村の区域内に住所を有する65歳以上の者である。

3　要介護認定・要支援認定には、有効期間がある。

4　介護認定審査会には、民生委員の参加が規定されている。

5　保険者は国である。

★★★
9 次のうち、1950（昭和25）年に発表された「社会保障制度に関する勧告」（通称「50年勧告」）で位置づけられる社会保険、公的（国家）扶助、公衆衛生及び医療、社会福祉と現在の主な制度の組み合わせとして、適切なものを一つ選びなさい。

【R4後・問3】

1　社会保険 ―――――― 感染症予防

2　公的（国家）扶助 ――― 生活保護

3　公衆衛生及び医療 ――― 医療保険

4　社会福祉 ―――――― 予防接種

5　社会福祉 ―――――― 介護保険

8 解説　　　　　　　　　　　　　　　　　　　　正答 ☞ 3

1　**不適切である**。要介護認定・要支援認定は、**市町村**が行う。

2　**不適切である**。第2号被保険者とは、市町村の区域内に住所を有する**40歳以上65歳未満の医療保険加入者**である。市町村の区域内に住所を有する65歳以上の者は、**第1号被保険者**に該当する。

3　**適切である**。新規認定と区分変更（有効期間中に要介護状態が変わって再認定を受けること）は原則**6か月**（市町村が必要と認める場合は3〜12か月で市町村が定める期間）、更新認定は原則**12か月**（市町村が必要と認める場合は3〜48か月で市町村が定める期間）の有効期限がある。

4　**不適切である**。要介護等認定の審査・判定業務を行う介護認定審査会の委員は、市町村長が任命する**保健・医療・福祉に関する学識経験者**によって構成される。民生委員の参加は**規定されていない**。

5　**不適切である**。保険者は、**市町村**である。社会保険制度のひとつである介護保険制度において、保険者である**市町村**は、保険運営の責任主体として、被保険者の資格管理や要介護・要支援認定、保険料の徴収などの事務のほか、保険事故（要介護・要支援状態になること）が起こった場合には、保険給付を行う。

9 解説　　　　　　　　　　　　　　　　　　　　正答 ☞ 2

　1950（昭和25）年に発表された「社会保障制度に関する勧告」は、社会保障制度の体系と範囲を確定し、戦後の日本における社会保障制度整備の基本的方向を示したものである。

1　**不適切である**。感染症予防は、感染症の予防を公的に行う制度であり、**公衆衛生及び医療**にあたる。主な財源は公費（租税）である。

2　**適切である**。生活保護は、すべての国民に健康で文化的な最低限度の生活を保障する制度であり、**公的（国家）扶助**にあたる。主な財源は公費（租税）である。

3　**不適切である**。医療保険は、病気やケガに要する医療費を保障するために、人々があらかじめお金（保険料）を出し合う制度であり、**社会保険**にあたる。主な財源は、保険料と公費（租税）である。

4　**不適切である**。予防接種は、病気の予防を公的に行う制度であり、**公衆衛生及び医療**にあたる。主な財源は公費（租税）である。

5　**不適切である**。介護保険は、介護に要する費用を保障するために、人々があらかじめお金（保険料）を出し合う制度であり、**社会保険**にあたる。主な財源は、保険料と公費（租税）である。

社福

社会福祉行財政

★★ 10 次の文のうち、「令和3（2021）年度社会保障費用統計（概要）」（国立社会保障・人口問題研究所）に関する記述として、適切な記述を○、不適切な記述を×とした場合の正しい組み合わせを一つ選びなさい。　【R3後・問7改】

A　社会保障給付費の総額は10年前と比較して増加している。

B　社会保障給付費を「医療」「年金」「福祉その他」の3つの部門に分けた場合、全体に占める割合が一番多いのは「医療」である。

C　社会保障財源を「社会保険料」「公費負担」「他の収入」の3つの項目に分けた場合、「社会保険料」が全体の8割以上を占める。

D　社会保障給付費のうち、給付された年金の総額は10年前と比較して減少している。

（組み合わせ）

	A	B	C	D
1	○	○	×	×
2	○	×	×	×
3	×	○	○	×
4	×	×	○	○
5	×	×	×	○

社会福祉の実施機関

★★★ 11 次のうち、市町村社会福祉協議会に関する記述として、適切な記述を○、不適切な記述を×とした場合の正しい組み合わせを一つ選びなさい。　【R5前・問7】

A　市町村社会福祉協議会の財源は、市町村の補助金のみで賄われている。

B　市町村社会福祉協議会は、第一種社会福祉事業の経営に関する指導及び助言を行う。

C　市町村社会福祉協議会は、民間の福祉関係者・福祉団体・関係機関のみで構成された組織である。

D　「福祉活動専門員」は、市町村社会福祉協議会に置くものとされている。

（組み合わせ）

	A	B	C	D
1	○	○	×	×
2	○	×	○	×
3	○	×	×	○
4	×	×	○	○
5	×	×	×	○

10　解説

A　**適切である**。「令和3（2021）年度社会保障費用統計（概要）」によると、令和3年度の社会保障給付費の総額は138兆7,433億円なのに対し、平成23年度の社会保障給付費の総額は107兆4,950億円であり、**増加**している。

B　**不適切である**。「令和3（2021）年度社会保障費用統計（概要）」によると、それぞれの構成割合は、「医療」（34.2％）、「年金」（40.2％）、「福祉その他」（25.6％）であり、全体に占める割合が一番多いのは「**年金**」である。

C　**不適切である**。「令和3（2021）年度社会保障費用統計（概要）」によると、社会保障財源を「社会保険料」「公費負担」「他の収入」の3つの項目に分けた場合、「社会保険料」（46.2％）、「公費負担」（40.4％）、「他の収入」（13.3％）であり、「社会保険料」は全体の**5**割程度である。

D　**不適切である**。「令和3（2021）年度社会保障費用統計（概要）」によると、社会保障給付費のうち、給付された年金の総額は、令和3年度が55兆8,151億円なのに対し、10年前の平成23年度は53兆623億円であり、**増加**している。

11　解説

A　**不適切である**。市町村社会福祉協議会の財源は、**市町村の補助金**だけでなく、成員会費、住民会費、共同募金配分金、賛助会費、寄附金、金利子、事業委託費などで賄われる。

B　**不適切である**。市町村社会福祉協議会の事業内容に、第一種社会福祉事業の経営に関する指導及び助言を行うとの**規定はない**。市町村社会福祉協議会の事業内容には、①社会福祉を目的とする事業の企画及び実施、②社会福祉に関する活動への住民の参加のための援助、③社会福祉を目的とする事業に関する調査、普及、宣伝、連絡、調整及び助成、④その他、社会福祉を目的とする事業の健全な発達を図るために必要な事業がある（「社会福祉法」第109条第1項）。

C　**不適切である**。市町村社会福祉協議会は、民間の福祉関係者・福祉団体・関係機関のみでなく、その区域内の**社会福祉事業経営者**、または**更生保護事業経営者**の過半数が参加するものと規定されている（同法第109条第1項）。

D　**適切である**。**福祉活動専門員**は、市町村社会福祉協議会に配置され、地域福祉のコーディネーターとして、福祉活動を推進させるための方策についての調査、企画、連絡調整を行うほか、広報、指導などを行う。なお、同様の役目を担う職員として、都道府県社会福祉協議会と指定都市社会福祉協議会には**福祉活動指導員**、全国社会福祉協議会には**企画指導員**が配置される。

社福

社会福祉従事者

★★★
12 次のうち、社会福祉における専門職に関する記述として、適切な記述を○、不適切な記述を×とした場合の正しい組み合わせを一つ選びなさい。 【R5前・問6】

A 社会福祉士資格を持つ者は、児童指導員として児童養護施設等で働くことができる。

B 「児童福祉法」において、児童相談所に社会福祉主事を置かなければならない、と規定されている。

C 「社会福祉法」において、都道府県、市及び福祉に関する事務所を設置する町村に、社会福祉主事を置く、と規定されている。

D 乳児院は、国の規定により看護師の配置が義務づけられている。

（組み合わせ）

```
    A  B  C  D
1   ○  ○  ○  ×
2   ○  ○  ×  ○
3   ○  ×  ○  ○
4   ×  ○  ×  ○
5   ×  ×  ○  ×
```

★★★
13 次の文のうち、民生委員に関する記述として、適切な記述を○、不適切な記述を×とした場合の正しい組み合わせを一つ選びなさい。 【R3前・問10】

A 住民の相談に応じ、必要な援助を行う。

B 職務に必要な知識および技術の修得に努めなければならない。

C 給与は支給されない。

D 任期は5年である。

（組み合わせ）

```
    A  B  C  D
1   ○  ○  ○  ×
2   ○  ○  ×  ×
3   ○  ×  ○  ○
4   ×  ○  ×  ×
5   ×  ×  ○  ○
```

12 解説　　　正答 ☞ 3

A　適切である。児童指導員として児童養護施設等で働くためには、社会福祉士や精神保健福祉士の資格を持つことのほかに、大学や大学院において社会福祉学・心理学・教育学・社会学のいずれかを専修する学科や研究科を修了していることなどの要件がある（「児童福祉施設の設備及び運営に関する基準」第43条）。

B　不適切である。「児童福祉法」において、児童相談所に配置されなければならないと規定されているのは、児童福祉司である（同法第13条）。児童福祉司の任用条件に社会福祉主事との規定があるが、他に社会福祉士や医師なども対象となり、社会福祉主事に限られない。社会福祉主事を置かなければならないと規定されているのは、福祉事務所などである。

C　適切である。「社会福祉法」第18条に「都道府県、市及び福祉に関する事務所を設置する町村に、社会福祉主事を置く」と規定されている。

D　適切である。「児童福祉施設の設備及び運営に関する基準」第21条に「乳児院には、小児科の診療に相当の経験を有する医師又は嘱託医、看護師、個別対応職員、家庭支援専門相談員、栄養士及び調理員を置かなければならない」と規定がある。

13 解説　　　正答 ☞ 1

A　適切である。「民生委員法」第1条において、「民生委員は、社会奉仕の精神をもつて、常に住民の立場に立つて相談に応じ、及び必要な援助を行い、もつて社会福祉の増進に努めるものとする」と規定されている。

B　適切である。「民生委員法」第2条において、「民生委員は、常に、人格識見の向上と、その職務を行う上に必要な知識及び技術の修得に努めなければならない」と規定されている。

C　適切である。「民生委員法」第10条において、「民生委員には、給与を支給しないものとし、その任期は、3年とする」と規定されている。

D　不適切である。「民生委員法」第10条の規定により、民生委員の任期は3年である。

キーワード　　　民生委員・児童委員

・民生委員
それぞれの地域において、常に住民の立場に立って相談に応じ、必要な援助を行い、社会福祉の増進に努める。「児童委員」を兼ねる。

・児童委員
地域の子どもたちが元気に安心して暮らせるように、子どもたちを見守り、子育ての不安や妊娠中の心配ごとなどの相談・支援等を行う。また、一部の児童委員は児童に関することを専門的に担当する「主任児童委員」の指名を厚生労働大臣から受けている。

相談援助 (1)

★★★
14 次の文は、ソーシャルワークの成り立ちに関する記述である。適切な記述を○、不適切な記述を×とした場合の正しい組み合わせを一つ選びなさい。

【R1後・問11】

A　ケースワークの源流は、イギリスにおけるチャルマーズ（Chalmers, T.）の隣友運動とロンドンの慈善組織協会の活動である。

B　セツルメント活動は、ロンドンのバーネット夫妻（Barnett, S & H）によるハル・ハウス、さらにはアダムズ（Addams, J.）の設立したシカゴのトインビーホールを拠点として展開された。

C　バートレット（Bartlett, H.）は、ケースワークを理論的に体系化し、『社会診断論』、『ソーシャル・ケースワークとは何か』など多くの著書を出版した。

D　パールマン（Perlman, H.H.）は、ケースワークの構成要素として「４つのP（人、問題、場所、過程）」をあげている。

（組み合わせ）

	A	B	C	D			A	B	C	D
1	○	○	×	×		4	×	○	×	○
2	○	×	○	×		5	×	×	○	○
3	○	×	×	○						

★★
15 次のうち、相談援助の方法・技術等に関する記述として、適切なものを○、不適切なものを×とした場合の正しい組み合わせを一つ選びなさい。【R5後・問11】

A　ケアマネジメントとは、利用者に対して、効果的・効率的なサービスや社会資源を組み合わせて計画を策定し、それらを利用者に紹介や仲介するとともに、サービスを提供する機関などと調整を行い、さらにそれらのサービスが有効に機能しているかを継続的に評価する等の一連のプロセス及びシステムである。

B　ソーシャルアクションとは、関係機関、専門職、住民と問題の解決に向けて、情報交換、学習、地域活動を通して相互の役割や違いを認め、既存の制度や組織の制約を超えて、多様的かつ多元的な価値観や関係性をつくりあげていくことをいう。

C　ネットワーキングとは、行政や議会などに個人や集団、地域住民の福祉ニーズに適合するような社会福祉制度やサービスの改善、整備、創造を促す方法である。

（組み合わせ）

	A	B	C			A	B	C
1	○	○	○		4	×	×	○
2	○	×	×		5	×	×	×
3	×	○	×					

14 解説　　　　　　　　　　　　　　　　　　　　　　正答 ☞ 3

A　適切である。チャルマーズはイギリスの神学者で、貧困家庭への隣友運動を行った人物である。この運動が発展して、慈善組織協会運動（COS運動）につながった。

B　不適切である。バーネット夫妻が開設したセツルメントハウスは、トインビーホールである。ハル・ハウスは、ジェーン・アダムズが開設した。

C　不適切である。ケースワークを理論的に体系化し、『社会診断論』『ソーシャル・ケースワークとは何か』など多くの著書を著したのは、リッチモンド（Richmond, M.E.）である。

D　適切である。パールマンは、アメリカのソーシャルワーカーで、ケースワークを構成する要素として、人間（Person）、問題（Problem）、場所（Place）、過程（Process）を「4つのP」として提唱した。

15 解説　　　　　　　　　　　　　　　　　　　　　　正答 ☞ 2

A　適切である。ケアマネジメントは、介護保険制度において導入されたほか、障害者領域にも拡大するなど、さまざまな分野で導入されており、相談援助において必要不可欠な方法・技術である。

B　不適切である。ソーシャルアクションとは、社会福祉の改善を目指して、議会や行政機関などの社会的な機関に対して働きかけることなどをいう。選択肢は、ネットワーキングについての説明である。

C　不適切である。ネットワーキングとは、問題の解決に向けて、関係機関、専門職、住民との既存の制度や組織の制約を超えた関係構築のことをいう。選択肢は、ソーシャルアクションの説明である。

社福

相談援助 (2)

★★★ 次のうち、バイステック（Biestek, F.P.）の7原則の説明として、適切な記述を
16 ○、不適切な記述を×とした場合の正しい組み合わせを一つ選びなさい。

【R5後・問10】

A　利用者を個人として捉える。

B　利用者を一方的に非難しない。

C　援助者は自分の感情を自覚して吟味する。

D　秘密を保持して信頼感を醸成する。

（組み合わせ）

	A	B	C	D
1	○	○	○	○
2	○	○	×	×
3	○	×	○	×
4	×	○	○	○
5	×	×	×	○

★★★ 次の文のうち、ソーシャルワークの展開過程に関する記述として、適切な記述を
17 ○、不適切な記述を×とした場合の正しい組み合わせを一つ選びなさい。

【R3前・問12】

A　インテークとは、受理面接といわれるもので、利用者のニーズや問題のアウトライ
　ンを聞き取る面接過程である。

B　インターベンションとは、介入や実施といわれるもので、利用者の問題解決への具
　体的な支援計画を立案する過程である。

C　モニタリングとは、経過観察といわれるもので、介入や実施した内容が妥当である
　か検討する過程である。

D　エバリュエーションとは、終結を意味し、その後の経過を見守る段階である。

（組み合わせ）

	A	B	C	D
1	○	×	○	×
2	○	×	×	○
3	×	○	×	×
4	×	×	○	○
5	×	×	○	×

16 　**解説**　　　　　　　　　　　　　　　　　　　　　　　正答 ☞ 　1

A　適切である。クライエント自身やニーズは、それぞれ異なるため、一人ひとりが異なるという認識をもち、個人として捉えるという「個別化の原則」である。

B　適切である。クライエントの行動や意見を、援助者の価値観によって善悪の判断を一方的にしないとする「非審判的態度の原則」である。

C　適切である。クライエントの感情を共感的理解を伝えながら情緒的に関与すると同時に、その影響を受けて偏った判断や感情とならないよう、援助者自身の感情を統制するという「統制された情緒的関与の原則」である。

D　適切である。クライエントについて知り得た情報は、クライエントの了解なしに漏らしてはならないという「秘密保持の原則」である。

17 　**解説**　　　　　　　　　　　　　　　　　　　　　　　正答 ☞ 　1

A　適切である。インテークは、ソーシャルワークの展開過程の最初の段階で、利用者のニーズや問題の概略を聞き取る。

B　不適切である。インターベンションは介入と呼ばれ、計画を実行に移す段階である。具体的な支援計画を立案するのはプランニングの段階である。

C　適切である。モニタリングは、経過観察、効果測定とよばれ、介入、実施した内容が妥当かどうかを検討し、問題があれば、アセスメントに戻って計画が立て直されることもある。

D　不適切である。エバリュエーションは事後評価を意味する。終結はターミネーションである。

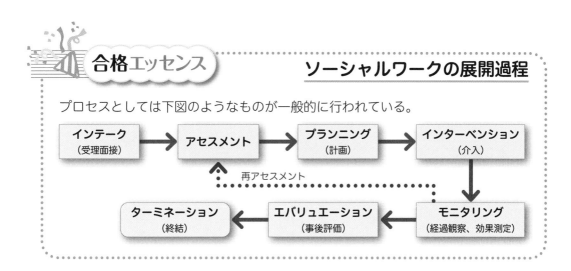

合格エッセンス　　　**ソーシャルワークの展開過程**

プロセスとしては下図のようなものが一般的に行われている。

インテーク（受理面接）→ アセスメント → プランニング（計画）→ インターベンション（介入）

再アセスメント

ターミネーション（終結）← エバリュエーション（事後評価）← モニタリング（経過観察、効果測定）

社福

福祉サービス

18 ★★ 次のうち、福祉サービス利用援助事業（日常生活自立支援事業）に関する記述として、適切な記述を○、不適切な記述を×とした場合の正しい組み合わせを一つ選びなさい。 【R5前・問16】

A　福祉サービス利用援助事業（日常生活自立支援事業）は、すべての高齢者を利用対象者としている。

B　福祉サービス利用援助事業（日常生活自立支援事業）の実施主体は、各都道府県及び指定都市の社会福祉協議会及び地域包括支援センターとされている。

C　福祉サービス利用援助事業（日常生活自立支援事業）は、「社会福祉法」に基づく利用者の権利擁護事業の一つである。

D　福祉サービス利用援助事業（日常生活自立支援事業）では、生活福祉資金貸付制度を実施している。

（組み合わせ）

	A	B	C	D			A	B	C	D
1	○	○	×	×		4	×	○	×	○
2	○	×	○	×		5	×	×	○	×
3	○	×	×	○						

人口・世帯構造

19 ★★★ 次の文のうち、適切な記述を○、不適切な記述を×とした場合の正しい組み合わせを一つ選びなさい。 【R3前・問19】

A　総務省の人口推計（2018年10月1日現在）によると、日本の総人口は、2005（平成17）年に戦後初めて前年を下回り、2011（平成23）年以降は継続して減少を続けている。

B　厚生労働省の人口動態統計の概況（2016年）によると、日本の出生数の動向をみると、1947（昭和22）年以降、2016（平成28）年に初めて100万人を割った。

C　総務省の人口推計（2018年10月1日現在）によると、日本の15〜64歳の生産年齢人口は、1950（昭和25）年以降、2018（平成30）年に初めて総人口の4割を切った。

D　厚生労働省の国民生活基礎調査の概要（2018年）によると、日本の世帯の動向について、2018（平成30）年の世帯構造別にみると、「夫婦と未婚の子のみの世帯」は約5割と最も多い。

（組み合わせ）

	A	B	C	D			A	B	C	D
1	○	○	×	×		4	×	○	○	○
2	○	×	○	○		5	×	○	×	○
3	○	×	○	×						

18 解説

A **不適切である。**福祉サービス利用援助事業（日常生活自立支援事業）の対象者は、①判断能力が不十分なために、地域において自立した生活を送るために必要なサービスを利用するための情報の入手、理解、判断、意思表示を適切に行うことが困難であること、②日常生活自立支援事業の利用契約を締結する能力があること、という2つの要件を満たす者である。

B **不適切である。**福祉サービス利用援助事業（日常生活自立支援事業）の実施主体は、各都道府県及び指定都市の社会福祉協議会であり、地域包括支援センターは含まれない。なお、窓口業務等の事業の一部を市町村社会福祉協議会等に委託できる。

C **適切である。**福祉サービス利用援助事業（日常生活自立支援事業）は、判断能力の不十分な人（認知症高齢者、知的障害者、精神障害者等）に対し、福祉サービスの適切な利用を援助し、それに伴う日常的金銭管理等をあわせて行う制度である。「社会福祉法」第2条第3項第十二号に規定されている。

D **不適切である。**生活福祉資金貸付制度は、低所得者世帯、障害者世帯、高齢者世帯を対象にした、必要な資金の貸付と援助指導を行う制度であり、経済的自立や生活意欲の助長促進、在宅福祉や社会参加の促進を図ることによって安定した生活を送れるようにすることを目的とする。福祉サービス利用援助事業（日常生活自立支援事業）とは別制度であり、同事業の事業内容に生活福祉資金貸付制度は含まれない。

19 解説

A **適切である。**日本の総人口は2011（平成23）年以降減少し続けている。推計人口によると、2011（平成23）年は1億2,779万9,000人だったが、2023（令和5）年には1億2,435万2,000人に減少している。

B **適切である。**日本の出生数は、2015（平成27）年には100万5,721人だったが、2016（平成28）年には97万7,242人と100万人を割った。2022（令和4）年は、77万759人である。

C **不適切である。**推計人口によると、日本の生産年齢人口は、2023（令和5）年においても59.5%で4割を切っていない。

D **不適切である。**国民生活基礎調査によると、2018（平成30）年の「夫婦と未婚の子のみの世帯」は、最も多いものの、29.1%である。5割ではない。

なお、2022（令和4）年においては、「単独世帯」が32.9%で最も多く、「夫婦と未婚の子のみの世帯」は25.8%となっている。

社福

★★★ 20 次の文のうち、福祉サービス等の情報提供に関する記述として、適切な記述を○、不適切な記述を×とした場合の正しい組み合わせを一つ選びなさい。【R3後・問16】

A 「社会福祉法」においては、福祉サービスの情報の提供に関することが定められている。

B 「民生委員法」においては、援助を必要とする者が福祉サービスを適切に利用するために必要な情報の提供その他の援助を行うことが定められている。

C 「障害者の日常生活及び社会生活を総合的に支援するための法律」においては、視聴覚障害者に対する情報提供の施設として、視聴覚障害者情報提供施設が定められている。

D 「介護保険法」においては、介護サービス情報の報告及び公表に関することが定められている。

（組み合わせ）

	A	B	C	D
1	○	○	○	×
2	○	○	×	○
3	○	×	○	○
4	×	○	×	○
5	×	×	○	×

★★★ 21 次のうち、福祉サービスにおける苦情解決に関する記述として、適切なものを○、不適切なものを×とした場合の正しい組み合わせを一つ選びなさい。

【R6前・問16】

A 「社会福祉法」第82条では、社会福祉事業の経営者に対して、提供する福祉サービスについて、利用者等からの苦情の適切な解決に努めなければならないと規定されている。

B 苦情の申し出は、福祉サービス利用者が都道府県や運営適正化委員会に直接行うことはできない。

C 「保育所保育指針」では、保護者の苦情などに対し、その解決を図るよう努めなければならないとされている。

D 社会福祉事業者には、苦情解決のための第三者委員の設置が義務づけられている。

（組み合わせ）

	A	B	C	D			A	B	C	D
1	○	○	○	○		4	○	×	○	×
2	○	○	○	×		5	×	×	×	○
3	○	○	×	○						

20　解説　　　　　　　　　　　　　　　　　　　　　　　　　　正答 ☞　2

A　**適切である。**「社会福祉法」第75条第1項において「社会福祉事業の経営者は、福祉サービスを利用しようとする者が、適切かつ円滑にこれを利用することができるように、その経営する社会福祉事業に関し**情報の提供**を行うよう努めなければならない」とされ、また同条第2項において「国及び地方公共団体は、福祉サービスを利用しようとする者が必要な情報を容易に得られるように、必要な措置を講ずるよう努めなければならない」と、社会福祉事業の経営者や国および地方公共団体による福祉サービスの情報の提供に関することが定められている。

B　**適切である。**「民生委員法」第14条第1項第三号において、民生委員の職務について「援助を必要とする者が福祉サービスを適切に利用するために必要な**情報の提供**その他の援助を行うこと」と定められている。

C　**不適切である。**視聴覚障害者情報提供施設が定められているのは、「**身体障害者福祉法**」第34条である。

D　**適切である。**「介護保険法」第115条の35において「介護サービス情報の**報告及び公表**」について定められている。

21　解説　　　　　　　　　　　　　　　　　　　　　　　　　　正答 ☞　4

A　**適切である。**「社会福祉法」第82条では「社会福祉事業の経営者は、常に、その提供する福祉サービスについて、利用者等からの**苦情**の適切な解決に努めなければならない」とされている。2000（平成12）年に「社会福祉事業法」から「社会福祉法」に改称・改正された際に規定された。

B　**不適切である。**苦情の申し出は、福祉サービス利用者が、事業者のほか、都道府県や運営適正化委員会に**直接行うことができる**。都道府県は、申し出の内容により、①事業者段階、②運営適正化委員会、③直接監査のどれによって受け付けるかを決定し、解決を図る。

C　**適切である。**「保育所保育指針」第1章「総則」1「保育所保育に関する基本原則」（5）において「保育所は、入所する子ども等の個人情報を適切に取り扱うとともに、保護者の苦情などに対し、その**解決**を図るよう努めなければならない」とされている。

D　**不適切である。**「社会福祉法」第82条が求める仕組みが円滑に機能するための指針として厚生省（当時）から示された「社会福祉事業の経営者による福祉サービスに関する苦情解決の仕組みの指針」において、福祉サービスを提供する経営者が自ら苦情解決に積極的に取り組む際の参考として、第三者委員のほか、苦情解決責任者や苦情受付担当者の設置が規定されているが、**努力義務**である。

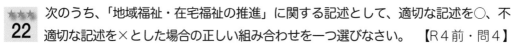

地域福祉

★★★
22 次のうち、「地域福祉・在宅福祉の推進」に関する記述として、適切な記述を○、不適切な記述を×とした場合の正しい組み合わせを一つ選びなさい。　【R4前・問4】

A　在宅福祉では、ノーマライゼーションを具体化するために、今後は施設福祉との連携をしないことが求められている。

B　地域福祉を推進するためには、ボランティアや住民など多様な民間団体の参加が不可欠である。

C　「保育所保育指針」の中で、保育所には、業務として地域の子育て家庭への支援に積極的に取り組むことが求められており、地域福祉推進の役割を担うものとされている。

D　「社会福祉法」では、その目的に地域福祉の推進を図ることがあげられている。

（組み合わせ）

```
    A  B  C  D
1   ○  ○  ×  ×
2   ○  ×  ×  ×
3   ×  ○  ○  ○
4   ×  ○  ×  ○
5   ×  ×  ○  ○
```

★★
23 次のうち、地域福祉を推進しようとする専門職や団体などが、生活問題を抱えた住民に直面した場合の対応として、適切なものを○、不適切なものを×とした場合の正しい組み合わせを一つ選びなさい。　【R6前・問4】

A　町内会や自治会は、地域の支え合いの仕組みをつくって対応した。

B　民生委員は、援助を必要とする住民に対して福祉サービス等の利用について情報提供や援助などの対応を行った。

C　ボランティア・コーディネーターは、生活問題の解決につながる活動を行っているボランティアを紹介するという対応を行った。

D　社会福祉専門職は、社会福祉に関する制度改善を求める住民の行動を支えた。

（組み合わせ）

```
    A  B  C  D
1   ○  ○  ○  ○
2   ○  ×  ○  ○
3   ×  ○  ×  ○
4   ×  ○  ×  ×
5   ×  ×  ×  ○
```

22 　解説　　　　　　　　　　　　　　　　　　　　　　正答 ☞ 3

A　**不適切である**。ノーマライゼーションとは、高齢や障害があっても、他の人々と同等の権利を持ち、通常（ノーマル）の生活を送れる社会を目指す考え方である。在宅生活の継続を支援する在宅福祉では、その支援をより強化するために、**施設福祉を含む地域の多様な社会資源**と連携することが求められる。

B　**適切である**。地域福祉とは、それぞれの地域において、住民が安心して暮らせるために行われる活動であり、国や地方公共団体の公的な機関だけでなく、ボランティアや住民などの多様な民間団体が協働して取り組むことが**不可欠**である。地域福祉の根拠となる「社会福祉法」第4条第2項において「地域住民、社会福祉を目的とする事業を経営する者及び社会福祉に関する活動を行う者は、相互に協力し、（中略）地域福祉の推進に努めなければならない」と規定されている。

C　**適切である**。「保育所保育指針」第1章「総則」1「保育所保育に関する基本原則」に「保育所は、入所する子どもを保育するとともに、家庭や地域の様々な社会資源との連携を図りながら、入所する子どもの保護者に対する支援及び**地域の子育て家庭に対する支援**等を行う役割を担うものである」とされている。

D　**適切である**。「社会福祉法」第1条において、「この法律は、（中略）福祉サービスの利用者の利益の保護及び**地域における社会福祉**（以下「地域福祉」という。）**の推進を図る**（後略）」と、地域福祉の推進を図ることを目的の一つに規定している。

23 　解説　　　　　　　　　　　　　　　　　　　　　　正答 ☞ 1

A　**適切である**。町内会や自治会は、地域住民のつながりを深め、住みやすい**地域社会**をつくることを役割としており、地域の支え合いの仕組みをつくって対応することは適切である。

B　**適切である**。民生委員は、地域社会の福祉を増進することを役割としており、援助を必要とする住民に対し、福祉サービスを適切に利用するために必要な**情報の提供**や援助を行うことは適切である。

C　**適切である**。ボランティア・コーディネーターは、ボランティア団体と利用者をつなぐ役割を担っており、生活問題の解決につながる活動を行っているボランティアを**紹介**するという対応を行うことは適切である。

D　**適切である**。社会福祉専門職は、**社会資源の開発**も役割の一つとしており、社会福祉に関する制度改善を求める住民の行動を支えることは適切である。

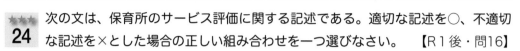

福祉サービスの評価

★★★
24 次の文は、保育所のサービス評価に関する記述である。適切な記述を○、不適切な記述を×とした場合の正しい組み合わせを一つ選びなさい。　【R1後・問16】

A　保育所は、福祉サービスの自己評価を行うなど、福祉サービスの質の向上に向けて努力することが義務づけられている。

B　保育所は、定期的に第三者評価を受審するよう努めなければならない。

C　保育所の第三者評価を行うのは、市町村自治体である。

D　保育所の公表された自己評価や第三者評価受審の結果は、利用者がサービス選択を行うための情報として活用される。

（組み合わせ）

```
    A   B   C   D
1   ○   ○   ○   ○
2   ○   ○   ×   ○
3   ○   ×   ○   ×
4   ×   ○   ×   ○
5   ×   ×   ○   ×
```

★★★
25 次の文のうち、福祉サービス第三者評価事業に関する記述として、適切な記述を○、不適切な記述を×とした場合の正しい組み合わせを一つ選びなさい。【R3前・問16】

A　福祉サービス第三者評価事業は、質の高い福祉サービスを事業者が提供するため、すべての福祉サービスを提供する事業所において義務として取り組む事業である。

B　厚生労働省が策定したガイドラインに基づき、都道府県が第三者評価基準を策定している。

C　福祉サービス第三者評価事業の目的等については、「社会福祉法」によって定められている。

D　福祉サービス第三者評価事業の評価結果は、福祉サービスを提供する事業所の同意を得て、市町村により公表されている。

（組み合わせ）

```
    A   B   C   D
1   ○   ○   ×   ×
2   ○   ×   ×   ○
3   ×   ○   ×   ○
4   ×   ×   ○   ○
5   ×   ×   ○   ×
```

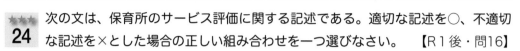

24　解説　　　　　　　　　　　　　　　　　　　　　正答 ☞　2

A　**適切である。**「児童福祉施設の設備及び運営に関する基準」第36条の2第1項において、「保育所は、自らその行う法第39条に規定する**業務の質の評価**を行い、常にその改善を図らなければならない」と規定されている。

B　**適切である。**「児童福祉施設の設備及び運営に関する基準」第36条の2第2項において、「保育所は、**定期的に外部の者による評価**を受けて、それらの結果を公表し、常にその改善を図るよう**努めなければならない**」と規定されている。外部の者による評価が、第三者評価に該当する。

C　**不適切である。**保育所の第三者評価を行うのは、**都道府県推進組織**に認証された**第三者評価機関**である。

D　**適切である。**保育所が公表した自己評価や第三者評価の結果は、**保育所を選択する際**などの情報として活用されている。

25　解説　　　　　　　　　　　　　　　　　　　　　正答 ☞　5

A　**不適切である。**「社会福祉法」第78条では、「社会福祉事業の経営者は、自ら提供する福祉サービスの質の評価を行うことその他の措置を講ずることにより、常に福祉サービスを受ける者の立場に立つて良質かつ適切な福祉サービスを提供するよう**努めなければならない**」と規定している。すべての事業所に義務づけられているとするのは適切ではない。

B　**不適切である。**第三者評価の評価基準は、**全国社会福祉協議会**が策定した「**福祉サービス第三者評価基準ガイドライン**」に基づいて、各**都道府県推進組織**が策定する。

C　**適切である。**福祉サービス第三者評価事業は、「社会福祉法」第78条に基づいて実施されている。

D　**不適切である。**福祉サービス第三者評価事業の評価結果は、第三者評価を実施する**評価機関**と**都道府県推進組織**が公表する。

発達の理論 (1)

★★★
1 次の文は、ヒトの出生時の特徴についての記述である。（　A　）～（　E　）にあてはまる語句を【語群】から選択した場合の正しい組み合わせを一つ選びなさい。

【R１後・問３】

　哺乳類は、生まれた時は未熟で自分の力で動きまわることのできない（　A　）のものと、生まれた時からすでに成熟していて自力で移動することのできる（　B　）の二つに分類することもできる。ヒトの場合は、胎児期から音声に反応して母親の声を聞き分けるなど、感覚や知覚の能力を有するが、運動能力が未発達な状態で生まれてくることから、（　C　）はこれを二次的（　A　）と呼び、（　D　）という考え方で説明した。つまり、人間は大脳の発達が著しいため、十分な成熟を待って出産することは体の大きさの問題から難しく、約（　E　）早く未熟な状態で生まれるといわれている。

【語群】

ア　ローレンツ（Lorenz, K.）	イ　２年	ウ　離巣性
エ　生理的早産	オ　就巣性	
カ　ポルトマン（Portmann, A.）	キ　放巣性	
ク　ハーロウ（Harlow, H.F.）	ケ　帰巣性	
コ　身体的早産	サ　１年	

（組み合わせ）

	A	B	C	D	E
1	オ	ウ	ア	エ	イ
2	オ	ウ	カ	エ	サ
3	オ	キ	ア	コ	イ
4	ケ	ウ	ク	エ	サ
5	ケ	キ	カ	コ	サ

基礎

1 解説

　哺乳類は、生まれた時は未熟で自分の力で動きまわることのできない（A. **オ　就巣性**）のものと、生まれた時からすでに成熟していて自力で移動することのできる（B. **ウ　離巣性**）の二つに分類することもできる。ヒトの場合は、胎児期から音声に反応して母親の声を聞き分けるなど、感覚や知覚の能力を有するが、運動能力が未発達な状態で生まれてくることから、（C. **カ　ポルトマン**）はこれを二次的（A. **オ　就巣性**）と呼び、（D. **エ　生理的早産**）という考え方で説明した。つまり、人間は大脳の発達が著しいため、十分な成熟を待って出産することは体の大きさの問題から難しく、約（E. **サ　1年**）早く未熟な状態で生まれるといわれている。

　ポルトマンは、新生児がまったく無力な存在であるという**生理的早産説**を提唱し、新生児が未発達なために、発達や変容の大きな可能性があることを認め、それを可塑性（か）（そせい）とした。

可塑性とは、外から加えられた力によって粘土のように自由に形を変えられる性質のことです。ポルトマンは、人間の新生児は未発達な状態で生まれてくるからこそ、周囲の環境に応じて発達することができると考えました

階段のぼりの訓練

ゲゼルの成熟優位説を裏付ける実験のこと。一卵性双生児のA児とB児が階段のぼりの訓練を行った。

	訓練の開始時期	訓練期間	結果
A児	生後46週	6週間	生後約52週でのぼれるようになる
B児	生後50週	2週間	生後約52週でのぼれるようになる

● A児のほうが早く訓練をはじめ、費やした期間が長いにもかかわらず、A児とB児で階段をのぼれるようになる時期はほとんど変わらなかった。

● この結果からゲゼルは、レディネス（心身の準備性）が十分に整ってから開始されたB児の訓練のほうがより効率的であったと考え、発達において内的な成熟がもっとも重要であるとした。

★★★
2

次のうち、バルテス（Baltes, P.B.）の考え方に関する記述として、適切なものを○、不適切なものを×とした場合の正しい組み合わせを一つ選びなさい。

【R4後・問1】

A　ヒトの発達は、多次元的、多方向的に進みうる。また高い可塑性を有し、獲得と喪失の両方を伴う過程であると仮定する。

B　ヒトの発達は、成人という完成体に至るまでの心身機能の変化をみていくものであると考え、そこに至るまでの発達の量的変化を仮定する。

C　ヒトの発達は、個人と社会との相互作用過程であり、文化および歴史の中に埋め込まれていると仮定する。

D　ヒトの発達は、加齢とともに喪失が増えた場合の適応として、有効に機能する領域がより限定的に選択されるなど防衛機制のメカニズムが発達すると仮定する。

（組み合わせ）

	A	B	C	D
1	○	○	○	○
2	○	×	○	×
3	○	×	×	○
4	×	○	○	×
5	×	×	×	○

発展

2 解説

A 適切である。バルテスの生涯発達心理学においては、ヒトの生涯発達は、常に多次元的、多方向的に発達し、また高い可塑性を有し、獲得（成長）と喪失（衰退）の両方を伴う過程であると仮定している。

B 不適切である。主な研究対象を青年までとしていたそれまでの発達心理学に対し、バルテスの生涯発達心理学では、ヒトの発達を生涯にわたる過程ととらえ、研究対象を老年まで拡大したのが大きな特徴である。

C 適切である。バルテスの生涯発達心理学では、ヒトの発達は、生物学的な側面だけでなく、文化的歴史的な側面からも影響を受けると仮定する。

D 不適切である。バルテスの生涯発達心理学では、加齢とともに喪失が増えた場合であっても、獲得や維持するものもあるので、代替資源を活用することで適応する、補償的・代替的なメカニズムが発達すると仮定する。

保心

合格エッセンス ／ **シャーレイの運動発達の順序**

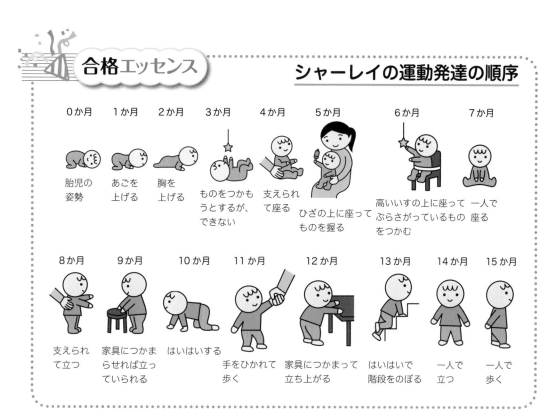

| 0か月 | 1か月 | 2か月 | 3か月 | 4か月 | 5か月 | 6か月 | 7か月 |

胎児の姿勢／あごを上げる／胸を上げる／ものをつかもうとするが、できない／支えられて座る／ひざの上に座ってものを握る／高いいすの上に座ってぶらさがっているものをつかむ／一人で座る

| 8か月 | 9か月 | 10か月 | 11か月 | 12か月 | 13か月 | 14か月 | 15か月 |

支えられて立つ／家具につかまらせれば立っていられる／はいはいする／手をひかれて歩く／家具につかまって立ち上がる／はいはいで階段をのぼる／一人で立つ／一人で歩く

認知の発達 (1)

★★★ 3 次の文において、ピアジェ（Piaget, J.）理論とその後の展開として（　A　）～（　D　）の用語が適切なものを○、不適切なものを×とした場合の正しい組み合わせを一つ選びなさい。　【R1後・問2】

　ピアジェの理論に基づく（A　社会的構成主義）では、子どもが活動を通して知識を構成していくという能動性を重視する。主に物理的環境との相互作用を中心とする子ども個人の知的構成の理論である。発達の主体はあくまでも子ども自身である。子どもの内的な枠組みである（B　シェマ）と環境が与える情報とのズレを解消することで認知発達が促される。これを（C　同化）と呼ぶ。

　ある発達段階に到達した子どもは、物理的事象でも社会的事象でも、共通した思考が適応できるとされ、領域一般性と名付けられた。しかしその後、領域によって発達の様相が異なることが多くの研究から明らかになってきた。これは（D　領域特殊性）と呼ばれる。

（組み合わせ）

	A	B	C	D			A	B	C	D
1	○	○	×	○		4	×	○	×	×
2	○	×	○	×		5	×	×	×	○
3	×	○	○	×						

標準

★★★ 4 次のうち、社会的認知に関する記述として、適切なものを○、不適切なものを×とした場合の正しい組み合わせを一つ選びなさい。　【R3後・問2】

A　スピッツ（Spitz, R.A.）は、見慣れた人と見知らぬ人を区別し、見知らぬ人があやそうとすると視線をそらしたり、泣き叫ぶなど不安を示す乳児期の行動を「6か月不安」と呼んだ。

B　乳児期の後半には、不安や困惑がある際に養育者の表情を確認し、自分の行動を決定するような社会的統制を行う。

C　2～3か月頃の乳児は、単色などの単純な刺激と人の顔の絵などの複雑な刺激を見せられると、特に顔の絵などを好んで注視する傾向にある。

D　新生児は、周囲の刺激とは関係なく微笑む。これはあやされることによって生ずるのではなく、身体の生理的な状況によって生起する。

（組み合わせ）

	A	B	C	D			A	B	C	D
1	○	○	○	○		4	×	○	×	×
2	○	○	×	×		5	×	×	○	○
3	○	×	○	×						

基礎

3　解説　　　　　　　　　　　　　　　　　　　　　正答☞　4

　　ピアジェの理論に基づく（A　社会的構成主義→×）では、子どもが活動を通して知識を構成していくという能動性を重視する。主に物理的環境との相互作用を中心とする子ども個人の知的構成の理論である。発達の主体はあくまでも子ども自身である。子どもの内的な枠組みである（B　シェマ→○）と環境が与える情報とのズレを解消することで認知発達が促される。これを（C　同化→×）と呼ぶ。

　　ある発達段階に到達した子どもは、物理的事象でも社会的事象でも、共通した思考が適応できるとされ、領域一般性と名付けられた。しかしその後、領域によって発達の様相が異なることが多くの研究から明らかになってきた。これは（D　領域特殊性→×）と呼ばれる。

A　**不適切である。**社会的構成主義を提唱したのは、ピアジェではなく**ヴィゴツキー**（Vygotsky, L.S.）である。文中のAは構成主義が正しい。

B　**適切である。**シェマは認知の発達において物事を理解していくための枠組みをいい、ピアジェが提唱した。

C　**不適切である。**シェマと環境が与える情報とのズレを解消することは、**調節**である。同化は、新しい体験をしたときに、すでにもっている**シェマに合うように**その情報を理解しようとすることをいう。

D　**不適切である。**領域特殊性ではなく、**領域固有性**である。対象ごとに思考のパターンが変わることをいう。

4　解説　　　　　　　　　　　　　　　　　　　　　正答☞　5

A　**不適切である。**6か月不安ではなく、**8か月不安**である。いわゆる「人見知り」のことで、スピッツは、生後**8か月**頃から起こるためそう呼んだ。

B　**不適切である。**養育者の表情を見てその感情を確認しながら自分の行動を決めていくことは、**社会的参照**である。**社会的統制**とは、社会や集団内の秩序を維持するために、その構成メンバーに対して同調または服従を求める手段または過程をいう。

C　**適切である。**ファンツ（Fantz, R.L.）は、乳児の視覚行動を観察するための手法である**選好注視法**により、乳児は、単色などの単純な刺激よりも人の顔の絵などを好んで注視する傾向があることを明らかにした。

D　**適切である。**外部からの刺激とは無関係に、身体の生理的な状況によって現れる自発的な微笑みを**新生児微笑（自発的微笑、生理的微笑）**と呼ぶ。なお、生後2〜3か月頃には、あやされるなどの周囲からの刺激に対して笑顔で応答する**社会的微笑**を見せるようになる。

保心

認知の発達 (2)

5 ★★ 次の文は、ピアジェ（Piaget, J.）の発生的認識論に関する記述である。（　A　）
〜（　D　）にあてはまる語句を【語群】から選択した場合の正しい組み合わせを
一つ選びなさい。　　　　　　　　　　　　　　　　　　　　【R3前・問5】

　ピアジェの発生的認識論では、2〜7歳の子どもは（　A　）にあたる。この時期
は（　B　）と（　C　）とに分けて考えられている。この説によれば（　B　）で
は、子どもは2頭のゾウを見て、そこから共通性を取り出しゾウというひとまとまり
である類として捉えることは難しく、「ゾウの花子」「ゾウの太郎」というようにそれ
ぞれ個として考える。（　C　）では、カテゴリーを伴う思考ができるようになり、
徐々に複数の知覚情報によって理解できるようになる。例えば、大きさだけで理解し
ていたことが、大きさと重さの2つから考えられるようになり、「大きいけれど軽い」
などの判断が可能になる。しかし、その一方で、この時期の子どもの判断は見かけに
より左右され、また他人の視点にたって物事を捉えて行動することが難しいことなど
をピアジェは（　D　）と名づけた。

【語群】

ア　具体的操作期	イ　前操作期	ウ　感覚的思考	エ　前概念的思考
オ　直観的思考	カ　論理的思考	キ　自己中心性	ク　利己主義

（組み合わせ）

```
  A B C D
1 ア ウ オ ク
2 ア ウ カ キ
3 ア エ オ キ
4 イ ウ カ ク
5 イ エ オ キ
```

標準

ピアジェは、スイスの心理
学者で、発達心理学におけ
る知覚の発達や認識論の
研究で知られています

5 解説 正答 ☞ 5

　ピアジェの発生的認識論では、2〜7歳の子どもは（A．**イ　前操作期**）にあたる。この時期は（B．**エ　前概念的思考**）と（C．**オ　直観的思考**）に分けて考えられている。この説によれば（B．**エ　前概念的思考**）では、子どもは2頭のゾウを見て、そこから共通性を取り出しゾウというひとまとまりである類として捉えることは難しく、「ゾウの花子」「ゾウの太郎」というようにそれぞれ個として考える。（C．**オ　直観的思考**）では、カテゴリーを伴う思考ができるようになり、徐々に複数の知覚情報によって理解できるようになる。例えば、大きさだけで理解していたことが、大きさと重さの2つから考えられるようになり、「大きいけれど軽い」などの判断が可能になる。しかし、その一方で、この時期の子どもの判断は見かけにより左右され、また他人の視点にたって物事を捉えて行動することが難しいことなどをピアジェは（D．**キ　自己中心性**）と名づけた。

　ピアジェの発生的認識論（認知発達段階ともよばれる）において、2〜4歳とされる前概念的思考期（象徴的思考期）の子どもは、目の前にないものをイメージして言葉で表現できるようになるが、抽象化や一般化といった概念形成はまだ難しい。4〜7歳とされる直観的思考期の子どもは、概念形成は発達してきているものの、知覚的直観に頼っているため見かけに左右されるという特徴がある。

保心

合格エッセンス　　認知発達からみた区分

感覚運動的知能の段階	0〜2歳	新生児反射を基盤として、感覚と運動の協応により、新しい場面に適応していく時期。
象徴的思考期（前概念的思考期）	2〜4歳	イメージ（表象）が生じ、言語によって象徴できるようにはなるが、まだ抽象化や一般化といった概念形成は困難である。
直観的思考期	4〜7、8歳	表象化や概念化は発達してきているが、推理や判断は知覚的直観に依存している。量や重さなどの判断は、見かけの大きさに左右されてしまう。
具体的操作期（具体的思考期）	7、8〜11、12歳	具体的な事象であれば、論理的な操作による思考や推理が可能になり、量・数・時間・空間・因果関係などの概念が形成される。
形式的操作期（形式的思考期）	11、12〜14、15歳	形式論理的な思考が可能となり、知能発達は一応完成の段階に達する。

認知の発達 (3)

★★★ 6 次の文は、幼児の認知発達についての記述である。（　A　）～（　D　）にあてはまる語句を【語群】から選択した場合の最も適切な組み合わせを一つ選びなさい。 【R2後・問8】

・2歳頃になると、心の中に（　A　）が形成され、直接経験していない世界について考えられるようになり、その場にいないモデルの真似をしたり、見立てる遊びをしたりする姿が見られる。

・幼児には、自分の体験を離れて、他者の立場から見え方や考え方、感じ方を推測することが難しい（　B　）がみられる。

・幼児は、人が内面の世界を持っているということ、心あるいは精神を持っているということに気付きはじめ、その理解を（　C　）と呼ぶ。

・幼児の思考は、直接の知覚や行為に影響を受けやすく、例えば（　D　）課題では、物の知覚が変化しても物の本質は変わらないということを考慮できず、見え方が変化すると数や量まで変化すると判断する。

【語群】

ア　内言	イ　表象	ウ　象徴理論	エ　保存
オ　実存	カ　自己実現性	キ　心の理論	ク　自己中心性

（組み合わせ）

	A	B	C	D
1	ア	カ	ウ	エ
2	ア	ク	キ	オ
3	イ	カ	ウ	エ
4	イ	カ	キ	オ
5	イ	ク	キ	エ

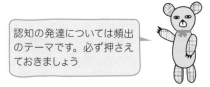

認知の発達については頻出のテーマです。必ず押さえておきましょう

・2歳頃になると、心の中に（A.　イ　表象）が形成され、直接経験していない世界について考えられるようになり、その場にいないモデルの真似をしたり、見立てる遊びをしたりする姿が見られる。

・幼児には、自分の体験を離れて、他者の立場から見え方や考え方、感じ方を推測することが難しい（B.　ク　自己中心性）がみられる。

・幼児は、人が内面の世界を持っているということ、心あるいは精神を持っていることに気付きはじめ、その理解を（C.　キ　心の理論）と呼ぶ。

・幼児の思考は、直接の知覚や行為に影響を受けやすく、例えば（D.　エ　保存）課題では、物の知覚が変化しても物の本質は変わらないということを考慮できず、見え方が変化すると数や量まで変化すると判断する。

　Aの表象について、ピアジェ（Piaget, J.）は、目の前にない事物について、表象（イメージ）を用いて言葉として考えることができるようになるとした。この機能を**象徴機能**という。また、この時期を象徴的思考期（2〜4歳）としている。

　Bの自己中心性について、ピアジェは、前操作的段階の思考の特徴であるとしている。

　Cの心の理論は、**プレマック**と**ウッドラフ**が「チンパンジーには**心の理論**があるのか」という論文で提唱した。人間の行動には、意図、知識、信念などの心理的要因が背景となって存在し、他者の心の動きを理解したり、推測したりする。この能力を**心の理論**とした。

　Dの保存課題は、見た目に左右されて直観で判断する傾向があるために生じる。

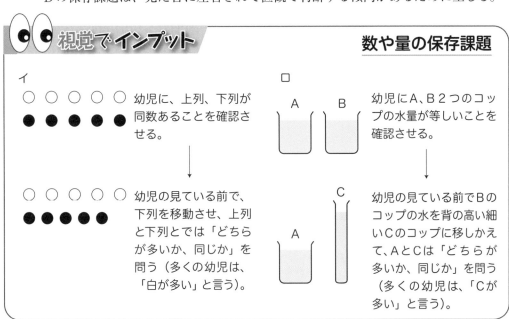

視覚でインプット　　　　　　　　　　　　　　　数や量の保存課題

イ
○ ○ ○ ○ ○
● ● ● ● ●　幼児に、上列、下列が同数あることを確認させる。

↓

○ ○ ○ ○ ○
● ● ● ● ●　幼児の見ている前で、下列を移動させ、上列と下列とでは「どちらが多いか、同じか」を問う（多くの幼児は、「白が多い」と言う）。

□
A　B　幼児にA、B2つのコップの水量が等しいことを確認させる。

↓

C
A　幼児の見ている前でBのコップの水を背の高い細いCのコップに移しかえて、AとCは「どちらが多いか、同じか」を問う（多くの幼児は、「Cが多い」と言う）。

愛着

7 ★★★ 次の文は、アタッチメントに関する記述である。（　A　）～（　D　）にあてはまる語句の正しい組み合わせを一つ選びなさい。　　　　　【R6前・問1】

（　A　）は、乳児が不安や不快を感じるとアタッチメント行動が（　B　）に生じ、特定の人物から慰めや世話を受けることで、安心感や安全感が取り戻されると、アタッチメント行動は（　C　）すると考えた。アタッチメントはこのような（　D　）を通して機能するものであり、（　A　）は、特定の人物にくっつくという形で示される、子どもから特定の人物への永続的で強固な絆のことを、アタッチメントと呼んだ。

（組み合わせ）

	A	B	C	D
1	エインズワース（Ainsworth, M.D.S.）	随意的	沈静化	刺激反応システム
2	エインズワース（Ainsworth, M.D.S.）	自動的	活性化	行動制御システム
3	ボウルビィ（Bowlby, J.）	随意的	活性化	刺激反応システム
4	ボウルビィ（Bowlby, J.）	自動的	沈静化	行動制御システム
5	ボウルビィ（Bowlby, J.）	自動的	活性化	刺激反応システム

発展

8 ★★★ 次の文はエインズワース（Ainsworth, M.D.S.）のアタッチメント（愛着）に関する記述である。A～Dの記述にあてはまる用語を【語群】から選択した場合の正しい組み合わせを一つ選びなさい。　　　　　【R3前・問1】

A　子どもが初めて訪れる部屋に親子を案内し、親と分離させたり、見知らぬ人と対面させたり、親と再会させることによって、子どもの反応を組織的に観察する実験法である。

B　親との分離に際し、泣くなどの混乱を示すということがほとんどない。

C　親との分離に際し、多少の泣きや混乱を示すが、親との再会時には積極的に身体接触を求め、すぐに落ちつく。

D　親との分離に際し、非常に強い不安や混乱を示し、親との再会時には、親に強く身体接触を求めるが、その一方で親に対して強い怒りを示す。

【語群】

```
ア　IWM（インターナル・ワーキング・モデル）
イ　SSP（ストレンジ・シチュエーション法）
ウ　Cタイプ（アンビバレント型）
エ　Aタイプ（回避型）
オ　Bタイプ（安定型）
```

（組み合わせ）

	A	B	C	D
1	ア	エ	ウ	オ
2	ア	オ	ウ	エ
3	イ	ウ	オ	エ
4	イ	エ	オ	ウ
5	イ	オ	エ	ウ

標準

7　解説　　　　　　　　　　　　　　　　　　　　正答☞　4

　（A．**ボウルビィ（Bowlby, J.）**）は、乳児が不安や不快を感じるとアタッチメント行動が（B．**自動的**）に生じ、特定の人物から慰めや世話を受けることで、安心感や安全感が取り戻されると、アタッチメント行動は（C．**沈静化**）すると考えた。アタッチメントはこのような（D．**行動制御システム**）を通して機能するものであり、（A．**ボウルビィ（Bowlby, J.）**）は、特定の人物にくっつくという形で示される、子どもから特定の人物への永続的で強固な絆のことを、アタッチメントと呼んだ。

　ボウルビィは、「特定の人との間に築かれる強い心の絆」を**アタッチメント**と呼び、発達課題を達成していく基礎として重要なものとした。親や保育士などの養育者が、不安や不快を感じた乳児から発せられる要求に適切に反応することにより形成されるものであり、生後2〜3年ほどの時期にアタッチメントを形成しないと、健全な発達が阻害されることを論じた。

8　解説　　　　　　　　　　　　　　　　　　　　正答☞　4

A　イ　エインズワースは、愛着形成の質の違いを測定するSSP（ストレンジ・シチュエーション法）を考案した。この実験により、親子のアタッチメント関係は、Aタイプ、Bタイプ、Cタイプの3種類に分けられた。なお、このような個人差は、子どもからの働きかけに親がどのように応えるかによって生じるとされている。

B　エ　Aタイプ（回避型）は、親との分離に際し、泣くなどの混乱を示すことがほとんどなく、再会時にも親に無関心である。このタイプの子の親は、子どものサインを無視したり、拒否したりする傾向がある。

C　オ　Bタイプ（安定型）は、親との分離に際し、多少の不安を示すが、再会すれば喜ぶ。安定したアタッチメントが形成されているタイプである。このタイプの子の親は、子どもの要求に敏感に応じ、適切な反応をする傾向がある。

D　ウ　Cタイプ（アンビバレント型）は、分離に際し、激しく抵抗し、再会しても怒りの感情を示し機嫌がなかなか直らない。このタイプの子の親は、子どものサインに鈍感で、応じたり応じなかったりで一貫性がない傾向がある。

保心

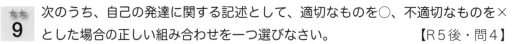

他者との関わり (1)

9 ★★
次のうち、自己の発達に関する記述として、適切なものを○、不適切なものを×とした場合の正しい組み合わせを一つ選びなさい。　【R5後・問4】

A　ホフマン（Hoffman, M.L.）によれば、１歳頃までは自他の区別が未分化であり、他児が転んで泣くのを見て、自分も泣きそうになるなど、他者に起こったことが自分自身に起こったことのように振る舞う。

B　幼児期後半に社会的比較が可能になることにより、幼児期から学童期にかけて自己評価が否定的になり、自尊感情が低下する。

C　乳児期前半に自分の手を目の前にかざし、その手をじっと見つめるというショーイングと呼ばれる行動がみられる。

D　客体的自己の理解は、鏡に映った自分の姿を理解できるかという課題を用いて調べることができる。

（組み合わせ）

```
     A  B  C  D           A  B  C  D
1    ○  ○  ○  ○      4   ×  ○  ○  ×
2    ○  ×  ○  ×      5   ×  ×  ×  ○
3    ○  ×  ×  ○
```

10 ★★★
次の文は、仲間関係の機能に関する記述である。【Ⅰ群】の記述と、【Ⅱ群】の用語を結びつけた場合の正しい組み合わせを一つ選びなさい。　【H31前・問6】

【Ⅰ群】

A　他者の外的行為を認めるだけでなく、その背後にある気持ちや感情、意図や動機、思考などの内的特性について気付き、正しく推論し、理解する。

B　他者のある行為を理解するために、その人の年齢、性別、職業などについての知識に基づいて推論する。

C　集団生活を円滑に行うためにある様々な決まりの本来の意味を、仲間との相互交渉の中で、不当な圧力や利害の片寄りなどの経験を通して考えるようになる。

D　自分の思考、感情、動機といった内的経験をそのまま行動に移すのではなく、客観的に捉え直し、自他を正当に比較し、他者の立場を推論しようとする。

【Ⅱ群】　　　　　　　　　　　（組み合わせ）

ア　社会的カテゴリーの理解
イ　自己統制能力
ウ　他者理解・共感
エ　社会的規則の理解

```
              A  B  C  D           A  B  C  D
1   ア  イ  ウ  エ      4   ウ  ア  イ  エ
2   ア  エ  ウ  イ      5   ウ  ア  エ  イ
3   イ  ア  エ  ウ
```

9   解説   正答 ☞ 3

A   **適切である。**ホフマンは、1歳頃までの乳児は自他を区別することができないため、実際に転んで痛がっているのは誰かといった認識が欠如し、他者の苦痛を自己の苦痛であるかのように感じてしまうとし、これらの反応を**大まかで未分化な共感**として捉えた。

B   **不適切である。**社会的比較は、**学童期後半**から見られる。また、社会的比較には、自分よりも実力や特徴の優れた他者を見て憧れる**上方比較**と、自分よりも劣っている能力や特徴をもつ他者を見て安心し、自尊心を高める**下方比較**がある。

C   **不適切である。**乳児期前半に自分の手を目の前にかざし、その手をじっと見つめるという行動は、**ハンドリガード**と呼ばれる。ショーイングとは、物をかざして人に見せる行動のことを呼ぶ。

D   **適切である。**乳児の鼻の頭に口紅を塗り、鏡に映った姿が自分であることに気づくかどうかを調べる**マークテスト**と呼ばれる方法である。

10   解説   正答 ☞ 5

A   **ウ**   たとえば、友だちが行った行動を認めるだけでなく、どうしてそうしたのか、どう考えているのかなどまで気付き、それを正しく理論立てて考え理解することは、**他者理解・共感**である。

B   **ア**   年齢や性別、職業など社会における分類を**社会的カテゴリー**という。相手の行動を理解するために社会的カテゴリーを知り、そこから推論していくことは他者と関わるうえで有効である。

C   **エ**   さまざまな経験の中から決まりの本来の意味を考えられるようになるのは、**社会的規則の理解**である。

D   **イ**   自分の内的経験をそのまま行動に移さず、いったん客観的にとらえ直して友だちなどと比較し、友だちの立場も理解するのは**自己統制能力**である。

保心

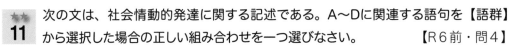

他者との関わり (2)

11 ★★ 次の文は、社会情動的発達に関する記述である。A～Dに関連する語句を【語群】から選択した場合の正しい組み合わせを一つ選びなさい。 　　　　【R6前・問4】

A　自分で自分の身体に触れているときは、触れている感覚と触れられている感覚がする。

B　生後間もない時期から、乳児が他者に示された表情と同じ表情をする。

C　1歳半頃から、子どもが大人と同じようなことをやりたがったり、大人に対してことごとく「イヤ」と言って頑として譲らなかったりする。

D　情動は、運動・認知・自己の発達と関連しながら分化していく、という考え方を提唱した。

【語群】

ア　ダブルバインド	イ　ダブルタッチ	ウ　共鳴動作
エ　トマセロ（Tomasello, M.)	オ　延滞模倣	カ　自己中心性
キ　自己主張	ク　ルイス（Lewis, M.)	

（組み合わせ）

	A	B	C	D
1	ア	ウ	カ	エ
2	ア	オ	キ	ク
3	イ	ウ	カ	ク
4	イ	ウ	キ	ク
5	イ	オ	カ	エ

標準

11 解説

A イ **ダブルタッチ**は、自分で自分の身体を触っているとき、触れている感覚と触れられている感覚の両方を感じることをいい、**二重感覚**ともいう。

B ウ **共鳴動作**は、生後間もない乳児が行う、他者の表情などの行動を模写しているように見える応答行動である。

C キ **自己主張**は、他者からの圧力に対して自分の要求を通そうとすることや、自分の能力や価値を他者に認めさせようとすることをいう。1歳半頃から始まり、親の禁止に対して、「イヤ」と拒否することによって自己主張することが多い。

D ク **ルイス**（Lewis, M.）は、情動の発達は、運動機能・認知能力・自己の発達と関連しながら分化していくという考え方を示した。生後すぐには、満足、苦痛、興味を、生後3か月頃までに喜び、悲しみ、嫌悪を、6か月頃までに驚き、怒り、恐れの感情が分化していくとして、これらを**一次的感情**とした。

キーワード 向社会的行動

外的な報酬を期待することなく、**自分から他者のために行動する**ことをいう。子どもにおいては、けがをした友だちを助けようとする、泣いている子どもをなぐさめようとするなど、**思いやり**をもって行う行動がその代表的なものである。このような行動は、**共感性や役割取得、道徳性**の発達と関連しており、幼少期によい**愛着関係**を形成することで他者を信頼し、異なる見方を受け入れられるようになることで初めて、他者に対して何かしてあげたいという気持ちが芽生えると考えられている。

他者との関わり (3)

★★★
12 次の文は、保育所での子どもの遊びについての観察記録である。パーテン (Parten, M.B.) の遊びの社会的参加の分類に基づいて、A～Dに関する用語を【語群】から選択した場合の最も適切な組み合わせを一つ選びなさい。

【R4後・問7】

A　3歳児3人がそれぞれ粘土を使って遊んでいたが、そのうちの一人がウサギの耳を作り始めると、それを見ていた他の2人も、真似をしてそれぞれ粘土で動物の耳を作り始めた。

B　5歳児数人が大型積み木で四角い枠を作り、温泉の看板を立てて、他の子どもたちに入場券を配って回った。すると、入場券をもらった子どもたちが、お客さんとして次々に温泉に入りに来た。

C　4歳児5人がテーブルの上に製作したカップケーキを並べて、お店屋さんごっこをしようとしていた。そのうちの一人は人形を椅子に座らせてお誕生日会を開こうとしているようであったが、他の4人にはイメージが共有されていなかった。

D　5歳児のS君がお誕生日会でクラスの友達にプレゼントするために、段ボールで黙々とケーキを製作していた。

【語群】

ア　見立て遊び	イ　一人遊び	ウ　構成遊び
エ　平行遊び	オ　協同遊び	カ　連合遊び

（組み合わせ）

	A	B	C	D
1	ア	オ	エ	イ
2	イ	エ	カ	ウ
3	エ	ウ	オ	カ
4	エ	オ	カ	イ
5	カ	ア	ウ	エ

標準

12　解説

A　エ　**平行遊び**とは、複数の幼児が近くにいても交流をせずにそれぞれが一人で遊んでいるが、模倣や比較などにより、他の子どもたちの遊びからも影響を受けている状態のことである。2〜3歳頃に多く見られる。

B　オ　**協同遊び**とは、遊びの中で共通の目的のために役割をそれぞれ分担するなど、組織化されて遊びを展開する状態のことである。4歳以上に見られる。

C　カ　**連合遊び**とは、遊びの中で子ども同士のやり取りはあるが、役割を分担することもなく、また、同じ遊びをしていてもそれぞれの持つイメージが異なっていることが多く、全体的にまとまりがない状態のことである。3〜4歳児に多く見られる。

D　イ　**一人遊び**とは、他の子どもや遊びに無関心で、自分の遊びに熱中する様子のことである。ただし、玩具の取り合いは見られる。0か月〜2歳頃から見られる。

> 構成遊びは、積み木やブロック、折り紙などで組み立てたり形を作ったりする遊び、見立て遊び（象徴遊びともいう）は、ままごとやお人形、○○ごっこなどをいいます。

保心

 合格エッセンス

パーテンの遊びの分類

アメリカの心理学者パーテンは「遊び」を以下のように分類しました。

①目的のない（何もしていない）行動	⑤連合遊び
あちこちを見回したり、何もしないでじっと座っていたり、目的もなくぶらぶらしているような状態。	一緒には遊ぶが全体にはまとまりがなく、組織的な集団づくりや役割分担のない状態。
②一人遊び	
そばで遊んでいる子どもがいても無関心で、一人だけで遊ぶ状態。	
③傍観 （ぼうかん）	**⑥協同遊び**
隣の子どもの遊びには関心は示すが、加わろうとはせずにわきに立ってじっと見ている状態。	めいめいの役割分担があり、共通した目的によって組織化されている状態。
④平行（並行）遊び	
近くでまったく同じ遊びをしているのに、子ども同士の間には具体的交渉がない状態。 2〜3歳児に最も多い。	協同遊び

心身の発達 (1)

★★
13 次のA～Dのうち、学童期の発達についての記述として、適切なものを○、不適切なものを×とした場合の正しい組み合わせを一つ選びなさい。【R1後・問7】

A　低学年では、具体的な事物については論理的思考ができるようになる。また、不特定多数の聞き手を意識して発言することが求められるようになる。

B　中・高学年になると、特定の仲間と排他的ではない集団を作って行動することが増える。また、同時に仲間よりも大人からの承認を求めるという特徴がみられる。

C　学校生活の中では、自己概念は現実的で複雑になるため、社会的比較をすることにより劣等感を抱いたり、自尊心が低下したりすることがある。

D　学童期は、学年が上がるとともに記憶のための方略が多様化し、自分の思考を振り返るメタ認知能力が発達していく。

（組み合わせ）

	A	B	C	D
1	○	○	○	×
2	○	○	×	○
3	○	×	○	○

	A	B	C	D
4	×	×	○	×
5	×	×	×	○

★★★
14 次のうち、言語発達に関する記述として、適切なものを○、不適切なものを×とした場合の正しい組み合わせを一つ選びなさい。【R3後・問4】

A　一語文期には、「ブーブー（車に乗りたい）」「ブーブー（車が来るよ）」というように、一語でいろいろな意味機能を表すようになる。

B　新生児は、おおよそあらゆる音韻の区別はできるが、ある環境である特定の言語に接することで、次第にその言語圏で使われている音韻以外は、区別しにくくなっていく。

C　乳児期の授乳時の母子間のやり取りには、相互交渉の原型がみられる。乳児は、これを通してコミュニケーションに必要な、互いに順番をとるターン・テーキングを学んでいる。

D　2～3か月頃の乳児は機嫌がよいときに、泣き声とは異なる「アー」「ウー」のような、規準喃語を発声する。

（組み合わせ）

	A	B	C	D
1	○	○	○	×
2	○	○	×	×
3	×	×	○	○
4	×	×	○	×
5	×	×	×	○

13　解説　　　　　　　　　　　　　　　　　　　　正答 ☞　3

A　**適切である**。学童期の低学年の時期には、**自己中心的**な思考から**論理的**に物事を考えるようになる移行期にあたる。このため、具体的な事物があれば、論理的に考えることが可能になる。また、1対1ではなく、**不特定多数の人**を対象として、意見を発表することなどが求められるようになる。

B　**不適切である**。学童期の中・高学年になると、特定の仲間と**排他的なグループ**を作って行動するようになる。これを**ギャング・グループ**といい、大人より同年代の仲間からの承認を求めるようになる。

C　**適切である**。**社会的比較**は、自分を他者と比較し、自分の考えや能力を評価することである。その結果として、自分が他者より劣っていると感じて劣等感を抱いたり、自尊心が低下したりすることもある。

D　**適切である**。学童期には、学年が上がるとともに、論理的に物事を考える能力が発達し、**メタ認知能力**も発達していく。

14　解説　　　　　　　　　　　　　　　　　　　　正答 ☞　1

A　**適切である**。1歳〜1歳半頃が**一語文期**であり、身近な大人と一語文を使って言葉のコミュニケーションが取れるようになる。

B　**適切である**。新生児は、最初は、**あらゆる音韻**の区別ができるが、自分の生活する環境で使われる特定の言語に接し続けることで、次第にその言語圏で使われている音韻以外を区別する能力は**低下**し、満1歳ごろには大人と同レベルになるといわれている。

C　**適切である**。乳児期の授乳時の母子間における、乳児が母乳を飲むのをやめると母親が話しかけたり頬をつついたりし、乳児はまた母乳を飲み始めるといったやり取りには**相互交渉**の原型がみられる。これを繰り返すことで、乳児は交互に働きかける**ターン・テーキング**を学ぶ。

D　**不適切である**。生後2〜3か月ごろの乳児が機嫌がよいときに泣き声とは異なる「アー」「ウー」のような声を出すのは**クーイング**である。規準喃語（反復喃語）は、「ダダダ（dadada）」というように子音と母音を繰り返す喃語のことで、生後6〜7か月頃に見られる。

心身の発達 (2)

15 ★★★ 次の文は、原因帰属に関する記述である。（　A　）〜（　D　）にあてはまる語句の正しい組み合わせを一つ選びなさい。　　　　　　　　　　　【R4前・問5】

　同じように成功や失敗を経験したとしても、成功または失敗の原因をどのように捉えるかによってその後の動機づけが異なる。（　A　）はある出来事の原因を何に求めるかという原因帰属について、統制の位置と（　B　）という2つの次元から説明しようとした。一般に、失敗の原因を（　C　）に帰属させると動機づけが高まるといわれているが、行動しても期待した結果が得られない状態が続くと「何をやっても無駄だ」とやる気をなくしてしまうこともある。これを（　D　）は学習性無力感と呼んだ。

（組み合わせ）

	A	B	C	D
1	ワイナー（Weiner, B.）	安定性	運	セリグマン（Seligman, M.E.P.）
2	ワイナー（Weiner, B.）	安定性	努力	セリグマン（Seligman, M.E.P.）
3	セリグマン（Seligman, M.E.P.）	安定性	能力	ワイナー（Weiner, B.）
4	セリグマン（Seligman, M.E.P.）	可塑性	努力	ワイナー（Weiner, B.）
5	セリグマン（Seligman, M.E.P.）	可塑性	能力	ワイナー（Weiner, B.）

16 ★★ 次のA〜Dのうち、エリクソン（Erikson, E.H.）の発達理論に関する記述として、適切なものを○、不適切なものを×とした場合の正しい組み合わせを一つ選びなさい。　　　　　　　　　　　【R3前・問11】

A　生涯は8つの段階に区分され、各段階はその時期に達成されるべき発達課題をもち、それを乗り越えることにより次の段階に進むという過程をたどる。

B　学童期から青年期にあたる第4段階と第5段階では、「自主性 対 罪悪感」、「同一性 対 同一性の混乱」の危機がある。

C　青年期はアイデンティティを模索する時期であり、モラトリアムの時期としている。

D　アイデンティティとは、自己の連続性と斉一性についての感覚であり、「自分とは何か」についての答えである。

（組み合わせ）

	A	B	C	D			A	B	C	D
1	○	○	×	×		4	×	○	○	○
2	○	×	○	○		5	×	○	×	○
3	○	×	○	×						

15 解説   正答 ☞ 2

同じように成功や失敗を経験したとしても、成功または失敗の原因をどのように捉えるかによってその後の動機づけが異なる。（A. **ワイナー（Weiner, B.）**）はある出来事の原因を何に求めるかという原因帰属について、統制の位置と（B. **安定性**）という2つの次元から説明しようとした。一般に、失敗の原因を（C. **努力**）に帰属させると動機づけが高まるといわれているが、行動しても期待した結果が得られない状態が続くと「何をやっても無駄だ」とやる気をなくしてしまうこともある。これを（D. **セリグマン（Seligman, M.E.P.）**）は学習性無力感と呼んだ。

行動の成功や失敗に対する原因をどこに捉えるかを**原因帰属**という。また、学習性無力感は行動しても望まない結果が続くという経験によって無気力になることをいう。

16 解説   正答 ☞ 2

A　**適切である。**エリクソンは、人間の生涯を**8つの段階**に区分し、各段階の発達課題と、それを乗り越えられない場合の**心理・社会的危機**を示した。

B　**不適切である。**発達課題の第4段階（学童期または児童期）の危機は「**勤勉性対劣等感**」、第5段階（青年期）の危機は「**自我同一性対同一性の混乱**」である。

C　**適切である。**青年期は、自分のアイデンティティを模索する時期である。**モラトリアム**とは、アイデンティティを確立して自分に適した生き方を模索するために、社会での義務と責任を果たすことを<ruby>猶予<rt>ゆうよ</rt></ruby>される期間をいう。

D　**適切である。**エリクソンがいう<ruby>斉一性<rt>せいいつせい</rt></ruby>とは、自分が唯一無二の独自の存在であり、自分だけではなく、他者も、それが常にその人であると認めることである。アイデンティティは、「自分とは何か」を確立した時にでる答えである。

保心

合格エッセンス   原因帰属

ワイナーは、原因帰属を下の表のようにまとめた。「統制の位置」とは、出来事の原因が内部にあるのか外部にあるのかであり、「安定性」とはその原因が安定しているか、不安定なのかということである。たとえば、野球の試合に負けたとき、「相手チームの戦力が自分たちより上だった」ということを原因とする場合には、それは「外的」で「固定的」な要因なので、敗因は「課題の難しさ」に帰属する。しかし、「相手チームの対策をしなかったので負けてしまった」というのであれば、原因は「内的」なものであり、対策をすれば勝てたかもしれないという「不安定」な要素があるので、敗因は「努力」の不足に帰属する。つまり、同じように試合に負けてしまった場合でも、原因を内的なものとするか外的なものとするかで次に向けてのモチベーションが異なるということである。

		安定性	
		安定	不安定
統制の位置	内部	能力	努力
	外部	課題の難しさ	運

心身の発達 (3)

17 ★★ 次のうち、親になることに関する記述として、適切なものを○、不適切なものを
×とした場合の正しい組み合わせを一つ選びなさい。　　　　【R5後・問13】

A　親になることによる変化は、母親だけに生じるわけではなく、父親でも子育てをす
　ることで親としての自覚、人間としての成熟、ストレスを感じることがみられる。

B　エリクソン（Erikson, E.H.）によれば、成人後期の「親密性 対 孤立」は、私的な親
　子関係を超えて、次の世代やより広い社会へと広がり、成熟していく。

C　養護性（ナーチュランス）とは、対人関係能力の一つとして、人との関わりの中で
　獲得され、大人になっても、子どもとの関わりの中で親自身の発達としてさらに発展
　する。

D　養護性（ナーチュランス）とは、「相手の健全な発達を促進するために用いられる共
　感性と技能」として捉えられる。

（組み合わせ）

```
     A  B  C  D
1    ○  ○  ×  ×
2    ○  ×  ○  ○
3    ○  ×  ○  ×
4    ×  ○  ×  ○
5    ×  ×  ○  ○
```

18 ★★ 次の文は、高齢期に関する記述である。（　A　）～（　D　）にあてはまる語句
の正しい組み合わせを一つ選びなさい。　　　　【R5前・問11】

　高齢になると生理的予備能力が低下し、ストレスに対する脆弱性が亢進して
（　A　）を引き起こしやすくなり、この状態をフレイルという。フレイルは病気を意
味するのではなく、老化の過程で生じる「（　B　）や健康を失いやすい状態」で、①
体重減少、②筋力低下、③疲労感、④歩行速度の低下、⑤身体活動の低下のうち、3
つ以上が該当する場合をいう。その予防が（　C　）の延伸にかかわるという。健康、
生存、生活満足感の3つが結合した状態を（　D　）という。

（組み合わせ）

	A	B	C	D
1	欲求不満	社会機能	健康寿命	アイデンティティ・ステイタス
2	欲求不満	自立機能	平均寿命	サクセスフル・エイジング
3	欲求不満	社会機能	健康寿命	サクセスフル・エイジング
4	不健康	社会機能	平均寿命	アイデンティティ・ステイタス
5	不健康	自立機能	健康寿命	サクセスフル・エイジング

発展

17　解説　　　　　　　　　　　　　　　　　　　　正答☞　2

A　**適切である**。エリクソンは、成人期の発達課題を**生殖性**（世代性）としており、子どもなどの次世代を産み育てるということだけでなく、親としての成熟や自覚なども含む。これは母親だけに限らず、子育てをする父親も同様である。

B　**不適切である**。「親密性 対 孤立」は、**成人初期**の発達課題である。成人後期の発達課題は「世代性（生殖性）対 停滞（自己惑溺、自己耽溺、自己吸収）」である。

C　**適切である**。養護性（ナーチュランス）は、子どもから大人までがもちうるものという**生涯発達**の視点を含んでおり、大人になっても、例えば子育てを通して発達してさらに発展する。

D　**適切である**。養護性（ナーチュランス）は、成長途中にある対象に、栄養・支援・励ましなどを与えることによって、その**成長を促進**させるという意味がある。

18　解説　　　　　　　　　　　　　　　　　　　　正答☞　5

　　高齢になると生理的予備能力が低下し、ストレスに対する脆弱性が亢進して（A. **不健康**）を引き起こしやすくなり、この状態をフレイルという。フレイルは病気を意味するのではなく、老化の過程で生じる「（B. **自立機能**）や健康を失いやすい状態」で、①体重減少、②筋力低下、③疲労感、④歩行速度の低下、⑤身体活動の低下のうち、3つ以上が該当する場合をいう。その予防が（C. **健康寿命**）の延伸にかかわるという。健康、生存（長生き）、生活満足感（幸福）の3つが結合した状態を（D. **サクセスフル・エイジング**）という。

　　フレイル（虚弱：Frailty）は、健康な状態と要介護状態の間の時期であり、進行すると寝たきりや廃用症候群になるおそれがある。介護を必要とせず、健康に自立して暮らすことができる期間である**健康寿命**の延伸のためには、フレイルの予防が重要となる。健康寿命の延伸は、健康、生存、生活満足感の3要素を結合し、老化の過程にうまく適応した状態である**サクセスフル・エイジング**につながる。

保心

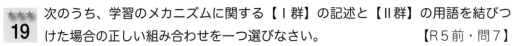

学習の理論

19 ★★★ 次のうち、学習のメカニズムに関する【Ⅰ群】の記述と【Ⅱ群】の用語を結びつけた場合の正しい組み合わせを一つ選びなさい。　　　　　　【R5前・問7】

【Ⅰ群】

A　学習の目標となる反応を増大させるための条件づけの手続きである。

B　生得的な反射を基礎にする刺激と反応の新たな連合の習得である。

C　ある行動を引き起こし、その行動を持続させ、一定の方向に導くプロセスである。

D　課題をスモール・ステップに分割し、学習者が自分のペースで自発的に学習する方法である。

【Ⅱ群】

ア　古典的条件づけ

イ　動機づけ

ウ　プログラム学習

エ　道具的条件づけ

オ　強化

カ　発見学習

（組み合わせ）

	A	B	C	D
1	ア	エ	イ	ウ
2	ア	エ	ウ	カ
3	オ	ア	イ	ウ
4	オ	ア	イ	カ
5	オ	ア	ウ	カ

標準

19　解説　　　　　　　　　　　　　　　　　　　　正答 ☞ 3

A　**オ**　**強化**とは、学習の目標とする反応を強化させるために刺激を与える、条件づけの手続きをいう。古典的条件づけの場合には、条件刺激（例：ベルの音）と無条件刺激（例：餌）を同時に被験体（例：犬）に与えることで反応（例：唾液が出る）を強化する。オペラント条件づけ（道具的条件づけ）の場合には、ある反応（例：レバーを押す）をしたときに強化子（例：餌）を被験体（例：ネズミ）に与えることで、反応（例：レバーを押す）を強化することである。

B　**ア**　**古典的条件づけ**とは、無条件刺激（例：レモンを食べる）に対する、生得的な反射である無条件反応（例：唾液が出る）と同様に、条件刺激（例：レモンを見る）に対しても、同じ反応（例：唾液が出る）を習得する学習のメカニズムである。

C　**イ**　**動機づけ**とは、目標に向かってある行動を駆り立て、方向づけ、それを持続させる一連の過程のことである。外的な賞罰に基づいて行動が誘発される**外発的動機づけ**と、内的な自発性や知的好奇心によって行動が誘発される**内発的動機づけ**とに分けられる学習のメカニズムである。

D　**ウ**　**プログラム学習**とは、学習者が着実に目標に到達できるように学習内容を難易度別に細かいステップに分割し、学習者の理解に合わせて自身のペースで学習を進めていく方法である。

保心

 **合格エッセンス**　　　　　　　**オペラント条件づけ**

スキナー（Skinner, B.F.）によって提唱された学習の理論。次のような実験によって発見された。

❶レバーを押すと餌が出てくる実験装置（スキナーボックス）の中にネズミを入れる

❷ネズミが箱の中を動き回り、偶然レバーに体が触れることで餌が出てくることを経験する

❸②の経験の繰り返しにより、ネズミは自発的にレバーを押すようになる

　レバーを押すという行動に対し、餌が出てくるという好ましい結果が結びつくことで、ネズミの学習が成立したとみることができる。反応の頻度が上がることを**強化**、反応の頻度を高めるような刺激を**強化子**（この場合は餌）という。

子ども家庭支援と心理学 (1)　☐☐

★★ 20 次の【図】は、厚生労働省委託調査「令和4年度 仕事と育児等の両立に関する実態把握のための調査研究事業報告書 労働者アンケート調査結果」における妊娠判明当時の離職理由、仕事と育児の両立が難しかった理由について示したものである。以下の【設問】に答えなさい。　【R4前・問18改】

【図】

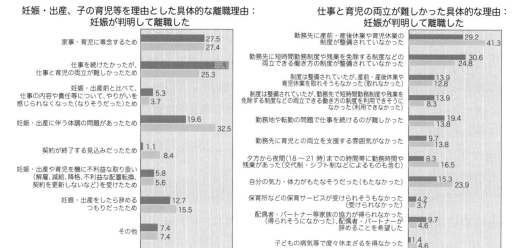

妊娠・出産、子の育児等を理由とした具体的な離職理由：
妊娠が判明して離職した

仕事と育児の両立が難しかった具体的な理由：
妊娠が判明して離職した

■ 女性（離職前正社員・職員）　■ 女性（離職前正社員・職員以外）

【設問】

次のうち、【図】を説明する文として、適切なものを○、不適切なものを×とした場合の正しい組み合わせを一つ選びなさい。

A 妊娠判明当時に仕事を辞めた女性にその理由を尋ねたところ、離職前正社員・職員と、それ以外ともに、上位3位まで、その理由は同じ項目である。

B 「仕事を続けたかったが、仕事と育児の両立が難しかったため」と回答した女性にその理由を尋ねたところ、離職前正社員・職員では、「勤務先に育児との両立を支援する雰囲気がなかった」が最も多い。

C 「仕事を続けたかったが、仕事と育児の両立が難しかったため」と回答した女性にその理由を尋ねたところ、離職前正社員・職員以外では、「勤務先に産前・産後休業や育児休業の制度が整備されていなかった」が最も多い。

（組み合わせ）

	A	B	C			A	B	C
1	○	○	○		4	×	○	○
2	○	○	×		5	×	×	○
3	○	×	×					

発展

A **不適切である。**「令和4年度 仕事と育児等の両立に関する実態把握のための調査研究事業報告書 労働者アンケート調査結果」において、女性が妊娠判明当時に仕事を辞めた理由の上位3位は、離職前正社員・職員では、1位：「仕事を続けたかったが、仕事と育児の両立が難しかったため」、2位：「家事・育児に専念するため」、3位：「妊娠・出産に伴う体調の問題があったため」、なのに対し、離職前正社員・職員以外では、1位：「妊娠・出産に伴う体調の問題があったため」、2位：「家事・育児に専念するため」、3位：「仕事を続けたかったが、仕事と育児の両立が難しかったため」だった。

B **不適切である。**同調査結果において、「仕事を続けたかったが、仕事と育児の両立が難しかったため」と回答した離職前正社員・職員のうち最も多かった理由は、「勤務先に短時間勤務制度や残業を免除する制度などの両立できる働き方の制度が整備されていなかった」である。「勤務先に育児との両立を支援する雰囲気がなかった」という理由は7位である。

C **適切である。**同調査結果において、「仕事を続けたかったが、仕事と育児の両立が難しかったため」と回答した離職前正社員・職員以外の理由で上位3位は、1位：「勤務先に産前・産後休業や育児休業の制度が整備されていなかった」、2位：「勤務先に短時間勤務制度や残業を免除する制度などの両立できる働き方の制度が整備されていなかった」、3位：「自分の気力・体力がもたなそうだった（もたなかった）」である。

合格エッセンス **働く男女別の家事時間、育児時間**

下の図は仕事をしていて就学前の子どもがいる人の、1日の家事時間、育児時間（男女別）のグラフである。女性は男性の2倍以上の時間を家事や育児に費やしていること、男性が長時間労働をしていることなどがこのグラフから読み取れる。

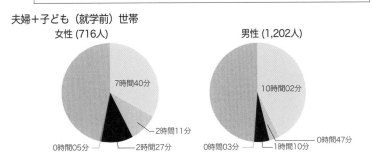

出典：内閣府男女共同参画局調査課「「家事・育児・介護」と「仕事」のバランス〜個人は、家庭は、社会はどう向き合っていくか―令和2年版男女共同参画白書から―」『共同参画』137号、2020年をもとに作成

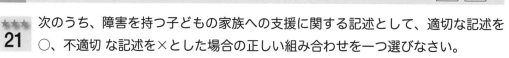

子ども家庭支援と心理学 (2)

★★★ 21 次のうち、障害を持つ子どもの家族への支援に関する記述として、適切な記述を○、不適切 な記述を×とした場合の正しい組み合わせを一つ選びなさい。

【R4前・問20】

A 医師が障害の診断を告知した後の支援方針の策定に際しては、教育、福祉等の医療以外の領域の専門家の関与が必要である。

B 家族の障害受容については、エリザベス・キュブラー・ロス等のステージ理論にあてはまらず、障害の肯定と否定を繰り返すこともある。

C 主たる養育者である母親の障害受容の程度については、子どもの障害の程度の強さが最も関与する。

D 障害の状態や方針にかかわる正確な情報提供は、障害受容には関与しない。

E 障害受容をしない家族に対して、支援者が怒りなどの陰性感情を抱くことがある。

（組み合わせ）

	A	B	C	D	E
1	○	○	×	○	×
2	○	○	×	×	○
3	○	×	○	○	×
4	×	○	×	×	○
5	×	×	○	○	○

標準

21　解説　　　　　　　　　　　　　　　　　　　　　正答 ☞　2

A　**適切である**。障害を持つ子どもの保育の支援指針策定には、小児科医や小児精神科などの医療機関以外にも、児童発達支援センターなどの療育機関、保健所、児童相談所、福祉事務所、学童期前の場合には学校など、医療以外の領域の**各専門機関との連携**が必要である。

B　**適切である**。家族の障害受容については、幼児期、学童期、思春期、成人期といった子どもの成長に伴うさまざまな状況の変化に対して、そのたびに**障害の肯定と否定を繰り返す**ものであり、なおかつその過程は多様である。誰もがステージ理論にあてはまるわけではない。

C　**不適切である**。主たる養育者である母親の障害受容の程度については、子どもの障害の程度の強さだけでなく、母親の個性や経過年数、家族構成、父親の理解と協力、経済状況、社会資源などさまざまな要因が関係し、必ずしも子どもの障害の程度の強さが**最も強く関与するわけではない**。

D　**不適切である**。障害の状態や方針にかかわる正確な情報を得ることは、**障害受容の程度に影響を与える**。ただ、支援者は、保護者の不安を受け止めつつ情報を提供するなど、揺れ動く保護者の心理状況に配慮しながら、時機をみて提供していく必要がある。

E　**適切である**。「親なら子どもの発達を促すために子どものありのままを受け入れるべき」という支援者の価値観や、家族の障害受容により支援者がかかわりやすくなるといった背景から、支援者が障害受容をしない家族に対して怒りなどの**陰性感情を抱く**こともある。自らの価値観や願望を家族に求めていないか、支援者自身が自らに問いかける必要がある。

合格エッセンス　**エリザベス・キュブラー・ロスのステージ理論**

精神科医のエリザベス・キュブラー・ロスは著書『死ぬ瞬間』（1969年発表）の中で、死に至る不治の病に罹患した者の心理的な過程を下の図のように説明した。その後小児科医のドローターは、先天奇形のある子どもの親の障害受容の過程が、つらい現実を受け入れる過程として同様に段階的に進んでいくものであるとした。一方、日本の心理学者の中田洋二郎は、親の障害受容は段階的に進むのではなく、障害を肯定する気持ちと否定する気持ちが交互に現れるらせん型の形で進むとした。現在では親の障害受容には複数の過程があるとされている。

第1段階	第2段階	第3段階	第4段階	第5段階
否認・隔離	怒り	取引き	抑うつ	受容

出典：エリザベス・キュブラー・ロス／鈴木晶訳『死ぬ瞬間―死とその過程について』2001年、中央公論社をもとに作成

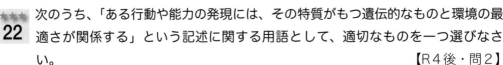

子どもと環境

★★★
22 次のうち、「ある行動や能力の発現には、その特質がもつ遺伝的なものと環境の最適さが関係する」という記述に関する用語として、適切なものを一つ選びなさい。
　　　　　　　　　　　　　　　　　　　　　　　　　　　　　　　　　　　　【R4後・問2】

1　環境閾値説
2　輻輳説
3　遺伝説（生得説）
4　生態学的システム論
5　環境説（経験説）

★★★
23 次の文は、ブロンフェンブレンナー（Bronfenbrenner, U.）の生態学的システム論に関する記述である。A～Dの記述に該当する用語を【語群】から選択した場合の正しい組み合わせを一つ選びなさい。　　　　　　　　　　【R3前・問17】

A　子どもが直接所属している家庭、保育所、幼稚園などをいう。
B　子どもが属している家庭と保育所の関係、あるいは家庭と地域の関係などをいう。
C　親の職業や社会福祉サービスなどをいう。
D　日本文化や制度、法律、宗教などをいう。

【語群】

ア　クロノシステム	イ　メゾシステム	ウ　マクロシステム
エ　マイクロシステム	オ　エクソシステム	

（組み合わせ）

	A	B	C	D
1	ア	イ	オ	ウ
2	イ	ア	エ	オ
3	イ	オ	ウ	ア
4	エ	イ	オ	ウ
5	エ	ウ	ア	イ

22 解説

1 **適切である。** 環境閾値説とは、環境の影響がある一定水準（閾値）に達したとき
に、遺伝的にもっている行動や能力が発現するという理論である。生まれもった才
能を引き出すには、そのための環境の最適さが必要という考えである。ジェンセン
（Jensen, A.R.）が提唱した。

2 **不適切である。** 輻輳説とは、人間の発達は、環境と遺伝の両方の要因の影響を受
け、これら2つの要因の**総和**によって規定されるという理論である。シュテルン
（Stern, W.）が提唱した。

3 **不適切である。** 遺伝説とは、人間の発達は、遺伝的要因によって**生まれつき決定**
されているという理論である。ゲゼル（Gesell, A.L.）が提唱した。

4 **不適切である。** 生態学的システム論とは、子どもの周りの環境を重層的にとらえ、
個人と環境が直接的・間接的に影響を与え合いながら、人間は発達していくという
理論である。ブロンフェンブレンナー（Bronfenbrenner, U.）が提唱した。

5 **不適切である。** 環境説とは、人間の発達は、生まれた後の**環境**の影響によって決
定するという理論である。ワトソン（Watson, J.B.）が提唱した。

保心

23 解説

A **エ** ブロンフェンブレンナーの生態学的システムの最も内側の層を**マイクロシス
テム**といい、子どもが直接所属している家庭、保育所、幼稚園など身近な世界であ
る。

B **イ** ブロンフェンブレンナーの生態学的システムの2番目の層を**メゾシステム**と
いい、子どもが属している家庭と保育所の関係、あるいは家庭と地域の関係などで
ある。

C **オ** ブロンフェンブレンナーの生態学的システムの3番目の層を**エクソシステム**
といい、親の職業や社会福祉サービスなどである。

D **ウ** ブロンフェンブレンナーの生態学的システムの4番目の層を**マクロシステム**
といい、制度や法律、宗教、日本であれば日本文化などである。

発達援助

次の【事例】を読んで、以下の【設問】に答えなさい。　　　　【R1後・問15】

【事例】

　　砂場で、一度に4個ずつケーキが作れる容器を使って遊んでいたG君（3歳、男児）。砂を容器に入れて、ベンチの上に引っくり返しては、ケーキの形ができることを繰り返し楽しんでいた。

　　保育士が「そろそろ給食だから、お片付けだよ。」と声をかけると、G君は「やだ、もっと作る。」と言った。そこで保育士は、「ケーキ、あと何個作ったらおしまいにできるかな。」と尋ねると、「あと、50個。」と応えるG君。「じゃあ、急いで50個作ろう。」と保育士が言うと、急いで何度も繰り返した。そして、ケーキを保育士が食べる真似をして、「ごちそうさまでしたぁ。」と言って、ベンチの上の砂を落とした。再び、ケーキを作るG君。同様のやりとりを数回繰り返した後、G君は自ら使っていたケーキの容器をカゴにポンと戻した。

【設問】

　　次の文のうち、適切な記述を○、不適切な記述を×とした場合の正しい組み合わせを一つ選びなさい。

A　G君は、片付けに取り組む前に、自分の遊びの世界を受け止めてもらっていた。

B　保育士は、子どもの気持ちに寄り添いながら、子どもが納得して片付けに取り組むよう援助した。

C　G君は、やりたいことを十分に実現して、主体的に片付けるという経験をした。

D　保育士は、子どもが遊び続けることよりも、片付けを優先させていた。

（組み合わせ）

	A	B	C	D
1	○	○	○	×
2	○	×	○	×
3	○	×	×	○
4	×	○	○	×
5	×	○	×	○

発展

24　解説　　　　　　　　　　　　　　　　　　　正答 ☞　1

A　適切である。給食の時間になっても、まだケーキを作っていたいＧ君の気持ちを保育士が受け止め、そばに寄り添ったことは、Ｇ君が自分の遊びの世界を受け止めてもらったという気持ちを持つことにつながったといえる。

B　適切である。食べる真似をしたということは、Ｇ君の気持ちに寄り添ったといえる。その姿勢によって、Ｇ君が片付けようという気持ちを持ったといえる。

C　適切である。Ｇ君が自分が作りたいだけケーキを作り、自分から片付けたことは、保育士に自分の気持ちを受け止めてもらった結果といえる。

D　不適切である。Ｇ君がケーキを作る間寄り添い、食べる真似をしたということは、子どもの遊びを優先したといえる。片付けを優先させたとするのは適切ではない。

保心

 合格エッセンス　　　　　　自閉症のある子どもへの対応

❶ルールなどを教える時には、図解で視覚的に見せる。

❷予測外のことが苦手なので、できるだけ早いうちに本人にわかる方法で予定を伝えていく。

❸苦手なことは無理強いせず、徐々に慣れさせる。

★★
25 次のうち、家族や家庭に関する記述として、適切なものを○、不適切なものを×
　　　　 とした場合の正しい組み合わせを一つ選びなさい。　　　　　　　　【R6前・問15】

A　アロマザリングとは、家庭において、母親が一人で子育てを担うことである。

B　ファミリー・アイデンティティの考え方によれば、誰を「家族」と感じるかは個々
　　人が決めることであり、同一家庭においても、ファミリー・アイデンティティはそれ
　　ぞれ異なることがある。

C　家族の誕生から家族がなくなるまでのプロセスをたどる理論では、個人のライフサ
　　イクルに発達段階や発達課題があるように、家族のライフサイクルにも発達段階と発
　　達課題があると考える。

D　ジェノグラムは、当事者と家族と社会資源の関係性を図示するものである。

（組み合わせ）

	A	B	C	D
1	○	○	×	×
2	○	×	○	○
3	○	×	×	○
4	×	○	○	×
5	×	×	○	×

25 解説　　　　　　　　　　　　　　　　　　　　　　　正答 ☞ 4

A　**不適切である。** アロマザリングとは、父親や祖父母、保育士など、**母親以外の人物が積極的に子育てに関わる**ことである。

B　**適切である。** ファミリー・アイデンティティとは、血縁や居住の有無などの客観的な事実とは関係なく、誰が誰のことを「家族」だと感じているか、という**当事者意識**のことである。したがって、同一家族においても、その当事者意識が異なる場合がある。

C　**適切である。** 家族ライフサイクル論は、結婚することによって家族が誕生することから家族の終わりまでを**発達段階**に分け、その発達課題を理解しようとするものをいう。

D　**不適切である。** ジェノグラムは、**家族の相互関係を数世代にわたって図式に表した**ものである。当事者と家族と社会資源の関係性を図示するものは、**エコマップ**である。

保心

合格エッセンス　　　　　　　　　　　　乳幼児期の援助の留意点

乳幼児期は、生涯のなかで大きな発達を遂げる時期である。乳児期は**人への信頼感**が育つ時期であること、環境へ子どもが主体的に関わること、大人との信頼関係をもとにして**子ども同士**が関係をもち、それを通じて心身ともに発達が促されること、**生きる力**の基礎を培う時期であることに配慮しながら保育に当たることが必要である。

子どもの発育・発達（1）

★★★
1 次のうち、身体的発育に関する記述として、適切なものを○、不適切なものを×とした場合の正しい組み合わせを一つ選びなさい。　【R6前・問4】

A　脳細胞の役割に情報伝達があるが、軸索の髄鞘化により脳細胞が成熟し、情報を正確に伝えるようになっても伝達の速さは変わらない。

B　運動機能の発達には個人差があるが、一定の方向性と順序性をもって進む。

C　発育をうながすホルモンには、成長ホルモンのほか、甲状腺ホルモン、副腎皮質ホルモンなどがある。

D　原始反射は、通常の子どもでは成長とともにほとんどみられなくなる。

E　出生時、頭蓋骨の縫合は完全ではなく、前方の骨の隙間を大泉門という。

（組み合わせ）

	A	B	C	D	E			A	B	C	D	E
1	○	×	○	×	×		4	×	○	×	×	○
2	○	×	×	○	×		5	×	×	○	×	○
3	×	○	×	○	○							

★★★
2 次のうち、子どもの生理機能の発達に関する記述として、適切なものを○、不適切なものを×とした場合の正しい組み合わせを一つ選びなさい。　【R4前・問4】

A　子どもの年齢が低いほど、新陳代謝はおだやかであるので、脈拍数は多く体温は高めである。

B　乳幼児は成人と比べ、体重あたりの必要水分量や不感蒸泄量が多いため、脱水になりやすい。

C　胎児循環には卵円孔や動脈管が存在するが、肺呼吸の開始とともに心臓・血管系の解剖学的変化が生じる。

D　乳児の呼吸は幼児に比べて深くゆっくりである。

E　体温には日内変動があるが、乳幼児期では不鮮明で、年長児になって鮮明となってくる。

（組み合わせ）

	A	B	C	D	E			A	B	C	D	E
1	○	○	○	×	×		4	×	○	○	×	○
2	○	○	×	×	○		5	×	○	○	×	×
3	○	×	×	○	○							

1　解説　　　　　　　　　　　　　　　　　　　　正答 ☞ 3

A　**不適切である**。情報は脳細胞間を電気信号が駆け巡ることで伝達されている。軸索（さく・ずいしょう）が髄鞘化すると電気信号は髄鞘をスキップして流れ、伝達の速度が**速くなる**。

B　**適切である**。子どもの運動機能の発達は、一定の方向性と順序性（①頭部から足部へ、②身体の中心部から**末梢**へ、③粗大運動から**微細運動**へ）をもって、段階を踏みながら進む。進むスピードは個人差、性差、年齢差、経験の差により異なる。

C　**不適切である**。副腎皮質ホルモンは**炎症**を抑えたり、出血を防いだり、**ストレス**に抵抗したりする作用があり、発育を促すホルモンとはいえない。

D　**適切である**。原始反射は生後すぐから3～4か月の頃に出現し、1年程度で**自然に消失する**のが一般的である。出現や消失のタイミングには個人差がある。

E　**適切である**。新生児の頭蓋骨の骨と骨の間には2つの隙間があり、前方にあるものを**大泉門**（ひし形）、後方にあるものを**小泉門**（三角形）という。

2　解説　　　　　　　　　　　　　　　　　　　　正答 ☞ 4

A　**不適切である**。子どもは年齢が低いほど細胞分裂の速度が速く、また成長ホルモンの分泌量も多いため新陳代謝が**活発**になる。エネルギーをよりたくさん生み出す必要があるため、脈拍数や呼吸数は**多く**なり体温も**高め**になる。

B　**適切である**。乳幼児は成長のために成人より多くのエネルギー量が必要となり、体重あたりの必要水分量も**多い**。また、体重あたりの体表面積が大きいため不感蒸泄量（皮膚や気道の粘膜から蒸発する水分量）も**多く**なり、脱水になりやすくなる。

C　**適切である**。胎児の発達はすべて胎盤にゆだねられているが、出生によって肺呼吸が開始されると、肺胞が拡がり**肺循環**が開始される。それにより、肺動脈と大動脈を連絡していた動脈管（ボタロー管）や卵円孔は閉鎖され、解剖学的変化が生じる。

D　**不適切である**。乳児は幼児に比べて肺胞数が少なく、またガス交換のための肺胞の表面積も小さいため、1回の換気量が**少ない**状態となっている。さらに、胸郭や呼吸筋も十分に発達していないので、呼吸は浅く**速く**なる。呼吸数を多くすることで、換気量を補っている。

E　**適切である**。体温は生体リズムの影響を受けて日内変動をする。乳幼児期は環境の影響を受けながら、朝は起きて夜は眠るリズムを確立し、体内リズム（**サーカディアンリズム**）を確立していく。乳児は寝ている時間も多く幼児も午睡の時間が必要だが、年長児になれば生体リズムが整い、生活リズムがはっきりしてくるので日内変動も鮮明となってくる。

子どもの発育・発達 (2)

★★
3
次の文のうち、子どもの生理機能として、<u>不適切な記述</u>を一つ選びなさい。

【R3前・問3】

1 子どもは年齢が低いほど、新陳代謝が盛んで運動も活発であるので、心拍数や呼吸数は多く、体温は高めである。

2 脳の重量は出生時に大人の約25%であり、出生後急速に増加して3歳で約80%、6歳で約90%に達する。

3 乳歯は前歯から生えはじめ、その時期はおよそ生後12か月ころである。

4 乳児の便の色は、黄、緑、茶色等が正常である。異常な便は、白、黒、赤色、膿粘血便等である。

5 免疫グロブリン（IgG）は胎盤を介して胎児に移行して、生後約6か月間は種々の感染症を防止する。

基礎

★★★
4
次のA〜Dは、子どもの身体発育とその評価に関する記述である。適切な記述を○、不適切な記述を×とした場合の正しい組み合わせを一つ選びなさい。

【R1後・問5】

A 乳幼児身体発育調査における身長の計測は、2歳未満の乳幼児では仰向けに寝た状態で、2歳以上の幼児では立った状態で行われる。

B 胸囲はその大小によっていろいろな病気を発見することができる重要な指標である。

C 乳幼児のカウプ指数は、「体重g/(身長cm)^2×10」で計算される。

D 乳児の体重は、健康状態に問題がなければ、出生後少しずつ増加し減少することはない。

（組み合わせ）

	A	B	C	D
1	○	○	○	○
2	○	×	○	×
3	○	×	×	○
4	×	○	○	×
5	×	×	○	○

基礎

1　適切である。子どもは年齢が低いほど新陳代謝が盛んである。このため、心拍数は、新生児が1分間に120〜150、乳児が120〜140、幼児が80〜120、呼吸数が新生児が40〜50、乳児が30〜40、幼児が20〜30というように成長にともなって減少する。

2　適切である。出生時の脳の重量は約400gで、3歳で成人の約80%、6歳で約90%に達するとされている。

3　不適切である。乳歯は、胎生期（受精から出生までの妊娠期間）からつくられはじめて、早い子どもでは生後6〜7か月ころから生えはじめる。生える順番は、下の前歯からで、次に上の前歯が生える。生後12か月ころには、4〜8本になる。

4　適切である。乳児の便の色は、黄、緑、茶色などで、母乳栄養、人工栄養によっても異なる。白い便は感染性胃腸炎、胆道閉鎖症などでみられる。また、黒、赤色、膿粘血便などは、消化器からの出血の可能性もある。

5　適切である。IgGは、妊娠3か月ころから胎盤を通じて母体から胎児に移行する。これによって生後約6か月の間は、さまざまな感染症から守られている。

A　適切である。2歳未満の乳幼児は、立位を保てないことがあるため、乳児用身長計に仰向けに寝かせた状態で身長を計測する。一方、2歳以上では、学童用、一般用の身長計を使用して、立位で計測する。

B　不適切である。乳幼児の身体発育の評価では、胸囲ではなく頭囲が重要とされている。たとえば、低栄養の場合、その影響は体重、身長、頭囲の順に現れるため、頭囲が著しく低いというようなときには低栄養がかなり進行しているということもある。

C　適切である。乳幼児の発育指数には、カウプ指数が使用される。体重g/（身長cm)^2×10で計算される。

D　不適切である。乳児の場合、健康状態に問題がなくても、生理的体重減少によって一時的に減少することがある。減少することはないとするのは適切ではない。

保健

母子保健対策

5 ★★
次のうち、日本におけるこれまでと現在の母子保健に関する記述として、適切なものを一つ選びなさい。 【R6前・問2】

1 母子保健は、妊娠・出産・育児という一連の時期にある母親のみを対象としている。

2 現在行われている母子保健に関する様々なサービスや活動にかかわる法的根拠は、1937（昭和12）年施行の「保健所法」である。

3 母子保健施策の成果の一つとして、乳児死亡率の著しい減少があげられる。

4 現在の「母子保健法」には児童虐待防止に関する条文はない。

5 妊産婦登録制度の発端となった法律は、「児童福祉法」である。

子どもの健康 (1)

6 ★★★
健康の定義は、世界保健機関（WHO）憲章（1948年）の前文に述べられている。1951年の官報記載の日本語訳は次のとおりである。（ A ）～（ C ）にあてはまる語句の正しい組み合わせを一つ選びなさい。 【R3後・問2】

健康とは、（ A ）肉体的、（ B ）および社会的福祉の状態であり、単に疾病または（ C ）の存在しないことではない。

（組み合わせ）

	A	B	C
1	一体的な	心理的	病弱
2	完全な	精神的	機能不全
3	一体的な	心理的	機能不全
4	完全な	精神的	病弱
5	一体的な	精神的	機能不全

5 　解説　　　　　　　　　　　　　　　　　　　　　　　正答 ☞ 3

1　**不適切である。**「母子保健法」第13条によれば、母子保健は、妊産婦（母親）だけでなく**乳児もしくは幼児も**対象としている。

2　**不適切である。**「保健所法」は結核の撲滅や戦争のための母子保健向上による人口増加を目的とした法律で、1994（平成 6）年に「地域保健法」に改正されているため、現行の法的根拠とはいえない。母子保健活動の法的根拠としては、「**母子保護法**」（1937年制定）、「**児童福祉法**」（1947年制定）、「**母子保健法**」（1965年制定）がある。

3　**適切である。**乳児死亡率とは、**生まれてから満 1 歳になるまでに死亡した割合**である。日本は1960年頃までは、諸外国と比べても乳児死亡率は対1,000人比で39.8と高かったが、その後低下し2022年には**1.8**と、世界でも有数の低率国である。

4　**不適切である。**2016（平成28）年の「母子保健法」改正により、母子の健康保持・増進に関する施策が児童虐待の発生予防や**早期発見**に資するものであることや、市町村が**こども家庭センター**（改正当時は子育て世代包括支援センター）を設置し、妊娠期から子育て期にわたる切れ目のない包括的な支援を提供することなどが規定されている。

5　**不適切である。**妊産婦登録制度の発端は、1937（昭和12）年の「**保健所法**」である。1942（昭和17）年における第二次世界大戦前の富国強兵施策の下で、妊産婦手帳制度、妊産婦登録制度が創設され、妊娠の早期届け出や妊婦の健康管理、乳幼児の体力検査、保健指導などが行われた。

6 　解説　　　　　　　　　　　　　　　　　　　　　　　正答 ☞ 4

　健康とは、（A．**完全な**）肉体的、（B．**精神的**）および社会的福祉の状態であり、単に疾病または（C．**病弱**）の存在しないことではない。

　健康の定義は、1948年に「**世界保健機関（WHO）憲章**」で述べられ、日本では1951（昭和26）年 6 月26日に条約第 1 号として公布された。この前文において、健康とは「病気でない」とか、「病弱でない」ということだけではなく、肉体的にも、精神的にも、そして社会的にも、すべてが満たされた状態にあることをいう。ここで重要なことは、健康といった場合、「身体的な健康」のことだけを指していると思われがちだが、身体的なことだけでなく「**精神的な健康**」と「**社会的な健康**」も大切だということである。また、「病気がないから健康である」という消極的な考え方ではなく、より良い状態、すべてが満たされている状態を健康と捉えるという、積極的な考え方であるといえる。

　なお、その後議論は進み、1998（平成10）年には健康をダイナミック（力動的）な状態として捉えること、スピリチュアル（霊的）な状態も含めることが提案されたが、憲章の改訂には至っていない。

保健

子どもの健康 (2)

★★★
7 次のうち、「保育所保育指針」で示された「午睡」に関する記述として、適切なものを○、不適切なものを×とした場合の正しい組み合わせを一つ選びなさい。

【R5後・問10】

A　午睡は生活のリズムを構成する重要な要素であり、安心して眠ることのできる安全な睡眠環境を確保するよう努める。

B　在園時間が異なるなど、睡眠時間は子どもの発達の状況や個人によって差はあるが、午睡の時間は一律に取れるようにする。

C　乳児については、一人一人の生活のリズムに応じて、安全な環境の下で十分に午睡をする。

D　1歳以上3歳未満児については、食事や午睡、遊びと休息など、保育所における生活のリズムが形成されるようにする。

（組み合わせ）

```
    A  B  C  D
1   ○  ○  ○  ×
2   ○  ×  ○  ○
3   ○  ×  ○  ×
4   ○  ×  ×  ×
5   ×  ×  ○  ○
```

★★★
8 次の文は、子どもの病気を早期発見するための、いつもと違う子どものサインに気づくためのポイント（「保育所における感染症対策ガイドライン（2018年改訂版）」参照）についての記述である。適切な記述を○、不適切な記述を×とした場合の正しい組み合わせを一つ選びなさい。

【R2後・問9】

A　親から離れず機嫌が悪い（ぐずる）

B　睡眠中に泣いて目が覚める

C　元気がなく顔色が悪い

D　きっかけがないのに吐いた

E　便がゆるい

（組み合わせ）

```
    A  B  C  D  E
1   ○  ○  ○  ○  ○
2   ○  ○  ×  ○  ○
3   ○  ×  ○  ×  ×
4   ×  ○  ×  ×  ○
5   ×  ×  ○  ○  ×
```

7　解説　　　正答 ☞ 2

A　**適切である。**「保育所保育指針」第１章「総則」（以下「指針」）に、「午睡は生活のリズムを構成する重要な要素であり、安心して眠ることのできる安全な**睡眠環境を確保する**」と示されている。具体的には、スペースの確保、室温や湿度、衣類や寝具の調節、照明や外からの光に気を配る、静かな音楽をかけたり子守唄を歌ったりすることがあげられる。

B　**不適切である。**「指針」に、午睡の時間は「**一律とならないよう配慮する**」と示されている。

C　**適切である。**「指針」に、「**安全な環境の下で十分に午睡をする**」と示されている。

D　**適切である。**「指針」に、「食事や午睡、遊びと休息など、保育所における**生活のリズム**が形成される」と示されている。

8　解説　　　正答 ☞ 1

「保育所における感染症対策ガイドライン（2018年改訂版）」では、「**いつもと違う子どもからのサイン**」として、①親から離れず機嫌が悪い（ぐずる）、②睡眠中に泣いて目が覚める、③元気がなく顔色が悪い、④きっかけがないのに吐いた、⑤便がゆるい、⑥普段より食欲がない、を挙げている。

　　A〜Eは全て①〜⑤と合致しており**適切である。**

保健

子どもの症状を見るポイント

【顔・表情】	【目】	【耳】	【鼻】	【胸】
・顔色がいつもと違う ・表情がぼんやりしている ・視線が合わない ・目つきがおかしい ・無表情である	・目やにがある ・目が赤い ・まぶたが腫れぼったい ・まぶしがる	・耳だれがある ・痛がる ・耳をさわる	・鼻水がでる ・鼻づまりがある ・小鼻がピクピクしている（鼻翼呼吸）	・呼吸が苦しそう ・ゼーゼーする ・胸がへこむ

【口】
・口唇の色が悪い（紫色［チアノーゼ］）
・口の中が痛い
・舌がいちごの様に赤い

【お腹】
・張っていてさわると痛がる
・股の付け根が腫れている

【皮膚】
・赤く腫れている
・湿しんがある
・カサカサしている
・水疱、化膿、出血している
・紫斑がある
・肌色が蒼白である
・虫刺されで赤く腫れている
・打撲のあざがある
・傷がある

【のど】
・痛がる
・赤くなっている
・声がかれている
・咳がでる

【睡眠】
・泣いて目がさめる
・目ざめが悪く機嫌が悪い

【食欲】
・普段より食欲がない

【尿】
・回数、量、色の濃さ、においがいつもと違う
・血尿が出る

【便】
・回数、量、色の濃さ、においがいつもと違う
・下痢、便秘　・血便が出る　・白色便が出る

出典：こども家庭庁「保育所における感染症対策ガイドライン（2018年改訂版［2023（令和5）年10月一部改訂］）」をもとに作成

感染症 (1)

★★★
9 次のうち、「保育所における感染症対策ガイドライン（2018年改訂版）」（厚生労働省）の「保育所における感染症対策」に記載されている感染症の疑いのある子どもへの対応として、<u>不適切な記述</u>を一つ選びなさい。　【R3後・問18】

1　保育中に感染症の疑いのある子どもに気付いたときには、病名が確定していない間は、保護者が迎えにくるまで、他の子どもと一緒に保育を行う。

2　保育中に感染症の疑いのある子どもに気付いたときには、体温測定等により子どもの症状等を的確に把握し、体調の変化等について記録を行う。

3　保護者に連絡をとり、記録をもとに症状や経過を正確に伝えるとともに、適宜、嘱託医、看護師等に相談して指示を受ける。

4　子どもは感染症による発熱、下痢、嘔吐、咳、発しん等の症状により不快感や不安感を抱きやすいので、子どもに安心感を与えるように適切に対応する。

5　保護者に対して、地域や保育所内での感染症の発生状況等について情報提供する。また、保護者から、医療機関での受診結果を速やかに伝えてもらう。

基礎

★★★
10 次のうち、保育所での感染症の集団発生の予防に関する記述として、適切なものを○、不適切なものを×とした場合の正しい組み合わせを一つ選びなさい。

【R5後・問13】

A　学校感染症第二種に感染した場合は、保育所においても意見書または登園届の提出が義務付けられている。

B　全ての感染症において流行の拡大の恐れがある期間は、隔離をすることや登園を控えてもらう。

C　ウイルスが体内に侵入してもその病気に対する感受性が低い人の場合は、感染しても症状が出ないことがある。

D　麻疹や風疹の感染症が1週間以内に2人以上発生した場合は、施設長は市区町村や保健所に報告する義務がある。

E　保育所の子どもや職員が感染症に罹患していることが判明した場合、子どもや職員の健康状態の把握や記録とともに、二次感染予防について保健所等に協力を依頼することは施設長の責務である。

（組み合わせ）

	A	B	C	D	E			A	B	C	D	E
1	○	○	×	○	×		4	×	○	×	×	○
2	○	×	○	○	×		5	×	×	○	○	○
3	×	○	○	×	○							

発展

9 　**解説**　　　　　　　　　　　　　　　　　　　正答 ☞ 1

1 **不適切である。**「保育所における感染症対策ガイドライン（2018年改訂版［2023（令和5）年5月一部改訂］）」（以下、ガイドライン）では、「保育中に感染症の疑いのある子どもに気付いたときには、**医務室等の別室に移動させ**」ることとしている。

2 **適切である。**ガイドラインでは、「**体温測定等により子どもの症状等を的確に把握**し、体調の変化等について**記録を行います**」としている。

3 **適切である。**ガイドラインでは、「**保護者に連絡をとり、記録をもとに症状や経過を正確に伝えるとともに、適宜、嘱託医、看護師**等に相談して指示を受けます」としている。

4 **適切である。**ガイドラインでは、「子どもは感染症による発熱、下痢、嘔吐、咳、発しん等の症状により不快感や不安感を抱きやすいので、子どもに**安心感を与える**ように適切に対応します」としている。

5 **適切である。**ガイドラインでは、「保護者に対して、地域や保育所内での感染症の発生状況等について**情報提供**します。また、保護者から、医療機関での**受診結果**を速やかに伝えてもらいます」としている。

10 　**解説**　　　　　　　　　　　　　　　　　　　正答 ☞ 3

A **不適切である。**各自治体や保育所等が意見書または登園届を求める場合があるが、「学校保健安全法」および同施行規則上の**義務規定はない**。

B **適切である。集団防衛**の観点から、流行の拡大の恐れがある期間は隔離をすることや登園を控えてもらうことが望ましい。

C **適切である。**感染後に症状がでないものを**不顕性感染**という。不顕性感染の人の排泄物等が**感染源**となることがままあり、保育所等では発症者の有無を問わず適切な感染症の予防等を行う必要がある。

D **不適切である。**「社会福祉施設等における感染症等発生時に係る報告について」（厚生労働省通知）において、同一感染症の発生について報告義務があるのは**10名以上または全利用者の半数以上**とされている。

E **適切である。**「社会福祉施設等における感染症等発生時に係る報告について」（厚生労働省通知）において**健康状態の把握や記録**とともに、**保健所等へ報告し指示を求める**ことが定められている。

保健

感染症 (2)

★★
11 次の【Ⅰ群】の病名と、【Ⅱ群】の内容を結びつけた場合の正しい組み合わせを一つ選びなさい。　　　　　　　　　　　　　　　　　　　　　　　　　【R5前・問14】

【Ⅰ群】

A　A型肝炎　　　　　　B　B型肝炎　　　　　　C　ジフテリア　　　　　D　ポリオ

【Ⅱ群】

ア　糞口感染で伝播する。発熱、倦怠感などに続いて血清トランスアミナーゼが上昇する。典型的な症例では黄疸、肝腫大、濃色尿、灰白色便などが認められる。

イ　上気道粘膜疾患のひとつ。灰色がかった偽膜が形成され、気道が閉塞することもある。

ウ　血液・体液を介して感染し、感染した時期、感染時の宿主の免疫能によって、一過性感染に終わるものと持続感染するものとに大別される。子どもへの感染は、母子感染が一般的である。

エ　脊髄神経前角の運動神経核を侵すことで四肢を中心とする全身の筋肉の運動障害、いわゆる弛緩性麻痺（だらりとした麻痺）を起こす急性ウイルス感染症である。

（組み合わせ）

```
   A  B  C  D            A  B  C  D
1  ア イ ウ エ       4  イ ウ エ ア
2  ア ウ イ エ       5  ウ エ イ ア
3  イ ア ウ エ
```

★★
12 次の文は、日本小児科学会が推奨する予防接種スケジュール（2022年4月1日版）に示されている記述である。適切な記述を○、不適切な記述を×とした場合の正しい組み合わせを一つ選びなさい。　　　　　　　　　　　【R1後・問20改】

A　おたふくかぜワクチンは、生後12か月から行う定期接種である。

B　B型肝炎ワクチンの定期接種（ユニバーサルワクチン）は、出生直後に開始し合計3回接種する。

C　肺炎球菌（PCV13）ワクチンは、合計4回接種する。

D　ロタウイルスワクチンには1価のものと5価のものとがある。

E　インフルエンザ菌b型（Hib）ワクチンは、生後2か月から接種する。

（組み合わせ）

```
   A  B  C  D  E            A  B  C  D  E
1  ○  ○  ○  ○  ×      4  ×  ×  ○  ○  ○
2  ○  ×  ×  ○  ×      5  ×  ×  ×  ×  ○
3  ×  ○  ○  ○  ○
```

11 解説 　　　　　　　　　　　　　　　　　　　　　　正答 ☞ 2

A　ア　A型肝炎は、A型肝炎ウイルスが原因となる疾病である。有効なワクチンはA型肝炎ワクチンで、任意接種である。

B　ウ　B型肝炎は、B型肝炎ウイルスが原因となる疾病である。有効なワクチンはB型肝炎ワクチンで、定期接種に含まれる。

C　イ　ジフテリアは、ジフテリア菌が原因となる疾病である。有効なワクチンは4種・5種混合ワクチンで、定期接種に含まれる。

D　エ　ポリオは、ポリオウイルスが原因となる疾病である。有効なワクチンは4種・5種混合ワクチンで、定期接種に含まれる。

12 解説 　　　　　　　　　　　　　　　　　　　　　　正答 ☞ 4

A　不適切である。日本小児科学会が推奨する予防接種スケジュールによると、おたふくかぜワクチンは任意接種に分類されている。定期接種とするのは適切ではない。

B　不適切である。B型肝炎ワクチンは、生後2か月に1回目、生後3か月に2回目、生後7〜8か月に3回目を接種することが推奨されている。

C　適切である。肺炎球菌（PCV13）ワクチンの接種が推奨されているのは、生後2か月に1回目、生後3か月に2回目、生後4か月に3回目、生後12〜15か月に4回目のスケジュールである。

D　適切である。ロタウイルスワクチンには1価のものと5価のものがある。両ワクチンは、生後6週から初回接種を開始し、少なくとも4週間の間隔をおいて、1価ワクチンは2回、5価ワクチンは3回接種する。

E　適切である。インフルエンザ菌b型（Hib）ワクチンは、生後2か月に1回目、生後3か月に2回目、生後4か月に3回目、生後12〜17か月に4回目を接種するスケジュールが推奨されている。

保健

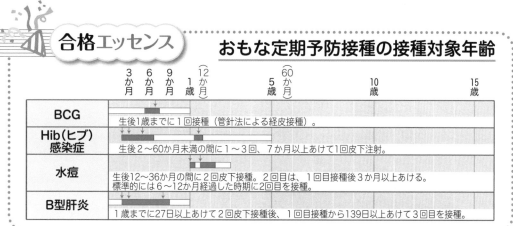

合格エッセンス　**おもな定期予防接種の接種対象年齢**

子どもの疾病 (1)

★★★
13 次のA〜Eは、保育所での子どもの健康に関する記述である。適切な記述を○、不適切な記述を×とした場合の正しい組み合わせを一つ選びなさい。

【R1後・問7】

A　子どもの体調不良時には、保護者から預かった市販薬を飲ませる。

B　慢性疾患児の受け入れには、主治医、嘱託医、療育機関、保護者等との連携を十分に保つ。

C　子どもがけいれんを起こした場合は、横向きに寝かせて衣類を緩め、けいれんの持続時間を測る。

D　子どもがぜんそく発作を起こしたので、布団の上に仰向けにして寝かせた。

E　障害のある子どもに対しては、バリア・フリーやユニバーサル・デザインの発想を大切にする。

（組み合わせ）

	A	B	C	D	E
1	○	○	×	×	○
2	○	×	○	×	○
3	×	○	○	○	×
4	×	○	○	×	○
5	×	×	○	○	○

13 **解説**　　　　　　　　　　　　　　　　　　　　　　正答 ☞ 4

A　**不適切である。**「保育所保育指針解説」第3章「健康及び安全」では、「保育所に おいて子どもに薬（座薬等を含む。）を与える場合は、**医師の診断及び指示による薬 に限定する**」としている。保護者から預かったとしても、市販薬を飲ませることは 適切ではない。

B　**適切である。**「保育所保育指針解説」では、「慢性疾患を有する子どもの保育に当 たっては、かかりつけ医及び保護者との連絡を密にし、予想しうる病状の変化や必 要とされる保育の制限等について、**全職員が共通理解をもつ必要がある**」としてい る。この際には、主治医、嘱託医、療育機関、保護者等との連携を十分に保ってい くことも必要である。

C　**適切である。**けいれんを起こした場合、よだれや吐物が気管に入ることを防ぐた め、**身体を横向きにして寝かせる。**また、けいれんの持続時間、意識の回復の程度、 けいれんの種類、発作前の状態などを観察し、記録しておく。

D　**不適切である。**ぜんそく発作で呼吸が苦しそうな場合、枕やクッションで**上半身 を高くする、**クッションなどを抱えて**前かがみにする**など、呼吸が楽になる姿勢を とらせる。

E　**適切である。**バリア・フリーとは、さまざまな人が社会に参加するうえでのバリ アをなくすことをいい、**物だけでなく心の面も含まれる。**また、ユニバーサル・デ ザインは、**すべての人が使いやすいデザイン**をいう。障害のある子どもへの対応に は、バリア・フリー、ユニバーサル・デザインの発想を取り入れていくことが大切 である。

保健

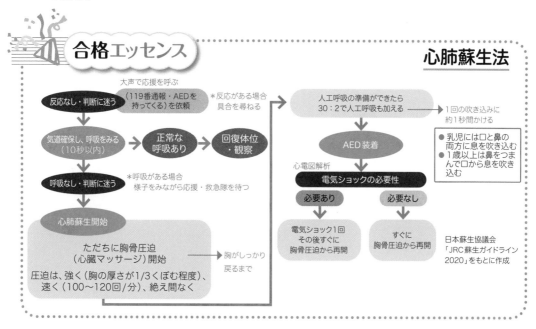

★★★
14 次の文は、嘔吐した子どもの対応に関する記述である。適切な記述を○、不適切な記述を×とした場合の正しい組み合わせを一つ選びなさい。　【R1後・問9】

A　うがいは、嘔吐を誘発させるので、うがいができる子どもの場合でも、うがいをさせない。

B　一度嘔吐した後は、様子を見る必要はない。

C　何をきっかけに吐いたのか（せきで吐いたか、吐き気があったか等）を確認する。

D　寝かせる場合には、嘔吐物が気管に入らないように体を仰向けにして寝かせる。

（組み合わせ）

	A	B	C	D
1	○	○	×	○
2	○	×	○	×
3	○	×	×	○
4	×	×	○	○
5	×	×	○	×

★★★
15 次のうち、子どものけいれんに関する記述として、適切なものを○、不適切なものを×とした場合の正しい組み合わせを一つ選びなさい。　【R4後・問4】

A　発熱時に起こることがある。

B　意識を確かめるために体をゆする。

C　唾液等を誤嚥しないように仰向きにする。

D　発作の様子と継続時間を記録する。

（組み合わせ）

	A	B	C	D
1	○	○	×	×
2	○	×	○	×
3	○	×	×	○
4	×	○	○	×
5	×	×	○	○

14 **解説** 正答 ☞ 5

A **不適切である。** 嘔吐した場合、口の中に嘔吐物のにおいが残り、嘔吐を誘発する。うがいができる子どもの場合はうがいをさせて口の中をきれいにする。うがいができない場合には、濡らしたガーゼで口の中や口の周りをそっと拭いてきれいにする。

B **不適切である。** 一度嘔吐した後は、嘔吐を繰り返すおそれがあるので、**様子を見守る必要がある。**

C **適切である。** 何をきっかけに吐いたのかを確認し、同じ原因で嘔吐を繰り返すことがないように配慮する。

D **不適切である。** 嘔吐した場合、嘔吐物が気管に入らないようにするため体を横向き（側臥位）にして寝かせる。

15 **解説** 正答 ☞ 3

A **適切である。** 乳幼児の脳神経は未熟なため、風邪などの急な発熱によって、**けいれんを起こすことがある。** 38℃以上の発熱時に起きるけいれん、意識障害のことを「**熱性けいれん**」という。生後6か月〜5歳ころの子どもが罹り、成長するとほぼ起こさなくなる。

B **不適切である。** けいれん時の対応で大切なことは「あわてない」ことである。体をゆすったり大声で名前を呼んだりすることは、過度な刺激となりけいれんを長引かせることになるため**行ってはいけない。** 衣類やオムツをゆるめ、けいれんの様子を観察することが大切である。

C **不適切である。** けいれん時の対応として唾液や吐物による誤嚥や窒息を防ぐために、身体を横向き（無理なら顔だけでも横向き）にする。仰向けの状態は頸部後屈（頭が後ろにいきあごが上がる）になるため、気管に唾液が流れやすく誤嚥しやすい体位である。

D **適切である。** 子どものけいれん時には、「**観察**」と「**記録**」が重要となる。たとえば、けいれん発作は全身か、体の一部か、硬直してこわばっているか、ガクガクと震えているか、だらんとしているか、発作の継続時間は何分位であるのかなどを記録する。

保健

子どもの心の健康 (1)

★★★
16 次のＡ〜Ｅのうち、発達障害に関する記述として、適切な記述を○、不適切な記述を×とした場合の正しい組み合わせを一つ選びなさい。　　【Ｒ１後・問12】

Ａ　ひとりの子どもに自閉スペクトラム症と注意欠如・多動症が同時に診断されることはない。

Ｂ　全ての子どもの１％ほどに発達障害があると考えられる。

Ｃ　医師の診断を待って支援を開始するべきである。

Ｄ　発達障害のある子どもに対しても、定型発達児と支援を同一にすることが望ましい。

Ｅ　養育者の育て方によって、社会的な適応状態は変化しない。

（組み合わせ）

	A	B	C	D	E
1	○	○	○	○	○
2	○	○	○	×	○
3	○	○	×	×	○
4	○	○	×	×	×
5	×	×	×	×	×

標準

★★★
17 虐待は子どもの心身に深刻な影響を及ぼす。その影響についての記述として、適切なものを○、不適切なものを×とした場合の正しい組み合わせを一つ選びなさい。　　【Ｒ４前・問３】

Ａ　身体的影響には、成長ホルモンの抑制による成長不全を呈することもある。

Ｂ　知的発達面への影響には、養育者が子どもの知的発達に必要なやりとりを行わない、年齢や発達レベルにそぐわない過大な要求をするなどにより、知的発達を阻害してしまうことがある。

Ｃ　心理的影響として、対人関係の障害、低い自己評価、行動コントロールの問題などがある。

（組み合わせ）

	A	B	C
1	○	○	○
2	○	○	×
3	○	×	×
4	×	×	○
5	×	×	×

標準

16 　解説　　　　　　　　　　　　　　　　　　　　　正答 ☞　5

A　**不適切である。**発達障害では、**いくつもの領域**にわたって発達の遅れやゆがみが現れる場合があるため、ひとりの子どもに自閉スペクトラム症と注意欠如・多動症が同時に診断されることがある。

B　**不適切である。**2022（令和4）年に実施された「通常の学級に在籍する特別な教育的支援を必要とする児童生徒に関する調査（文部科学省）」では、小中学校において、学習面又は行動面で著しい困難を示す児童生徒が8.8%（推定値）程度の割合で在籍しているとしている。**1％以上**と推測される。

C　**不適切である。**医師の診断を受けていない場合でも、**早期に支援を開始する**ことでコミュニケーション能力や社会への適応能力を伸ばせる可能性がある。医師の診断を待つのは適切ではない。

D　**不適切である。**定型発達児と同一にするのではなく、発達障害児については、より**きめ細かな支援**が必要である。

E　**不適切である。**養育者が子どもとどのように接していくかによって、子どもの発達は異なる。社会的な適応状態についても、**適応力を伸ばす**ように接していくことで、変化させることができる。

17 　解説　　　　　　　　　　　　　　　　　　　　　正答 ☞　1

A　**適切である。**虐待を受けていると常に緊張し交感神経が活発になり、夜間にも十分に眠れない状態になる。そのため睡眠中に活発に分泌される成長ホルモンは低下し、**低身長や体重増加不良、栄養発育障害**といった成長不全を呈することがある。他の身体的影響には、打撲、切創、熱傷など見える傷や骨折、鼓膜穿孔、頭蓋内出血など見えない傷があり、死に至ったり、重い障害が残ったりする可能性もある。

B　**適切である。ネグレクト**を受けると、知的発達に必要な言葉かけややりとりの機会が乏しくなり、子どもの好奇心が芽生えない。また、安心できない環境に置かれており、自由に遊ぶような楽しい体験も少なくなり知的発達が遅れてしまう。発達レベルにそぐわない過大な要求を受けると、心理的な圧力がかかることで生活全般で意欲が低下し、考える力や言語能力が育ちにくくなる。

C　**適切である。**虐待によって保護者との**基本的信頼関係**が構築できなければ、他人を信頼することが困難となり対人関係の障害が生じる。また子どもは自分が悪いから虐待されるのだと思ったり、自分は愛情を受けるに値しない存在だと感じたりして**自己肯定感**を持てない状態となる。保護者から暴力を受けた子どもは、暴力で問題を解決することを学習してしまい、攻撃的、衝動的な行動をとりやすくなる。

子どもの心の健康 (2)

★★
18 次の【事例】を読んで、【設問】に答えなさい。

【事例】

　5歳の男児。思い通りにならないとかんしゃくがひどく、他児とのトラブルを起こしがちで、言葉の遅れもありそうなことを心配した両親に連れられ、児童精神科を受診したところ、自閉スペクトラム症（ASD）と診断された。病院で施行された発達検査でIQは95で、結果には検査項目により大きな凸凹があったと説明された。

【設問】

　次のうち、この男児に関する記述として、適切な記述を○、不適切な記述を×とした場合の正しい組み合わせを一つ選びなさい。

A　かんしゃくを起こさないように本人の思い通りにさせる。

B　IQが95と正常域にあるので、特別な配慮は必要ない。

C　かんしゃくに対しては本人に負けないような大きな声でその場で事情を説明する。

D　一日のスケジュールがわかるような絵を描いて説明する。

E　友達とトラブルが多いので、仲良くするように指導する。

（組み合わせ）

	A	B	C	D	E
1	○	○	○	○	○
2	○	○	○	×	×
3	×	×	×	○	○
4	×	×	×	○	×
5	×	×	×	×	×

18　解説　　　　　　　　　　　　　　　　　　　　　正答 ☞ 4

A　**不適切である。**自閉スペクトラム症（ASD）の場合、感情のコントロールがつきにくく、かんしゃくを起こしやすいが、何でも本人の思い通りにしてしまうと、友だちとの**関係の築き方**を学べないので、自分の思いを伝える方法を一緒に考えていくことも大切である。

B　**不適切である。**IQの数値が正常域にあっても、他者とのコミュニケーションが苦手で対人関係を築きにくかったり、興味や行動が限られていて周囲と合わせられないこともあるので、一人ひとりの状態に合わせた**特別な配慮は必要**である。

C　**不適切である。**子どもがかんしゃくを起こしている場合、大人がさらに大きな声を出すと、子どもに不安や恐怖を感じさせて症状が悪化する場合もある。落ち着いた穏やかな態度で、子どもが**落ち着くのを待つ**ことが大切である。

D　**適切である。**自閉スペクトラム症の場合、突然の行動変更が苦手であるため、前もって**一日のスケジュールを説明**しておくことが大切である。また、話して説明するだけでなく、わかりやすい絵や写真などで視覚的に伝えることでさらに安心感につながる。

E　**不適切である。**友だちに合わせて会話をしたり行動することが難しいため、仲良くするように指導されてもどうしたらよいのかわからず、さらにストレスを強めてしまう。**会話のトレーニング**や、自己肯定感を育めるような関わりが効果的である。

保健

キーワード　　　　　　　　　　　　　　　　　　　　　心気症

健康について異常な注意を向け、自分は病気だと思い込む精神疾患。ヒポコンドリーともいい、**強迫性障害**の一種と考えられている。幼児期の子どもの場合には、周囲の者の模倣や、母親の不安を投影していることが多くある。

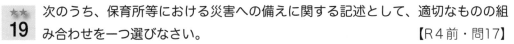

健康と安全管理 (1)

19 ★★ 次のうち、保育所等における災害への備えに関する記述として、適切なものの組み合わせを一つ選びなさい。 【R4前・問17】

A 施設の安全点検は、定期的に行う。

B 消防設備や火気使用設備は、消防署が行うため、保育所での点検は必要ない。

C 施設の出入り口や廊下、非常階段等の近くには物を置かない。

D 「児童福祉施設の設備及び運営に関する基準」（昭和23年厚生省令第63号）では、保育所に対し、特に消防計画の作成について述べていない。

（組み合わせ）

1　A　B

2　A　C

3　A　D

4　B　C

5　C　D

20 ★★★ 次の文は、「教育・保育施設等における事故防止及び事故発生時の対応のためのガイドライン【事故発生時の対応】〜施設・事業者、地方自治体共通〜」（平成28年3月厚生労働省）の一部である。（　A　）〜（　C　）にあてはまる語句の正しい組み合わせを一つ選びなさい。 【R3前・問10】

　教育・保育中の事故の場合、事故に遭った子ども以外の子どもを事故が発生した場所と別の（　A　）等に移す。事故発生場所については、二次的な（　B　）が発生する可能性がある場合を除き、片付け、物の移動等を（　C　）。

（組み合わせ）

	A	B	C
1	保育室	事故	行わない
2	保育室	怪我	行う
3	職員室	事故	行う
4	職員室	怪我	行わない
5	職員室	事故	行わない

19　解説　　　　　　　　　　　　　　　　　　　　　　　正答 ☞　2

A　**適切である。**保育所等における災害への備えは、子どもの発達の特性や発達過程を踏まえ、子どもの行動や予想される事故等を見通し、**事故防止マニュアル**や安全点検表を作成して、日々及び定期的に施設内外の点検を行い、安全の確保を図る必要がある。

B　**不適切である。**「消防法」に基づいて消防設備、火気使用設備の安全性が確保されるよう、定期的に（半年に一度）**安全点検**を行い、その結果を消防長または消防署長に報告しなければならない。消防設備とは消火器や火災報知器、スプリンクラーなどで、火気使用設備とは給食調理器具、暖房器具、燃料置き場や電気配線などである。

C　**適切である。**施設内の**避難経路**が備品などでふさがれていると、逃げ遅れてしまう可能性があるため、施設の出入口や廊下、非常階段等の近くには物を置かないことを徹底する。避難経路の導線をふさぐ場所に倒れやすい家具がないか、防火扉や消火器のそばに物が置かれていないかなども確認する。

D　**不適切である。**「児童福祉施設の設備及び運営に関する基準の一部改正の取扱いについて」（平成26年）において、保育室等を高層階に設置する際には「火災や地震等の災害発生に備え、**消防計画**を策定し、消防署に届け出るとともに、避難・消火訓練の実施、職員の役割分担の確認、緊急時の対応等について、**マニュアル**を作成し、その周知を図ること」と述べられている。

20　解説　　　　　　　　　　　　　　　　　　　　　　　正答 ☞　1

　教育・保育中の事故の場合、事故に遭った子ども以外の子どもを事故が発生した場所と別の（A．**保育室**）等に移す。事故発生場所については、二次的な（B．**事故**）が発生する可能性がある場合を除き、片づけ、物の移動等を（C．**行わない**）。

　「教育・保育施設等における事故防止及び事故発生時の対応のためのガイドライン【事故発生時の対応】～施設・事業者、地方自治体共通～」（平成28年3月　厚生労働省）の事故発生時の段階的対応（2）事故直後以降の対応「②事故が発生した現場を、**現状のまま保存しておく**」からの出題である。

　このあとに続く③では、**教育・保育を継続**するために必要な体制を確保し、事故に遭った子ども以外の子どもの教育・保育を継続するとし、そのために「事故に対応する職員と教育・保育の実施に当たる職員は、可能な限り**分けて配置**することとし、それぞれの対応に専念できるようにする」としている。

健康と安全管理 (2)

★ 21 次のうち、保育所に通う子どもに食事の介助をする時の事故防止のための注意として、<u>不適切な記述</u>を一つ選びなさい。 【R3前・問9】

1 食事時間がなるべく短く済むように心がける。

2 食べ物を飲み込んだことを確認する（口の中に残っていないか注意する）。

3 汁物などの水分を適切に与える。

4 食事中に眠くなっていないか注意する。

5 座っている姿勢にも注意する。

基礎

21 解説

1　**不適切である**。食事の介助を行う場合、誤嚥（ごえん）したりしないよう**食事を少しずつ口に入れる**ことが大切である。時間がかかっても、安全に食事ができるようにすることが必要である。

2　適切である。食べ物が口に残っている状態で次の食べ物を口に入れると、うまく飲み込めなくなることがある。**一口ずつ口の中に残っていないことを確認しながら**介助する。

3　適切である。汁物などの水分を適切に与えることで、唾液の分泌を促し、食べ物が飲み込みやすくなる。汁物だけでおなかがいっぱいにならないように注意しながら適量を与えるようにする。

4　適切である。口の中に食べ物を入れたまま眠ってしまうと、誤嚥につながる。眠くなっているようであれば、いったん食事を中止し、眠気が覚めてから残りを与えるなど配慮する。

5　適切である。後ろに傾いた状態で食事をすると、口腔から気道までが一直線になって誤嚥しやすくなる。また、前に傾きすぎても、食べ物を飲み込みにくくなる。座っている姿勢に十分注意しながら食事の介助を行うことが大切である。

合格エッセンス　　　　　　　　　　　　　　　**誤嚥を防ぐポイント**

- ●ゆっくり落ち着いて食べることができるように子どもの意志に合ったタイミングで食事を与える
- ●１回で多くの量をつめすぎないようにし、子どもの口に合った量で与える
- ●食べ物が口の中に残っていないことを確認する
- ●汁物などの水分を適切に与える
- ●食事の提供中に驚かせない
- ●食事中に眠くなっていないか注意する
- ●正しく座っているか注意する

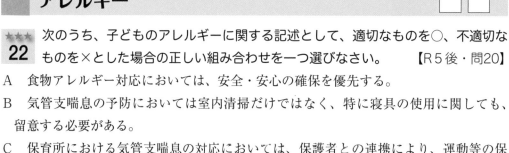

アレルギー

★★★
22 次のうち、子どものアレルギーに関する記述として、適切なものを○、不適切なものを×とした場合の正しい組み合わせを一つ選びなさい。　【R5後・問20】

A　食物アレルギー対応においては、安全・安心の確保を優先する。

B　気管支喘息の予防においては室内清掃だけではなく、特に寝具の使用に関しても、留意する必要がある。

C　保育所における気管支喘息の対応においては、保護者との連携により、運動等の保育所生活について事前に相談する。

D　アレルギー性結膜炎において、角結膜炎があるときは、プールの水質管理のための消毒に用いる塩素が、その悪化要因となる。

（組み合わせ）

	A	B	C	D
1	○	○	○	○
2	○	○	○	×
3	○	×	×	○
4	×	○	×	×
5	×	×	×	○

★★★
23 次のうち、「保育所におけるアレルギー対応ガイドライン（2019年改訂版）」（厚生労働省）における記述として、適切なものを○、不適切なものを×とした場合の正しい組み合わせを一つ選びなさい。　【R4後・問6】

A　医師の診断指示に基づき、保護者と連携し、適切に対応する。

B　アトピー性皮膚炎の子どもの爪が長く伸びたままである場合、短く切ることを保護者に勧める。

C　食物アレルギー児それぞれのニーズに細かく応えるため、食物除去は様々な除去法に対応する。

D　アレルギー疾患を有する子どもの対応法に関しては、個人情報の保護を優先し職員間での共有は控える。

（組み合わせ）

	A	B	C	D			A	B	C	D
1	○	○	×	×		4	×	○	×	○
2	○	×	○	×		5	×	×	○	○
3	○	×	×	○						

22　解説　　　　正答 ☞　1

A　適切である。「保育所におけるアレルギー対応ガイドライン（2019年改訂版）」において、アレルギー対応の基本原則として明記されている。

B　適切である。気管支喘息はヒョウヒダニ等が代表的なアレルゲンであり、室内清掃はもちろん寝具に対しても週1回のシーツ交換や、ふとん乾燥機等の使用が望ましい。

C　適切である。生活管理指導表等により、外遊びや運動、寝具、動物との接触等の生活について把握し、対面による相談と併せて適切な配慮に繋げる必要がある。

D　適切である。角結膜炎悪化を予防するために、プール活動においてはゴーグル等の着用が望ましい。プール活動後の水道水による洗眼についても、低濃度塩素が影響する可能性があるため、数秒程度に留めておく配慮が求められる。

23　解説　　　　正答 ☞　1

A　適切である。「保育所におけるアレルギー対応ガイドライン」には、医師の診断及び指示に基づき、保護者とも連携した適切な対応の必要性が明記されている。保育所、保護者、医療機関（主治医、嘱託医等）の三者が共通認識を行える体制づくりが大切である。

B　適切である。アトピー性皮膚炎は皮膚の痒みが強いために、どうしても掻きむしってしまい傷をつくることが多い。傷ができると細菌が傷口に入り感染を起こし、症状がさらに悪化するので、子どもの爪は短く切るよう勧めることが大切である。

C　不適切である。保育所での食物アレルギー児への対応は安全を考えて、原因食品を完全除去する方法を原則とする。様々な除去法への対応は、一人ひとりの子どものアレルゲンや食べられる量が異なり、調理や配膳が複雑になり事故のリスクを高めてしまう。

D　不適切である。アレルギー疾患を有する子どもへの対応は、生命に関わる重大なことであるため、全ての多職種全職員で情報共有して適切に行う必要がある。ただし個人情報の保護も大切であるため、必ず保護者への説明と理解を得ることも忘れてはならない。

保健

慢性疾患や障害のある子ども

24 ★★★ 次のうち、慢性疾患のある子どもや医療的ケアを必要とする子どもを保育所等で受け入れる場合の、適切なものの組み合わせを一つ選びなさい。【R4前・問20】

A　心臓の働きを強めたり、血圧を上げたり、気管・気管支など気管を拡張する作用のある「エピペン®」は保育所では使用してはならない。

B　保育所等において医療的ケア児の受け入れが推進されているが、医療的ケア児には歩ける子どもも重症心身障害児も含まれており、個別的配慮が必要である。

C　車いすで過ごす子どもが入所した時に段差解消スロープを設置することは、合理的配慮の一つである。

D　慢性疾患の子どもの薬を預かる時は、保護者に医師名、薬の種類、服用方法等を具体的に記載した与薬依頼票を持参させる。

E　認定特定行為業務従事者である保育士等が医療的ケアを行う場合には、事前に保護者に具体的な内容や留意点、準備すべきこと等について確認し、主治医には事後に報告する。

（組み合わせ）

1　A　B　C
2　A　C　E
3　A　D　E
4　B　C　D
5　B　C　E

25 ★★ 次のうち、糖尿病に関する記述として、最も適切なものを一つ選びなさい。
【R5前・問2】

1　糖が尿中に出る病気を糖尿病といい、尿検査によって診断される。
2　糖尿病は過食が原因であり、子どもには稀な疾患である。
3　糖尿病は、ステロイドホルモンの分泌異常が主な原因である。
4　糖尿病の原因となっている臓器は、腎臓である。
5　糖尿病が悪化すると、失明、腎不全、神経症などを起こす。

24　解説　　　　　　　　　　　　　　　　　　　　　正答 ☞ 4

A　**不適切である。**厚生労働省から発表された「保育所におけるアレルギー対応ガイドライン（2019年改訂版）」によると、アナフィラキシーショックで生命が危険な状況（緊急時）に限り、さらにあらかじめエピペン®が処方されている場合に、保育所職員もエピペン®の使用が**認められている**。

B　**適切である。医療的ケア児**とは、日常生活を営むために医療を要する状態にある障害児を指し、具体的には**喀痰吸引**（口腔・鼻腔内、気管カニューレ内部）、**経管栄養**（胃ろう・腸ろう、経鼻）、導尿、人工肛門、排便ケア、インスリン注射などが含まれる。医療的ケア児の状態はさまざまなため、**個別的配慮**が必要である。

C　**適切である。合理的配慮**とは、障害のある子どもが他の子どもと平等に教育を受ける権利を享有・行使するために、必要かつ適切な変更・調整を行うことであるため、車いすを使用する子どもが入所した際の合理的配慮には、段差解消スロープの設置や階段昇降機の設置等が考えられる。

D　**適切である。**保育所において与薬ができるのは、医師の指示に基づいた薬に限定されている。そのため、保育所で薬を預かる時には、保護者から、医師名、薬の種類、服用方法等を具体的に記載した**与薬依頼表**を持参してもらう必要がある。また、預かった薬を、他の子どもが誤って服用しないように施錠できる場所に保管するなど、管理を徹底する必要がある。

E　**不適切である。**認定特定行為業務従事者が実施できる医療的ケアとは、**喀痰吸引**、**経管栄養**という医行為である。そのため、事前に**主治医意見書**や、医師の指示書が必要になる。保育所等への入所についても主治医の許可が必要である。

保健

25　解説　　　　　　　　　　　　　　　　　　　　　正答 ☞ 5

1　**不適切である。**糖尿病は血液中の**ブドウ糖が増加する**病気である。糖は尿中にも出るが、診断においては**血糖値やヘモグロビンA1cを血液検査**によって測定する。

2　**不適切である。**糖尿病には**ウイルス感染や自己免疫等**が関係するⅠ型と、**過食や運動不足等**が誘因となるⅡ型が存在する。**小児慢性特定疾病**にも該当し、必ずしも子どもに稀であるとはいえない。

3　**不適切である。**糖尿病は**インスリン**の分泌低下や働きの低下が主な原因である。

4　**不適切である。**糖尿病は糖尿病性腎症の原因となるが、糖尿病自体の原因となる臓器は**膵臓**である。

5　**適切である。網膜症**（失明につながる）、**腎症**（腎不全につながる）、**神経障害**（神経症）が、糖尿病の代表的な合併症である。その他にも糖尿病は、心臓病や脳卒中を引き起こす**動脈硬化**等の原因になることがある。

乳幼児の食生活

★★★
1 次の図は、「平成27年度乳幼児栄養調査結果の概要」（厚生労働省）における「現在子どもの食事で困っていること」（回答者：2〜6歳児の保護者）である。図中の（ A ）〜（ D ）に<u>あてはまらないもの</u>を一つ選びなさい。

【H31前・問9】

図

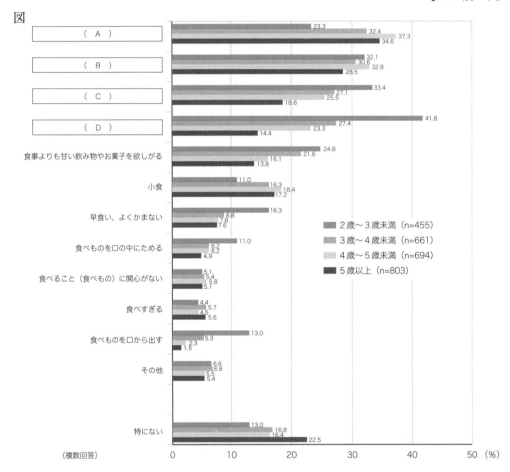

1 偏食する
2 むら食い
3 遊び食べをする
4 食べるのに時間がかかる
5 作るのが負担、大変

1　解説

1　**あてはまる。**偏食する　（**B**）

2　**あてはまる。**むら食い　（**C**）

3　**あてはまる。**遊び食べをする　（**D**）

4　**あてはまる。**食べるのに時間がかかる　（**A**）

5　**あてはまらない。**作るのが負担、大変という項目は、「平成27年度乳幼児栄養調査の結果の概要」の（2）「離乳食について困ったこと」に対する回答である。

　「平成27年度乳幼児栄養調査の結果の概要」によると、「現在子どもの食事で困っていること」で2～3歳未満では「**遊び食べをする**」が最も多く41.8％であった。

　また、3～4歳未満、4～5歳未満、5歳以上で最も多かったのは、それぞれ「**食べるのに時間がかかる**」で3～4歳未満は32.4％、4～5歳未満は37.3％、5歳以上は34.6％であった。

　この結果から、3の遊び食べをするに該当するのが（**D**）、4の食べるのに時間がかかるは（**A**）となる。2の**むら食い**は、年齢とともに減少する食習慣のため、（**C**）が該当する。

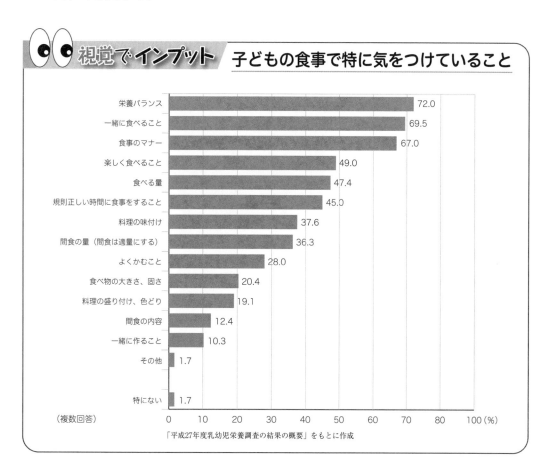

視覚でインプット　子どもの食事で特に気をつけていること

項目	割合（％）
栄養バランス	72.0
一緒に食べること	69.5
食事のマナー	67.0
楽しく食べること	49.0
食べる量	47.4
規則正しい時間に食事をすること	45.0
料理の味付け	37.6
間食の量（間食は適量にする）	36.3
よくかむこと	28.0
食べ物の大きさ、固さ	20.4
料理の盛り付け、色どり	19.1
間食の内容	12.4
一緒に作ること	10.3
その他	1.7
特にない	1.7

（複数回答）

「平成27年度乳幼児栄養調査の結果の概要」をもとに作成

栄養

★★★
2 次のうち、果物に関する記述として、適切なものを一つ選びなさい。

【R5後・問18】

1　「6つの基礎食品」において、果物は、緑黄色野菜とともに第3群に分類されている。

2　「食事バランスガイド」（平成17年　厚生労働省・農林水産省）に示されている5つの料理区分に「果物」は含まれていない。

3　「授乳・離乳の支援ガイド」（2019年改定版　厚生労働省）では、離乳開始前に果汁を与え、離乳の準備を行うことが推奨されている。

4　果物類は食物アレルギーの原因食物にならない。

5　「第4次食育推進基本計画」（農林水産省）では、実施最終年度までに、1日あたりの果物摂取量が100g未満の者の割合を30％以下とすることを目標値として設定している。

標準

2　解説

1　**不適切である。**果物は、淡色野菜（ダイコンやキャベツ、ハクサイなど）とともに**第4群**に分類されている。

2　**不適切である。**「食事バランスガイド」に示されている5つの料理区分は、「主食（ごはん、パン、麺）」「副菜（野菜、きのこ、いも、海藻料理）」「主菜（肉、魚、卵、大豆料理）」「牛乳・乳製品」「果物」からなる。

3　**不適切である。**「離乳の開始前の子どもにとって、最適な栄養源は**乳汁**（母乳又は育児用ミルク）であり、離乳の開始前に果汁やイオン飲料を与えることの栄養学的な意義は**認められていない**」としている。

4　**不適切である。**果物類は**食物アレルギーの原因食物**になりうる。アレルギー発生防止の観点から加工食品に使用していることの表示が推奨されている「**特定原材料に準ずるもの**」には、オレンジ、キウイフルーツ、バナナ、もも、りんごが含まれる。

5　**適切である。**「**第4次食育推進基本計画**」では、「食育の推進に当たっての目標」として「**栄養バランスに配慮した食生活を実践する国民を増やす**」を掲げており、具体的な目標値として「果物摂取量**100g**未満の者の割合を30%以下とすることを目指す」としている。

👀 視覚でインプット

6つの基礎食品

栄養成分の類似している食品を6群に分類することにより、栄養をバランスよく摂取するための食品の組み合わせがわかるようにしたもの

出典：厚生省（現厚生労働省）「栄養教育としての「6つの基礎食品」の普及について」1958年をもとに作成

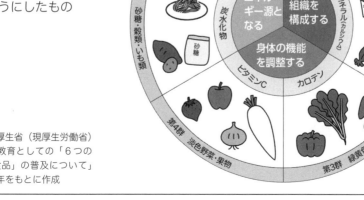

栄養

211

3 ★★★ 次のうち、脂質に関する記述として、適切な記述を○、不適切な記述を×とした場合の正しい組み合わせを一つ選びなさい。　　　　　　　　　　　【R4前・問3】

A　脂質を構成する脂肪酸は、窒素を含む。

B　エネルギー源として利用され、1gあたり9kcalを供給する。

C　魚油に多く含まれる多価不飽和脂肪酸は、動脈硬化と血栓を防ぐ作用がある。

D　リノール酸は、飽和脂肪酸である。

（組み合わせ）

```
    A   B   C   D
1   ○   ○   ○   ×
2   ○   ○   ×   ○
3   ○   ×   ×   ○
4   ×   ○   ○   ×
5   ×   ×   ○   ○
```

4 ★★★ 次の文は、栄養素の消化に関する記述である。適切な記述の組み合わせを一つ選びなさい。　　　　　　　　　　　【R1後・問3】

A　二糖類の麦芽糖は、マルターゼによって消化される。

B　食物繊維は、ヒトの消化酵素で消化されない食品中の難消化性成分の総体と定義される。

C　中性脂肪の消化は、主に小腸において膵液中のペプシンによって行われる。

D　糖類は、口腔内において唾液中のリパーゼによって部分的に消化される。

（組み合わせ）

```
1   A   B
2   A   C
3   B   C
4   B   D
5   C   D
```

3 解説 　　　　　　　　　　　　　　　　　　　　　　　　正答 ☞ 4

A　**不適切である。**脂肪酸に**窒素は含まれない**。栄養素のうち、窒素が含まれるのは**たんぱく質**である。

B　**適切である。**脂質は**1g**あたり**9kcal**のエネルギーを発生させる。糖質とたんぱく質は、**1g**あたり**4kcal**のエネルギーを発生させる。

C　**適切である。**DHA（ドコサヘキサエン酸）やEPA（エイコサペンタエン酸）などの魚油は、**多価不飽和脂肪酸**に分類される。動脈硬化や血栓の形成を予防するはたらきがある。

D　**不適切である。**リノール酸は**不飽和脂肪酸**に分類される。脂肪酸は飽和脂肪酸と不飽和脂肪酸に分類され、不飽和脂肪酸のうち炭素の二重結合が複数あるものを多価不飽和脂肪酸という。リノール酸は、二重結合が2つあり、**多価不飽和脂肪酸**である。

4 解説 　　　　　　　　　　　　　　　　　　　　　　　　正答 ☞ 1

A　**適切である。**麦芽糖はブドウ糖が2つ結合した二糖類で、**小腸の上皮細胞**でマルターゼによって消化される。

B　**適切である。**食物繊維については、「ヒトの消化酵素で消化されない食品中の**難消化性成分の総体**」と定義されている。

C　**不適切である。**中性脂肪は、十二指腸で**胆汁**によって乳化され、膵臓から分泌される**膵リパーゼ**によって脂肪酸とグリセリンに分解された後、小腸で吸収される。ペプシンは、胃で**たんぱく質**の消化に関わる消化酵素である。

D　**不適切である。**口腔内に分泌されているのは、**唾液アミラーゼ**である。糖類の一部は、口腔内で唾液アミラーゼによって分解され、残りは、十二指腸や小腸で分解される。

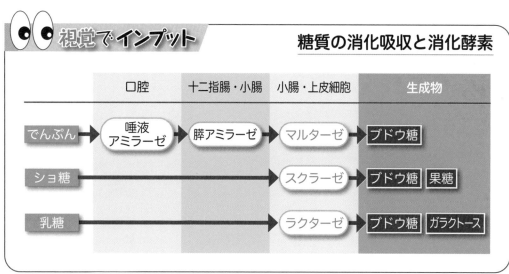

視覚でインプット　　　糖質の消化吸収と消化酵素

	口腔	十二指腸・小腸	小腸・上皮細胞	生成物
でんぷん	唾液アミラーゼ	膵アミラーゼ	マルターゼ	ブドウ糖
ショ糖			スクラーゼ	ブドウ糖　果糖
乳糖			ラクターゼ	ブドウ糖　ガラクトース

栄養

栄養素 (2)

5 ★★★ 次の文は、炭水化物に関する記述である。（　A　）～（　D　）にあてはまる語句の正しい組み合わせを一つ選びなさい。　【R6前・問1】

　炭水化物には、ヒトの消化酵素で消化されやすい（　A　）と消化されにくい（　B　）がある。（　A　）は、1gあたり（　C　）kcalのエネルギーを供給し、一部は、肝臓や筋肉でエネルギー貯蔵体である（　D　）となって体内に蓄えられる。

（組み合わせ）

	A	B	C	D
1	糖質	食物繊維	4	グリコーゲン
2	糖質	食物繊維	7	グリコーゲン
3	糖質	食物繊維	9	ガラクトース
4	食物繊維	糖質	4	グリコーゲン
5	食物繊維	糖質	7	ガラクトース

6 ★★★ 次の文は、食物繊維に関する記述である。（　A　）～（　C　）にあてはまる語句を【語群】から選択した場合の正しい組み合わせを一つ選びなさい。

【R4前・問9】

　食物繊維は、ヒトの消化酵素で消化（　A　）成分である。食物繊維は水溶性食物繊維と（　B　）食物繊維に分類される。「日本人の食事摂取基準（2020年版）」（厚生労働省）において、食物繊維は3歳以上で（　C　）が示されている。

【語群】

ア　されやすい	イ　されにくい	ウ　不溶性
エ　脂溶性	オ　目標量	カ　目安量

（組み合わせ）

	A	B	C
1	ア	ウ	オ
2	ア	エ	カ
3	イ	ウ	オ
4	イ	ウ	カ
5	イ	エ	カ

5　解説

　炭水化物には、ヒトの消化酵素で消化されやすい（A.　**糖質**）と消化されにくい（B.　**食物繊維**）がある。（A.　**糖質**）は、1gあたり（C.　**4**）kcalのエネルギーを供給し、一部は、肝臓や筋肉でエネルギー貯蔵体である（D.　**グリコーゲン**）となって体内に蓄えられる。

　炭水化物は糖質と食物繊維の総称で、糖質は体内で消化されエネルギー源となる。糖質のうちグリコーゲンは**多糖類**の一種で、動物の肝臓に約5〜6％、筋肉に約0.5〜1％ほど貯蔵されており、**血糖値の維持**や**エネルギー源**として働く。

6　解説

　食物繊維は、ヒトの消化酵素で消化（A.　**イ　されにくい**）成分である。食物繊維は水溶性食物繊維と（B.　**ウ　不溶性**）食物繊維に分類される。「日本人の食事摂取基準（2020年版）」（厚生労働省）において、食物繊維は3歳以上で（C.　**オ　目標量**）が示されている。

　食物繊維とは消化酵素の作用を受けない、食物中の難消化性成分の総称である。**便秘予防**や**血糖値上昇の抑制**などの働きがあり、豆類や野菜、果物、海藻類などから摂取できる。「日本人の食事摂取基準」においては、2015年版では6〜7歳から目標量が設定されていたが、2020年版では3〜5歳の目標量が**新たに設定**された。

栄養

栄養素 (3)

★★★
7 次のうち、ミネラルに関する記述として、適切な記述を○、不適切な記述を×とした場合の正しい組み合わせを一つ選びなさい。 【R4前・問2】

A　マグネシウムの過剰症として、下痢があげられる。

B　カリウムは、浸透圧の調節に関わり、野菜類に多く含まれる。

C　ナトリウムの欠乏症として、胃がんがあげられる。

D　カルシウムは、骨ごと食べられる小魚に多く含まれる。

E　鉄の過剰症として、貧血があげられる。

（組み合わせ）

	A	B	C	D	E
1	○	○	○	○	○
2	○	○	×	○	×
3	×	○	○	×	×
4	×	×	○	○	○
5	×	×	×	×	○

人体を構成するミネラルは多数ありますが、構成量は3〜4％程度で、大半をカルシウムとリンが占めています

7 **解説**　　　　　　　　　　　　　　　　　　　　　　　　　　正答 ☞ **2**

A　**適切である。**「日本人の食事摂取基準（2020年版）」では、「食品以外からのマグネシウムの過剰摂取によって起こる初期の好ましくない影響は**下痢**である」としている。このため、マグネシウムには、通常の食品以外からの摂取量の耐容上限量が設定されている。

B　**適切である。**カリウムは、細胞内に存在して体液の浸透圧の調節、酸・アルカリの調節、筋肉の収縮や神経伝達のはたらき、心臓機能の調節などに関係している。**野菜や果物**に多く含まれている。

C　**不適切である。**ナトリウムの欠乏症状は、**疲労感や筋肉のけいれん**である。「日本人の食事摂取基準（2020年版）」では、「食塩摂取量が増えるに従い、**胃がんのリスクが高くなると報告されている**」としている。

D　**適切である。**カルシウムは、**小魚や牛乳**、乳製品、ひじきなどに多く含まれている。

E　**不適切である。**貧血は、鉄の**欠乏症状**である。「日本人の食事摂取基準（2020年版）」では、「鉄の過剰摂取によって体内に蓄積した鉄は、酸化促進剤として作用し、組織や器官に炎症をもたらし、**肝臓がんや心血管系疾患のリスクを高める**」としている。また、高齢女性が鉄サプリメントを使用した場合、総死亡率（ある集団に属する人のうち、一定期間中に死亡した人の割合）が上昇することが認められているとしている。

 **合格エッセンス**　　　　　　　**ミネラルの分類と不足による症状**

多量ミネラル

　体内に多く存在するミネラル。ナトリウム、カリウム、カルシウム、マグネシウム、リンなどがある。

微量ミネラル

　体内にわずかな量が存在するミネラル。鉄、亜鉛、銅、マンガン、ヨウ素、セレン、クロム、モリブデンがある。

ミネラル不足による症状の例

　鉄…不足すると鉄欠乏性貧血が起きやすくなる。

　亜鉛…不足すると味覚障害の原因となる。

　ヨウ素…不足すると甲状腺機能低下症を引き起こす。

栄養

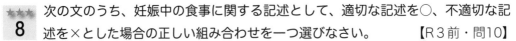

妊娠期・授乳期の食生活 (1)

8 ★★★ 次の文のうち、妊娠中の食事に関する記述として、適切な記述を○、不適切な記述を×とした場合の正しい組み合わせを一つ選びなさい。　【R3前・問10】

A　サバは、食物連鎖によって水銀を多く含むため、妊娠中に食べる場合は注意が必要である。

B　魚は一般に、良質なたんぱく質や不飽和脂肪酸を多く含むため、妊娠期の栄養バランスに欠かせないものである。

C　妊娠中は、リステリア菌に感染しやすくなるため、ナチュラルチーズや生ハムは避ける。

D　ビタミンAは妊娠中に必要量が増すため、妊娠前からレバーやサプリメントの継続的な摂取が望ましい。

（組み合わせ）

	A	B	C	D
1	○	○	○	○
2	○	○	×	○
3	○	×	○	×
4	×	○	○	×
5	×	×	×	○

9 ★★★ 次の文は、「妊娠前からはじめる妊産婦のための食生活指針～妊娠前から、健康なからだづくりを～解説要領」（令和３年:厚生労働省）の一部である。（　A　）～（　C　）にあてはまる語句の正しい組み合わせを一つ選びなさい。

【R4前・問11】

・不足しがちな（　A　）を、「副菜」でたっぷりと

・鉄や（　B　）を多く含む食品を組み合わせて摂取に努める必要があります。

・（　B　）は、胎児の先天異常である（　C　）の予防のため、妊娠前から充分に摂取していることが大切です。

（組み合わせ）

	A	B	C
1	ビタミン・ミネラル	葉酸	神経管閉鎖障害
2	ビタミン・ミネラル	カルシウム	神経管閉鎖障害
3	ビタミン	葉酸	貧血
4	ミネラル	カルシウム	骨粗しょう症
5	ビタミン	カルシウム	貧血

8 解説 正答 ☞ 4

A **不適切である。**「妊婦への魚介類の摂食と水銀に対する注意事項」（平成22年改訂）の「魚介類の水銀」では、一部の魚介類については、食物連鎖を通じて、他の魚介類と比較して水銀濃度が高いものも見受けられるとしている。ただし、妊婦が注意しなければならない魚介類に、**サバは含まれていない。**

B **適切である。**「妊婦への魚介類の摂食と水銀に対する注意事項」の「魚介類の有益性」で、**健康的な食生活にとって不可欠で優れた栄養特性を有している**としている。そのうえで「妊婦の方々へ」のなかで、魚介類は健やかな妊娠と出産に重要である栄養素等のバランスのよい食事に欠かせないものであるとしている。

C **適切である。**厚生労働省は、食中毒の啓発資料のなかで、妊娠中は、一般の人よりも**リステリア菌**に感染しやすくなり、赤ちゃんに影響がでることがあるとし、妊娠中に避けたほうがよい食べ物として、ナチュラルチーズ（加熱殺菌していないもの）、生ハム、スモークサーモン、肉や魚のパテを挙げている。

D **不適切である。**ビタミンAの過剰摂取は、**胎児の形態異常につながることがある。**妊娠初期には、ビタミンAを多く含むレバーなどやサプリメントの摂取は避けるべきである。

9 解説 正答 ☞ 1

・不足しがちな（A．ビタミン・ミネラル）を、「副菜」でたっぷりと

・鉄や（B．葉酸）を多く含む食品を組み合わせて摂取に努める必要があります。

・（B．葉酸）は、胎児の先天異常である（C．神経管閉鎖障害）の予防のため、妊娠前から充分に摂取していることが大切です。

　「妊娠前からはじめる妊産婦のための食生活指針」では、母親の健康と赤ちゃんの健やかな発育には、妊娠前からのからだづくりが大切とし、若い世代の「やせ」が依然として多いことなどの課題を受けて、10項目の指針を示している。**葉酸と神経管閉鎖障害は結び付けて覚えておきたい。**

栄養

妊娠期・授乳期の食生活 (2)

★★★ 10 次の文は、「妊娠前からはじめる妊産婦のための食生活指針～妊娠前から、健康なからだづくりを～」（令和3年　厚生労働省）の一部である。（　A　）～（　C　）にあてはまる語句の正しい組み合わせを一つ選びなさい。　【R5後・問11】

・乳製品、緑黄色野菜、豆類、（　A　）などでカルシウムを十分に
・妊娠中の（　B　）は、お母さんと赤ちゃんにとって望ましい量に
・（　C　）から赤ちゃんを守りましょう

（組み合わせ）

	A	B	C
1	小魚	食事量	感染症
2	小魚	食事量	たばことお酒の害
3	小魚	体重増加	たばことお酒の害
4	いも類	体重増加	たばことお酒の害
5	いも類	食事量	感染症

★★★ 11 次のうち、牛乳よりも母乳に多く含まれる成分として、適切なものを○、不適切なものを×とした場合の正しい組み合わせを一つ選びなさい。　【R5前・問7】

A　炭水化物
B　たんぱく質
C　リン
D　カルシウム

（組み合わせ）

	A	B	C	D
1	○	○	○	×
2	○	○	×	○
3	○	×	×	×
4	×	○	○	○
5	×	×	○	○

10 解説 正答 ☞ 3

・乳製品、緑黄色野菜、豆類、（A. **小魚**）などでカルシウムを十分に

・妊娠中の（B. **体重増加**）は、お母さんと赤ちゃんにとって望ましい量に

・（C. **たばことお酒の害**）から赤ちゃんを守りましょう

A　妊娠中や出産後は、胎児の体をつくったり授乳したりすることで母体から**カルシウム**が失われることから、積極的なカルシウム摂取が推奨されている。

B　妊娠中の適正な体重増加は母子の健康の維持・増進につながることから、妊娠前の体格に応じた体重増加量の**指導**が医師により行われる。

C　喫煙や飲酒は胎児や乳児に重大な悪影響を与えるため、妊娠・授乳中は禁煙・禁酒が原則である。たばこの害は妊婦自身の能動的な喫煙だけでなく**受動喫煙**によっても生じる。

11 解説 正答 ☞ 3

A　**適切である。**炭水化物（乳糖）は、牛乳よりも母乳の方に約1.5倍多く含まれている。牛乳100gに含まれている炭水化物は4.8g、母乳には7.2gである。乳糖は**脳や神経の発育**に欠かせないため、乳児にとってとても重要な成分である。

B　**不適切である。**たんぱく質は、母乳よりも牛乳の方に約3倍多く含まれている。牛乳100gに含まれるたんぱく質は3.3g、母乳には1.1gである。ただし、母乳には**乳清たんぱく質**が多く含まれており、乳児にとっては消化しやすい大切な成分である。

C　**不適切である。**リンは、母乳よりも牛乳の方に約7倍多く含まれている。牛乳100gに含まれるリンは93mg、母乳には14mgである。リンとカルシウムは腸での鉄吸収を抑えてしまい貧血になりやすいので、乳児期には**母乳**の方が適している。

D　**不適切である。**カルシウムは、母乳よりも牛乳の方に約4倍多く含まれている。牛乳100gに含まれるカルシウムは110mg、母乳には27mgである。カルシウムは歯や骨の成分となったり、**血液凝固**などにも関与する栄養素である。

授乳・離乳の支援ガイド □□

12 ★★★ 次の文のうち、「授乳・離乳の支援ガイド」（2019年：厚生労働省）に示されているベビーフードを利用する際の留意点に関する記述として適切な記述を○、不適切な記述を×とした場合の正しい組み合わせを一つ選びなさい。【R3前・問6】

A　ベビーフードの食材の大きさ、固さ、とろみ、味付け等を、離乳食を手づくりする際の参考にする。

B　不足しがちな鉄分の補給源として、レバーは適さない。

C　主食を主とした製品を使う場合には、野菜やたんぱく質性食品の入ったおかずや、果物を添えるなどの工夫をする。

（組み合わせ）

```
   A B C          A B C
1  ○ ○ ○     4  × ○ ○
2  ○ × ○     5  × × ×
3  ○ × ×
```

13 ★★★ 次の文は、「授乳・離乳の支援ガイド」（2019 年改定版：厚生労働省）に示されている「授乳等の支援のポイント」の一部である。（　A　）～（　C　）にあてはまる語句を【語群】から選択した場合の正しい組み合わせを一つ選びなさい。

【R1後・問7】

・　特に（　A　）から退院までの間は母親と子どもが終日、一緒にいられるように支援する。

・　授乳を通して、母子・親子のスキンシップが図られるよう、しっかり（　B　）、優しく声かけを行う等暖かいふれあいを重視した支援を行う。

・　（　C　）等による授乳への支援が、母親に過度の負担を与えることのないよう、（　C　）等への情報提供を行う。

【語群】

ア　妊娠前	イ　妊娠中	ウ　出産後	エ　寝かせて
オ　抱いて	カ　母親と父親	キ　父親や家族	ク　祖父母

（組み合わせ）

```
   A B C          A B C
1  ア オ キ    4  ウ エ カ
2  イ エ ク    5  ウ オ キ
3  イ オ キ
```

12　解説

正答 ☞ 2

A　**適切である。**「ベビーフードを利用するときの留意点」の「離乳食を手づくりする
際の参考に」に示されている。

B　**不適切である。**「用途にあわせて上手に選択を」の中で、「不足しがちな**鉄分**の補
給源として、レバーなどを取り入れた製品の利用も可能」としている。

C　**適切である。**「料理や原材料が偏らないように」では、「離乳が進み、2回食にな
ったら、ごはんやめん類などの「主食」、野菜を使った「副菜」と果物、たんぱく質
性食品の入った「主菜」が揃う食事内容にする。ベビーフードを利用するに当たっ
ては、品名や原材料を確認して、主食を主とした製品を使う場合には、野菜やたん
ぱく質性食品の入ったおかずや、果物を添えるなどの工夫を」としている。

13　解説

正答 ☞ 5

・特に（A.　**ウ　出産後**）から退院までの間は母親と子どもが終日、一緒にいられる
ように支援する。

・授乳を通して、母子・親子のスキンシップが図られるよう、しっかり
（B.　**オ　抱いて**）、優しく声かけを行う等暖かいふれあいを重視した支援を行う。

・（C.　**キ　父親や家族**）等による授乳への支援が、母親に過度の負担を与えることの
ないよう、（C.　**キ　父親や家族**）等への情報提供を行う。

　　「授乳・離乳の支援ガイド（2019年改定版）」の「授乳の支援」（6）「授乳等の支
援のポイント」の表内にある「授乳の開始から授乳のリズムの確立まで」からの出
題である。

　　ガイドの基本的な考え方として、授乳及び離乳を通じた育児支援の視点を重視し
ている。親子の**個別性を尊重**するとともに、近年ではインターネット等の様々な情
報があるなかで、慣れない授乳及び離乳において生じる**不安やトラブル**に対し、母
親等の気持ちや感情を受け止め、**寄り添いを重視した支援**の促進をあげている。

栄養

食に関する制度・指針 □ □

14 ★★ 次の図は、「楽しく食べる子どもに〜保育所における食育に関する指針〜」（平成16年：厚生労働省）に掲げられた食育の目標と内容に関するものである。（ A ）〜（ D ）にあてはまる語句を【語群】から選択した場合の正しい組み合わせを一つ選びなさい。　　　　　　　　　　【R３後・問11】

図

> 目標　現在を最もよく生き、かつ、生涯にわたって健康で質の高い生活を送る
> 　　　　基本としての「（ A ）」の育成に向け、その基礎を培うこと

期待する子ども像

（ B ）リズムのもてる子ども　　　（ C ）を話題にする子ども

食べたいもの、好きなものが増える子ども　　　食事づくり、準備にかかわる子ども

食と健康　　　　　　　　　　　　　　　　　　　　　　料理と食

一緒に食べたい人がいる子ども

食と（ D ）　　　　　　　　　　　　　　いのちの育ちと食

食と文化

【語群】

ア	健全な身体	イ	食を営む力
ウ	食事	エ	お腹がすく
オ	生活	カ	健康
キ	食べもの	ク	人間関係
ケ	自然の恵み		

（組み合わせ）

	A	B	C	D
1	ア	ウ	ケ	オ
2	ア	エ	カ	キ
3	イ	エ	キ	ク
4	イ	オ	カ	ケ
5	カ	ウ	オ	ク

15 ★★ 次のうち、「食生活指針」（平成28年　文部科学省・厚生労働省・農林水産省）の「食生活指針の実践」の一部として、誤ったものを一つ選びなさい。

【R４後・問２】

1　おいしい食事を、味わいながらゆっくりよく噛んで食べましょう。

2　家族の団らんや人との交流を大切に、また、食事づくりに参加しましょう。

3　地域や家庭で受け継がれてきた料理や作法を伝えていきましょう。

4　「和食」をはじめとした日本の食文化を大切にして、日々の食生活に活かしましょう。

5　牛乳・乳製品、緑黄色野菜、豆類、小魚などで、糖質・脂質を十分にとりましょう。

14　解説　　　　　　　　　　　　　　　　　　　正答 ☞ 3

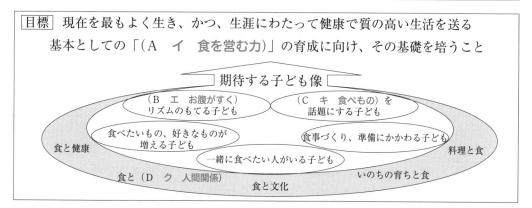

外側の５つの項目が、食育の目標である。また、内側の５つの項目が内容である。

15　解説　　　　　　　　　　　　　　　　　　　正答 ☞ 5

　「食生活指針」には10の項目と、その実践のために取り組むべき具体的内容が「食生活指針の実践」（以下「実践」）として示されている。

1　**正しい**。「食事を楽しみましょう」という項目の「実践」の記述である。

2　**正しい**。「食事を楽しみましょう」という項目の「実践」の記述である。

3　**正しい**。「日本の食文化や地域の産物を活かし、郷土の味の継承を」という項目の「実践」の記述である。

4　**正しい**。「日本の食文化や地域の産物を活かし、郷土の味の継承を」という項目の「実践」の記述である。

5　**誤り**。正しくは「牛乳・乳製品、緑黄色野菜、豆類、小魚などで、**カルシウム**を十分にとりましょう」である。「野菜・果物、牛乳・乳製品、豆類、魚なども組み合わせて」という項目の「実践」の記述である。

栄養

学童期・思春期の食生活

16 ★★ 次の文のうち、学校給食に関する記述として、不適切な記述を一つ選びなさい。

【R3前・問8】

1　日本の学校給食の起源は、明治時代に私立小学校で貧困児童を対象に無料で給食を実施したこととされている。

2　「平成30年度学校給食実施状況等調査」（文部科学省）では、小学校の学校給食の実施率は、約70％である。

3　学校給食のない日は、ある日に比べて、児童生徒のカルシウム摂取量が少ない。

4　「学校給食法」の「学校給食の目標」の一つに、「我が国や各地域の優れた伝統的な食文化についての理解を深めること」があげられている。

5　「学校給食法」において、学校給食とは、学校給食の目標を達成するために、義務教育諸学校において、その児童または生徒に対し実施される給食をいう。

17 ★★★ 次の文は、学童期の心身の特徴と食生活に関する記述である。適切な記述を○、不適切な記述を×とした場合の正しい組み合わせを一つ選びなさい。

【H31前・問11】

A　乳歯の永久歯への生えかわりは、9歳頃から始まる。

B　生活の夜型化は、朝食の欠食につながりやすい。

C　学童期は、成長に不可欠なカルシウムや鉄の摂取に留意する。

D　学童期の肥満は、成人期の肥満に移行しにくい。

（組み合わせ）

```
   A   B   C   D
1  ○   ○   ×   ○
2  ○   ○   ×   ×
3  ○   ×   ○   ○
4  ×   ○   ○   ×
5  ×   ×   ×   ○
```

16 解説 正答 ☞ 2

1 **適切である。**学校給食の起源は、1889（明治22）年に山形県の寺に設置された小学校で、貧困家庭のため昼食の弁当を持参できない子どもに**無料で昼食を提供**したのが最初とされている。

2 **不適切である。**「平成30年度学校給食実施状況等調査」によると、小学校の学校給食実施率は**99.1%**（令和3年度は99.0%）である。そのうち、主食、おかず、ミルクが提供される**完全給食の割合は98.5%**（令和3年度は98.7%）とされている。

3 **適切である。**学校給食では、献立に**牛乳**が取り入れられている。このため、給食のある日はカルシウム摂取量が多くなるが、学校が休みの日などのカルシウム摂取量は少ない。

4 **適切である。**「学校給食法」では、第2条で、7項目の「**学校給食の目標**」を定めている。

5 **適切である。**「学校給食法」第3条で定義されている。**義務教育諸学校**とは、小学校、中学校、義務教育学校、中等教育学校前期課程、特別支援学校の小学部・中学部である。

17 解説 正答 ☞ 4

A **不適切である。**乳歯が生えそろうのは3歳頃である。その後、永久歯への生えかわりは、6〜7歳頃から始まる。

B **適切である。**生活が夜型になり、**夕食の時間**や就寝時間が遅くなると、朝起きても食欲がわかない、朝起きるのが遅くなり**朝食をとる時間がない**など、朝食の欠食につながりやすくなる。

C **適切である。**学童期には、**骨の形成**などに欠かせないカルシウムや鉄を**十分に摂取**することが必要である。

D **不適切である。**学童期に肥満になると、細胞が肥満細胞化し、成人期の肥満に移行しやすい。

18 ★★★ 次のうち、「日本人の食事摂取基準（2020年版）」（厚生労働省）に関する記述として、適切なものを○、不適切なものを×とした場合の正しい組み合わせを一つ選びなさい。　　　　　　　　　　　　　　　　　　　　　　　　　　　【R5後・問3】

A　年齢区分は1〜17歳を小児、18歳以上を成人とする。

B　10年ごとに見直しがなされ、改定される。

C　栄養素の指標として、「推定平均必要量」「推奨量」「目安量」「耐容上限量」「目標量」の5種類が設定されている。

D　基本的に健康な個人及び集団を対象としている。

（組み合わせ）

	A	B	C	D
1	○	○	×	×
2	○	×	○	○
3	○	×	○	×
4	×	○	×	○
5	×	×	○	○

標準

18 解説 正答 ☞ 2

A **適切である。**年齢区分は、1〜17歳を小児、18歳以上を成人とする。乳児については、出生後0〜5か月と6〜11か月の2つに区分している（より詳細な区分が必要な場合は0〜5か月、6〜8か月、9〜11か月の3区分）。

B **不適切である。**「日本人の食事摂取基準」は5年ごとに見直しがなされ、改定される。

C **適切である。**推定平均必要量、推奨量、目安量は摂取不足を回避するため、耐容上限量は過剰摂取による健康障害を回避するために設定されている指標である。また、目標量は生活習慣病の予防を目的として設定されている指標である。

D **適切である。**「日本人の食事摂取基準は、健康な個人及び集団を対象として、国民の健康の保持・増進、生活習慣病の予防のために参照するエネルギー及び栄養素の摂取量の基準を示すものである」としている。

 **合格エッセンス** ## エネルギーと栄養素の設定指標

「日本人の食事摂取基準（2020年版）」では、エネルギーや栄養素の量を表すために、次のような指標が設定されている。

エネルギー	ＢＭＩ	エネルギーの摂取量および消費量のバランス（エネルギー収支バランス）の維持を示す。体重（kg）÷身長（m）^{2}で求められる。
	推定エネルギー必要量	エネルギーの不足のリスクおよび過剰のリスクの両者が最も小さくなる摂取量。
栄養素	推定平均必要量	その区分に属する人々の50%が必要量を満たすと推定される1日の摂取量（同時に50%の人は必要量を満たさない）。
	推奨量	その区分に属する人々のほとんど（97〜98%）が必要量を満たすと推定される1日の摂取量。
	目安量	推定平均必要量・推奨量を算定するのに十分な科学的根拠が得られない場合に、その区分に属する人々がある一定の栄養状態を維持するのに十分な量。
	耐容上限量	過剰摂取による健康障害を回避する観点から、ほとんどすべての人に健康上悪影響を及ぼす危険のない習慣的な摂取量の上限の量。
	目標量	生活習慣病の発症予防のために、現在の日本人が当面の目標とすべき摂取量。

栄養

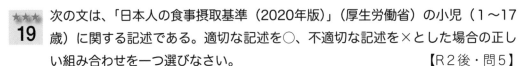

日本人の食事摂取基準 (2)

★★★
19 次の文は、「日本人の食事摂取基準（2020年版）」（厚生労働省）の小児（1〜17歳）に関する記述である。適切な記述を○、不適切な記述を×とした場合の正しい組み合わせを一つ選びなさい。　　　　　　　　　　　　　　　　　【R2後・問5】

A　身体活動レベル（PAL）は2区分である。

B　3〜5歳におけるカルシウムの推奨量は、骨塩量増加に伴うカルシウム蓄積量が生涯で最も増加する時期であるため、他の年代に比べて高い。

C　脂質の目標量は、男女で異なる。

D　1〜2歳の基礎代謝基準値は、3〜5歳より高い。

（組み合わせ）

	A	B	C	D
1	○	○	○	×
2	○	○	×	○
3	○	×	○	○
4	×	○	○	×
5	×	×	×	○

★★★
20 次のうち、「日本人の食事摂取基準（2020年版）」（厚生労働省）において、授乳婦に付加量の設定がある栄養素として、<u>不適切なもの</u>を一つ選びなさい。

【R4後・問13】

1　カルシウム

2　たんぱく質

3　鉄

4　葉酸

5　ビタミンA

19 解説　　　　　　　　　　　　　　　　　　　　正答 ☞ 5

A　**不適切である。**小児（1～17歳）の身体活動レベルは、1～2歳と3～5歳では1区分、6歳以上では「低い・普通・高い」の**3区分**に分けられている。

B　**不適切である。**骨塩量増加に伴うカルシウム蓄積量が生涯で最も増加する時期で、カルシウムの推奨量が最も高いのは**12～14歳**である。

C　**不適切である。**1歳以上の脂質の目標量は20～30％とされており、男女で**同一**である。

D　**適切である。**起きているときに消費される最小限のエネルギーを基礎代謝量といい、**体重1kgあたりの基礎代謝量を示す数値を基礎代謝基準値という。**1～2歳の基礎代謝基準値は男性61.0、女性59.7であり、3～5歳では男性54.8、女性52.2である。1～2歳のほうが3～5歳よりも**高い**。

20 解説　　　　　　　　　　　　　　　　　　　　正答 ☞ 1

　「日本人の食事摂取基準（2020年版）」では、推定平均必要量および推奨量の設定が可能な栄養素については、母乳含有量をもとに1日あたりの付加量が設定されている。

1　**不適切である。**授乳婦のカルシウムの摂取基準では、付加量は設定されていない。

2　**適切である。**授乳婦のたんぱく質の摂取基準では、推定平均必要量として＋15g、推奨量として＋20gが付加量として設定されている。

3　**適切である。**授乳婦の鉄の摂取基準では、推定平均必要量として＋2.0mg、推奨量として＋2.5mgが付加量として設定されている。

4　**適切である。**授乳婦の葉酸の摂取基準では、推定平均必要量として＋80μg、推奨量として＋100μgが付加量として設定されている。

5　**適切である。**授乳婦のビタミンAの摂取基準では、推定平均必要量として＋300μgRAE、推奨量として＋450μgRAEが付加量として設定されている。

栄養

★★★
21 次の文のうち、「楽しく食べる子どもに～保育所における食育に関する指針～」
（平成16年：厚生労働省）の3歳以上児の食育のねらいとその内容として、適切な
記述の組み合わせを一つ選びなさい。 【R3前・問12】

	＜ねらい＞		＜内容＞
A	食と健康	──────	食事の際には、安全に気をつけて行動する。
B	食と人間関係	──────	食材にも旬があることを知り、季節感を感じる。
C	食と文化	──────	地域のお年寄りや外国の人など様々な人々と食事を共にする中で、親しみを持つ。
D	いのちの育ちと食	───	食べ物を皆で分け、食べる喜びを味わう。

（組み合わせ）

1　A　B　　　　4　B　D
2　A　D　　　　5　C　D
3　B　C

発展

★★★
22 次の文は、「保育所保育指針」第3章「健康及び安全」の2「食育の推進」の一部
である。（　A　）～（　D　）にあてはまる語句の正しい組み合わせを一つ選
びなさい。 【R1後・問16】

・　保育所における食育は、健康な生活の基本としての「（　A　）」の育成に向け、その基礎を培うことを目標とすること。

・　子どもが自らの感覚や体験を通して、（　B　）としての食材や食の循環・環境への意識、調理する人への感謝の気持ちが育つように、子どもと調理員等との関わりや、調理室など食に関わる保育環境に配慮すること。

・　保護者や地域の多様な関係者との（　C　）の下で、食に関する取組が進められること。

・　体調不良、食物アレルギー、障害のある子どもなど、一人一人の子どもの心身の状態等に応じ、嘱託医、かかりつけ医等の（　D　）の下に適切に対応すること。

（組み合わせ）

	A	B	C	D
1	連携及び協働	食を営む力	指示や協力	自然の恵み
2	連携及び協働	食を営む力	協議	指示や協力
3	連携及び協働	自然の恵み	協議	指示や協力
4	食を営む力	自然の恵み	指示や協力	連携及び協働
5	食を営む力	自然の恵み	連携及び協働	指示や協力

基礎

21 解説 　　　　　　　　　　　　　　　　　　　　　　正答 ☞ 2

A **適切である。**「楽しく食べる子どもに～保育所における食育に関する指針～」（平成16年：厚生労働省）（以下「指針」）の3歳以上児のねらい「**食と健康**」に示されている。

B **不適切である。**「食材にも旬があることを知り、季節感を感じる」は、「指針」の3歳以上児のねらい「**食と文化**」に示されている。解答のキーワードは季節感と旬である。

C **不適切である。**「地域のお年寄りや外国の人など**様々な人々**と食事を共にする中で、親しみを持つ」は、「指針」の3歳以上児のねらい「**食と人間関係**」に示されている。「食事を共にする」という表現から「人間関係」のねらいを推測することができる。

D **適切である。**「指針」の3歳以上児のねらい「**いのちの育ちと食**」に示されている。

22 解説 　　　　　　　　　　　　　　　　　　　　　　正答 ☞ 5

・保育所における食育は、健康な生活の基本としての「（A. **食を営む力**）」の育成に向け、その基礎を培うことを目標とすること。

・子どもが自らの感覚や体験を通して、（B. **自然の恵み**）としての食材や食の循環・環境への意識、調理する人への感謝の気持ちが育つように、子どもと調理員等との関わりや、調理室など食に関わる保育環境に配慮すること。

・保護者や地域の多様な関係者との（C. **連携及び協働**）の下で、食に関する取組が進められること。

・体調不良、食物アレルギー、障害のある子どもなど、一人一人の子どもの心身の状態等に応じ、嘱託医、かかりつけ医等の（D. **指示や協力**）の下に適切に対応すること。

　「保育所保育指針」第3章「健康及び安全」2「食育の推進」からの出題である。

　Aの**食を営む力**とは、子どもが、自分自身が健康で過ごすことができるように、食材や献立を**選択**できる力をつけていくことなどをいう。

栄養

★★★
23 次のうち、「保育所におけるアレルギー対応ガイドライン」（2019年：厚生労働省）における食物アレルギーに関する記述として、適切な記述を○、不適切な記述を×とした場合の正しい組み合わせを一つ選びなさい。　【R4前・問17】

A　離乳開始前の子どもが入園し、食物アレルギー未発症、食物未摂取という場合も多くあるため、保育所で初めて食べる食物がないように保護者と十分に連携する。

B　保育所における食物アレルギー対応の基本は、子どもが安全に保育所生活を送るという観点から、原因食品の「完全除去」か「解除」の両極で対応を進めるべきである。

C　除去していた食品を解除する際には、保護者からの口頭での申し出でよい。

D　原因物質を食べるだけでなく、吸い込むことや触れることも食物アレルギー発症の原因となるため、食事以外での食材を使用する時（小麦粉粘土等を使った遊び、豆まきなど）は、それぞれの子どもに応じた配慮が必要である。

（組み合わせ）

	A	B	C	D
1	○	○	○	×
2	○	○	×	○
3	○	×	×	○
4	×	○	×	○
5	×	×	○	×

標準

23　解説

A　**適切である。**「保育所におけるアレルギー対応ガイドライン」（以下「ガイドライン」）第Ⅱ部：実践編（生活管理指導表に基づく対応の解説）（1）食物アレルギー・アナフィラキシーでは、「保育所で**"初めて食べる"**ことを避ける」としている。

B　**適切である。**「ガイドライン」では、「保育所における食物アレルギー対応の基本は、子どもが安全に保育所生活を送るという観点から**"完全除去"**か**"解除"**の両極で対応を進めるべきです」としている。

C　**不適切である。**「ガイドライン」では、「解除指示は口頭のやりとりのみで済ますことはせず、必ず保護者と保育所の間で、**所定の書類を作成して対応すること**が必要です」としている。

D　**適切である。**「ガイドライン」では、「稀ではありますが、ごく少量の原因物質に触れるだけでもアレルギー症状を起こす子どもがいます。このような子どもは、原因物質を**"食べる"**だけでなく、**"吸い込む"**ことや**"触れる"**ことも発症の原因となるため、個々の子どもに応じた配慮が必要です」とし、**小麦粉粘土**等を使った遊び・製作、おやつ作りなどの**調理体験**、**豆まき**などを具体例としてあげている。

アレルギー物質の表示対象

●特定原材料

義務**表示** 8品目	穀類（**小麦、そば**） 豆類（**落花生**〔ピーナッツ〕） 種実類（**くるみ**） 畜産物（**卵、乳**） 海産物（**えび、かに**）

鶏卵、乳製品、小麦の3つを三大アレルゲンといいます

●特定原材料に準ずる

奨励表示 20品目	豆類（**大豆**） 果実類（**もも、りんご、キウイフルーツ、オレンジ、バナナ**） その他の農産物（**マカダミアナッツ、やまいも、** 　　　　　　　　**カシューナッツ、アーモンド、ゴマ**） 海産物（**さば、さけ、いくら、あわび、いか**） 畜産物（**牛肉、豚肉、鶏肉**） その他（**ゼラチン**）

特別な配慮が必要な子どもの食と栄養 (2)

★★★
24 次のうち、下痢をしている子どもへ提供する食事として<u>最も不適切なもの</u>を一つ選びなさい。　【R１後・問19】

1　かゆ
2　ごぼうの煮物
3　豆腐すり流し
4　大根のやわらか煮
5　卵豆腐

基礎

★★★
25 次の食品のうち、摂食機能の発達に遅れがある子どもが飲み込みやすい食品として、適切なものを○、不適切なものを×とした場合の正しい組み合わせを一つ選びなさい。　【R３前・問19】

A　プリン
B　かゆ
C　食パン
D　ヨーグルト
E　たけのこ

（組み合わせ）

	A	B	C	D	E
1	○	○	○	○	×
2	○	○	×	○	×
3	○	×	×	×	○
4	×	○	○	○	×
5	×	×	×	×	○

標準

24　解説

1　適切である。下痢をしている子どもの場合、消化がよく消化器に負担がかからない食事を提供することが適切である。かゆは適切である。

2　不適切である。ごぼうに含まれている食物繊維は不溶性で、消化しにくい。消化器に負担がかかり、適切ではない。

3　適切である。豆腐すり流しは、裏ごしした豆腐を澄まし汁に流し入れとろみをつけたものである。消化がよく、適切である。

4　適切である。大根にも食物繊維が含まれているが、やわらかく煮ることで食物繊維もやわらかくなり、消化がよくなる。

5　適切である。卵豆腐は、調味した卵液をやわらかく固めたもので、消化によい。

25　解説

A　適切である。摂食機能の発達に遅れがある子どもの場合、パサパサした食品（カステラ、食パンなど）、口に張り付く食品（のり、わかめなど）、噛み切りにくい食品（かまぼこなどの練り製品、イカ、タコ、貝、こんにゃくなど）、繊維質の多い食品、水などが飲み込みにくい食品である。プリンはやわらかく、噛まなくてものどを通るときにくずれるため、飲み込みやすい食品である。

B　適切である。かゆは、水分を適度に含み、粘りがあるため飲み込みやすい食品である。

C　不適切である。食パンは水分が少なく、パサパサとしているため飲み込みにくい食品である。

D　適切である。ヨーグルトは、噛まずに飲み込んでものどを通るため、飲み込みやすい食品である。

E　不適切である。たけのこは、繊維質が多く、発達に遅れがなくともしっかりと噛まないと飲み込めない。

第**9**章 保育実習理論

曲の伴奏

★★★
1 次の曲の伴奏部分として、A～Dにあてはまるものの正しい組み合わせを一つ選びなさい。

【R3後・問1】

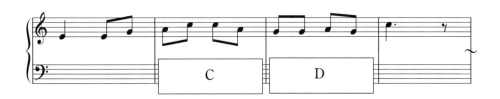

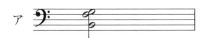

（組み合わせ）

	A	B	C	D
1	ア	ウ	エ	イ
2	イ	ア	ウ	エ
3	ウ	エ	ア	イ
4	エ	ア	イ	ア
5	エ	イ	ウ	ア

1 　解説　　　　　　　　　　　　　　　　　　　　　　　　　正答 ☞　4

　この曲は調号として♯や♭がついていないため、**ハ長調**かイ短調である。もしイ短調だった場合、音階の7番目の音（導音）が半音高くなるが、イ短調の音階の7番目の音であるソには♯がついていない。このため、**ハ長調**と判断する。ハ長調の主要三和音は、Ⅰ：ドミソ、Ⅳ：ファラド、Ⅴ：ソシレ（Ⅴ₇：ソシレファ）である。

　以上を踏まえた上で、右手の**メロディー**と左手の**和音**の音が合うかどうかで判断する。

A　メロディー：ソソソミ…ドミソの和音が考えられる→**エ**

B　メロディー：レ…ソシレファの和音が考えられる→**ア**

C　メロディー：ラドドラ…ファラドの和音が考えられる→**イ**

D　メロディー：ソソラソ…ソシレファの和音が考えられる→**ア**

　以上で、選択肢**4**ということが判断できる。

保実

合格エッセンス　　　　　　　　　　　　　**主要三和音**

音階上につくられる三和音のうち、主音上につくられるⅠ（主和音）、下属音上につくられるⅣ（下属和音）、属音上につくられるⅤ（属和音）のことをいいます。

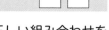

2 次のA～Dを意味する音楽用語を【語群】から選んだ場合の正しい組み合わせを一つ選びなさい。　　　　　　　　　　　　　　　　　　　　　　　　【R3後・問2】

A　moderato

B　tempo primo

C　allegretto

D　a tempo

【語群】

ア　ゆったりと	イ　最初の速さで	ウ　もとの速さで
エ　やや速く	オ　楽しく	カ　中ぐらいの速さで
キ　好きな速さで	ク　とても速く	

（組み合わせ）

	A	B	C	D
1	ア	ウ	ク	オ
2	カ	イ	エ	ウ
3	カ	ウ	ク	イ
4	キ	イ	エ	ウ
5	キ	ク	カ	イ

基礎

2 **解説** 正答 ☞ 2

A **カ** moderato（モデラート）は、**中ぐらいの速さで**を意味する。楽曲全体の速度を示す速度標語である。

B **イ** tempo primo（テンポ　プリモ）は、**最初の速さで**を意味する。速度を最初の速さに戻す速度標語である。

C **エ** allegretto（アレグレット）は、**やや速く**を意味する。楽曲全体の速度を示す速度標語である。

D **ウ** a tempo（ア　テンポ）は、**もとの速さで**を意味する。速度をもとの速さに戻す速度標語である。

 **合格エッセンス**　　　　　　　　　　**楽典用語　速度標語**

速度標語〈楽曲全体の速度を示すもの〉		
Grave	グラーベ	荘重に
Largo	ラルゴ	幅広くゆっくりと
Lento	レント	静かにゆるやかに
Adagio	アダージョ	ゆったりと
Andante	アンダンテ	歩くような速さで
Andantino	アンダンティーノ	アンダンテよりやや速く
Moderato	モデラート	中くらいの速さで
Allegretto	アレグレット	やや快速に
Allegro	アレグロ	快速に
Vivo	ビーボ	元気に速く
Vivace	ビバーチェ	活発に
Presto	プレスト	急速に

保実

音楽用語 (2)

★★★ 3 次のA～Dを意味する音楽用語を【語群】から選択した場合の正しい組み合わせを一つ選びなさい。 【R1後・問2】

A　少し強く

B　甘くやわらかに

C　ゆるやかに

D　つねに

【語群】

ア　mf	イ　sempre	ウ　poco	エ　dolce
オ　dim.	カ　legato	キ　mp	ク　lento

（組み合わせ）

	A	B	C	D			A	B	C	D
1	ア	エ	イ	ウ		4	オ	イ	ク	カ
2	ア	エ	ク	イ		5	ク	ウ	ア	キ
3	イ	オ	キ	ク						

★★★ 4 次のA～Dの音楽用語の意味を【語群】から選んだ場合の正しい組み合わせを一つ選びなさい。 【R5後・問2】

A　mp

B　D.C.

C　cresc.

D　cantabile

【語群】

ア　とても弱く	イ　おわり	ウ　だんだん遅く
エ　やわらかく	オ　歌うように	カ　もとの速さで
キ　少し弱く	ク　だんだん強く	ケ　はじめに戻る
コ　音の間を切れ目なくつなぐ		

（組み合わせ）

	A	B	C	D			A	B	C	D
1	ア	イ	カ	コ		4	キ	イ	ウ	コ
2	ア	ウ	ク	エ		5	キ	ケ	ク	オ
3	エ	ケ	カ	オ						

3 解説　　　　　　　　　　　　　　　　　　　　正答 ☞ 2

A．**ア　mf**　少し強くは、mf（メゾ・フォルテ）である。メゾには少しという意味が
ある。

B．**エ　dolce**　甘くやわらかには、dolce（ドルチェ）である。ドルチェは、単にや
わらかくという意味で使うこともある。

C．**ク　lento**　ゆるやかには、lento（レント）である。

D．**イ　sempre**　つねには、semple（セムプレ）である。

　　なお、ウのpocoは少し、オのdim.はだんだん弱く、カのlegatoはなめらかに、キ
のmpはやや弱く、の意味である。

4 解説　　　　　　　　　　　　　　　　　　　　正答 ☞ 5

A　**キ**　mp（メゾ・ピアノ）は「少し弱く」という意味である。

B　**ケ**　D.C.（ダ・カーポ）は「はじめに戻る」という意味である。

C　**ク**　cresc.（クレッシェンド）は「だんだん強く」という意味である。

D　**オ**　cantabile（カンタービレ）は「歌うように」という意味である。

 **合格エッセンス**　　**楽曲全体や部分的な強弱を示す強弱記号**

fff	フォルテフォルティッシモ	きわめて強く
ff	フォルティッシモ	とても強く
f	フォルテ	強く
mf	メゾ・フォルテ	やや強く
mp	メゾ・ピアノ	やや弱く
p	ピアノ	弱く
pp	ピアニッシモ	とても弱く
ppp	ピアノピアニッシモ	きわめて弱く

保実

コードネーム (1)

5 ★★★ 次の楽譜からマイナーコードを抽出した正しい組み合わせを一つ選びなさい。

【R3前・問3】

(組み合わせ)

1　① ③ ④
2　① ④ ⑤
3　② ③ ⑥
4　② ④ ⑤
5　③ ⑤ ⑥

5　解説

　　短三和音のコードをマイナーコードという。短三和音は、根音と第三音の間が**短3度**（全音1＋半音1）、根音と第五音との間が**完全5度**（全音3＋半音1）の和音である。①④⑤がマイナーコードである。

　　コードを考える場合には、問題に提示されている和音を基本形にすることが必要である。

①　**マイナーコードである。**ミ♭ソドの基本形は、ドミ♭ソである。ドとミ♭の間は、ドとレが全音、レとミ♭が半音である。全音1＋半音1のため**短3度**である。ドとソの間は、ドとレが全音、レとミが全音、ミとファが半音、ファとソが全音である。全音3＋半音1で**完全5度**である。

②　**マイナーコードではない。**ソドミの基本形は、ドミソである。ドとミの間は、ドとレが全音、レとミが全音である。全音2のため、**長3度**である。ドとソの間は、①の説明と同じで**完全5度**である。

③　**マイナーコードではない。**問題に提示されている和音が基本形である。ドとミ♭の間は、①の説明と同じで**短3度**である。ドとソ♭の間は、ドとレが全音、レとミが全音、ミとファが半音、ファとソ♭が半音である。全音2＋半音2は全音3で、完全5度より半音1つ分少ないため、**減5度**である。

④　**マイナーコードである。**ドファラ♭の基本形は、ファラ♭ドである。ファとラ♭の間は、ファとソが全音、ソとラ♭の間が半音である。全音1＋半音1で**短3度**である。ファとドの間は、ファとソが全音、ソとラが全音、ラとシが全音、シとドが半音である。全音3＋半音1で**完全5度**である。

⑤　**マイナーコードである。**ミラドの基本形は、ラドミである。ラとドの間は、ラとシが全音、シとドの間が半音である。全音1＋半音1で**短3度**である。ラとミの間は、ラとシが全音、シとドが半音、ドとレが全音、レとミが全音である。全音3＋半音1で**完全5度**である。

⑥　**マイナーコードではない。**ファ♯ラレの基本形は、レファ♯ラである。レとファ♯の間は、レとミが全音、ミとファ♯の間が全音である。全音2で**長3度**である。レとラの間は、レとミが全音、ミとファの間が半音、ファとソの間が全音、ソとラの間が全音である。全音3＋半音1で**完全5度**である。

★★★
6 次のコードネームにあてはまる伴盤の位置として正しい組み合わせを一つ選びなさい。

【R1後・問3】

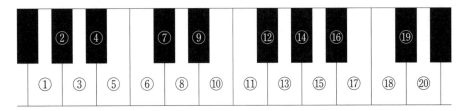

		ア	イ	ウ
B	:	⑨⑫⑰	⑤⑨⑬	⑤⑧⑫
B♭m	:	⑨⑪⑯	⑧⑪⑯	④⑦⑪
F₇	:	③⑥⑩	③⑨⑪	⑨⑬⑮
Amaj₇	:	⑦⑫⑮	⑦⑬⑮	⑭⑮⑲

（組み合わせ）

	B	B♭m	F₇	Amaj₇
1	ア	ウ	ア	ウ
2	ア	ウ	イ	ウ
3	イ	イ	ア	ア
4	イ	ウ	イ	イ
5	ウ	ア	ウ	ア

標準

6 解説 正答 ☞ **2**

B …**ア** シを根音とした**長三和音**で、シレ♯ファ♯である。鍵盤では、シが⑤・⑰、
レ♯が⑨、ファ♯が⑫である。このため、**ア**の⑨⑫⑰になる。

B♭m …**ウ** シ♭を根音とした**短三和音**で、シ♭レ♭ファである。鍵盤では、シ♭は④・
⑯、レ♭は⑦・⑲、ファは⑪である。このため、**ウ**の④⑦⑪である。

F₇ …**イ** ファを根音とした**七の和音**で、ファラドミ♭である。鍵盤では、ファは⑪、
ラは③・⑮、ドは⑥・⑱、ミ♭は⑨である。七の和音では第五音（ここで
はド）を省略することができる。このため、**イ**の③⑨⑪になる。

Amaj₇ …**ウ** ラを根音とした**七の和音**で、ラド♯ミソ♯である。鍵盤では、ラは③・⑮、
ド♯は⑦・⑲、ミは⑩、ソ♯は②・⑭である。このため、**ウ**の⑭⑮⑲になる。

合格エッセンス

増三和音、減三和音

保実

コードネーム	表記	和音の種類
シーオギュメント 長3度　長3度	**Caug** 大文字に小文字の aug が付く。	増三和音
シーマイナーマイナスファイブ 短3度　減5度	**Cm⁻⁵** マイナーコードの上に−5（マイ ナーコードの第5音が半音下がる という意味）。Cdim（シーディミニッ シュ）と表記することもある。	減三和音

移調

★★★
7 次の曲を４歳児クラスで歌ってみたところ、最高音が歌いにくそうであった。そこで長２度下げて歌うことにした。その場合、下記のコードはどのように変えたらよいか。正しい組み合わせを一つ選びなさい。　　　【R３後・問４】

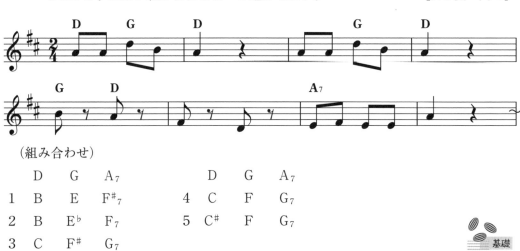

（組み合わせ）

	D	G	A₇			D	G	A₇
1	B	E	F♯₇	4		C	F	G₇
2	B	E♭	F₇	5		C♯	F	G₇
3	C	F♯	G₇					

基礎

★★★
8 次の曲を５歳児クラスで歌ってみたところ、最低音が歌いにくそうであった。そこで短３度上げて歌うことにした。その場合、Ａ、Ｂ、Ｃの音は、鍵盤の①〜⑳のどこを弾くか、正しい組み合わせを一つ選びなさい。　　　【R５後・問４】

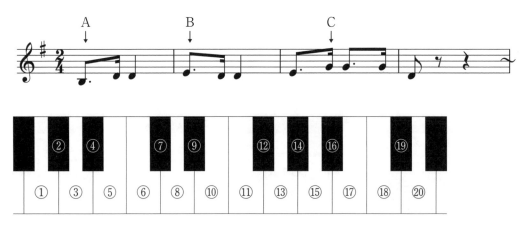

（組み合わせ）

	A	B	C			A	B	C
1	⑥	⑪	⑬	4		⑧	⑫	⑮
2	⑥	⑪	⑭	5		⑧	⑬	⑯
3	⑦	⑫	⑮					

標準

7　**解説**　　　　　　　　　　　　　　　　　　　　　　正答 ☞ **4**

　　コードネームのアルファベットが示しているのは**三和音の根音**である。そこで、コードネームの根音を長2度下げて、下げた後のコードネームを考えるとよい。

　　長2度は、**全音1つ**であることから、次のように考えられる。

D…レファ♯ラ→レの全音1つ下の音はド→コードネームは**C**である。

G…ソシレ→ソの全音1つ下の音はファ→コードネームは**F**である。

A₇…ラド♯ミソ→ラの全音1つ下の音はソ→コードネームは**G₇**である。

8　**解説**　　　　　　　　　　　　　　　　　　　　　　正答 ☞ **5**

　　移調問題を解くにあたっては、**音程の知識**が必要となる。ここではA、B、Cそれぞれの音を短3度上（全音1つ＋半音1つ）、つまりそれぞれの音から鍵盤4つ分上げた音を考えるとよい。

A……シ（⑤）の音を鍵盤4つ分上げると、シ→ド→ド♯→レとなり、鍵盤の位置は⑧となる。

B……ミ（⑩）の音を鍵盤4つ分上げると、ミ→ファ→ファ♯→ソとなり、鍵盤の位置は⑬となる。

C……ソ（⑬）の音を鍵盤4つ分上げると、ソ→ソ♯→ラ→シ♭となり、鍵盤の位置は⑯となる。

　　それぞれの音を移調すると、⑧、⑬、⑯となり、答えは**5**となる。

 視覚でインプット　　　　　　　　　　　調号

保実

〈♯系音階の調号と主音〉

ハ長調　ト長調　ニ長調　イ長調　ホ長調　ロ長調　嬰ヘ長調

イ短調　ホ短調　ロ短調　嬰ヘ短調　嬰ハ短調　嬰ト短調　嬰ニ短調

〈♭系音階の調号と主音〉

ヘ長調　変ロ長調　変ホ長調　変イ長調　変ニ長調　変ト長調　変ハ長調

ニ短調　ト短調　ハ短調　ヘ短調　変ロ短調　変ホ短調　変イ短調

リズム譜

★★★
9 次のリズムは、ある曲の歌いはじめの部分である。それは次のうちのどれか、一つ選びなさい。　　　　　　　　　　　　　　　　　　【R3後・問5】

1　こぎつね（作詞：勝承夫　ドイツ民謡）

2　おもちゃのチャチャチャ（作詞：野坂昭如　補作：吉岡治　作曲：越部信義）

3　たき火（作詞：巽聖歌　作曲：渡辺茂）

4　クラリネットをこわしちゃった（訳詞：石井好子　フランス民謡）

5　とんぼのめがね（作詞：額賀誠志　作曲：平井康三郎）

★★★
10 次のリズムは、ある曲の歌いはじめの部分である。それは次のうちのどれか、一つ選びなさい。　　　　　　　　　　　　　　　　　　【R1後・問5】

1　犬のおまわりさん（作詞：佐藤義美　作曲：大中恩）

2　さんぽ（作詞：中川李枝子　作曲：久石譲）

3　一年生になったら（作詞：まど・みちお　作曲：山本直純）

4　小鳥のうた（作詞：与田凖一　作曲：芥川也寸志）

5　雪（文部省唱歌）

9　解説

正答 ☞ 2

　リズム譜とは、楽曲のうち、音の長さの部分だけを切り取った譜面である。この問題を解くためには、童謡や子どもの歌をとにかくたくさん聴いておくことが必要である。

　問題のリズム譜は、1959年に発表された2「**おもちゃのチャチャチャ**」である。他の選択肢のリズム譜はそれぞれ次のようなものである。

1　「**こぎつね**」（1947年）

3　「**たき火**」（1941年）

4　「**クラリネットをこわしちゃった**」（1959年）

5　「**とんぼのめがね**」（1949年）

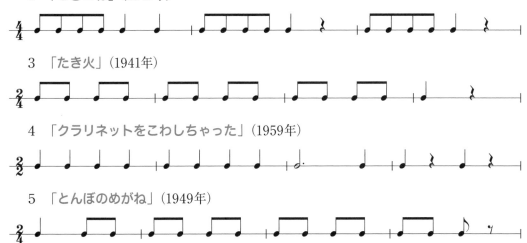

10　解説

正答 ☞ 4

　問題のリズム譜は、1954年に発表された4「**小鳥のうた**」である。他の選択肢のリズム譜はそれぞれ次のようなものである。

1　「**犬のおまわりさん**」（1960年）

2　「**さんぽ**」（1988年）

3　「**一年生になったら**」（1966年）

5　「**雪（文部省唱歌）**」（1911年）

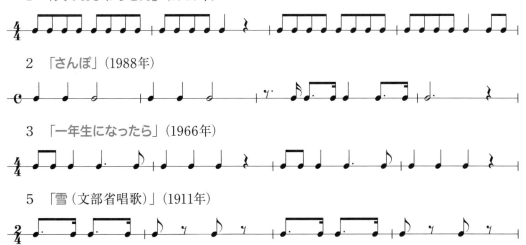

保実

音楽の基礎知識

★★★
11 次の文のうち、<u>不適切な記述</u>を一つ選びなさい。　　　【R3後・問6】

1　音楽用語のdecresc.　とdim.は、同じ意味である。

2　日本のわらべうたは、すべて2音でできている。

3　小林純一は、「手をたたきましょう」の作詞者である。

4　サクソフォーンは、木管楽器である。

5　ピアノの楽譜でイ長調の調号は、♯（シャープ）が3つである。

★★★
12 次の曲は、本居長世作曲「七つの子」の冒頭の4小節である。これに関するA～D
のうち、適切な記述を○、不適切な記述を×とした場合の正しい組み合わせを一
つ選びなさい。　　　【R4前・問6】

A　この曲は3拍子である。

B　この曲の作詞者は、野口雨情である。

C　上記の ア と イ の音程は、長3度である。

D　この曲の調性は、イ長調である。

（組み合わせ）

	A	B	C	D
1	○	○	×	×
2	○	×	○	○
3	×	○	×	○
4	×	○	×	×
5	×	×	○	×

11　解説　　　　　　　　　　　　　　　　　　　　　　　　　　　正答 ☞　2

1　適切である。decresc.（デクレッシェンド）とdim.（ディミヌエンド）は、だんだん弱くという意味である。

2　不適切である。日本のわらべうたは、3音以上のものもある。また、音階の4番目と7番目の音を除いた音でできている。

3　適切である。小林純一は、「手をたたきましょう」のほか、「あひるの行列」「おおきなたいこ」などを作詞している。

4　適切である。金管楽器と木管楽器は音を出すしくみによって区別されており、唇の振動によって音を出す管楽器を金管楽器、唇を振動させずに音を出す管楽器を木管楽器という。**サクソフォーン**は真鍮（しんちゅう）でできているが、マウスピースに取り付けた1枚のリードを振動させ音を出すため**木管楽器**に分類される。

5　適切である。イ長調の調号は、♯が**ファドソ**についている。

12　解説　　　　　　　　　　　　　　　　　　　　　　　　　　　正答 ☞　4

A　**不適切である**。最も音符の少ない4小節目で確認すると、付点二分音符と四分休符である。付点二分休符は3拍、四分休符は1拍、合計すると4拍である。**4拍子**の曲である。

B　**適切である**。「七つの子」は、作曲が本居長世、作詞が野口雨情である。

C　**不適切である**。アはシ、イはレ、シとレの間は3度である。シとドは半音、ドとレは全音、全音1＋半音1である。長3度は全音が2つのため半音1つ少ない。シとレは**短3度**である。

D　**不適切である**。曲の初めに調号として♯が1つついているため、ト長調かホ短調である。もし、ホ短調だった場合、ホ短調の音階の7番目の音（レ）は、導音として半音高くなる。2小節目と3小節目にレがあるが、いずれも半音高くなっていない。ここから**ト長調**と判断する。

保実

幼児と造形 (1)

13 ★★ 次の文は、5歳児クラスの保育に関する記述である。（　A　）～（　C　）にあてはまる語句の適切な組み合わせを一つ選びなさい。　【R４前・問11】

　クラスの中で、広告紙を端から（　A　）棒状のものを作る遊びを楽しんでいる姿がみられた。そこで保育士は、画用紙に描いた絵を切り抜いて棒に固定した（　B　）を用いた遊びへと発展を促した。すると、これまで広告紙という（　C　）から棒を作る経験がなかった子どもも、棒作りに挑戦し、作り方を教え合う姿がみられたので、子どもたちとともに表現活動に取り組んだところ、お話を演じて（　B　）の表現を体験する機会となった。

（組み合わせ）

	A	B	C
1	丸めて	パネルシアター	原料
2	ちぎって	ペープサート	基材
3	ちぎって	パネルシアター	素材
4	丸めて	ペープサート	素材
5	ちぎって	パネルシアター	原料

基礎

13　解説

　クラスの中で、広告紙を端から（A．**丸めて**）棒状のものを作る遊びを楽しんでいる姿がみられた。そこで保育士は、画用紙に描いた絵を切り抜いて棒に固定した（B．**ペープサート**）を用いた遊びへと発展を促した。すると、これまで広告紙という（C．**素材**）から棒を作る経験がなかった子どもも、棒作りに挑戦し、作り方を教え合う姿がみられたので、子どもたちとともに表現活動に取り組んだところ、お話を演じて（B．**ペープサート**）の表現を体験する機会となった。

　ペープサートとは、棒の先に、人形や動物などの絵を描いた紙を両面から貼り合わせ、それを用いて演じる人形劇である。棒は割り箸などを用いることが多いが、ここでは子どもが紙を丸めて棒状にしている姿を生かしている。「保育所保育指針」第2章「保育の内容」3「3歳以上児の保育に関するねらい及び内容」オ〔表現〕の内容においても、「**いろいろな素材に親しみ、工夫して遊ぶ**」ことが示されている。

保
実

幼児と造形 (2)

14 次のA～Dは、様々な混色の事例を示している。事例の説明として、適切な記述を○、不適切な記述を×とした場合の正しい組み合わせを一つ選びなさい。

【R4前・問8】

A　舞台で使用する白いスクリーン上に、スポットライトの「赤」と「緑」と「青」を重ねると、色合いがなくなった。

B　近くで見ると「赤」と「青」の糸で織られた緞帳（どんちょう）が、遠くで見たとき「緑」に見えた。

C　絵の具の「赤」と「緑」を混ぜ合わせると、明るい「黄」になった。

D　絵の具の三原色を混ぜ合わせると、濁った暗い色になった。

（組み合わせ）

	A	B	C	D
1	○	○	○	○
2	○	○	○	×
3	○	×	×	○

	A	B	C	D
4	○	×	×	×
5	×	○	○	○

15 次の文は、「図式期」と呼ばれる描画発達の一時期にみられる特徴に関する記述である。それぞれの言葉とその内容とが適切なものを○、不適切なものを×とした場合の正しい組み合わせを一つ選びなさい。

【R2後・問8】

A　アニミズム的表現 ——— すべてのものに命があり、感情や意志をもっているという考え方に基づいた絵で、動物以外のものにも目や口を描き、感情の表現を行う。

B　レントゲン描法 ——— 家の中の様子やポケットの中身など、外からは見えないものまでを描いた絵。

C　展開図描法 ——— 異なる時間の出来事や、連続して進行するお話のそれぞれの場面を1枚の絵の中に描くこと。

D　基底線 ——— 画面に横線を引き、この横線を地面としてその上に人や乗り物を描く。このような横線の呼び名である。

（組み合わせ）

	A	B	C	D
1	○	○	○	○
2	○	○	○	×
3	○	○	×	○
4	○	×	○	×
5	×	○	×	×

14　解説　　　　　　　　　　　　　　　　　　　　　　　正答 ☞ 3

A　**適切である。**スクリーン上に異なる色のスポットライトを重ねるのは、**色光の三原色**による加法混合で、混色するほど**明るく**なる。「赤」と「緑」と「青」を混合すると**無彩光**となり、スクリーン上では色合いがなくなったように見える。

B　**不適切である。**異なる色の糸で織られた緞帳が、遠くで見たときに混ざって見えるのも、選択肢Aと同様、色光の三原色による加法混合である。「赤」と「青」を混合すると「**赤紫**」になる。

C　**不適切である。**絵の具を混ぜ合わせるのは、**色料の三原色**による減法混合である。「赤」と「緑」を組み合わせると、「**茶色**」になる。

D　**適切である。**減法混合では、混色するほど**暗い色**になる。色料の三原色を全て混ぜると「**黒**」になる。

15　解説　　　　　　　　　　　　　　　　　　　　　　　正答 ☞ 3

A　**適切である。**アニミズム的表現は、**すべてのものに命や心がある**と考える幼児の世界観に基づいた描画である。花や太陽などを描いて、そこに目や口を書き込み、「お花が笑っている」というように感情を表現する。

B　**適切である。**レントゲン描法は、外から見た家を描いているのに、**中にいる人や家具などまで描く**方法である。

C　**不適切である。**異なる時間の出来事や、連続して進行するお話のそれぞれの場面を1枚の絵の中に描くことは、**同時同存表現**である。たとえば、「お父さんが竹とんぼを作ってくれた」という出来事を表す絵で、竹とんぼを作っている父親と、完成した竹とんぼで遊んでいる自分自身の姿が同じ画面の中に描かれているというような表現である。

D　**適切である。**基底線は、画面に**床や地面を表す線を描く**ことである。発達において、上下・左右の**空間**の**認識**ができていることを意味する。

保実

 **キーワード**　　　　　　**色料の三原色と色光の三原色**

● **色料の三原色**…赤紫・緑みの青・黄。この三色を混ぜると黒くなる。混合するほど暗い色になることを減算混合（減法混合）という

● **色光の三原色**…赤・緑・青。この三色を混ぜると白くなる。混合するほど明るい色になることを加算混合（加法混合）という

幼児と造形 (3)

★★★
16 切り紙遊びで図1のように紙を折って、図2の実線にはさみで切り込みを入れたのち、開くとできる模様として、図3の1〜5のうち、正しいものを一つ選びなさい。（紙などを実際に折ったり切ったりしないで考えること。）【R6前・問12】

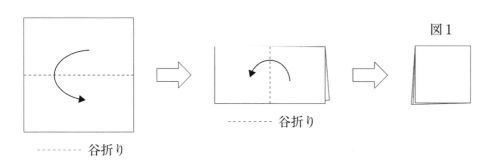

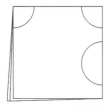

――― 切り取り

図3

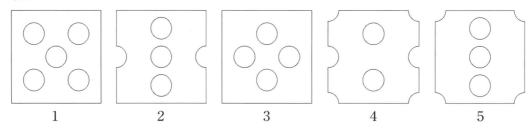

1   2   3   4   5

16 解説

　切り紙遊びとは、紙を切り抜いて絵や模様を作る遊びである。紙を折り重ね、そこにはさみで切り込みを入れることによって、開くと左右対称の模様ができあがる。

　この問題では、紙を4つ折りにすることで4つの面が折り重なっていることから、1つの実線に切り込みを入れることによって他の3面も同じ形に切り取られるという特徴がある。下図のように実線A〜Cそれぞれにつき、開くとできる模様を推測する。

　実線Aは円の4分の1のおうぎ形で、紙の端に位置しているため、切り込みを入れることで紙の両端が半円形に切り取られる。

　実線Bは円の4分の1のおうぎ形で、紙の真ん中に位置しているため、切り込みを入れることで紙の中心が円形に切り取られる。

　実線Cは半円形で、実線Bの下に位置しているため、切り込みを入れることでBで切り取られた円形の上下がそれぞれ円形に切り取られる。

　このことから、開くとできる模様は2のようになると推測できる。

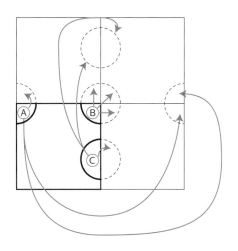

試験本番では紙を実際に折ったり切ったりすることはできません。試験前に、過去に出題された問題の通りに切り紙を実際に作ってみて、切り紙のしくみを感覚的に理解しておくとよいでしょう

保実

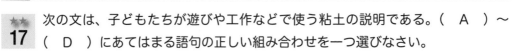
★★
17 次の文は、子どもたちが遊びや工作などで使う粘土の説明である。（　A　）〜
（　D　）にあてはまる語句の正しい組み合わせを一つ選びなさい。

【R4前・問10】

粘土には土粘土、油粘土、小麦粉粘土などのほかに紙粘土がある。紙粘土は紙の主な原料である（　A　）に、（　B　）等を混ぜて作られ、乾燥すると軽く硬くなる。このほかに、微小中空球樹脂というプラスチック製の非常に細かな粉を混ぜた（　C　）粘土もあり、（　D　）、絵の具を練りこんだ着色も容易なため、子どもたちのごっこ遊びの道具作りや、自由な造形に適している。

（組み合わせ）

	A	B	C	D
1	でんぷん粉	のり	軽い	伸びやすく
2	かたくり粉	サラダ油	重い	伸びにくく
3	パルプ	のり	軽い	伸びやすく
4	かたくり粉	洗剤	重い	伸びにくく
5	パルプ	サラダ油	軽い	伸びやすく

★★★
18 次の文のうち、子どもが使う描画材に関する記述として、適切な記述を○、不適切な記述を×とした場合の正しい組み合わせを一つ選びなさい。【R1後・問11】

A　パスは、油を使わずに顔料を練り固めたもので、子どもが淡い色の表現をしたいときに使うとよい。

B　コンテは、顔料と黒鉛などを練り固めたもので出来ていて、描いたところを指でこするとぼかしたような感じになる。

C　パステルは、顔料とのり状のもので練り固めてあり、網でこすって粉状にし、指につけ紙に描いたりすることができる。

D　クレヨンは、染料にロウを混ぜて固めたもので、水に溶かすと水彩絵の具のような表現になる。

（組み合わせ）

	A	B	C	D
1	○	○	○	×
2	○	×	×	○
3	×	○	○	×
4	×	○	×	○
5	×	×	○	○

17 解説
正答 ☞ 3

　粘土には土粘土、油粘土、小麦粉粘土などのほかに紙粘土がある。紙粘土は紙の主な原料である（A　**パルプ**）に、（B　**のり**）等を混ぜて作られ、乾燥すると軽く硬くなる。このほかに、微小中空球樹脂というプラスチック製の非常に細かな粉を混ぜた（C　**軽い**）粘土もあり、（D　**伸びやすく**）、絵の具を練り込んだ着色も容易なため、子どもたちのごっこ遊びの道具作りや、自由な造形に適している。

　土粘土、油粘土は、何回もつくり直したり、付け加えたりすることができる粘土である。**紙粘土**は、乾くと硬くなり、つくり直すことはできない。微小中空球樹脂粘土は、手につかず、混色できるだけでなく、あとから色をつけることも可能である。

18 解説
正答 ☞ 3

A　**不適切である**。油を使わずに顔料をワックス（ロウ）で混ぜ固めたものはクレヨンである。パスは、**顔料と油**を主な原料としており、クレヨンより油分が多く、淡い色の表現に向いているとはいえない。

B　**適切である**。コンテは、**顔料を黒鉛**などで棒状に固めた、**デッサンをするときなどに使用される描画材料**である。画用紙などに描いた後、指でこするとぼかすことができる。

C　**適切である**。パステルは、粉末の顔料を棒状に固めてあるため、**網でこすると粉のようになる**。このため、その粉を指先につけて絵を描くことができる。

D　**不適切である**。クレヨンは、**顔料とロウ**を混ぜて固めたもので、硬さがあり、線画に適した描画材料である。ロウは水に溶けないため、水彩絵の具のような表現にはならない。

保実

合格エッセンス
粘土の種類

土粘土･･･自然素材なので、安全性が高い。可塑性にすぐれ、作業中でも水分調整でやわらかさを変えることができる。

油粘土･･･弾力性がなく、やわらかさの調整が難しいが、プラスチックの箱に入れておくといつでも使える。

紙粘土･･･かたくなると再使用できないが、表面に色を塗ることができる。

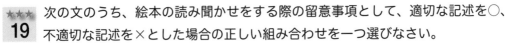

言語の基礎知識 (1)

★★★
19 次の文のうち、絵本の読み聞かせをする際の留意事項として、適切な記述を○、不適切な記述を×とした場合の正しい組み合わせを一つ選びなさい。

【R3前・問14】

A 子どもが絵本の世界を楽しめるように、保育士は絵本のストーリーや展開をよく理解しておく。

B 絵本を読む時の読み手の背景は、子どもが絵本に集中できるようにシンプルな背景が良い。

C 絵本は、表紙や裏表紙にも物語が含まれることがあることを理解しておく。

D 絵本を読み終えたら、子どもが絵本の内容を正確に記憶できているかが重要であるため、直ちに質問して確認する。

（組み合わせ）

	A	B	C	D
1	○	○	○	×
2	○	○	×	○
3	○	×	○	×
4	×	×	○	×
5	×	×	×	○

★★
20 次の文のうち、「保育所保育指針」第2章「保育の内容」3「3歳以上児の保育に関するねらい及び内容」(2)「ねらい及び内容」のエ「言葉」の一部として、正しいものを○、誤ったものを×とした場合の正しい組み合わせを一つ選びなさい。

【R4後・問14】

A いろいろな体験を通じてイメージや言葉を豊かにする。

B 絵本や紙芝居を楽しみ、簡単な言葉を繰り返したり、模倣をしたりして遊ぶ。

C 親しみをもって日常の挨拶をする。

D 生活の中で必要な言葉が分かり、使う。

（組み合わせ）

	A	B	C	D
1	○	○	×	○
2	○	×	○	○
3	○	×	×	×
4	×	○	×	×
5	×	×	○	○

19 解説

A **適切である。**保育士が絵本のストーリーや展開をよく理解していないと、読むことに集中してしまい、子どもたちを楽しませることができない。事前にある程度**内容を頭に入れ、物語の山場を把握しておく**くらいには読み込んでおくことが必要である。

B **適切である。**読み手の背景にいろいろなものが置いてあると、子どもの集中力がそがれるおそれがある。読み手の背景は、**できるだけシンプルにしておく**ことが大切である。

C **適切である。**絵本の表紙や裏表紙には、話の導入部分や、話の結末、登場人物などが描かれていることがある。**表紙や裏表紙にも物語がある**ことを理解し、読み聞かせの際には、その部分を含めることが大切である。

D **不適切である。**絵本の読み聞かせが終わった時、子どもたちは聞いたばかりの**話を思い返したりして余韻にひたっている**といえる。正確に記憶できていることが重要なのではなく、子どもたちが楽しく聞けたか、どのようなイメージを持ったかなどが重要である。直ちに質問することも適切ではない。

20 解説

A **正しい。**「保育所保育指針」第2章「保育の内容」3「3歳以上児の保育に関するねらい及び内容」(2)「ねらい及び内容」のエ「言葉」(以下「指針」)の(イ)「内容」に示されている文章である。

B **誤り。**3歳以上児ではなく**1歳以上3歳未満児**の内容として示されている内容である。3歳以上児の内容としては、「指針」の(イ)「内容」に「絵本や**物語**などに親しみ、**興味をもって聞き、想像をする楽しさを味わう**」と示されている。

C **正しい。**「指針」の(イ)「内容」に示されている文章である。

D **正しい。**「指針」の(イ)「内容」に示されている文章である。

保実

言語の基礎知識 (2)

★★★ 21 次の【事例】を読んで、【設問】に答えなさい。

【事例】

　K保育士は、5歳児クラスを担当している。「保育所保育指針」を読み返していたところ、第2章「保育の内容」3「3歳以上児の保育に関するねらい及び内容」エ「言葉」には「子どもが生活の中で、言葉の響きやリズム、新しい言葉や表現などに触れ、これらを使う楽しさを味わえるようにすること。その際、絵本や物語に親しんだり、言葉遊びなどをしたりすることを通して、言葉が豊かになるようにすること。」という記載があった。そこで、クラスの子どもと一緒に「回文」を探して、言葉遊びを楽しむことにした。

【設問】

　次の言葉遊びのうち、「回文」の例として、正しいものを一つ選びなさい。

1　イチゴ　ゴリラ　ラッパ　パイナップル　…
2　さよなら　さんかく　また　きて　しかく
3　なまむぎ　なまごめ　なまたまご
4　たけやぶやけた
5　ちゅう　ちゅう　たこかいな

★★ 22 次の文は、「保育所保育指針」第1章「総則」4「幼児教育を行う施設として共有すべき事項」(2)「幼児期の終わりまでに育ってほしい姿」のケ「言葉による伝え合い」の一部である。（　A　）～（　C　）にあてはまる語句の正しい組み合わせを一つ選びなさい。

　保育士等や友達と（　A　）を通わせる中で、絵本や物語などに親しみながら、（　B　）言葉や表現を身に付け、（　C　）や考えたことなどを言葉で伝えたり、相手の話を注意して聞いたりし、言葉による伝え合いを楽しむようになる。

（組み合わせ）

	A	B	C
1	気持ち	豊かな	遊んだこと
2	心	豊かな	遊んだこと
3	気持ち	正しい	経験したこと
4	心	豊かな	経験したこと
5	気持ち	正しい	遊んだこと

21　解説　　　　　　　　　　　　　　　　　　　　　　正答 ☞　4

　「回文」とは、最初から読んでも最後から読んでも同じになる言葉をいう。

1　誤り。イチゴ　ゴリラ　ラッパ　パイナップルは、**しりとり遊び**である。

2　誤り。さよなら　さんかく　また　きて　しかくは、**連想遊び**の始めに唱える言葉である。「四角は豆腐、豆腐は白い、白いはうさぎ」などと続く。前の言葉から連想される言葉をつないでいく言葉遊びで、この遊びを題材とする松谷みよ子作の同名の絵本もある。

3　誤り。なまむぎ　なまごめ　なまたまごは、**早口言葉**である。

4　正しい。たけやぶやけたは、最初から読んでも、最後から読んでもたけやぶやけたとなり、**回文**である。

5　誤り。ちゅう　ちゅう　たこかいなは、2、4、6、8、10と2つずつ**物を数えるとき**に使われる言葉である。

22　解説　　　　　　　　　　　　　　　　　　　　　　正答 ☞　4

　保育士等や友達と（A.　**心**）を通わせる中で、絵本や物語などに親しみながら、（B.　**豊かな**）言葉や表現を身に付け、（C.　**経験したこと**）や考えたことなどを言葉で伝えたり、相手の話を注意して聞いたりし、言葉による伝え合いを楽しむようになる。

　「保育所保育指針」第1章「総則」4「幼児教育を行う施設として共有すべき事項」（2）「幼児期の終わりまでに育ってほしい姿」のケ「言葉による伝え合い」である。第2章「保育の内容」2「1歳以上3歳未満児の保育に関わるねらい及び内容」、3「3歳以上児の保育に関するねらい及び内容」（2）「ねらい及び内容」エ「言葉」では、「**経験したことや考えたことなどを自分なりの言葉**で表現し、相手の話す言葉を聞こうとする**意欲**や**態度**を育て、言葉に対する感覚や言葉で表現する力を養う」としている。

保
実

保育士としての対応（1）

★★★
23 次の【事例】を読んで、【設問】に答えなさい。

【R5前・問14】

【事例】

　U保育所は、地域の子育て支援センターとして、一時保育や園庭開放を実施している保育所である。U保育所に勤務するS保育士は、勤務6年目になる保育士であり、地域の子育て支援の役割や新任保育士の指導なども担当するようになってきている。そこでS保育士は、保育士の責務と倫理について振り返ることとした。

【設問】

　次のS保育士の行動のうち、保育士の責務と倫理に照らして、適切なものを○、不適切なものを×とした場合の正しい組み合わせを一つ選びなさい。

A　近隣の公民館で子育てサークルを定期的に開催している民生委員の方から依頼を受け、遊びの指導を行った。

B　保護者会で「子どもに野菜などを栽培する機会をもたせたい」という要望があったが、現在の園内には野菜を栽培するスペースがなかった。そこで地域の社会福祉協議会に相談したところ、近隣の農園で野菜の栽培を行っている老人会を紹介してもらい、子どもたちと一緒に栽培に参加した。

C　保育所からの帰宅途中、新任のJ保育士と同じ路線バスに乗り合わせた。J保育士は、保護者対応に悩んでいるようであり、その保護者のことについて相談をしてきたが、「ここでは話を聞けないので、明日保育所で相談する時間をつくります」と伝えて、バスの車内では話を聞かなかった。

（組み合わせ）

	A	B	C
1	○	○	○
2	○	○	×
3	○	×	○
4	×	×	○
5	×	×	×

23　解説

A　適切である。保育所は、入所する子どもの保育だけでなく「地域の子育て家庭に対する支援等を行う役割を担うものである」ことが「保育所保育指針」第1章「総則」1「保育所保育に関する基本原則」（1）「保育所の役割」に示されている。

B　適切である。社会福祉協議会の協力を得て、老人会の農園という資源を活用して保護者の要望に応えようとする行動は、「保育所保育指針」第2章「保育の内容」4「保育の実施に関して留意すべき事項」（3）「家庭及び地域社会との連携」の「家庭や地域の機関及び団体の協力を得て、地域の自然、高齢者や異年齢の子ども等を含む人材、行事、施設等の地域の資源を積極的に活用し、豊かな生活体験をはじめ保育内容の充実が図られるよう配慮すること」という記述と適合している。

C　適切である。保育士は、「子どもの利益に反しない限りにおいて、保護者や子どものプライバシーを保護し、知り得た事柄の秘密を保持すること」が「保育所保育指針」第4章「子育て支援」1「保育所における子育て支援に関する基本的事項」（2）「子育て支援に関して留意すべき事項」のイに示されている。J保育士の相談内容は、保護者の個人情報を含む可能性があるため、路線バスの車内で話を聞くことを避けるのは適切な対応である。

キーワード　　　　　　　　　バイステックの7原則

アメリカのバイステック（Biestek, F.）が提唱した相談援助の基本原則である。

①個別化
クライエントを個人としてとらえ、一人ひとりが抱える問題の特性を理解する。

②意図的な感情表出
クライエントが自由に感情を表せるよう配慮する。

③統制された情緒的関与
クライエントの感情に引きずられず、援助者自身の感情をコントロールする。

④受容
クライエントの考え方や行動をあるがままに受け止める。

⑤非審判的態度
クライエントを一方的に批判・評価しない。

⑥クライエントの自己決定
クライエント自身の考えや決定を促し尊重する。

⑦秘密保持
クライエントの情報を他者に漏らさない。

保育士としての対応（2）

★★★
24 次の【事例】を読んで、【設問】に答えなさい。

【R4後・問20】

【事例】

　新任職員のGさん（男性）は、大学を卒業して、児童養護施設に勤めた。着任して3か月が経ったころ、K君（中学2年生）から馬鹿にされる発言を繰り返されるようになった。困惑しつつもGさんは、K君に馬鹿にするのをやめるように話すが、K君は全く気に留めない。それどころか言動がエスカレートしてしまった。Gさんは馬鹿にされることにとても腹が立ってきたが、その感情をどう処理してよいのか、わからない状態であった。

【設問】

　次のうち、施設管理者等が取るべきGさんへの対応として、<u>最も不適切なもの</u>を一つ選びなさい。

1　施設長、基幹的職員などにいつでも相談できる体制を確立する。

2　Gさんの成長を図るためにひとりで問題を解決させる。

3　スーパービジョンを実施する。

4　K君に関するアセスメントを共有する。

5　アンガーマネジメント等の研修を受けることを提案する。

★★★
25 次の【事例】を読んで、【設問】に答えなさい。

【R1後・問20】

【事例】

　T保育士は、児童養護施設で勤めはじめて2か月の新任である。T保育士が担当するM君（9歳）は、N君（7歳）に対して怒鳴って言うことをきかせようとしたり、N君の持ち物を壊したりすることが多くある。T保育士はその都度、注意するが、M君は全く素直に応じることがなく、反発する。

　ある時、こうした反抗的な態度に対してT保育士はとても腹を立て、声を荒げた。その様子を見ていた主任保育士はT保育士に対するスーパービジョンの際、「専門職としてあなた自身が自らの感情を自覚し理解する必要があるのではないか」と述べた。

【設問】

　次のうち、主任保育士の発言が示唆している内容を、バイスティックの7原則にあてはめた場合の最も適切なものを一つ選びなさい。

1　個別化　　　　　4　統制された情緒的関与

2　受容　　　　　　5　自己決定

3　意図的な感情の表出

24　**解説**　　　　　　　　　　　　　　　　　正答 ☞　2

1　適切である。「児童養護施設運営指針」に「施設長、基幹的職員などにいつでも相談できる体制を確立する」と示されている。

2　不適切である。「児童養護施設運営指針」に「職員がひとりで問題を抱え込まないように、**組織として対応する**」と示されており、着任して間もない職員が入所児童から馬鹿にされるような発言をされている状況を、職員ひとりに解決させるのは適切ではない。

3　適切である。「児童養護施設運営指針」に「スーパービジョンの体制を確立し、**施設全体として職員一人一人の援助技術の向上に努める**」と示されている。

4　適切である。「児童養護施設運営指針」に、子どもが不適応行動をとった場合の対応として、子どもの特性等の情報をあらかじめ**職員間で共有**することが示されている。

5　適切である。「児童養護施設運営指針」に「**施設内外の研修を体系的、計画的に実施するなど、職員の自己研鑽に必要な環境を確保する**」と示されている。

25　**解説**　　　　　　　　　　　　　　　　　正答 ☞　4

1　不適切である。**バイステックの7原則**は、個別化、意図的な感情の表出、統制された情緒的関与、**受容**、非審判的態度、自己決定、**秘密保持**である。個別化とは、対象者を個人としてとらえ、各々の状況に応じた個別的な対応をすることである。

2　不適切である。**受容**とは、利用者のすべてをあるがままの姿ですべて受け入れることをいう。

3　不適切である。意図的な感情の表出は、利用者が自分の考えや感情を自由に表現できるように援助者が働きかけていくことをいう。

4　適切である。援助者が自分の感情を自覚しながら利用者に関わっていくことを、**統制された情緒的関与**という。主任保育士は、Ｔ保育士に対して「自らの感情を自覚し理解する必要があるのではないか」と述べている。このため、バイステックの7原則のうち、「統制された情緒的関与」が適切といえる。

5　不適切である。**自己決定**は、援助者の助言などを参考にしながら、利用者が自分で決定することをいう。

保実

模擬試験解答用紙《1日目対応科目》

保育の心理学		①	②	③	④	⑤
	1	①	②	③	④	⑤
	2	①	②	③	④	⑤
	3	①	②	③	④	⑤
	4	①	②	③	④	⑤
	5	①	②	③	④	⑤
	6	①	②	③	④	⑤
	7	①	②	③	④	⑤
	8	①	②	③	④	⑤
	9	①	②	③	④	⑤
	10	①	②	③	④	⑤
	11	①	②	③	④	⑤
	12	①	②	③	④	⑤
	13	①	②	③	④	⑤
	14	①	②	③	④	⑤
	15	①	②	③	④	⑤
	16	①	②	③	④	⑤
	17	①	②	③	④	⑤
	18	①	②	③	④	⑤
	19	①	②	③	④	⑤
	20	①	②	③	④	⑤
保育原理	1	①	②	③	④	⑤
	2	①	②	③	④	⑤
	3	①	②	③	④	⑤
	4	①	②	③	④	⑤
	5	①	②	③	④	⑤
	6	①	②	③	④	⑤
	7	①	②	③	④	⑤
	8	①	②	③	④	⑤
	9	①	②	③	④	⑤
	10	①	②	③	④	⑤
	11	①	②	③	④	⑤
	12	①	②	③	④	⑤
	13	①	②	③	④	⑤
	14	①	②	③	④	⑤
	15	①	②	③	④	⑤
	16	①	②	③	④	⑤
	17	①	②	③	④	⑤
	18	①	②	③	④	⑤
	19	①	②	③	④	⑤
	20	①	②	③	④	⑤

子ども家庭福祉		①	②	③	④	⑤
	1	①	②	③	④	⑤
	2	①	②	③	④	⑤
	3	①	②	③	④	⑤
	4	①	②	③	④	⑤
	5	①	②	③	④	⑤
	6	①	②	③	④	⑤
	7	①	②	③	④	⑤
	8	①	②	③	④	⑤
	9	①	②	③	④	⑤
	10	①	②	③	④	⑤
	11	①	②	③	④	⑤
	12	①	②	③	④	⑤
	13	①	②	③	④	⑤
	14	①	②	③	④	⑤
	15	①	②	③	④	⑤
	16	①	②	③	④	⑤
	17	①	②	③	④	⑤
	18	①	②	③	④	⑤
	19	①	②	③	④	⑤
	20	①	②	③	④	⑤
社会福祉	1	①	②	③	④	⑤
	2	①	②	③	④	⑤
	3	①	②	③	④	⑤
	4	①	②	③	④	⑤
	5	①	②	③	④	⑤
	6	①	②	③	④	⑤
	7	①	②	③	④	⑤
	8	①	②	③	④	⑤
	9	①	②	③	④	⑤
	10	①	②	③	④	⑤
	11	①	②	③	④	⑤
	12	①	②	③	④	⑤
	13	①	②	③	④	⑤
	14	①	②	③	④	⑤
	15	①	②	③	④	⑤
	16	①	②	③	④	⑤
	17	①	②	③	④	⑤
	18	①	②	③	④	⑤
	19	①	②	③	④	⑤
	20	①	②	③	④	⑤

切取線

模擬試験解答用紙《2日目対応科目》

教育原理

1	①	②	③	④	⑤
2	①	②	③	④	⑤
3	①	②	③	④	⑤
4	①	②	③	④	⑤
5	①	②	③	④	⑤
6	①	②	③	④	⑤
7	①	②	③	④	⑤
8	①	②	③	④	⑤
9	①	②	③	④	⑤
10	①	②	③	④	⑤

社会的養護

1	①	②	③	④	⑤
2	①	②	③	④	⑤
3	①	②	③	④	⑤
4	①	②	③	④	⑤
5	①	②	③	④	⑤
6	①	②	③	④	⑤
7	①	②	③	④	⑤
8	①	②	③	④	⑤
9	①	②	③	④	⑤
10	①	②	③	④	⑤

子どもの保健

1	①	②	③	④	⑤
2	①	②	③	④	⑤
3	①	②	③	④	⑤
4	①	②	③	④	⑤
5	①	②	③	④	⑤
6	①	②	③	④	⑤
7	①	②	③	④	⑤
8	①	②	③	④	⑤
9	①	②	③	④	⑤
10	①	②	③	④	⑤
11	①	②	③	④	⑤
12	①	②	③	④	⑤
13	①	②	③	④	⑤
14	①	②	③	④	⑤
15	①	②	③	④	⑤
16	①	②	③	④	⑤
17	①	②	③	④	⑤
18	①	②	③	④	⑤
19	①	②	③	④	⑤
20	①	②	③	④	⑤

子どもの食と栄養

1	①	②	③	④	⑤
2	①	②	③	④	⑤
3	①	②	③	④	⑤
4	①	②	③	④	⑤
5	①	②	③	④	⑤
6	①	②	③	④	⑤
7	①	②	③	④	⑤
8	①	②	③	④	⑤
9	①	②	③	④	⑤
10	①	②	③	④	⑤
11	①	②	③	④	⑤
12	①	②	③	④	⑤
13	①	②	③	④	⑤
14	①	②	③	④	⑤
15	①	②	③	④	⑤
16	①	②	③	④	⑤
17	①	②	③	④	⑤
18	①	②	③	④	⑤
19	①	②	③	④	⑤
20	①	②	③	④	⑤

保育実習理論

1	①	②	③	④	⑤
2	①	②	③	④	⑤
3	①	②	③	④	⑤
4	①	②	③	④	⑤
5	①	②	③	④	⑤
6	①	②	③	④	⑤
7	①	②	③	④	⑤
8	①	②	③	④	⑤
9	①	②	③	④	⑤
10	①	②	③	④	⑤
11	①	②	③	④	⑤
12	①	②	③	④	⑤
13	①	②	③	④	⑤
14	①	②	③	④	⑤
15	①	②	③	④	⑤
16	①	②	③	④	⑤
17	①	②	③	④	⑤
18	①	②	③	④	⑤
19	①	②	③	④	⑤
20	①	②	③	④	⑤

切取線

［ 模擬試験　問題 ］

・この表紙は残したまま、問題冊子を取り外してお使いください。

〈得点表〉

	科目名	問題数	目標時間
一日目対応科目	保育の心理学	/20 問	60 分
	保育原理	/20 問	60 分
	子ども家庭福祉	/20 問	60 分
	社会福祉	/20 問	60 分

模擬試験

〈１日目対応科目〉

［筆記試験の合格基準］

保育士試験では科目ごとの合格があり、100点満点のうち６割（60点）以上の得点でその科目は合格です。ただし、２科目で１科目扱いの「教育原理及び社会的養護」については「教育原理」「社会的養護」のそれぞれについて満点の６割（30点）以上の得点が必要です。

［解答用紙記入上の注意事項］

1 　解答用紙と受験票の受験番号が同じであるか、カナ氏名・科目名を確認し、誤りがある場合は手を挙げて監督員に申し出ること。

2 　漢字氏名を必ず記入すること。

3 　解答用紙は、折り曲げたりメモやチェック等の書き込みをしないこと。

4 　鉛筆またはシャープペンシル（ＨＢ〜Ｂ）で、濃くはっきりとマークすること。
　　鉛筆・シャープペンシル以外での記入は、０点になる場合があります。

（良い例）… ● （濃くマークすること。はみだしは厳禁）

（悪い例）… ⊙ ⊗ ⊘ ⦽ ○ ◯ ◖

5 　各問に対し、２つ以上マークした場合は不正解とする。

6 　訂正する場合は、「消しゴム」であとが残らないように消すこと。

◉ 保育の心理学

問題1 次の文は、幼児期の世界観に関する記述である。適切な記述の組み合わせを一つ選びなさい。

A 自分が考えたことや想像したものが実際に存在すると思うことを実在論という。

B 世の中に存在するものは人間がつくり、人間のために存在すると考えることをアニミズムという。

C 事実に惑わされて、見かけについて正しく反応できないことを知的リアリズムという。

D すべてのものに命や心があると考えることを人工論という。

（組み合わせ）

1 A B

2 A C

3 B C

4 B D

5 C D

問題2 次の文は、動機づけについての記述である。適切な記述を○、不適切な記述を×とした場合の正しい組み合わせを一つ選びなさい。

A 子どもをほめるために提出物に五重丸をつけるのは外発的動機づけである。

B 児童期前半には、内発的動機づけが有効である。

C 内発的動機づけが勤勉性につながる。

D 自己決定論では、外発的動機づけが最も自己決定性が高くなるとしている。

（組み合わせ）

	A	B	C	D
1	○	○	○	×
2	○	×	○	×
3	○	×	×	○
4	×	○	×	×
5	×	×	○	○

問題3 次の文は、幼児期や児童期の言語の発達についての記述である。適切な記述を○、不適切な記述を×とした場合の正しい組み合わせを一つ選びなさい。

A 幼児期の子どもが母親に対して具体的な事項について対話するかたちで話す形態を二次的言葉という。

B 児童期になると、不特定多数の人に向けて具体的な場面とは異なる話を一方向的に伝える特性をもつ言葉の習得が可能になる。

C 内言とは、自分自身の頭の中で話したり考えたりする言語をいう。

D 内言が完成する前段階では、考えるときに小さくつぶやくようになる。

（組み合わせ）

	A	B	C	D
1	○	○	○	×
2	○	×	×	○
3	○	×	○	○
4	×	○	×	×
5	×	○	○	○

問題4 次の文は、マルトリートメントについての記述である。（ A ）～（ D ）にあてはまる用語の最も適切な組み合わせを一つ選びなさい。

マルトリートメントとは、（ A ）を表す言葉であり、虐待にあたる行為だけでなく、広く過保護や過干渉、年齢不相応な厳しい教育など、子どもの健全な成長を阻害するような養育態度や環境を含むものである。マルトリートメントによる（ B ）は子どもの（ C ）にダメージを与え、その後の発達や心の健康に悪影響を及ぼすことが指摘されている。発達を阻害された子どもに対する治療としては、心理療法や（ D ）などがある。

（組み合わせ）

	A	B	C	D
1	不適切な養育	ストレス	脳	プレイセラピー
2	母性剥奪	ストレス	脳	P-Fスタディ
3	不適切な養育	血圧上昇	脳	プレイセラピー
4	不適切な養育	血圧上昇	肝機能	P-Fスタディ
5	母性剥奪	ストレス	肝機能	プレイセラピー

問題5　次の文は、心の理論についての記述である。適切な記述を○、不適切な記述を×とした場合の正しい組み合わせを一つ選びなさい。

A　心の理論を獲得できているかどうかを測定するために、誤信念課題が用いられる。

B　自閉症の子どもの場合、心の理論の獲得が遅れるというデータが示されている。

C　心の理論の獲得には、他者は自分とは異なる考えや知識をもっているということを理解していることが必要である。

（組み合わせ）

	A	B	C
1	○	○	○
2	○	×	○
3	○	×	×
4	×	○	○
5	×	×	×

問題6　次の文は、遊びに関する記述である。適切な記述を○、不適切な記述を×とした場合の正しい組み合わせを一つ選びなさい。

A　遊びの中には、さまざまな学びの要素が含まれている。

B　生まれもった気質を土台として、遊びを通して様々な経験をすることでパーソナリティが形成される。

C　遊びを通した学びは、子ども自身の内発的動機づけによって自発的な遊びというつくられた流れのなかで生じる。

D　遊びは子どもにとって学びの源泉であるが、子どもはそこから何かを学ぼうとして遊んでいるわけではない。

（組み合わせ）

	A	B	C	D
1	○	○	○	○
2	○	○	×	○
3	○	×	×	○
4	×	×	○	×
5	×	○	○	×

問題7　次の【Ⅰ群】の語句と、【Ⅱ群】の記述を結びつけた場合の正しい組み合わせを一つ選びなさい。

【Ⅰ群】

A　レジリエンス

B　適応機制

C　エントレインメント

【Ⅱ群】

ア　欲求不満や葛藤などから自分を守るために、無意識に行われる心理的な働き

イ　養育者と乳児の間にみられる同調的な相互作用

ウ　ストレスを受けた後に立ち直り、回復する能力

エ　他者の行動からその背後にある心的状態を推測し、その次の行動を予測する能力

（組み合わせ）

	A	B	C
1	ア	イ	ウ
2	ウ	ア	イ
3	ウ	エ	ア
4	エ	ア	ウ
5	エ	ウ	イ

問題8　次の文は、ピアジェ（Piaget, J.）の認知の発達についての記述である。<u>不適切な記述</u>を一つ選びなさい。

1　生まれもった反射によって外界と相互作用する段階を反射の使用の段階といい、生後0〜1か月の時期にみられる。

2　同じ動作を繰り返し行う段階を第一次循環反応というが、これは乳児が目的をもって繰り返している。

3　目的と手段の分化が見られるようになるのが生後8〜12か月で、ピアジェはこれをシェマの協応とした。

4　生後12〜18か月で、自分の行為とそれが外界に及ぼす影響に関心を向けるようになるのを第三次循環反応という。

5　考えることにより行為の結果を予測できるようになることを表象のはじまりという。

問題9 次の文は、道徳の発達についての記述である。適切な記述を○、不適切な記述を×とした場合の正しい組み合わせを一つ選びなさい。

A 幼児は、親がしてもよいということが善であると考え、親がしてはいけないということは悪と考えるが、ピアジェはこれを道徳的実念論とよんだ。

B 道徳は適用される相手によっても変わるということを理解できるのは18歳を過ぎた頃で、これを道徳の適応化という。

C 道徳は絶対的なものではなく、その時々の情勢に従って変わるものであるということを理解できるようになるのは5歳頃からで、これを道徳の相対化という。

D 道徳に関する意識は、幼児期に急速に発達する。

（組み合わせ）

	A	B	C	D
1	○	○	○	×
2	○	○	×	○
3	○	×	×	×
4	×	○	○	○
5	×	×	×	○

問題10 次の文は、発達の特性についての記述である。適切な記述を○、不適切な記述を×とした場合の正しい組み合わせを一つ選びなさい。

A 発達にともなう変化は、常に絶え間なく進む連続的な過程である。

B 発達は、一定の順序で進むが、方向性は一定ではない。

C 知的能力と運動能力とは別々に発達するというように、領域ごとの発達に相互関連性はない。

D 発達の過程では、類似した現象や傾向が周期的に現れる周期性がみられる。

（組み合わせ）

	A	B	C	D
1	○	○	○	×
2	○	○	×	○
3	○	×	×	○
4	×	○	×	○
5	×	×	○	×

問題11 次の文は、青年期の発達と社会性に関する記述である。適切な記述を○、不適切な記述を×とした場合の正しい組み合わせを一つ選びなさい。

A　モラトリアムとは社会的成長のための猶予期間をいい、最近は長くなる傾向にある。

B　青年期後期は、身体的には成人と変わらないほどの成長をみせ、内面的にも自信をもつことができて精神面も安定する。

C　青年期には失敗や挫折などによって神経症やうつ病などが引き起こされることがあり、これらは思春期の危機と位置づけられる。

D　青年期に有意義な日々を送ることができるようになることをスチューデントアパシーという。

（組み合わせ）

	A	B	C	D
1	○	○	○	○
2	○	○	×	×
3	○	×	○	×
4	×	○	×	○
5	×	×	○	○

問題12 次の文は、高齢期に関する記述である。（　A　）〜（　D　）にあてはまる語句の正しい組み合わせを一つ選びなさい。

　高齢期には、身体機能だけでなく知能においても加齢の影響を受ける。知能には種類があり、計算能力や情報を新しく覚える（　A　）などの（　B　）は（　C　）頃にピークを迎え、その後は加齢とともに低下していく。一方で、人生経験により蓄積、形成される判断力や思考力にあたる（　D　）は高齢期でも低下しにくいといわれている。

（組み合わせ）

	A	B	C	D
1	記憶力	結晶性知能	7〜14歳	流動性知能
2	記憶力	流動性知能	18〜25歳	結晶性知能
3	記銘力	結晶性知能	7〜14歳	流動性知能
4	記銘力	流動性知能	7〜14歳	結晶性知能
5	記銘力	流動性知能	18〜25歳	結晶性知能

問題13 次の文は、基本的生活習慣の確立に関する記述である。適切な記述の組み合わせを一つ選びなさい。

A 日常的な時間の流れに沿って生じる状況や行為などに関する一連の知識をスクランブルという。

B 基本的生活習慣獲得のためには、レディネスができているかどうかが重要である。

C 基本的生活習慣を身につけていくためには、子どもが自発的にやってみたいという気持ちをもつことが大切である。

D 基本的生活習慣の獲得は、保育所だけで取り組んでいくことが必要である。

（組み合わせ）

1 A B
2 A C
3 B C
4 B D
5 C D

問題14 次の文は、子育て支援についての記述である。適切な記述を○、不適切な記述を×とした場合の正しい組み合わせを一つ選びなさい。

A 特別な配慮を必要とする家庭については、専門家による支援が必要になるため、保育所は介入しない。

B 仕事と家庭を両立させている場合、どちらかがうまくいかないともう一方もうまくいかなくなることをネガティブ・スピルオーバーといい、心理的にも影響を及ぼすため、仕事と家庭の両面からサポートしていくことが必要である。

C 子育てへの不安や焦燥感などから生じる母親のメンタルヘルスの問題に対して、父親の育児への関与の有無はあまり影響しない。

D 保育所が行う子育て支援においては、保護者自身の自己決定を尊重することが求められる。

（組み合わせ）

	A	B	C	D
1	○	○	○	×
2	○	×	○	○
3	○	×	×	×
4	×	○	×	○
5	×	×	×	×

問題15 次の文は、「子ども虐待対応の手引き」（令和6年4月改正版 こども家庭庁）のうち保護者側の虐待のリスク要因に関する記述の一部である。（　A　）～（　C　）にあてはまる語句を【語群】から選択した場合の正しい組み合わせを一つ選びなさい。

リスク要因と考えられるものは、望まない妊娠・出産や若年の妊娠・出産であり、妊娠・出産を（　A　）することが困難な場合である。また妊娠中に早産等何らかの問題が発生したことで胎児の（　A　）に影響が出たり、妊娠中又は出産後の子どもの長期入院により子どもへの（　B　）が十分に行われない場合がある。母親が妊娠、出産を通して（　C　）や産後うつ病等精神的に不安定な状況に陥っている場合もある。

【語群】

ア　受容	イ　認知	ウ　愛着形成	エ　理解	オ　空の巣症候群
カ　マタニティブルーズ				

（組み合わせ）

	A	B	C
1	ア	ウ	オ
2	ア	ウ	カ
3	ア	エ	オ
4	イ	ウ	カ
5	イ	エ	カ

問題16 次の下線部（A）～（E）に関連の深い用語を【語群】から選択した場合の最も適切な組み合わせを一つ選びなさい。

・Mちゃん（2歳、女児）は、(A)「ママ」という単語を話すことで「ママがいない」「ママこっちに来て」のように状況に応じた意味を表していたが、最近になって(B)「ワンワンいた」のように2つの言葉をつなげた表現ができるようになってきている。

・Nちゃん（4歳、男児）にはまだ発音が難しい言葉がいくつかあり、(C)「3つ→ミッチュ」、(D)「とうもろこし→トウモコロシ」、(E)「ひまわり→マワリ」のような発音の乱れがみられる。

【語群】

ア　単文	イ　一語文	ウ　二語文	エ　多語文	オ　チ音化
カ　撥音便	キ　音の入れ替え	ク　子音の入れ替え	ケ　省略	コ　促音便

（組み合わせ）

	A	B	C	D	E			A	B	C	D	E
1	ア	ウ	オ	キ	コ		4	イ	ウ	カ	ク	コ
2	ア	エ	カ	ク	ケ		5	イ	エ	カ	キ	ケ
3	イ	ウ	オ	キ	ケ							

問題17 次の【図】は、「第16回出生動向基本調査（結婚と出産に関する全国調査）」（国立社会保障・人口問題研究所）における、「夫婦が理想の子ども数を持たない理由」について、理想の子ども数と予定子ども数の組み合わせ別に示したものである。以下の【設問】に答えなさい。

【図】

理想・予定子ども数の組合せ別にみた、理想の子ども数を持たない理由：第16回調査(2021年)（予定子ども数が理想子ども数を下回る夫婦）

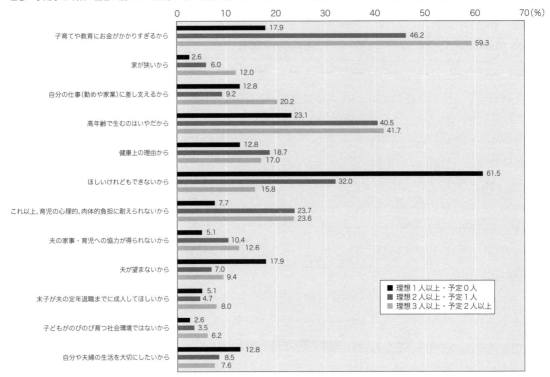

【設問】

次の文のうち、【図】を説明する文として適切な記述を○、不適切な記述を×とした場合の正しい組み合わせを一つ選びなさい。

A 「これ以上、育児の心理的、肉体的負担に耐えられないから」と回答した割合は、第一子を持たない夫婦よりも第二子および第三子以上を持たない夫婦の方が高い。

B 第一子を持たない理由では、「子育てや教育にお金がかかりすぎるから」が最多である。

C 第二子および第三子以上を持たない理由では、「高年齢で生むのはいやだから」が最多である。

（組み合わせ）

	A	B	C
1	○	○	○
2	○	×	○
3	○	×	×
4	×	○	×
5	×	○	○

問題18 次の文は、子どもの社会性の発達についての記述である。適切な記述を○、不適切な記述を×とした場合の正しい組み合わせを一つ選びなさい。

A 養育者の表情やようすを参考にして安全かどうかを判断するような行動を社会的参照という。

B 人があやさなくても自然に笑うことを社会的微笑という。

C 新生児であっても、自己と他者を区別することは可能である。

D 養育者の判別がつくようになるのは、生後4か月頃からである。

（組み合わせ）

	A	B	C	D
1	○	○	○	×
2	○	○	×	○
3	○	×	×	○
4	×	×	○	×
5	×	×	×	○

問題19 次の文は、発達理論についての記述である。不適切な記述を一つ選びなさい。

1 発達は遺伝的素質によって生まれつき決められているという考え方を遺伝説といい、代表的な考え方はゲゼル（Gesell, A.L.）が唱えた成熟説である。

2 ゲゼル（Gesell, A.L.）は、成熟説の中でレディネスの重要性を説いている。

3 シュテルン（Stern, W.）は、身長や知能といった遺伝的な形質が現れるには、一定以上の環境的な条件が必要であるとする環境閾値説を唱えた。

4 相互作用説とは、遺伝と環境はかけ算的に発達に関与するという考え方である。

5 発達は、生まれた後の経験という環境的な条件によって決められていくという考え方を環境説という。

問題20 次の文は、ヴィゴツキー（Vygotsky, L.S.）の発達の最近接領域についての記述である。適切な記述を○、不適切な記述を×とした場合の正しい組み合わせを一つ選びなさい。

A 子どもが自力で解決できない水準を、現在の発達水準という。

B 自力では解決できないが、他者からの援助があれば解決できる水準と、自力で解決できない水準との間を発達の最近接領域という。

C 発達の最近接領域は、子どもの発達状態によって必要な援助が異なることを示している。

D 教育とは、子どもの状態を適切に判断し、自力で解決できるように働きかけていくことであるとしている。

（組み合わせ）

	A	B	C	D			A	B	C	D
1	○	○	○	×		4	×	×	○	○
2	○	○	×	○		5	×	○	×	×
3	○	×	○	×						

◉ 保育原理

問題1 次のうち、保育所などでの保育を希望する場合の保育認定にあたって考慮される「保育を必要とする事由」として「子ども・子育て支援法施行規則」に明記されているものとして、<u>誤ったもの</u>を一つ選びなさい。

1 就学
2 負傷
3 親族等の見舞い
4 起業準備
5 災害復旧

問題2 次の文は、「保育所保育指針」第2章「保育の内容」3「3歳以上児の保育に関するねらい及び内容」（3）「保育の実施に関わる配慮事項」の記述である。（　A　）～（　D　）にあてはまる語句を【語群】から選んだ場合の正しい組み合わせを一つ選びなさい。

・「幼児期の終わりまでに育ってほしい姿」が、ねらい及び内容に基づく活動全体を通して（　A　）が育まれている子どもの小学校（　B　）の具体的な姿であることを踏まえ、指導を行う際には適宜考慮すること。
・子どもの発達や成長の援助をねらいとした活動の時間については、意識的に（　C　）等において位置付けて、実施することが重要であること。なお、そのような活動の時間については、保護者の（　D　）等に応じて子どもが保育所で過ごす時間がそれぞれ異なることに留意して設定すること。

【語群】

| ア 資質・能力 | イ 素質 | ウ 就学時 | エ 入学時 | オ 全体的な計画 |
| カ 保育の計画 | キ 就労状況 | ク 就労時間 | | |

（組み合わせ）

	A	B	C	D
1	ア	ウ	カ	キ
2	イ	ウ	オ	ク
3	ア	エ	オ	ク
4	ア	ウ	オ	キ
5	イ	ウ	カ	キ

問題3 次の文は、わが国の保育の歴史についての記述である。適切な記述を○、不適切な記述を×とした場合の正しい組み合わせを一つ選びなさい。

A　わが国の幼稚園のはじまりは東京女子師範学校附属幼稚園で、恩物を取り入れた保育が実践された。

B　新潟静修学校附設託児所は、上流階級の子どもを対象としたものであった。

C　託児所から保育所へ名称が変更されたのは、1947（昭和22）年に「学校教育法」が制定されたときである。

D　二葉幼稚園は、東京四谷のスラムの子どもたちを対象として麹町に設立された。

（組み合わせ）

	A	B	C	D
1	○	○	○	×
2	○	×	○	×
3	○	×	×	○
4	×	○	×	○
5	×	×	×	×

問題4 次の【Ⅰ群】の記述と、【Ⅱ群】の人名を結びつけた場合の正しい組み合わせを一つ選びなさい。

【Ⅰ群】

A　労働者家庭の子どもを対象に自宅の庭を開放し、「すべての子どもをあなた自身の子どものように教育しなさい」をモットーとする保育学校を設立して戸外保育を行った。

B　ローマのスラム街に設立された保育施設「子どもの家」の監督に就任し、独自の教具を用いた感覚の訓練を基本とする幼児教育を行った。

【Ⅱ群】

ア　フレーベル（Fröbel, F.W.）

イ　マクミラン姉妹（McMillan, R&M.）

ウ　モンテッソーリ（Montessori, M.）

エ　オーベルラン（Oberlin, J.F.）

（組み合わせ）

	A	B
1	ア	イ
2	イ	ア
3	イ	ウ
4	エ	ア
5	エ	ウ

問題5 次の文は、「保育所保育指針」第4章「子育て支援」3「地域の保護者等に対する子育て支援」(1)「地域に開かれた子育て支援」の一部である。（　A　）～（　D　）にあてはまる語句の正しい組み合わせを一つ選びなさい。

・保育所は、児童福祉法第48条の4の規定に基づき、その（　A　）に支障がない限りにおいて、地域の実情や当該保育所の（　B　）等を踏まえ、地域の保護者等に対して、保育所保育の専門性を生かした子育て支援を積極的に行うよう努めること。

・地域の子どもに対する（　C　）事業などの活動を行う際には、一人一人の子どもの（　D　）などを考慮するとともに、日常の保育との関連に配慮するなど、柔軟に活動を展開できるようにすること。

（組み合わせ）

	A	B	C	D
1	行う保育	体制	一時預かり	心身の状態
2	保育目標の達成	体制	一時預かり	生育歴
3	行う保育	環境	一時預かり	心身の状態
4	行う保育	環境	相談支援	生育歴
5	保育目標の達成	体制	相談支援	心身の状態

問題6 次の文は、「保育所保育指針」第2章「保育の内容」についての記述である。適切な記述を○、不適切な記述を×とした場合の正しい組み合わせを一つ選びなさい。

A 「養護」とは、子どもの生命の保持及び情緒の安定を図るために保育士等が行う援助や関わりである。

B 「教育」とは、子どもが健やかに成長し、小学校に就学するために必要な知識や技能を教えるための援助である。

C 実際の保育においては、養護と教育が一体となって展開されることに留意する必要がある。

D この章に示す「内容」は、第1章の1の（2）に示された「保育の目標」をより具体化したものである。

（組み合わせ）

	A	B	C	D
1	○	○	○	×
2	○	○	×	×
3	○	×	○	×
4	×	×	×	○
5	×	○	×	×

問題7 次の文は、「保育所保育指針」第2章「保育の内容」1「乳児保育に関わるねらい及び内容」（3）「保育の実施に関わる配慮事項」の記述である。誤った記述を一つ選びなさい。

1 乳児は疾病への抵抗力が弱く、心身の機能の未熟さに伴う疾病の発生が多いことから、一人一人の発育及び発達状態や健康状態についての適切な判断に基づく保健的な対応を行うこと。

2 保護者との信頼関係を築きながら保育を進めるとともに、保育士等から保護者に質問し、保護者への支援に努めていくこと。

3 担当の保育士が替わる場合には、子どものそれまでの生育歴や発達過程に留意し、職員間で協力して対応すること。

4 一人一人の子どもの生育歴の違いに留意しつつ、欲求を適切に満たし、特定の保育士が応答的に関わるように努めること。

5 乳児保育に関わる職員間の連携や嘱託医との連携を図り、第3章に示す事項を踏まえ、適切に対応すること。栄養士及び看護師等が配置されている場合は、その専門性を生かした対応を図ること。

問題8 次の文は、「保育所保育指針」第1章「総則」3「保育の計画及び評価」（1）「全体的な計画の作成」についての記述である。適切な記述を○、不適切な記述を×とした場合の正しい組み合わせを一つ選びなさい。

A 保育所は、子どもの発達過程を踏まえて、保育の内容が組織的・計画的に構成され、保育所の生活の全体を通して、総合的に展開されるよう、全体的な計画を作成しなければならない。

B 全体的な計画は、保育所保育の全体像を包括的に示すものである。

C 全体的な計画は、全国一律の内容で作成される。

D 全体的な計画は、子どもの育ちに関する短期的な見通しに基づいて作成されなければならない。

（組み合わせ）

	A	B	C	D
1	○	○	○	×
2	○	○	×	×
3	○	×	○	○
4	×	○	×	○
5	×	×	○	×

問題9　次の文は、「保育所保育指針」第4章「子育て支援」の記述である。適切な記述を○、不適切な記述を×とした場合の正しい組み合わせを一つ選びなさい。

A　子どもに障害や発達上の課題が見られる場合には、市町村や関係機関に連絡し、その後の対応を一任すること。

B　保護者に不適切な養育等が疑われる場合には、速やかに市町村又は児童相談所に通告し、適切な対応を図ること。

C　保育の活動に対する保護者の積極的な参加を促す。

D　どのような場合においても、保護者や子どものプライバシーを保護し、知り得た事柄の秘密を保持すること。

（組み合わせ）

	A	B	C	D
1	○	○	×	○
2	○	×	○	×
3	○	×	×	○
4	×	○	×	○
5	×	×	○	×

問題10　次の文は、「保育所保育指針」第1章「総則」3「保育の計画及び評価」（4）「保育内容等の評価」についての記述である。不適切な記述を一つ選びなさい。

1　保育所は、保育の内容等の評価に関し、保護者及び地域住民等の意見を聴かなければならない。

2　保育所は、保育の質の向上を図るため、保育の計画の展開や保育士等の自己評価を踏まえ、当該保育所の保育の内容等について、自ら評価を行い、その結果を公表するよう努めなければならない。

3　保育所が自己評価を行うに当たっては、地域の実情や保育所の実態に即して、適切に評価の観点や項目等を設定すること。

4　保育士等による自己評価に当たっては、子どもの活動内容やその結果だけでなく、子どもの心の育ちや意欲、取り組む過程などにも十分配慮するよう留意すること。

5　保育士等は、自己評価における自らの保育実践の振り返りや職員相互の話し合い等を通じて、保育所全体の保育の内容に関する認識を深めること。

問題11 次の文は、「児童福祉法」に規定されている事業についての記述である。適切な記述を○、不適切な記述を×とした場合の正しい組み合わせを一つ選びなさい。

A 居宅訪問型保育事業は、原則として保育を必要とする満3歳未満の保育を必要とする乳幼児の居宅で家庭的保育者による保育を行う事業である。

B 病児保育事業は、疾病にかかっている保育を必要とする乳幼児を保育所、認定こども園、病院、診療所などで預かり、保育を行う事業であり、小学校に就学している児童は対象とならない。

C 子育て援助活動支援事業は、児童を一時的に預かり必要な保護を行う、あるいは児童が円滑に外出することができるように移動支援を行う事業である。

D 家庭的保育事業は、定員10人以下で、家庭的保育者の居宅で家庭的保育者による保育を行う事業である。

（組み合わせ）

	A	B	C	D
1	○	○	○	×
2	○	×	○	×
3	○	×	×	○
4	×	○	×	○
5	×	×	○	×

問題12 次の文は、障害児に関連する法律や条約についての記述である。適切な記述を○、不適切な記述を×とした場合の正しい組み合わせを一つ選びなさい。

A 「児童の権利に関する条約」では、締約国は障害を有することで特別な養護について権利を有している児童について、措置によってその者の事情に適した援助を行うこととしている。

B 「発達障害者支援法」では、市町村は、放課後児童健全育成事業について、発達障害児の利用の機会の確保を図るため、適切な配慮をするものとしている。

C 「障害者基本法」では、国及び地方公共団体は、障害者である子どもが可能な限り施設において療育その他これに関連する支援を受けられるよう必要な施策を講じなければならないとしている。

D 「障害者総合支援法」では、障害者及び障害児が日常生活又は社会生活を営むための支援は、全ての国民が、障害の有無にかかわらず、等しく基本的人権を享有するかけがえのない個人として尊重されるものであるとの理念にのっとるとしている。

（組み合わせ）

	A	B	C	D			A	B	C	D
1	○	○	○	×		4	×	○	×	○
2	○	×	○	×		5	×	×	○	×
3	○	×	×	○						

問題13 次の文は、「保育所児童保育要録」についての記述である。<u>不適切な記述</u>を一つ選びなさい。

1 「保育所児童保育要録」は、保育所から就学先となる小学校へ送付される子どもの育ちを支える資料である。

2 「保育所児童保育要録」は、保育所に入所している全ての子どもについて就学先の小学校へ送付される。

3 小学校において子どもの理解を助け、育ちを支えるための資料として詳細を記載したものである。

4 保育所や子どもの状況などに応じて柔軟に作成し、一人一人の子どものよさや全体像が伝わるよう工夫して記す。

5 保護者との信頼関係を基盤として、保護者の思いを踏まえつつ記載する。

問題14 次の文は、「保育所保育指針解説」（平成30年3月）の長時間保育についての記述である。適切な記述を○、不適切な記述を×とした場合の正しい組み合わせを一つ選びなさい。

A 長時間保育の子どもについては、指導計画を作成する際には1日の保育の流れを把握した上で、子どもにふさわしい対応をすることが重要である。

B 長時間保育の場合、家庭との連携を密にし、子どもの生活の様子や育ちの姿を伝え合い、子どもの思いや1日の生活の全体像について理解を共有することが求められる。

C 長時間保育においては複数の職員が担当することになるため、引き継ぎの際には職員間での情報の伝達が適切に行われるよう心がけることが必要である。

D 長時間保育であっても、通常の時間帯における保育と変わらない視野で保育を実施する。

（組み合わせ）

	A	B	C	D
1	○	○	○	×
2	○	×	○	×
3	○	×	×	○
4	×	○	○	×
5	×	×	×	○

問題15 次の文は、「児童福祉法」第2条の一部である。（　A　）～（　C　）にあてはまる語句の正しい組み合わせを一つ選びなさい。

・全て国民は、児童が良好な環境において生まれ、かつ、社会のあらゆる分野において、児童の年齢及び発達の程度に応じて、その（　A　）が尊重され、その（　B　）が優先して考慮され、心身ともに健やかに育成されるよう努めなければならない。

・（　C　）は、児童を心身ともに健やかに育成することについて第一義的責任を負う。

（組み合わせ）

	A	B	C
1	意見	最善の利益	児童の保護者
2	意見	福祉	児童の保護者
3	人格	最善の利益	国
4	人格	福祉	国
5	人格	最善の利益	児童の保護者

問題16　次の表は、令和4年及び令和5年の保育所等数と利用児童数を示したものである。この表を説明した記述として、適切なものを○、不適切なものを×とした場合の正しい組み合わせを一つ選びなさい。

【表】

保育所等の利用定員・利用児童数等の状況

		保育所等数		利用定員数		利用児童数	定員充足率
令和4年		39,244か所		3,044,399人		2,729,899人	
	保育所等	30,374か所	保育所等	2,860,793人	保育所等	2,575,402人	
	幼稚園型認定こども園等	1,396か所	幼稚園型認定こども園等	65,831人	幼稚園型認定こども園等	62,289人	89.7%
	地域型保育事業	7,474か所	地域型保育事業	117,775人	地域型保育事業	92,208人	
令和5年		39,589か所		3,050,928人		2,717,335人	
	保育所等	30,600か所	保育所等	2,860,739人	保育所等	2,555,935人	
	幼稚園型認定こども園等	1,477か所	幼稚園型認定こども園等	71,545人	幼稚園型認定こども園等	66,876人	89.1%
	地域型保育事業	7,512か所	地域型保育事業	118,644人	地域型保育事業	94,524人	

出典：こども家庭庁「保育所等関連状況取りまとめ（令和5年4月1日）」

A　令和4年と比較して、令和5年の利用定員数はいずれの施設においても増加している。

B　令和4年と比較して、令和5年の幼稚園型認定こども園等の数は増加する一方で、地域型保育事業の数は減少している。

C　令和4年と比較して、令和5年の保育所等の利用児童数は減少する一方で、幼稚園型認定こども園等の利用児童数は増加している。

D　令和4年と比較して、令和5年の保育所等数の合計は減少している。

（組み合わせ）

	A	B	C	D
1	○	○	○	×
2	○	○	×	○
3	○	×	○	×
4	×	○	×	○
5	×	×	○	×

問題17 次の文は、保育の形態についての記述である。適切な記述を○、不適切な記述を×とした場合の正しい組み合わせを一つ選びなさい。

A 合唱発表会のために、保育士が「全員が今までで一番楽しく歌えるようにする」という目標を定め、全員で練習を繰り返すことは一斉保育である。

B 事前に、子どもたちがやりたいことを把握し、それに合わせた絵本や遊具などを複数のコーナーに配置し、子どもがそこからやりたいものを選ぶ形態はコーナー保育である。

C クラス全員で、保育士が「みんなで歌を歌いましょう」と一斉に歌わせる形態は設定保育である。

D 子どもが自分で好きな場所を見つけ、好きな遊びをする形態は自由保育である。

（組み合わせ）

	A	B	C	D
1	○	○	○	×
2	○	×	○	×
3	○	×	×	○
4	×	○	×	○
5	×	×	○	×

問題18 次の保育所での【事例】を読んで、【設問】に答えなさい。

【事例】

　N君（生後8か月）は、保育所に通うようになって5か月がたつ。担当保育士だけでなくほかの保育士にもよくなつき、笑顔の絶えない子どもである。しかし、最近になって担当保育士以外の保育士が抱こうとすると嫌がったり、ぐずったりするようになった。母親に聞いてみると、家庭でも母親や父親以外の人があやしたり、声をかけると泣き出して困っているという話であった。

【設問】

　保育士の対応として、適切な記述を○、不適切な記述を×とした場合の正しい組み合わせを一つ選びなさい。

A　N君は8か月であることから、人見知りが始まっていると考えられるため、落ち着いてくるまではできるだけ担当保育士が関わることにした。

B　N君の母親に人見知りが始まったと思われることを説明し、あまり気にしないように伝えた。

C　N君が嫌がったり、ぐずったりするのは、その保育士の抱き方が悪いためと考え、抱き方をみんなで検討した。

D　N君がいろいろな人に関わる経験をもつことが必要と考え、複数の保育士で担当することにした。

（組み合わせ）

	A	B	C	D
1	○	○	○	×
2	○	×	○	×
3	○	○	×	×
4	×	×	○	○
5	×	○	×	○

問題19 次の保育所での【事例】を読んで、【設問】に答えなさい。

【事例】

　4歳児クラスで、クラス全体で子どもたちが入って遊べる家をつくる計画を立てた。このため、必要な段ボールなど大きな材料は保育所で準備したが、家の中で使う道具に用いる牛乳パックやペットボトルなどが思うように集まらず、家庭から持ってきてもらうことにした。

【設問】

　家庭へのおたよりの内容として不適切なものを一つ選びなさい。

1　何が不足しているのかを伝える。

2　どの子どもも、必ず何かを持ってくるように伝える。

3　家庭にない場合には無理をしなくてもよいことを伝える。

4　どのような家をつくる計画なのかを伝える。

5　牛乳パックやペットボトルで何をつくるのかを伝え、ほかに適した材料があれば知らせてもらうように伝える。

問題20 次の文は、苦情解決についての記述である。適切な記述を○、不適切な記述を×とした場合の正しい組み合わせを一つ選びなさい。

A　「児童福祉施設の設備及び運営に関する基準」では、児童福祉施設は、苦情に迅速かつ適切に対応するため、苦情受付窓口を設置するなどの措置を講じなければならないとしている。

B　保育所は、保護者等の意向を受け止めながら、保育所の考えや保育の意向などについて十分説明し、改善の努力や表明をすることが必要である。

C　「児童福祉施設の設備及び運営に関する基準」では、児童福祉施設は、児童相談所が行う調査にできる限り協力しなければならないとしている。

D　保育所では、苦情解決責任者として主任保育士を配置する。

（組み合わせ）

	A	B	C	D
1	○	○	○	×
2	○	○	×	×
3	○	×	○	○
4	×	×	×	○
5	×	○	○	×

● 子ども家庭福祉

問題1 次の文は、「児童憲章」の一部である。（　A　）〜（　C　）にあてはまる語句の正しい組み合わせを一つ選びなさい。

　われらは、（　A　）の精神にしたがい、児童に対する正しい観念を確立し、すべての児童の（　B　）をはかるために、この憲章を定める。

　児童は、人として尊ばれる。

　児童は、社会の一員として重んぜられる。

　児童は、よい（　C　）の中で育てられる。

（組み合わせ）

	A	B	C
1	児童福祉法	幸福	社会
2	日本国憲法	幸福	環境
3	民法	幸せ	家庭
4	日本国憲法	幸せ	家庭
5	児童福祉法	安定	環境

問題2 次のA〜Eは、子ども家庭福祉に関する法律である。これらを制定年の古い順に並べた場合の正しい組み合わせを一つ選びなさい。

A　児童虐待の防止等に関する法律

B　子どもの貧困対策の推進に関する法律

C　少子化社会対策基本法

D　児童手当法

E　こども基本法

（組み合わせ）

1　A→B→D→C→E

2　A→D→B→E→C

3　C→D→A→B→E

4　D→A→C→B→E

5　D→E→A→B→C

問題3 次の文は、法律における児童の年齢区分についての記述である。適切な記述を○、不適切な記述を×とした場合の正しい組み合わせを一つ選びなさい。

A 「少年法」では、20歳に満たない者を少年としている。

B 「児童扶養手当法」では、障害の有無にかかわらず20歳未満を児童としている。

C 「児童福祉法」では、満20歳に満たない者を児童としている。

D 「母子保健法」では、18歳未満を児童としている。

（組み合わせ）

	A	B	C	D
1	○	○	○	×
2	○	×	○	×
3	○	×	×	×
4	×	○	×	○
5	×	×	○	○

問題4 次の文は、2016（平成28）年改正の「児童福祉法」第一節「国及び地方公共団体の責務」についての記述である。適切な記述を○、不適切な記述を×とした場合の正しい組み合わせを一つ選びなさい。

A 国及び地方公共団体は、児童が家庭において心身ともに健やかに養育されるよう、児童の保護者を支援しなければならない。

B 障害児通所給付費の支給は、都道府県の業務である。

C 小児慢性特定疾病医療費の支給は、都道府県の業務である。

D 国は、都道府県及び市町村が行う児童の福祉に関する業務について措置を講じることはない。

（組み合わせ）

	A	B	C	D
1	○	○	○	×
2	○	×	○	×
3	○	×	×	○
4	×	○	×	○
5	×	○	○	×

問題5 次の文は、児童相談所についての記述である。誤っている記述を一つ選びなさい。

1 医師であって、精神保健に関して学識経験を有する者は、児童相談所の所長となる資格を有する。

2 児童相談所には、児童福祉司を配置しなければならない。

3 児童相談所の管轄区域は、国が定める。

4 児童相談所は、児童の福祉に関する業務（一時保護を除く）を必要に応じ、巡回によって行うことができる。

5 都道府県は、児童相談所を設置しなければならない。

問題6 次の文は、体罰についての記述である。適切な記述を○、不適切な記述を×とした場合の正しい組み合わせを一つ選びなさい。

A 「体罰等によらない子育てのために～みんなで育児を支える社会に～」では、全ての子どもは、健やかに成長・発達することが権利として保障されており、体罰は子どもの権利を侵害するとしている。

B 「体罰等によらない子育てのために～みんなで育児を支える社会に～」では、しつけについて、子どもの人格や才能等を伸ばし、社会において自律した生活を送れるようにすること等の目的から、子どもをサポートして社会性を育む行為としている。

C 「児童福祉法」では、やむを得ない場合には、児童福祉施設の施設長が体罰を加えることを認めている。

D 「児童虐待の防止等に関する法律」では、児童の親権者が、しつけの際に体罰を加えることを禁止している。

（組み合わせ）

	A	B	C	D
1	○	○	○	×
2	○	○	×	○
3	○	×	○	○
4	×	×	○	×
5	×	×	×	○

問題7 次の文は、わが国の児童福祉の歴史に関する記述である。適切な記述を○、不適切な記述を×とした場合の正しい組み合わせを一つ選びなさい。

A 石井十次が創設した岡山孤児院は、児童数が一時1,000人を超える大規模施設であったが、小舎制を取り入れていた。

B 留岡幸助が創設した家庭学校は、感化施設として非行少年を受け入れていた。

C 東京整肢療護園を創設した高木憲次は、肢体不自由や療育という概念の創始者である。

D びわこ学園を創設した石井亮一は、「この子らを世の光に」という言葉を述べ、発達保障の概念を示した。

（組み合わせ）

	A	B	C	D
1	○	○	○	×
2	○	×	○	○
3	○	×	×	○
4	×	○	×	×
5	×	○	○	×

問題8 次の文は、「児童虐待の防止等に関する法律」の一部である。（　A　）～（　C　）にあてはまる語句の正しい組み合わせを一つ選びなさい。

　国及び地方公共団体は、児童虐待を受けた児童がその（　A　）に著しく重大な被害を受けた事例の分析を行うとともに、児童虐待の予防及び（　B　）のための方策、児童虐待を受けた児童の（　C　）並びに児童虐待を行った保護者の指導及び支援のあり方、学校の教職員及び児童福祉施設の職員が児童虐待の防止に果たすべき役割その他児童虐待の防止等のために必要な事項についての調査研究及び検証を行うものとする。

（組み合わせ）

	A	B	C
1	心身	早期発見	ケア
2	身体	発見	保護
3	精神	早期発見	ケア
4	心身	発見	保護
5	身体	早期発見	ケア

問題9 次の文は、障害児施策についての記述である。正しい記述を○、誤っている記述を×とした場合の正しい組み合わせを一つ選びなさい。

A 「児童福祉法」では、難病等の児童も障害児に含めている。

B 障害のある児童に対して特別児童扶養手当が支給される。

C 児童発達支援は、障害のある児童を児童発達支援センターなどに通わせて、日常生活における基本的動作及び知識技能の習得、集団生活への適応支援、肢体不自由児への治療などを行う。

D 小児慢性特定疾病医療支援の対象は、小児慢性特定疾病にかかっている満18歳未満の児童である。

（組み合わせ）

	A	B	C	D
1	○	○	○	×
2	○	○	×	○
3	○	×	○	×
4	×	×	○	○
5	×	○	×	×

問題10　次の文は、ひとり親家庭への支援についての記述である。正しい記述を○、誤っている記述を×とした場合の正しい組み合わせを一つ選びなさい。

A　児童扶養手当の支給を受ける場合には、受給資格と手当の額について都道府県知事等の認定を受けなければならない。

B　「母子及び父子並びに寡婦福祉法」では、母子家庭や寡婦に対する貸付金について規定しているが、父子家庭に対する貸付金についての規定はない。

C　母子家庭等は、保育所へ優先入所することができる。

D　母子家庭だけでなく、父子家庭に対しても就業支援事業が実施されている。

（組み合わせ）

	A	B	C	D
1	○	○	○	×
2	○	○	×	○
3	○	×	○	○
4	×	○	×	×
5	×	×	○	○

問題11 次の【Ⅰ群】の施設・事業名と、【Ⅱ群】の概要を結びつけた場合の正しい組み合わせを一つ選びなさい。

【Ⅰ群】

A　児童家庭支援センター

B　自立援助ホーム

C　ファミリーホーム

【Ⅱ群】

ア　保護者のない児童または保護者に監護させることが不適当であると認められる児童の養育に関し相当の経験を有する者等の住居において養育を行う。

イ　不良行為をなし、またはなすおそれのある児童および家庭環境その他の環境上の理由により生活指導等を要する児童を入所させ、または保護者の下から通わせて、個々の児童の状況に応じて必要な指導を行い、その自立を支援し、あわせて退所した者について相談その他の援助を行う。

ウ　措置解除者等に対し、共同生活を営むべき住居等における相談その他の日常生活上の援助および生活指導並びに就業の支援を行い、あわせて援助の実施を解除された者に対し相談その他の援助を行う。

エ　地域の児童の福祉に関する各般の問題につき、児童に関する家庭その他からの相談のうち、専門的な知識および技術を必要とするものに応じ、必要な助言を行う。

（組み合わせ）

	A	B	C
1	ア	ウ	イ
2	イ	ア	エ
3	イ	ウ	ア
4	エ	ア	イ
5	エ	ウ	ア

問題12　次の文は、「里親が行う養育に関する最低基準」についての記述である。適切な記述を○、不適切な記述を×とした場合の正しい組み合わせを一つ選びなさい。

A　里親は、委託児童に対して「学校教育法」の規定に基づく義務教育を受けさせなければならないとされ、義務教育以外については特に規定されていない。

B　食事の提供については、日常生活における食事についての正しい理解と望ましい習慣を養うことも目的とされている。

C　里親は、都道府県知事に対して委託児童の状況を不定期に報告しなければならない。

D　里親に同時に委託される児童の数は、6人を超えることはできない。

（組み合わせ）

	A	B	C	D
1	○	○	×	○
2	○	×	○	×
3	○	×	×	○
4	×	○	×	×
5	×	○	○	○

問題13　次の文は、「児童福祉法」第6条の3（平成27年4月1日施行）についての記述である。適切な記述を○、不適切な記述を×とした場合の正しい組み合わせを一つ選びなさい。

A　子育て短期支援事業の実施方法には、施設への入所のほか、里親への委託も含まれる。

B　事業所内保育事業では、その保育所を運営する事業主が雇用している乳幼児のみが保育の対象である。

C　子育て援助活動支援事業では、子育て援助活動援助希望者への講習を実施する事業で、利用希望者と援助希望者との間の連絡、調整は別の事業で実施されている。

D　放課後児童健全育成事業の対象は、小学校に就学している児童で、保護者が労働等によって昼間家庭にいないものである。

（組み合わせ）

	A	B	C	D
1	○	○	○	×
2	○	×	○	×
3	○	×	×	○
4	×	○	×	○
5	×	×	○	×

問題14 次の文は、母子保健についての記述である。正しい記述を○、誤っている記述を×とした場合の正しい組み合わせを一つ選びなさい。

A 「母子保健法」では、2,500ｇ未満で出生した乳児を未熟児というとしている。

B 市町村が実施する新生児の訪問指導は、対象となる新生児が新生児でなくなった後も継続することができる。

C 市町村は、妊産婦または乳児若しくは幼児に対して、栄養の摂取について必要な援助を行わなければならない。

D 養育医療の給付の対象は未熟児である。

（組み合わせ）

	A	B	C	D
1	○	○	○	×
2	○	○	×	○
3	○	×	○	×
4	×	○	×	○
5	×	×	○	×

問題15 次の文は、障害児通所支援事業についての記述である。<u>不適切な記述</u>を一つ選びなさい。

1 児童発達支援は障害児通所支援事業の一つで、児童発達支援センターその他の施設での支援の提供等をいう。

2 児童発達支援で行われる治療の対象になるのは知的障害のある児童である。

3 障害児相談支援には、障害児支援利用援助と継続障害児支援利用援助がある。

4 放課後等デイサービスでは、学校（幼稚園と大学を除く）に就学している障害のある児童に対して、授業終了後または学校が休みの日に児童発達支援センターその他の施設で支援や社会との交流の促進などを行う。

5 保育所等訪問支援では、保育所などに通所している障害のある児童に対して、通所している施設に訪問し、そこで他の児童との集団生活への適応のための専門的な支援などを行う。

問題16 次の文は、諸外国の保育関連施策についての記述である。適切な記述を○、不適切な記述を×とした場合の正しい組み合わせを一つ選びなさい。

A　フランスでは、義務教育の対象年齢を３〜16歳の13年間としている。

B　ドイツにおける保育ママ制度をチャイルド・マインダーという。

C　アメリカで実施されているヘッド・スタート計画は、すべての子どもを対象とした就学前教育支援である。

D　イギリスでは、就学前教育・保育を行う施設を、すべて児童福祉施設として位置づけている。

（組み合わせ）

	A	B	C	D
1	○	○	○	×
2	○	○	×	○
3	○	×	○	×
4	×	○	×	○
5	○	×	×	×

問題17 次の文は、「子どもの貧困対策の推進に関する法律」第２条第２項の条文である。（　A　）・（　B　）にあてはまる語句の正しい組み合わせを一つ選びなさい。

　子どもの貧困対策は、子ども等に対する（　A　）の支援、生活の安定に資するための支援、職業生活の安定と向上に資するための就労の支援、経済的支援等の施策を、子どもの現在及び将来がその生まれ育った（　B　）によって左右されることのない社会を実現することを旨として、子ども等の生活及び取り巻く（　B　）の状況に応じて包括的かつ早期に講ずることにより、推進されなければならない。

（組み合わせ）

	A	B
1	学習	家庭
2	教育	家庭
3	教育	環境
4	自立	家庭
5	自立	環境

問題18　次の文は、保育所の社会的責任についての記述である。適切な記述を○、不適切な記述を×とした場合の正しい組み合わせを一つ選びなさい。

A　保育所は子どもの人権に十分に配慮するとともに、子ども一人一人の人格を尊重して保育を行わなければならない。

B　保育所は入所する子ども等の個人情報を適切に取り扱わなければならない。

C　保育所は、保護者の苦情などに対し、その解決を図るように努めなければならない。

D　保育所は、地域社会との交流や連携を図り、保育内容について説明する義務がある。

（組み合わせ）

	A	B	C	D
1	○	○	○	×
2	○	○	×	○
3	○	×	○	×
4	×	○	×	○
5	×	×	×	○

問題19　次の保育所での【事例】を読んで、【設問】に答えなさい。

【事例】

　Dちゃん（3歳）は、0歳児のときから保育所に通園している。保護者は共働きで、母親もフルタイムで働いているため、自宅でDちゃんと接する時間が少ない。Dちゃんは、保育所で急にほかの子どもをたたいたり、大きな音がすると保育室から逃げ出したりすることが日常的になっている。送迎の際に母親に自宅での状況を聞くと、「Dは、いつも疲れているのか、食事が終わるとすぐに眠ってしまうのでわからない」という返事であった。

【設問】

　この【事例】における保育士の対応として、適切な記述の組み合わせを一つ選びなさい。

A　「発達障害なので、すぐに病院に連れていきましょう」と伝える。

B　保育所でのDちゃんの様子を伝え、専門病院の情報を伝える。

C　仕事を休み、Dちゃんの様子を把握するよううながす。

D　「保育所でも注意して様子を観察しますので、お母さんもできるだけDちゃんの様子に注意をはらってみてください」と伝える。

（組み合わせ）

1　A　B
2　A　C
3　B　C
4　B　D
5　C　D

問題20　次の保育所での【事例】を読んで、【設問】に答えなさい。

【事例】

　H君（3歳）は、心身ともに順調な成長を見せている。しかし、2か月前に妹が生まれてから、保育所でも昼寝のときに保育士がそばにいないと眠れない、1日中保育士について回るなどするようになった。母親に家庭でのようすを聞いてみると、保育所から帰ると寝るまで母親について回り、母親が「向こうに行って遊んでいなさい」というと泣き出すなど、情緒が安定していないようすである。

【設問】

　この【事例】における保育士の対応として、適切な記述の組み合わせを一つ選びなさい。

A　母親から妹が生まれてからの家庭の状態をくわしく聞く。

B　妹が生まれたことによる情緒不安定も考えられるので、できるだけH君にも声をかけたり抱きしめたりするよう母親に伝える。

C　H君に「お兄ちゃんになったのだからしっかりしなさい」と言って、厳しく接するようにする。

D　母親に、H君が泣いているときには甘やかさず放っておくように伝える。

（組み合わせ）

1　A　B
2　A　C
3　B　C
4　B　D
5　C　D

● 社会福祉

問題 1 次の文は、「日本国憲法」と社会福祉についての記述である。適切な記述を○、不適切な記述を×とした場合の正しい組み合わせを一つ選びなさい。

A 基本的人権について規定しているのは第11条である。

B わが国の基本的人権には社会権も含まれ、すべての人が人間らしく豊かに生きる権利が保障されている。

C 基本的人権は、「日本国憲法」によって保障された、すべての国民が享有する永久不可侵の権利である。

D 「日本国憲法」では、国民が個人として尊重される。

（組み合わせ）

	A	B	C	D
1	○	○	○	○
2	○	○	×	○
3	○	×	○	×
4	×	×	○	○
5	×	○	×	×

問題 2 次のA～Eは、福祉六法に関する記述である。これらを年代の古い順に並べた場合の正しい組み合わせを一つ選びなさい。

A 「身体障害者福祉法」の制定

B 「児童福祉法」の制定

C 「老人福祉法」の制定

D 「精神薄弱者福祉法」（現：「知的障害者福祉法」）の制定

E 「母子福祉法」（現：「母子及び父子並びに寡婦福祉法」）の制定

（組み合わせ）

1　B→A→D→C→E

2　B→A→D→E→C

3　A→B→C→D→E

4　A→D→B→C→E

5　C→B→A→D→E

問題3 次の文は、わが国の社会福祉の歴史についての記述である。<u>不適切な記述</u>を一つ選びなさい。

1 現在の民生委員制度の前身とされているのは、方面委員制度である。

2 1929（昭和4）年に制定された「救護法」では、生活扶助、医療扶助、助産扶助、生業扶助の4つの公的扶助が規定されていた。

3 ドイツのエルバーフェルト制度を参考に1917（大正6）年に岡山県で始まり、翌年大阪府に創設された済世顧問制度は、のちに全国に普及した。

4 わが国初のセツルメント・ハウスは片山潜らによって設立されたキングスレー館である。

5 1936（昭和11）年に法制化された方面委員制度によって、住民の生活状況や要保護者の状況の調査が方面委員の任務とされた。

問題4 次のうち、相談援助の展開過程の中の「プランニング」に関する記述として、適切なものを○、不適切なものを×とした場合の正しい組み合わせを一つ選びなさい。

A プランニングに先立ち、具体的に支援すべき目標を設定しなければならない。

B エバリュエーションの後に行われる。

C 利用者自身にプランニングに参加してもらい、協働する。

（組み合わせ）

	A	B	C
1	○	○	○
2	○	○	×
3	○	×	○
4	×	×	○
5	×	×	×

問題5 次の文は、わが国の医療保険制度についての記述である。適切な記述を○、不適切な記述を×とした場合の正しい組み合わせを一つ選びなさい。

A 後期高齢者医療制度の対象は、80歳以上の高齢者である。

B わが国では、原則として医療保険に加入しなければならない国民皆保険制度がとられている。

C 共済組合は、公務員や私学教職員を対象とする制度である。

D 医療保険制度は、病気に対する保険給付制度で、出産や死亡事故などは対象とならない。

（組み合わせ）

	A	B	C	D
1	○	○	○	×
2	○	×	○	×
3	○	×	×	○
4	×	○	○	×
5	×	×	×	○

問題6 次の文は、「生活保護法」についての記述である。適切な記述を○、不適切な記述を×とした場合の正しい組み合わせを一つ選びなさい。

A 「生活保護法」では、保護の基準及び程度を最低限度の生活を満たす程度で、その程度を超えない不足部分を補うとしている。

B 教育扶助の対象は義務教育期間で、幼稚園への通園は対象とはならない。

C 「生活保護法」では、生活上の義務として被保護者が常に能力に応じて勤労に励むように努めることとしているが、支出の節約等については規定がない。

D 保護の基準は、都道府県知事が定める。

（組み合わせ）

	A	B	C	D
1	○	○	×	×
2	○	×	○	×
3	○	×	×	○
4	×	○	○	×
5	×	×	×	○

問題7 次の文は、在宅福祉についての記述である。適切な記述を○、不適切な記述を×とした場合の正しい組み合わせを一つ選びなさい。

A 地域福祉においては、ボランティアやNPO法人など民間が主体となって地域の生活課題を解決していく。

B 「社会福祉法」では、地域福祉の推進について、地域住民が相互に人格と個性を尊重し合いながら、参加し、共生する地域社会の実現を目指して行われなければならないとしている。

C 市町村は、地域福祉の推進に関する事項を一体的に定める計画を策定しなければならない。

D 社会福祉協議会は、地域福祉の推進を図ることを目的とする都道府県の附属機関である。

（組み合わせ）

	A	B	C	D
1	○	○	○	×
2	○	○	×	×
3	○	×	○	×
4	×	×	○	○
5	×	×	×	○

問題8 次の文は、児童福祉施設の第三者評価についての記述である。不適切な記述を一つ選びなさい。

1 保育所の第三者評価受審は、努力義務である。

2 第三者評価を実施する際には、利用者やその家族への調査も実施される。

3 第三者評価の結果の公表は、すべて国が行う。

4 第三者評価の基準は、都道府県推進組織が「福祉サービス第三者評価基準ガイドライン」に基づいて策定する。

5 児童養護施設は第三者評価を3年に一回以上受審しなければならない。

問題9 次の文は、「障害者基本法」についての記述である。適切な記述を○、不適切な記述を×とした場合の正しい組み合わせを一つ選びなさい。

A 「障害者基本法」において、障害者が社会、経済、文化その他あらゆる分野の活動に参加する機会が確保されることが規定されている。

B 「障害者基本法」において、意思疎通のための手段を選択する機会が確保されることが規定されているが、その手段に手話は含まれていない。

C 「障害者基本法」では、社会的障壁として日常生活や社会生活を営むうえで障壁となるような社会における事物、制度、慣行、観念その他の一切のものをあげている。

D 「障害者基本法」では、障害者を身体障害、知的障害、精神障害のある者としている。

（組み合わせ）

	A	B	C	D
1	○	○	○	×
2	○	×	○	×
3	○	×	×	○
4	×	○	×	○
5	×	×	×	○

問題10 次の障害者施策に関する法律を、制定された順に並べた場合の正しい組み合わせを一つ選びなさい。

A 「障害者基本法」

B 「障害者の日常生活及び社会生活を総合的に支援するための法律（障害者総合支援法）」

C 「知的障害者福祉法」

D 「精神保健及び精神障害者福祉に関する法律（精神保健福祉法）」

（組み合わせ）

1 D→A→B→C

2 B→A→C→D

3 A→C→D→B

4 D→C→A→B

5 C→D→B→A

問題11 次の文は、特定非営利活動法人（ＮＰＯ法人）についての記述である。適切な記述を○、不適切な記述を×とした場合の正しい組み合わせを一つ選びなさい。

A　特定非営利活動法人はボランティア活動が発展したものであり、「特定非営利活動促進法」に基づいて活動を行っている。

B　特定非営利活動法人を立ち上げる際には、国の認証が必要である。

C　特定非営利活動法人は、役員として理事を5人以上、監事を1人以上置くこととされている。

D　特定非営利活動法人は営利を目的としない法人であり、利益を社員で配分してはならない。

（組み合わせ）

	A	B	C	D
1	○	○	○	×
2	○	○	×	○
3	○	×	×	○
4	×	×	○	×
5	×	×	○	○

問題12 次のうち、相談援助の方法・技術等に関する記述として、適切なものを○、不適切なものを×とした場合の正しい組み合わせを一つ選びなさい。

A　アウトリーチとは、援助を求めているクライエントの主訴を傾聴する援助技術である。

B　コーディネーションとは、クライエントの支援に必要なサービスや人間関係などの社会資源を調整することである。

C　オープンクエスチョンとは、面接の技法の一つで、クライエントが答えやすいよう「はい」か「いいえ」の一言で答えられるような質問をする方法である。

（組み合わせ）

	A	B	C
1	○	○	○
2	○	×	×
3	×	○	×
4	×	×	○
5	×	×	×

問題13　次の文は、社会福祉従事者についての記述である。適切な記述を○、不適切な記述を×とした場合の正しい組み合わせを一つ選びなさい。

A　社会福祉主事は「社会福祉法」に規定される任用資格で、福祉事務所の現業職員はこの資格を所持していなければならない。

B　社会福祉協議会には、社会福祉主事の資格を所持している職員を配置しなければならない。

C　身体障害者福祉司は、市町村の身体障害者更生相談所に配置される。

D　家庭相談員は、児童相談所に設置される家庭児童相談室に配置される。

（組み合わせ）

	A	B	C	D
1	○	○	○	×
2	○	○	×	○
3	○	×	×	×
4	×	○	○	○
5	×	×	×	○

問題14　次の文は、バイステックの7原則についての記述である。適切な記述を○、不適切な記述を×とした場合の正しい組み合わせを一つ選びなさい。

A　一人ひとりのクライエントを個人としてとらえ、個別的な対応をするのは個別化である。

B　対象者の自己決定とは、選択や決定を援助者が行うことをいう。

C　クライエントが自分の感情を自覚し、冷静に表出することは統制された情緒的関与である。

D　援助者の働きかけによってクライエントが自分の考えや感情を自由に表現できるようにするのは意図的な感情表出である。

（組み合わせ）

	A	B	C	D
1	○	○	○	×
2	○	○	×	×
3	○	×	×	○
4	×	×	○	○
5	×	×	○	×

問題15　次の文は、わが国の社会保障制度についての記述である。適切な記述を○、不適切な
　　　記述を×とした場合の正しい組み合わせを一つ選びなさい。

A　介護保険制度では、行政がすべてを決定する措置制度が取り入れられている。

B　厚生年金に加入している者は、同時に国民年金にも加入している。

C　労働者が、自ら職業に関する教育訓練を受けた場合に必要な給付を行うのは、「雇用保険
　　法」に基づいている。

D　わが国の国民年金被保険者で最も多いのは第1号被保険者である。

（組み合わせ）

	A	B	C	D
1	○	○	○	×
2	○	○	×	○
3	○	×	○	×
4	×	○	○	×
5	×	×	×	○

問題16　次の文は、手当に関する記述である。不適切な記述を一つ選びなさい。

1　特別障害者手当は、20歳以上のすべての障害者に支給される。

2　児童扶養手当は、ひとり親家庭の児童を対象として支給されている。

3　子ども・子育て支援新制度の子ども・子育て支援給付でいう子どものための現金給付とは、
　　児童手当を指している。

4　特別児童扶養手当は、在宅で20歳未満の障害児を監護あるいは養育している者に支給される。

5　「児童福祉法」には、手当の支給について規定されていない。

問題17 次の文は、日本の少子化の状況に関する記述である。適切な記述を○、不適切な記述を×とした場合の正しい組み合わせを一つ選びなさい。

A 「令和4年度雇用均等基本調査」（厚生労働省）によれば、2022年度の男性の育児休業取得率は約4割である。

B 「第16回出生動向基本調査」（国立社会保障・人口問題研究所）によれば、2021年における未婚者の平均希望子ども数は、男女ともに2人を上回っている。

C 厚生労働省の人口動態統計による日本の出生数は、2016（平成28）年に統計開始以来はじめて100万人を割った。

D 「第16回出生動向基本調査」（国立社会保障・人口問題研究所）によれば、2021年における「いずれ結婚するつもり」と考えている未婚者の割合は、男女ともに8割を超えている。

（組み合わせ）

	A	B	C	D
1	○	○	○	×
2	○	×	○	×
3	○	×	×	×
4	×	×	○	○
5	×	○	×	○

問題18 次の手当・給付とその根拠となる法律名を結びつけた場合の適切なものの組み合わせを一つ選びなさい。

　　　　＜手当・給付＞　　　　　　　＜法律名＞

A 母子家庭自立支援給付金————「配偶者からの暴力の防止及び被害者の保護等に関する法律」

B 出産手当金————————「健康保険法」

C 育児休業給付————————「雇用保険法」

D 進学準備給付金——————「教育基本法」

（組み合わせ）

1 A B
2 A C
3 B C
4 B D
5 C D

問題19 次の文は、「こども大綱」の一部である。（　A　）～（　C　）にあてはまる語句の正しい組み合わせを一つ選びなさい。

　「こどもまんなか社会」とは、全てのこども・若者が、日本国憲法、（　A　）及びこどもの権利条約の精神にのっとり、生涯にわたる（　B　）の基礎を築き、自立した個人としてひとしく健やかに成長することができ、心身の状況、置かれている環境等にかかわらず、ひとしくその権利の擁護が図られ、身体的・精神的・社会的に将来にわたって幸せな状態（（　C　））で生活を送ることができる社会である。

（組み合わせ）

	A	B	C
1	児童福祉法	人格形成	ウェルビーイング
2	児童福祉法	発達	ウェルネス
3	こども基本法	人格形成	ウェルビーイング
4	こども基本法	発達	ウェルビーイング
5	こども基本法	人格形成	ウェルネス

問題20 次の文は、「令和3（2021）年度社会保障費用統計（概要)」についての記述である。適切な記述を○、不適切な記述を×とした場合の正しい組み合わせを一つ選びなさい。

A　子育て世帯等臨時特別支援事業費補助金による増加が大きく、「福祉その他」の対前年度伸び率が高くなっている。

B　部門別社会保障給付費の対前年度伸び率が最も高いのは「医療」である。

C　社会保障給付費は、前年度より減少している。

D　社会保障財源の総額は、医療費が増加したことによって前年度より増加している。

（組み合わせ）

	A	B	C	D			A	B	C	D
1	○	○	×	○		4	×	×	○	×
2	○	○	×	×		5	×	○	×	○
3	○	×	○	○						

［ 模擬試験　問題 ］

・この表紙は残したまま、問題冊子を取り外してお使いください。

〈得点表〉

	科目名	問題数	目標時間
二日目対応科目	教育原理	/10 問	30 分
	社会的養護	/10 問	30 分
	子どもの保健	/20 問	60 分
	子どもの食と栄養	/20 問	60 分
	保育実習理論	/20 問	60 分

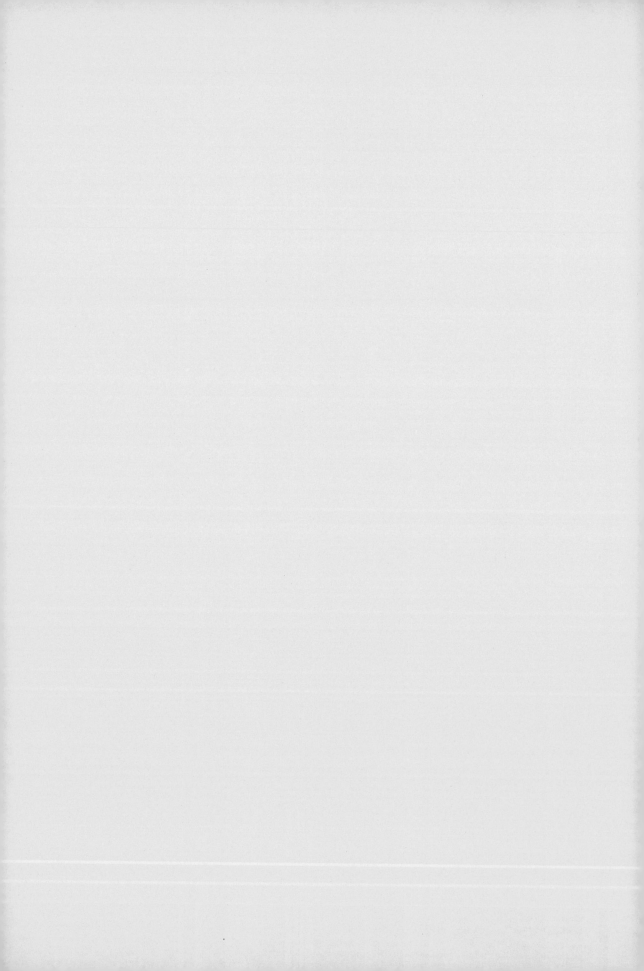

模擬試験

〈2日目対応科目〉

[筆記試験の合格基準]

保育士試験では科目ごとの合格があり、100点満点のうち6割（60点）以上の得点でその科目は合格です。ただし、2科目で1科目扱いの「教育原理及び社会的養護」については「教育原理」「社会的養護」のそれぞれについて満点の6割（30点）以上の得点が必要です。

[解答用紙記入上の注意事項]

1　解答用紙と受験票の受験番号が同じであるか、カナ氏名・科目名を確認し、誤りがある場合は手を挙げて監督員に申し出ること。
2　漢字氏名を必ず記入すること。
3　解答用紙は、折り曲げたりメモやチェック等の書き込みをしないこと。
4　鉛筆またはシャープペンシル（ＨＢ～Ｂ）で、濃くはっきりとマークすること。
　　鉛筆・シャープペンシル以外での記入は、０点になる場合があります。

（良い例）… ● （濃くマークすること。はみだしは厳禁）

（悪い例）… ⊙ ⊗ ⊘ ⬉ ◯ ◌ ◐

5　各問に対し、２つ以上マークした場合は不正解とする。
6　訂正する場合は、「消しゴム」であとが残らないように消すこと。

● 教育原理

問題1　次の文は、「学校教育法」に関する記述である。<u>不適切な記述</u>を一つ選びなさい。
1　学校においては、国公立の小中学校や特別支援学校小学部・中学部などの義務教育を除いて授業料を徴収することができる。
2　校長及び教員は、教育上必要があると認める場合、児童生徒に懲戒を加えることができるが、体罰を加えることはできない。
3　国立学校とは国が設置する学校、公立学校とは地方公共団体が設置する学校、私立学校とは法人が設置する学校をいう。
4　保護者は、子に9年の普通教育を受けさせる義務を負う。
5　経済的理由によって就学困難な学齢児童・学齢生徒の保護者に対して、市町村は必要な援助を与えなければならない。

問題2　次の文は、「教育基本法」の教育の目標の規定である。正しいものを○、誤ったものを×とした場合の正しい組み合わせを一つ選びなさい。
A　幅広い知識と教養を身に付け、真理を求める態度を養い、豊かな情操と道徳心を培うとともに、健やかな身体を養うこと。
B　個人の価値を尊重して、その能力を伸ばし、創造性を培い、自主及び自律の精神を養うとともに、職業及び生活との関連を重視し、勤労を重んずる態度を養うこと。
C　正義と責任、男女の平等、自他の敬愛と協力を重んずるとともに、公共の精神に基づき、能動的に社会の形成に参画し、その発展に寄与する態度を養うこと。
（組み合わせ）
　　　A　B　C
1　○　○　○
2　○　○　×
3　○　×　○
4　×　×　○
5　×　×　×

問題3 次の文は、日本の近代の教育についての記述である。（　A　）～（　C　）にあてはまる語句の組み合わせとして正しいものを一つ選びなさい。

　1872（明治5）年に制定された「（　A　）」によって近代学校教育制度が始まり、すべての子どもの国民（　B　）が目指された。当時、蘭学者・教育者として知られていた（　C　）は、『学問のすゝめ』を著し、教育改革に影響を与えた。

（組み合わせ）

	A	B	C
1	教育令	皆就学	福沢諭吉
2	学制	皆登校	元田永孚
3	小学校令	皆就学	元田永孚
4	学制	皆就学	福沢諭吉
5	教育令	皆登校	井上　毅

問題4 次の文は、大正時代の教育家についての記述である。<u>不適切な記述</u>を一つ選びなさい。

1　「生活を生活で生活へ」という理論に基づいて誘導保育を実践したのは倉橋惣三である。

2　澤柳政太郎は、奈良女子高等師範学校附属小学校で合科学習を実践した。

3　土川五郎は、音楽や唱歌を使って体を動かす、遊びと運動をともなった律動遊戯を考案した。

4　リズム運動で精神と体の調和や発達を図るリトミックを考案したのは、小林宗作である。

5　教科や時間割にとらわれない学びの場を目指した池袋児童の村小学校は、野口援太郎が設立した。

問題5　次の【Ⅰ群】の人物と、【Ⅱ群】の記述を結びつけた場合の正しい組み合わせを一つ選びなさい。

【Ⅰ群】

A　デューイ（Dewey, J.）

B　エレン・ケイ（Key, E.）

C　イリイチ（Illich, I.）

【Ⅱ群】

ア　学校制度を批判し、脱学校論と自律的学習を主張した。『脱学校の社会』を著した。

イ　子どもの自主性を重視し、児童中心主義に基づく新教育運動に影響を与えた。『児童の世紀』を著した。

ウ　プラグマティズムの立場から経験主義、実験主義の教育を提唱した。『民主主義と教育』を著した。

（組み合わせ）

	A	B	C
1	ア	イ	ウ
2	イ	ア	ウ
3	イ	ウ	ア
4	ウ	ア	イ
5	ウ	イ	ア

問題6　次の文のうち、潜在的カリキュラムについての説明として、適切な記述の組み合わせを一つ選びなさい。

A　国語や社会などの教科として編成されるものである。

B　構成要素として、学校の伝統や文化などが含まれる。

C　教育する側の意図にかかわらず、子どもが自然に学びとっていくものである。

D　中心となる課程と、それに関連する周辺課程から構成される。

E　子どもの規範意識や行動様式に対して影響を及ぼすものではない。

（組み合わせ）

1　A　B

2　A　C

3　B　C

4　B　E

5　D　E

問題7　次の文は、近現代の教育方法についての記述である。適切な記述を○、不適切な記述を×とした場合の正しい組み合わせを一つ選びなさい。

A　教師・生徒・教材の教授過程の三要素の相互関係を科学的に分析しようとしたのはオコン（Okon, W.）である。

B　プロジェクト・メソッドを考案したのはデューイ（Dewey, J.）である。

C　発見学習とは、学習者が課題を探求し、みずから発見することで知識を得ていく学習方法で、ブルーナー（Bruner, J.S.）が提唱した。

D　学習者に知識を先行して提供する先行オーガナイザーを提唱したのは、オーズベル（Ausubel, D.P.）である。

E　一斉指導と個別指導を組み合わせることで子どもを一定の水準に到達させる完全習得学習を提唱したのはスキナー（Skinner, B.F.）である。

（組み合わせ）

	A	B	C	D	E
1	○	○	○	○	×
2	○	×	○	○	×
3	○	×	×	×	○
4	×	○	○	○	×
5	×	×	○	○	○

問題8　次の文は、ある国の教育制度についての記述である。どこの国のものか、正しいものを一つ選びなさい。

レッジョ・エミリア・アプローチは、ローリス・マラグッツィが提唱した保育・教育実践である。アトリエリスタとよばれる芸術教師とペダゴジスタとよばれる教育主事、教師が常に協議して、園の運営を行っている。教育実践においては、ドキュメンテーション、ポートフォリオなどの独特の方法がとられている。

1　イタリア
2　イギリス
3　フィンランド
4　フランス
5　アルゼンチン

問題9　次の文は、「学校における『いじめの防止』『早期発見』『いじめに対する措置』のポイント」（文部科学省）についての記述である。不適切な記述を一つ選びなさい。

1　いじめはどの子供にも起こりうる、どの子供も被害者にも加害者にもなりうるという事実を踏まえ、児童生徒の尊厳が守られ、児童生徒をいじめに向かわせないための未然防止に、全ての教職員が取り組むことから始めていく必要がある。

2　全校集会や学級活動（ホームルーム活動）などで校長や教職員が、日常的にいじめの問題について触れ、「いじめは人間として絶対に許されない」との雰囲気を学校全体に醸成していくことが大切である。

3　児童生徒の社会性を育むとともに、幅広い社会体験・生活体験の機会を設け、他人の気持ちを共感的に理解できる豊かな情操を培い、自分の存在と他人の存在を等しく認め、お互いの人格を尊重する態度を養う。

4　教職員の不適切な認識や言動が、児童生徒を傷つけたり、他の児童生徒によるいじめを助長したりすることのないよう、指導の在り方には細心の注意を払う。

5　社会性や自己有用観・自己肯定感などは、生まれたときからの資質であることを踏まえ、異学校種や同学校種間で適切に連携して取り組むことが考えられる。

問題10　次の文は、「幼稚園教育要領」前文に掲げられている教育の目標に関する記述である。不適切な記述を一つ選びなさい。

1　生命を尊び、自然を大切にし、環境の保全に寄与する態度を養うこと。

2　幅広い知識と教養を身に付け、真理を求める態度を養い、豊かな情操と道徳心を培うとともに、健やかな身体を養うこと。

3　伝統と文化を尊重し、それらをはぐくんできた我が国と郷土を愛するとともに、他国を尊重し、国際社会の平和と発展に寄与する態度を養うこと。

4　正義と責任、男女の平等、自他の敬愛と協力を重んずるとともに、公共の精神に基づき、間接的に社会の形成に参画し、その発展に寄与する態度を養うこと。

5　個人の価値を尊重して、その能力を伸ばし、創造性を培い、自主及び自律の精神を養うとともに、職業及び生活との関連を重視し、勤労を重んずる態度を養うこと。

● 社会的養護

問題1 次の文は、里親制度に関する記述である。適切な記述を○、不適切な記述を×とした場合の正しい組み合わせを一つ選びなさい。

A 養子縁組里親は、研修の受講が義務付けられていない。

B 身体障害のある児童は、専門里親が養育する要保護児童に含まれていない。

C 専門里親の要件として、委託児童の養育に専念できることがある。

D 要保護児童の親族である場合を除いて、経済的に困窮していないことが里親に共通の要件である。

（組み合わせ）

	A	B	C	D
1	○	○	○	○
2	○	○	×	×
3	○	×	○	×
4	×	○	×	○
5	×	×	○	○

問題2 次の文は、児童養護施設の小規模化についての記述である。適切な記述を○、不適切な記述を×とした場合の正しい組み合わせを一つ選びなさい。

A 児童養護施設の本体施設は、全施設を小規模グループケア化（オールユニット化）することが目標として掲げられている。

B 児童養護施設の小規模化とは、施設経営を縮小することである。

C 児童養護施設の小規模化のためには、本体施設の定員を20人以下にしていくことが目標として掲げられている。

D 児童養護施設の小規模化の目標には、里親支援の推進も掲げられている。

（組み合わせ）

	A	B	C	D
1	○	○	○	×
2	○	○	×	○
3	○	×	×	○
4	×	×	○	×
5	×	○	○	○

問題3 次の文は、「新しい社会的養育ビジョン」（平成29年　新たな社会的養育の在り方に関する検討会）についての記述である。適切な記述を○、不適切な記述を×とした場合の正しい組み合わせを一つ選びなさい。

A　すべての子ども家庭を支援するため、都道府県ごとにソーシャルワーク体制を構築し、支援メニューの充実を図る。

B　高度に専門的な治療的ケアが一時的に必要な場合には、子どもへの個別対応を基盤とした「できる限り良好な家庭的な養育環境」を提供し、短期の入所を原則とする。

C　永続的解決（パーマネンシー保障）としての里親制度は有力、有効な選択肢として考えるべきである。

D　代替養育を受ける子どもにとって自らの将来見通しが持て、代替養育変更の意思決定プロセスが理解できるよう、年齢に応じた適切な説明、子どもの意向が尊重される必要がある。

（組み合わせ）

	A	B	C	D
1	○	○	○	○
2	○	×	○	×
3	○	×	×	○
4	×	○	×	○
5	×	×	×	×

問題4 次のうち、「児童養護施設運営指針」（平成24年3月　厚生労働省）に基づく養育・支援に関する記述として、適切なものの正しい組み合わせを一つ選びなさい。

A　子ども自身の出生や生い立ちは、退所の直前に開示する。

B　子どもの適性に応じた学習を行うことができるよう、その日の勉強や宿題でわからないところを一緒に復習する時間を設ける。

C　個人の所有物の紛失を防ぐため、よく見えるところに名前を書くことを決まりにする。

D　退所後の子どもの拠り所の一つとなるよう、施設で開かれるイベントや交流会に招待する。

（組み合わせ）

1　A　B
2　A　D
3　B　C
4　B　D
5　C　D

問題5 次の文は、「児童虐待の防止等に関する法律」の記述である。（　Ａ　）～（　Ｃ　）にあてはまる語句の正しい組み合わせを一つ選びなさい。

　児童虐待が児童の（　Ａ　）を著しく侵害し、その心身の成長及び（　Ｂ　）の形成に重大な影響を与えるとともに、我が国における将来の世代の育成にも懸念を及ぼすことにかんがみ、児童に対する虐待の禁止、児童虐待の予防及び早期発見その他の児童虐待の防止に関する国及び地方公共団体の責務、児童虐待を受けた児童の保護及び自立の支援のための措置等を定めることにより、児童虐待の防止等に関する施策を促進し、もって児童の（　Ｃ　）の擁護に資することを目的とする。

（組み合わせ）

	Ａ	Ｂ	Ｃ
1	人権	人格	権利利益
2	人格	人間	利益
3	人権	人間	権利利益
4	発達	人格	利益
5	人格	人間	権利

問題6 次の文は、「里親及びファミリーホーム養育指針」（平成24年3月　厚生労働省）の「社会的養護の基本理念」の一部である。（　Ａ　）～（　Ｄ　）にあてはまる語句の正しい組み合わせを一つ選びなさい。

・社会的養護は、保護者の適切な養育を受けられない子どもを、（　Ａ　）で社会的に保護・養育するとともに、養育に困難を抱える家庭への支援を行うものである。

・（　Ｂ　）第20条では、「家庭環境を奪われた児童又は児童自身の最善の利益にかんがみその家庭環境にとどまることが認められない児童は、国が与える特別の保護及び援助を受ける権利を有する。」と規定されており、児童は（　Ｃ　）として、社会的養護を受ける権利を有する。

・社会的養護は、「すべての子どもを（　Ｄ　）で育む」をその基本理念とする。

（組み合わせ）

	Ａ	Ｂ	Ｃ	Ｄ
1	公的責任	児童憲章	要保護児童	地域
2	保険的方法	児童の権利に関する条約	要保護児童	社会全体
3	公的責任	児童の権利に関する条約	権利の主体	社会全体
4	保険的方法	児童憲章	権利の主体	地域
5	公的責任	児童の権利に関する条約	権利の主体	地域

問題7　次の文は、「児童養護施設入所児童等調査の概要（令和5年2月1日現在）」についての記述である。適切な記述を○、不適切な記述を×とした場合の正しい組み合わせを一つ選びなさい。

A　里親委託児童の委託時の年齢は2歳が最も多くなっている。

B　児童養護施設入所児童の養護問題発生理由として、母の放任・怠だが最も構成割合が高い。

C　児童自立支援施設入所児童の入所経路は、家庭裁判所からが最も多い。

D　児童心理治療施設入所児童では、学業に遅れがある児童が半数を占めている。

（組み合わせ）

	A	B	C	D
1	○	○	○	×
2	○	○	×	○
3	○	×	○	×
4	×	○	×	○
5	×	×	○	×

問題8　次の文は、「社会的養育の推進に向けて（令和6年6月）」についての記述である。不適切な記述を一つ選びなさい。

1　令和4年3月末の里親委託児童数は、令和3年3月末と比べて増加している。

2　令和4年3月末において、児童心理治療施設はすべての都道府県に設置されている。

3　令和4年3月末の母子生活支援施設の設置数は、令和3年3月末と比べて減少している。

4　令和5年10月1日の施設数は、小規模グループケア、地域小規模児童養護施設ともに、令和元年10月1日と比べて増加している。

5　令和4年3月末の養子縁組里親登録世帯数は、令和3年3月末と比べて増加している。

問題9 次の文は、児童福祉施設の職員についての記述である。正しい記述を○、誤っている記述を×とした場合の正しい組み合わせを一つ選びなさい。

A 児童生活支援員は、母子生活支援施設に配置され、入所中の児童の生活支援を行う。

B 家庭支援専門相談員は、入所児童の早期家庭復帰に関する業務を担当し、里親委託や養子縁組推進の業務は担当しない。

C 心理担当職員は、児童心理治療施設に配置される職員である。

D 児童養護施設には、里親支援専門相談員を配置しなければならない。

（組み合わせ）

	A	B	C	D
1	○	○	○	×
2	○	×	○	×
3	○	×	×	○
4	×	○	○	○
5	×	×	×	×

問題10 次の【事例】を読んで、【設問】に答えなさい。

【事例】

E君（6歳）は、母親と二人暮らしだったが母親から虐待を受けて児童養護施設に入所している。A保育士が児童相談所に対し、母親がE君を養育していくことができないということと、養子縁組を希望する人があれば同意するということを伝えたところ、養子縁組里親を希望するSさん夫婦としばらく生活し、マッチングをしてみることになった。しかし、E君は施設のA保育士と離れるのが嫌だと言って、Sさん夫婦と暮らす状況になっていない。

【設問】

A保育士のE君への対応として不適切なものを一つ選びなさい。

1 Sさん夫婦と一緒に暮らしてみて、嫌だったらここに帰ってきてよいのだということを説明する。

2 家庭と同様の養育環境で養育することが子どもにとって望ましいため、E君の意向が変わるかどうかにかかわらず、まずはSさん夫婦のもとに行くよう手続きを進める。

3 今まで通りの接し方をしながら、Sさん夫婦のもとに行ってみようという気持ちになるように言葉かけを行う。

4 Sさん夫婦と面談をくり返し、夫婦の性格などをA保育士が把握してE君に伝える。

5 E君とSさん夫婦の面会をくり返し行い、その際にはA保育士も立ち会うようにする。

●子どもの保健

問題1 次の文は、保育所の災害への備えについての記述である。適切な記述を〇、不適切な記述を×とした場合の正しい組み合わせを一つ選びなさい。

A 「消防法施行令」では、保育所に対して防火管理者の設置等を義務付けている。

B 消火器は、落下や転倒しない場所に設置し、担当職員が使用方法について熟知しておく。

C 避難経路に怪我の要因となるような危険がないか、年に一度点検を行う。

D 発生する可能性のある災害の種類や危険な場所について、実際に職員自ら足で歩いて確認する。

（組み合わせ）

	A	B	C	D
1	〇	〇	〇	×
2	〇	×	×	〇
3	〇	×	〇	×
4	×	〇	×	〇
5	×	×	〇	×

問題2 次の文は、学校感染症の出席停止期間についての記述である。適切な記述を〇、不適切な記述を×とした場合の正しい組み合わせを一つ選びなさい。

A 麻疹の出席停止期間は、発疹が消失するまでである。

B 鳥インフルエンザを除くインフルエンザにかかった場合の出席停止期間は、幼児と小学生以上の児童は同じ日数である。

C 結核と髄膜炎菌性髄膜炎の出席停止期間は、学校医等が感染のおそれがないと認めるまでとされている。

D 咽頭結膜熱の出席停止期間は、主要な症状が消退した後2日とされている。

（組み合わせ）

	A	B	C	D
1	〇	〇	〇	×
2	〇	〇	×	〇
3	〇	×	〇	×
4	×	×	〇	〇
5	×	〇	×	×

問題3 次の文は「令和4年（2022）人口動態統計（確定数）の概況」についての記述である。適切な記述を○、不適切な記述を×とした場合の正しい組み合わせを一つ選びなさい。

A 変動する人口の状態を、一定期間の届け出数でとらえたものである。

B 2022（令和4）年の統計で、幼児（1〜4歳）の死亡原因で最も多いのは不慮の事故である。

C わが国の出生率はここ10年間は上昇し続けている。

D 合計特殊出生率は15〜49歳までの女性の年齢別出生率を合計したもので、一人の女性がその年齢別出生率で一生の間に生むとしたときの子どもの数に相当する。

E 周産期死亡は出産をめぐる死亡のことで、妊娠満22週以後の死産と生後2週未満の早期新生児死亡を合わせたものである。

（組み合わせ）

	A	B	C	D	E
1	○	×	×	○	×
2	○	○	×	○	×
3	○	×	○	×	○
4	×	○	○	×	×
5	×	○	×	×	○

問題4 次の文は予防接種についての記述である。適切な記述の組み合わせを一つ選びなさい。

A 流行性耳下腺炎（おたふくかぜ）は「予防接種法」により定期（勧奨）A類疾病に指定されている。

B 予防接種は、人工的に病原体に感染することで免疫をつくるもので、受動免疫の仕組みを利用している。

C 生ワクチンは、病気にならない程度に弱毒化させた病原体を生きたまま接種する方法である。

D 生ワクチンには、麻疹・風疹混合ワクチン、BCG、日本脳炎ワクチンなどがある。

E 五種混合ワクチンとは、百日咳、ジフテリア、破傷風、不活化ポリオ、ヒブ（Hib：インフルエンザb型）感染症混合ワクチンのことである。

（組み合わせ）

1 A C
2 A E
3 B C
4 C D
5 C E

問題5 次の文は、母子保健対策についての記述である。適切な記述を一つ選びなさい。

1 わが国における母子保健対策は、「地域保健法」に規定されている。

2 1歳6か月児健診、3歳児健診では虐待についての観察も行われる。

3 市町村における母子保健対策は、保健所が中心拠点となって実施されている。

4 先天性代謝異常等検査は、2歳未満の乳幼児を対象として実施されている。

5 未熟児養育医療は、市町村が実施主体となって出生時体重2,500g以下の乳児を対象として実施されている。

問題6 次の文は、保育所における子どもの病気の対応についての記述である。適切な記述を○、不適切な記述を×とした場合の正しい組み合わせを一つ選びなさい。

A 嘔吐した場合、うがいなどで口中の不快感を除き、仰向けに安静に寝かせる。30分程度吐き気がなければ、少量ずつ水分を与える。

B 発疹は、感染症が疑われる場合はほかの子どもとの接触を避け、接触した子どもも注意して観察する。発疹のある皮膚・粘膜を常に清潔に保ち、保護する。

C 下痢のときは、便の性状と発熱・脱水などの随伴症状の有無を確認する。原因がはっきりするまでは、感染のおそれがあるものとして扱う。

D 脱水症状を起こしたら、水分をすぐ補給する必要があるため、湯冷ましや幼児用経口電解質液を、多めに一気に飲ませる。

E 発熱したら、環境を整えて安静にし、水分を補給する。全身が熱い場合は、氷のうなどで額や首筋を冷やし、常備の飲み薬や座薬を使用して解熱する。

（組み合わせ）

	A	B	C	D	E
1	○	○	×	○	×
2	×	○	○	×	×
3	×	×	○	×	○
4	×	×	○	○	○
5	○	○	×	×	○

問題7 次の文は、幼児期の言語の問題についての記述である。適切な記述を○、不適切な記述を×とした場合の正しい組み合わせを一つ選びなさい。

A　チックは女児に多いといわれ、相手の言葉をそのまま返すおうむ返し（エコラリア）がみられる。

B　限局性学習症（学習障害）でみられる書字表出の困難さは、言語発達の遅れによって生じる。

C　3歳児健康診査では、言語障害の有無について診察を行う。

D　選択性緘黙では、言語能力には問題がみられない。

（組み合わせ）

	A	B	C	D
1	○	○	○	×
2	○	○	×	○
3	○	×	○	×
4	×	×	○	○
5	×	○	×	×

問題8 次の文は、原始反射に関する記述である。【Ⅰ群】の原始反射の種類と【Ⅱ群】の内容を結びつけた場合の正しい組み合わせを一つ選びなさい。

【Ⅰ群】

A　捕捉反射

B　吸啜反射

C　モロー反射

D　バビンスキー反射

【Ⅱ群】

ア　足の裏を柔らかくこすると、指を扇のように開く。

イ　口のまわりに何かがふれると、頭を動かして唇や舌でとらえようとする。

ウ　大きな物音など外部から刺激があったとき、両腕を伸ばし何かにしがみつくような動きをする。

エ　口のまわりに何かがふれると、それに吸い付こうとする。

（組み合わせ）

	A	B	C	D
1	ア	イ	エ	ウ
2	イ	エ	ウ	ア
3	ウ	エ	イ	ア
4	エ	ア	イ	ウ
5	エ	ア	ウ	イ

問題9 次の文は、発達障害についての記述である。（　A　）～（　E　）にあてはまる語句の組み合わせとして正しいものを一つ選びなさい。

「発達障害者支援法」では、発達障害を「自閉症、アスペルガー症候群その他の広汎性発達障害、（　A　）、注意欠陥多動性障害その他これに類する（　B　）の障害」と定義している。

自閉症は、3歳までに症状を呈し、知能・言語の発達の遅れを伴うコミュニケーション障害、他者への関心が薄いなどの（　C　）の障害、特定の環境・ものに強く執着する独特のこだわりが特徴である。症状が同様で（　D　）を伴わないものに、高機能自閉症やアスペルガー症候群がある。

（　A　）は、知的な発達に遅れはないが、聞く、話す、書く、読む、計算する、推論するなどのうちいくつかの能力の習得と使用に著しい困難を示す。注意欠陥多動性障害は、7歳までに発症し、知能は正常だが極端に落ち着きがなく、注意力障害、多動性、（　E　）を示す。（　A　）は注意欠陥多動性障害に合併していることが多い。

（組み合わせ）

	A	B	C	D	E
1	学習障害	脳機能	対人関係	行為障害	無個性
2	ダウン症	脳機能	社会生活	知的障害	衝動性
3	学習障害	視聴覚	社会生活	知的障害	衝動性
4	学習障害	脳機能	対人関係	知的障害	衝動性
5	ダウン症	脳機能	対人関係	行為障害	無個性

問題10 次の文は、感染症についての記述である。適切な記述を○、不適切な記述を×とした場合の正しい組み合わせを一つ選びなさい。

A　感染症に対する抵抗力や免疫がない個体を、保菌者という。
B　感染経路には、飛沫感染、空気感染、接触感染、経口感染がある。
C　飛沫感染は、咳やくしゃみなどによる感染で、黄色ブドウ球菌やノロウイルスの感染経路の一つである。
D　「感染症法」は、感染症を1～5類感染症の5つに類型化している。
E　「学校保健安全法施行規則」は、第一～三種に分類した学校感染症と、出席停止期間の基準を定めている。

（組み合わせ）

	A	B	C	D	E
1	○	○	×	○	×
2	○	×	×	○	×
3	×	○	○	×	○
4	×	×	○	×	○
5	×	○	×	×	○

問題11　次のうち、「教育・保育施設等における事故防止及び事故発生時の対応のためのガイ
　　　　ドライン【事故発生時の対応】」（平成28年3月　内閣府）についての記述として、不適切
　　　　なものを一つ選びなさい。

1　事故発生直後の対応は、心肺蘇生、応急処置、119番通報、状況の把握、保護者への連絡
　　である。

2　事故への対応と教育・保育を実施する職員を可能な限り分けて配置した上で、事故に遭っ
　　た子ども以外の教育・保育を継続する。

3　事故現場にいた職員は、事故当日にできる限り早く事故状況の記録を行う。

4　記録の内容は、後日、自治体の職員等が施設・事業者の職員に聞き取りを行い、その上で
　　事実関係を整理するために活用される。

5　事故に関する報道機関への対応は、地方自治体と施設事業者の二系統に分けて行う。

問題12　次の文は、障害のある子どもの保育についての記述である。適切な記述を○、不適切
　　　　な記述を×とした場合の正しい組み合わせを一つ選びなさい。

A　障害のある子どもを特別視・区別してはならないが、障害の程度や内容にあった支援を工
　　夫しなければならない。

B　肢体の不自由や内部障害がある場合、保護者や医療機関からの情報を正確に把握する。

C　言語障害（言語症）の克服には反復が重要なので、できるまで何度でも言い直しをさせる
　　ように心がける。

D　発達障害のある子どもは、集団生活に不適応を起こす場合が多いので、保育士との関係を
　　深めるなかで、人との関わり方を少しずつ教えていく。

E　知的障害のある子どもは、幼児期には障害のない子どもとの交流を制限して、訓練に集中
　　させたほうがよい。

（組み合わせ）

	A	B	C	D	E
1	×	○	×	×	○
2	×	×	○	○	×
3	○	×	○	×	×
4	○	○	×	○	×
5	○	×	×	○	○

問題13 次の文は、「保育所における感染症対策ガイドライン（2018年改訂版）（2023年7月一部修正）」（こども家庭庁）の記述である。（　A　）～（　C　）にあてはまる語句の組み合わせとして正しいものを一つ選びなさい。

保育所における感染症対策では、（　A　）が弱く、身体の機能が（　B　）であるという乳幼児の特性等を踏まえ、感染症に対する正しい知識や情報に基づき、適切に対応することが求められます。また、日々感染予防の努力を続けていても、保育所内への様々な感染症の侵入・流行を完全に阻止することは不可能です。このことを理解した上で、感染症が発生した場合の流行規模を最小限にすることを目標として対策を行うことが重要です。例えば、保育所ではインフルエンザ、ノロウイルス感染症等の集団感染がしばしば発生しますが、これらの感染症においては、ほぼ症状が消失した状態となった後でも患者が（　C　）を排出していることがあります。

（組み合わせ）

	A	B	C
1	免疫力	未発達	ウイルス
2	抵抗力	未発達	細菌
3	免疫力	未熟	ウイルス
4	抵抗力	未熟	ウイルス
5	免疫力	未熟	細菌

問題14 次のうち、「保育所におけるアレルギー対応ガイドライン（2019年改訂版）」（厚生労働省）における生活管理指導表に関する記述として、適切なものを一つ選びなさい。

1 アレルギー疾患を有する子ども一人一人の症状等を正しく把握し、対応を適切に進めるために、施設長が記入するものである。

2 保育所の生活において、全ての入所児童に対して作成されるものである。

3 食物除去の申請には、生活管理指導表が必須である。

4 保護者との協議を通じて、半年に1回以上、子どものアレルギーの状態に応じて再提出等を行う。

5 保育所における食物アレルギーの対応においては、生活管理指導表を用いた原因食品の部分除去を行う。

問題15 次の文は、児童虐待についての記述である。（　A　）～（　E　）にあてはまる語句を下の語群から選んだ場合の正しい組み合わせを一つ選びなさい。

　児童虐待は、身体的虐待、（　A　）虐待、（　B　）虐待、（　C　）の4種類に分類される。（　B　）虐待とは、子どもの心を傷つけるような言動を繰り返したり、子どもを拒否することである。（　C　）は、不適切な養育、放置、保護の怠慢を指す。虐待を受けた子どもは、心に（　D　）とよばれる傷を負い、重大な後遺症を残す場合もある。虐待を疑わせるサインとして、体重の増加不良、不自然な傷やアザ、無表情、おびえ、（　E　）、衣服の汚れ、攻撃的態度などがある。

【語群】

ア　ラポール	イ　心理的	ウ　フラストレーション	エ　反動的
オ　性的	カ　ネグレクト	キ　育児嫌悪	ク　言葉の遅れ
ケ　トラウマ	コ　ひとり遊び		

（組み合わせ）

	A	B	C	D	E
1	イ	オ	キ	ケ	ク
2	オ	イ	カ	ケ	ク
3	オ	エ	カ	ウ	ク
4	オ	イ	ア	ケ	コ
5	オ	イ	キ	ア	ク

問題16 次の文は、乳幼児の運動機能の発達についての記述である。適切な記述の組み合わせを一つ選びなさい。

A　生後4か月までには首がすわり、生後5か月を過ぎると寝返りをうてるようになる。

B　ハイハイができ、指を使うことができるようになるのは生後7～8か月頃である。

C　指先だけで小さいものをつまめるようになるのは、生後10か月頃である。

D　1歳6か月を過ぎる頃から転ばないで走ることができるようになる。

E　発達には個人差もあるが、発達の目安に合わせるよう支援していくことが大切である。

（組み合わせ）

1	A	B
2	A	C
3	B	D
4	B	E
5	C	D

問題17　次の文は、子どもによくみられる疾病についての記述である。適切な記述を一つ選び
　　　　なさい。

1　アトピー性皮膚炎は、体質が関係する慢性の湿疹性皮膚炎で、乳児期には顔面に出て、し
　　だいに体幹や手足へと広がる。
2　喘息様気管支炎は、乳幼児に多くみられ、気管支の発達不全により起こる。
3　新生児メレナは、ビタミンDの欠乏により、消化管出血を引き起こすものである。
4　クレチン症は甲状腺機能亢進症で、眼球突出、頻脈、多汗などの症状が出る。
5　子どもに多い糖尿病は1型で、毎日インスリンを注射し、食事療法としてエネルギー摂取
　　量を少なく、栄養配分も配慮する。

問題18　次の文は、医療的ケア児についての記述である。適切な記述を○、不適切な記述を×
　　　　とした場合の正しい組み合わせを一つ選びなさい。

A　医療的ケア児とは、日常生活および社会生活を営むために恒常的に医療的ケアを受けるこ
　　とが不可欠な18歳未満の児童をいう。
B　医療的ケア児支援センターは、都道府県知事が社会福祉法人等を指定または自ら行う。
C　「医療的ケア児及びその家族に対する支援に関する法律」（医療的ケア児支援法）では、医
　　療的ケア児が医療的ケア児でない児童と共に教育を受けられるように最大限に配慮しつつ適
　　切に行われる教育支援等を基本理念に掲げている。
D　医療的ケアとは、人工呼吸器による呼吸管理、喀痰吸引その他の医療行為をいう。
（組み合わせ）
　　　A　B　C　D
1　○　○　○　○
2　○　×　○　×
3　○　×　×　○
4　×　○　×　×
5　×　○　○　○

問題19　次の【事例】を読んで、【設問】に答えなさい。

【事例】

　3歳の男児。0歳のときから保育所に通っている。最近になって、特定のおもちゃへのこだわりが強く、他児と取り合いになるなどのトラブルを起こしがちであることに担当保育士が気付いた。母親に家庭での状況を聞くと、ブロック遊びに没頭していつまでも一人で続け、食事の際に中断させようとするとかんしゃくを起こすなど一つのことに異常に執着する傾向がある。しかし、言葉を覚えることや運動したりすることでほかの子どもと比べても遅れはみられない。

【設問】

　この男児に疑われる精神医学的問題として最も適切なものを一つ選びなさい。

1　緘黙
2　自閉スペクトラム症
3　注意欠如・多動症
4　うつ病
5　知的障害

問題20　次の【事例】を読んで、【設問】に答えなさい。

【事例】

　5歳の女児。半年ほど前、保育所へ来る際に自動車にぶつかりそうになった。特にけがもなく、そのときには問題はなかった。しかし、最近になって、保育所へ来る際に自動車を怖がるようになり、登所できない日がある。母親がなんとか連れてきても、保育室の隅で膝を抱えて座っている。登所できない日には、母親も仕事を休まなければならず困っている。

【設問】

　女児の担当保育士の対応として不適切なものを一つ選びなさい。

1　母親に対して、無理矢理でも保育所へ連れてくるところまではお願いする。
2　半年前のことが心の傷になっていることも考えられるので、母親に了解を得たうえでカウンセリングを受けられるよう関係機関に連絡する。
3　保育室の隅で膝を抱えて座っているときには、そばで優しく話しかけるようにする。
4　自動車に関することは話さないようにしてみる。
5　母親に、自動車の通行量が少ない道を通るように伝える。

● 子どもの食と栄養

問題1 次の文は、「食生活指針」（平成28年一部改定 文部科学省、厚生労働省、農林水産省）の「食生活指針の実践」の一部である。（　A　）～（　C　）にあてはまる語句を【語群】から選択した場合の正しい組み合わせを一つ選びなさい。

・たっぷり野菜と毎日の果物で、ビタミン、（　A　）、食物繊維をとりましょう。

・牛乳・乳製品、緑黄色野菜、豆類、小魚などで、（　B　）を十分にとりましょう。

・（　C　）の多い食品や料理を控えめにしましょう。（　C　）摂取量の目標値は、男性で1日8g未満、女性で7g未満とされています。

【語群】

ア　鉄分	イ　ミネラル	ウ　エネルギー	エ　水分
オ　カルシウム	カ　たんぱく質	キ　糖質	ク　脂質　ケ　食塩

（組み合わせ）

	A	B	C
1	ア	オ	キ
2	イ	オ	ケ
3	イ	カ	ク
4	ウ	カ	ク
5	エ	オ	ケ

問題2 「日本人の食事摂取基準（2020年版）」の栄養素の指標に関する記述である。<u>不適切な記述</u>を一つ選びなさい。

1　推定平均必要量は、母集団に属するすべての人が必要量を満たすと推定される摂取量である。

2　推奨量は、母集団に属するほとんどの人が充足している量と定義されている。

3　目安量は、ある一定の栄養状態を維持するのに十分な量と定義されている。

4　耐容上限量は、健康障害をもたらすリスクがないとみなされる習慣的な摂取量の上限と定義されている。

5　目標量は、現在の日本人が生活習慣病の発症予防のために当面の目標とすべき摂取量である。

問題3　次の文は、「保育所におけるアレルギー対応ガイドライン（2019年改訂版）」の食物アレルギーへの対応についての記述である。適切な記述を○、不適切な記述を×とした場合の正しい組み合わせを一つ選びなさい。

A　除去していた食物を解除する場合は、医師の指示に基づいて、保護者からの書面申請でよい。

B　食物除去の申請には、保護者から申請書類を提出してもらう。

C　かつおだし、いりこだし、肉類のエキスなどについても完全除去する。

D　家庭で摂取したことがない食物は、基本的に保育所では与えない。

（組み合わせ）

	A	B	C	D
1	○	○	○	×
2	○	×	○	○
3	○	×	×	○
4	×	○	×	×
5	×	×	○	×

問題4　次の文は、食育についての記述である。適切な記述の組み合わせを一つ選びなさい。

A　「楽しく食べる子どもに〜保育所における食育に関する指針〜」は、「食と健康」、「食と人間関係」、「食と文化」、「いのちの育ちと食」、「郷土の食」の5項目をあげている。

B　食育の計画を作成する際は、柔軟で発展的なものとなるように留意し、各年齢を通して一貫性のあるものにする。

C　食育は家庭が中心であることを踏まえ、「保育所保育指針」では、食育に関連して、保育所での食事や調理員への言及はない。

D　「第4次食育推進基本計画」では、朝食または夕食を家族と一緒にとる「同食」の週あたりの回数を、11回以上とすることを目標に掲げている。

E　「第4次食育推進基本計画」には、「子供とその保護者が一緒に生活習慣づくりの意識を高め、行動するための取組を推進する」としている。

（組み合わせ）

1　A　C

2　B　D

3　B　E

4　C　D

5　D　E

問題5 次の文は、保育所における献立作成と調理の基本についての記述である。適切な記述を○、不適切な記述を×とした場合の正しい組み合わせを一つ選びなさい。

A　主食には、ご飯、パン、麺類などがある。

B　主菜は、たんぱく質を多く含んだ材料でつくられた料理が多く提供される。

C　配膳の際には、向かって左手前に汁物、右手前にご飯を置く。

D　できるだけ、温かいものは温かく、冷たいものは冷たく提供する適温配膳を心がける。

（組み合わせ）

	A	B	C	D
1	○	○	×	○
2	○	×	○	×
3	○	×	×	○
4	×	○	○	×
5	×	×	○	×

問題6 次の文は、成人の食生活についての記述である。適切な記述の組み合わせを一つ選びなさい。

A　成人の場合、アルコールを摂取することでエネルギー量過剰になるため、注意が必要である。

B　高齢者では、低栄養の結果、フレイルの状態に陥りやすくなる。

C　「令和元年国民健康・栄養調査結果の概要」によると、食習慣改善の意思について、「概ね6か月以内に改善するつもりである」と回答した者の割合が最も高い。

D　「令和元年国民健康・栄養調査結果の概要」によると、外食を週1回以上利用している者の割合は、男女ともに50％を超えている。

（組み合わせ）

1　A　B

2　A　C

3　B　C

4　B　D

5　C　D

問題7　次の文は、肥満傾向児と痩身傾向児に関する記述である。適切な記述を〇、不適切な記述を×とした場合の正しい組み合わせを一つ選びなさい。

A 「令和4年度学校保健統計調査」によると、女子で痩身傾向児の割合が最も高いのは12歳である。

B 「令和4年度学校保健統計調査」によると、幼稚園男児（5歳）の肥満傾向児の割合は前年度と比較して減少している。

C 「令和4年度学校保健統計調査」によると、9～11歳女子の肥満傾向児の割合はいずれの年齢においても10％を超えている。

D 「令和4年度学校保健統計調査」によると、小学校の児童については、男子・女子ともに痩身傾向児の割合は3％以上である。

（組み合わせ）

	A	B	C	D
1	〇	〇	〇	×
2	〇	〇	×	〇
3	〇	〇	×	×
4	×	×	〇	〇
5	×	×	×	×

問題8　次の文は、幼児の間食についての記述である。適切な記述を〇、不適切な記述を×とした場合の正しい組み合わせを一つ選びなさい。

A 間食の際には、水分の補給は行わなくてよい。

B 間食は、食事の量や運動量に合わせた「補食」であることが重要なので、時間は決めなくてもよい。

C 間食は、3歳未満では1回、運動量の増える3歳以上では2回が望ましい。

D 間食を夜食として与えることは、肥満につながり、朝食をとりにくくなることから、避けるべきである。

E 間食としては、甘みや塩気、刺激の強いものは避ける。

（組み合わせ）

	A	B	C	D	E
1	〇	〇	〇	×	×
2	〇	×	×	×	〇
3	×	〇	×	〇	×
4	×	×	〇	〇	〇
5	×	×	×	〇	〇

問題9　次の文は、母乳栄養についての記述である。適切な記述を○、不適切な記述を×とした場合の正しい組み合わせを一つ選びなさい。

A　乳児にとっては、必要な栄養素をバランスよく含む、感染を抑制する物質を含む、アレルギーが起こりにくいといった利点がある。

B　分娩後10日目くらいから分泌される母乳を初乳という。

C　初乳は、成熟乳に比べ、たんぱく質やミネラル、オキシトシンやプロラクチンなどの感染防御物質を多く含み、乳糖は少ない。

D　母乳中にはタウリンが少ないため、頭蓋内出血を起こすことがある。

E　母乳中には母体から、薬剤のほか、アルコール、カフェイン、ニコチンなどが移行する。

（組み合わせ）

	A	B	C	D	E
1	○	○	×	×	○
2	○	×	×	×	○
3	○	×	×	○	×
4	○	×	○	×	○
5	×	○	○	×	×

問題10　次の文は、子どもの誤嚥についての記述である。不適切な記述を一つ選びなさい。

1　子どもは咳をする力が弱いため、気管に入りそうになったものを咳で押し返すことがうまくできない。

2　食事の際には、水分を摂ってのどを潤してから食べさせると窒息しにくくなる。

3　表面が滑らかな食べ物は、口の中に保持しておくことができず、無意識に飲み込んでのどに詰まることがある。

4　主食のなかでは、ご飯が誤嚥しにくい。

5　4歳以下の子どもには、ブドウやプチトマトは1/4くらいの大きさに切って与えるとよい。

問題11　次の文は、妊娠中の食生活についての記述である。適切な記述を○、不適切な記述を
　　　　×とした場合の正しい組み合わせを一つ選びなさい。

A　「妊娠前からはじめる妊産婦のための食生活指針～妊娠前から、健康なからだづくりを～」
　　では、バランスのよい食事について、「主食、主菜、副菜の揃った食事を1日3食摂取した
　　場合、それ未満と比べて、栄養素摂取量が適正になることが報告されています」としてい
　　る。

B　妊娠中には鉄の必要量が増えるので、赤身肉やレバー、赤身の魚など、ヘム鉄を含む食品
　　を摂取するとよい。

C　妊娠中はカルシウムの吸収率が増加するため、妊婦の年齢区分の推奨量を満たすようにする。

D　「妊娠前からはじめる妊産婦のための食生活指針」では、「お母さん自身が禁煙、禁酒に努
　　めましょう」としている。

E　つわりの時期は、食欲が落ちるため、胎児に悪影響が出ないように栄養素の摂取バランス
　　に注意する。

（組み合わせ）
```
      A    B    C    D    E
1     ○    ○    ×    ×    ×
2     ○    ×    ○    ×    ○
3     ○    ×    ×    ○    ×
4     ×    ○    ○    ×    ×
5     ×    ×    ○    ×    ○
```

問題12　次のうち、「第4次食育推進基本計画」（令和3年　農林水産省）において掲げられて
　　　　いる「食育の推進に当たっての目標」として誤ったものを一つ選びなさい。

1　朝食を欠食する国民を減らす。

2　ゆっくりよく噛んで食べる国民を増やす。

3　農林漁業体験を経験した国民を増やす。

4　国産の農林水産物・食品を選ぶ国民を増やす。

5　食品ロス削減のために何らかの行動をしている国民を増やす。

問題13 次の文は、鉄についての記述である。（　A　）～（　F　）にあてはまる語句の正しい組み合わせを一つ選びなさい。

　鉄は、（　A　）の一種で、約60～70％が（　B　）に（　C　）の成分として存在する。筋肉中には約10％あり、酸素の利用などに関係する。それ以外では、酵素の成分や、染色体の形成に使われる。主な欠乏症は（　D　）である。食事摂取基準では、（　E　）以降に推定平均必要量と推奨量が、それ以前には目安量が示されている。また、過剰摂取は肝機能障害などを起こすため、（　F　）以降で耐容上限量が示されている。

（組み合わせ）

	A	B	C	D	E	F
1	多量ミネラル	血液	ミオグロビン	クレチン症	6か月	3歳
2	微量ミネラル	内臓	インスリン	貧血	3か月	1歳
3	ビタミン	血液	ヘモグロビン	骨異常	1歳	3歳
4	多量ミネラル	脳	ミオグロビン	貧血	1歳	6歳
5	微量ミネラル	血液	ヘモグロビン	貧血	6か月	1歳

問題14 次の文は、「国民健康・栄養調査」についての記述である。適切な記述を○、不適切な記述を×とした場合の正しい組み合わせを一つ選びなさい。

A 「国民健康・栄養調査」は、「健康増進法」に基づいて毎年1回行われるが、すべての項目が毎年調査されるわけではない。

B 調査項目は、体位状況調査、栄養素等摂取状況調査、生活習慣調査の3つに大別される。

C 「令和元年国民健康・栄養調査」では1歳未満の乳児を調査対象から除外している。

D 「令和元年国民健康・栄養調査」における欠食とは、食事をしなかった場合で、果物や乳製品などの食品だけでも摂取すれば欠食とはみなされない。

E 「令和元年国民健康・栄養調査」によると、肥満者の割合は、男女ともに総数では前年より減少している。

（組み合わせ）

	A	B	C	D	E
1	○	○	×	×	×
2	○	×	○	○	×
3	○	×	×	×	○
4	×	×	×	○	○
5	×	○	○	×	×

問題15 次の文は、幼児期の食生活上の問題点についての記述である。適切な記述を○、不適切な記述を×とした場合の正しい組み合わせを一つ選びなさい。

A 偏食は早い段階での対応が有効であるので、叱ったりおだてたりしながら、ある程度、強制的に何でも食べさせる。

B 1日の中で食べるときと食べないとき、あるいは食べる日と食べない日の差がでる「むら食い」は、発育に異常がなければ心配しなくてよい。

C 幼児は咀しゃくの能力が未発達なので、できるだけ何でも軟らかくして与えるほうがよい。

D 子どもの夜更かしはさまざまな問題を含むが、栄養過多になる夜食を与えなければ、食生活上は問題ない。

E 「保育所における食事の提供ガイドライン」では、避けたい「こ食」として、一人だけで食べる「孤食」、家族が別々のものを食べる「個食」、子どもだけで食べる「子食」などをあげている。

（組み合わせ）

	A	B	C	D	E
1	○	×	○	×	×
2	○	○	×	○	×
3	×	○	○	×	○
4	×	○	×	×	○
5	×	×	○	○	×

問題16 次の【Ⅰ群】の郷土料理と、【Ⅱ群】の都道府県を結びつけた場合の正しい組み合わせを一つ選びなさい。

【Ⅰ群】

A　じぶ煮

B　いぶりがっこ

C　きしめん

D　しば漬け

【Ⅱ群】

ア　石川県

イ　愛知県

ウ　秋田県

エ　京都府

（組み合わせ）

	A	B	C	D
1	ア	ウ	イ	エ
2	ア	エ	ウ	イ
3	イ	ウ	ア	エ
4	ウ	イ	エ	ア
5	エ	ア	イ	ウ

問題17 次の文は、児童福祉施設における食事についての記述である。適切な記述を○、不適切な記述を×とした場合の正しい組み合わせを一つ選びなさい。

A　児童福祉施設では食事摂取基準に基づき、エネルギー量の確保を最優先とし、不足や過剰を回避しなければならない栄養素を優先して献立を作成する。

B　保育所における食事管理では、食中毒発生の際の検査用として検食をとっておく。

C　すべての乳児院に、栄養士及び調理員を置くことが義務づけられている。

D　児童福祉施設の入所者は、成長の著しい時期に当たり、推定エネルギー必要量は、男女とも身体活動レベルにかかわらず、15〜17歳が最も多い。

E　児童福祉施設では、少数の児童を対象とした家庭的な環境の下で調理するときでも、あらかじめ作成された献立に従って行わなければならない。

（組み合わせ）

	A	B	C	D	E
1	○	○	×	×	×
2	○	×	×	○	×
3	×	○	○	×	○
4	×	×	○	○	×
5	×	×	×	○	○

問題18 次の文は、「日本人の食事摂取基準（2020年版）」のカルシウムについての記述である。適切な記述を○、不適切な記述を×とした場合の正しい組み合わせを一つ選びなさい。

A　男女ともに生後0～5か月に目安量200（mg/日）が、それ以降では推定平均必要量と推奨量が設定されている。

B　推定平均必要量は、すべての年齢で男性が女性を上回る。

C　推奨量の最大値は、男女ともに12～14歳で、それぞれ1,000（mg/日）と800（mg/日）である。

D　男女ともに、18歳以上に耐容上限量2,500（mg/日）が設定されている。

E　授乳婦には、付加量が設定されていない。

（組み合わせ）

	A	B	C	D	E
1	○	○	×	○	×
2	○	×	○	×	×
3	×	○	○	×	○
4	×	○	×	×	○
5	×	×	○	○	○

問題19 次の文は、「家庭でできる食中毒予防の6つのポイント」（厚生労働省）に関する記述である。<u>不適切な記述</u>を一つ選びなさい。

1　表示のある食品は、消費期限などを確認し、購入する。

2　冷蔵庫は10度C以下、冷凍庫は、0度C以下に維持することをめやすとする。

3　ラップしてある野菜やカット野菜もよく洗う。

4　残った食品を温め直す時も、75度C以上をめやすに十分に加熱する。

5　冷凍食品など凍結している食品を調理台に放置したまま解凍しないようにする。

問題20 次の文は、「児童福祉施設における食事の提供ガイド」に関する記述である。適切なものを○、不適切なものを×とした場合の正しい組み合わせを一つ選びなさい。

A 体調不良の子どもへの対応として、一人一人の子どもの体調を把握し、それに応じて食材を選択し、調理形態を工夫した食事と水分補給を配慮するとしている。

B 間食について、単なるお菓子ではなく牛乳・乳製品、いも類、ご飯類、果物など食事でとりきれないものを加えるなど配慮が必要であるとしている。

C 咀しゃく機能は、奥歯が生えるにともない乳歯の生え揃う4歳頃までに獲得されるとしている。

D 乳児期からの豊かな食体験は、幼児期における食生活の基礎となり、生涯を通じた生活の質（QOL）を高めることにもなるとしている。

（組み合わせ）

	A	B	C	D
1	○	○	×	○
2	○	×	○	×
3	○	×	×	○
4	×	○	○	×
5	×	×	○	○

保育実習理論

問題1 次の曲の伴奏部分として、A～Dにあてはまるものの正しい組み合わせを一つ選びなさい。

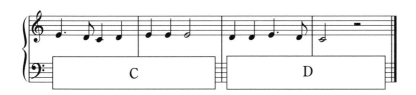

ア

イ

ウ

エ

（組み合わせ）

	A	B	C	D
1	ア	イ	ウ	エ
2	ア	ウ	ア	ウ
3	ア	イ	ア	ウ
4	イ	エ	ア	エ
5	ウ	ア	イ	エ

問題2 次のA〜Dを意味する音楽用語をア〜ウから選んだ場合の正しい組み合わせを一つ選びなさい。

A 今までより遅く

 ア *meno mosso* イ *accelerando* ウ *piú mosso*

B だんだん弱く

 ア *crescendo* イ *decrescendo* ウ *ritardando*

C 少しずつ

 ア *poco* イ *sempre* ウ *poco a poco*

D 強く

 ア *f* イ *mf* ウ *ff*

（組み合わせ）

	A	B	C	D
1	ア	イ	ウ	ア
2	ア	ウ	ア	イ
3	イ	ア	イ	ア
4	イ	イ	ウ	ア
5	ウ	ウ	ウ	イ

問題3 次のコードネームにあてはまる鍵盤の位置として正しい組み合わせを一つ選びなさい。

	ア	イ	ウ
E₇ :	①⑧⑩	⑩⑭⑳	⑩⑬⑳
G :	①⑤⑧	⑧⑬⑯	⑤⑧⑫
B♭ :	④⑧⑫	④⑧⑪	⑪⑰⑳
Fₘ :	①⑥⑪	⑥⑪⑮	⑪⑭⑱

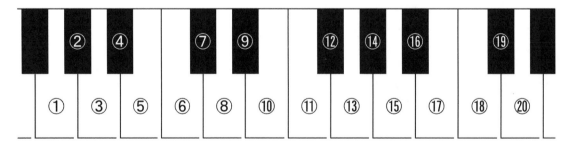

（組み合わせ）

	E₇	G	B♭	Fₘ
1	ア	ア	ア	ウ
2	ア	イ	ア	イ
3	イ	ア	ウ	ア
4	イ	ア	イ	ウ
5	ウ	ア	ウ	ア

問題4 次の曲を4歳児クラスで歌ってみたところ、最高音が歌いにくそうであった。そこでハ長調に移調することにした。その場合、下記のコードはどのように変えたらよいか、正しい組み合わせを一つ選びなさい。

（組み合わせ）

	D	G	A
1	C	F	G
2	E	A	B
3	C	G	A
4	F	C	G
5	C	E	G

問題5 次のリズムは、ある曲の歌い始めの部分である。それは次のうちのどれか、一つ選びなさい。

1　サッちゃん（作詞：阪田寛夫　作曲：大中恩）

2　せんせいとおともだち（作詞：吉岡治　作曲：越部信義）

3　はをみがきましょう（作詞・作曲：則武昭彦）

4　ふしぎなポケット（作詞：まど・みちお　作曲：渡辺茂）

5　シャボン玉（作詞：野口雨情　作曲：中山晋平）

問題6　次のうち、不適切なものを一つ選びなさい。

1　わらべうたは、子どもたちが遊びなどの日常生活の中で口伝えに歌い継いできた歌のことである。

2　「お正月」を作曲したのは、滝廉太郎である。

3　大太鼓や小太鼓は、体鳴楽器である。

4　シャンソンとは、フランス世俗歌曲の総称である。

5　「よさこい節」は、高知県発祥の民謡である。

問題7　次の文は、「保育所保育指針」第2章「保育の内容」3「3歳以上児の保育に関するねらい及び内容」のオ「表現」の一部である。（　　　）にあてはまる語句として正しいものを一つ選びなさい。

　感じたことや考えたことを自分なりに表現することを通して、豊かな（　　　）や表現する力を養い、創造性を豊かにする。

1　感情
2　感覚
3　感性
4　表情
5　気持ち

問題8　次の【事例】を読んで、【設問】に答えなさい。

【事例】

　S保育所では、N保育士（以下、N）とR実習生（以下、R）が、子どもが描いた絵について話し合っています。

N：園庭で収穫したみかんを描いたLちゃんの絵は、みかんの橙色と背景の青色が（　A　）の関係になっていますね。

R：（　A　）とはなんですか。

N：（　B　）という、色を環状に並べたものの上で、（　C　）位置にある色同士のことです。こうした色同士を組み合わせると、鮮やかに見えるという効果があるんですよ。

R：たしかに、とても鮮やかですね。

【設問】

　（　A　）〜（　C　）にあてはまる語句の正しい組み合わせを一つ選びなさい。

（組み合わせ）

	A	B	C
1	混合色	色相環	向かい合う
2	補色	色相環	向かい合う
3	混合色	トーン	隣り合う
4	補色	色相環	隣り合う
5	補色	トーン	向かい合う

問題9　次の文は、造形表現の材料についての記述である。適切な記述を○、不適切な記述を×とした場合の正しい組み合わせを一つ選びなさい。

A　ケント紙は、表面がつるつるしているため、塗り絵に適している。

B　保育活動でフェルトペンを使用する際には、油性ペンが適している。

C　テラコッタは、土粘土を乾燥させて800℃程度で素焼きにしたものである。

D　紙粘土は、成型した後、色付けが容易に行える。

（組み合わせ）

	A	B	C	D
1	○	○	○	×
2	○	×	×	○
3	○	×	○	×
4	×	×	○	○
5	×	○	×	×

問題10 次の文は、色料の三原色についての記述である。（　A　）～（　C　）にあてはまる語句の正しい組み合わせを一つ選びなさい。

　赤紫、（　A　）、黄を色料の三原色といい、この三色を混ぜると（　B　）なる。このように混合するほど（　C　）色になることを減算混合という。

（組み合わせ）

	A	B	C
1	緑みの青	白く	明るい
2	緑	白く	明るい
3	緑みの青	黒く	暗い
4	青緑	白く	明るい
5	青	黒く	暗い

問題11 次の文は、「保育所保育指針」第2章「保育の内容」3「3歳以上児の保育に関するねらい及び内容」の「内容の取扱い」の記述である。教育の領域としてあてはまるものを一つ選びなさい。

　豊かな感性は、身近な環境と十分に関わる中で美しいもの、優れたもの、心を動かす出来事などに出会い、そこから得た感動を他の子どもや保育士等と共有し、様々に表現することなどを通して養われるようにすること。その際、風の音や雨の音、身近にある草や花の形や色など自然の中にある音、形、色などに気付くようにすること。

1　健康
2　人間関係
3　環境
4　言葉
5　表現

問題12　次の文のうち、適切な記述を○、不適切な記述を×とした場合の正しい組み合わせを一つ選びなさい。

A　『いないいないばあ』は、林明子の作品である。

B　『アリとキリギリス』は、わが国の昔話である。

C　『てぶくろ』は、グリム童話である。

D　『三びきのやぎのがらがらどん』は、ノルウェーの昔話である。

（組み合わせ）

	A	B	C	D
1	○	○	○	×
2	○	×	○	○
3	○	×	×	○
4	×	○	○	×
5	×	×	×	○

問題13　次の文は、「保育所保育指針」第2章「保育の内容」3「3歳以上児の保育に関するねらい及び内容」のエ「言葉」についての記述である。適切な記述を一つ選びなさい。

1　自分の気持ちを言葉で表現する楽しさを味わうことがねらいの一つである。

2　日常生活以外で必要な言葉が分かるようになることがねらいの一つである。

3　人の言葉や話などをよく聞き、人が経験したことや考えたことを話せるようになることがねらいの一つである。

4　大人の話す言葉を聞こうとする意欲や態度を育てることが目標の一つである。

5　紙芝居や口話に親しむことがねらいの一つである。

問題14　次の文は、保育士としての言葉の使い方についての記述である。適切な記述を○、不適切な記述を×とした場合の正しい組み合わせを一つ選びなさい。

A　子どもが語彙を増やし、言葉の正しい使い方を身につけられるようにするため、保育士は子どもが誤った言葉を使うたびに訂正していくようにする。

B　子どもに否定する言葉を使うときには、なぜそれがよくないのかという理由を伝える。

C　幼児語はできるだけ使わないよう心がける。

D　大人が使う言葉をできるだけ早く覚えさせるため、ふだんの話し言葉で語りかけるようにする。

（組み合わせ）

	A	B	C	D
1	○	○	○	×
2	○	×	○	×
3	○	×	×	○
4	×	○	○	×
5	×	×	×	○

問題15　次の文は、絵本の読み聞かせについての記述である。適切な記述を○、不適切な記述を×とした場合の正しい組み合わせを一つ選びなさい。

A　絵本を持つときは、重心が安定するよう本の内側（のど）を下からしっかり持つ。

B　子どもの視覚や聴覚能力、集中力が高まるよう、読み聞かせに集中できるような読み方を心がける。

C　両端に座っている子どもにも絵がよく見えるよう、絵本を左右に動かす。

D　読み始めるときは、表紙をじっくりと見せ子どもの興味を惹きつけるようにする。

（組み合わせ）

	A	B	C	D
1	○	○	○	×
2	○	×	×	○
3	○	○	×	○
4	×	○	×	×
5	×	×	○	○

問題16 次の【事例】を読んで、【設問】に答えなさい。

【事例】

　実習生Kさんは、保育所の5歳児クラスで実習をしている。5歳児クラスの担当保育士と相談をして、実習の後半にKさんが主になって、チームに分かれて保育所の中に隠された宝物を探す「宝探しゲーム」の活動を担うことになった。そこでKさんは、「友達と協力して宝探しを楽しむ」「宝物を見つけた時の喜びと達成感を味わう」をねらいとして指導計画を立てることにした。

【設問】

　次の文のうち、実習生Kさんが実習の指導計画の「実習生の活動」に記載した内容として、適切な記述を〇、不適切な記述を×とした場合の正しい組み合わせを一つ選びなさい。

A　「冒険家になってお宝を探しに行こう」とイメージが膨らむような言葉掛けをする。

B　子どもが自分の頭で考える力を育むため、子ども同士で相談をしないよう指導する。

C　見つけた時の喜びを感じられるよう、宝物の色や素材を工夫する。

D　宝物がなかなか見つからない場合も、ヒントを示さず見つかるまでゲームを継続する。

（組み合わせ）

	A	B	C	D
1	〇	〇	〇	×
2	〇	〇	×	×
3	〇	×	〇	×
4	×	〇	×	〇
5	×	×	×	〇

問題17 次の【事例】を読んで、【設問】に答えなさい。

【事例】

　10月に予定されている運動会に向けて、プログラムの内容や必要な道具などの保育所全体での検討会を来週開くことになっている。

【設問】

　検討会で優先的に話し合う内容として最も不適切なものを一つ選びなさい。

1　担任しているクラスの子どもたちがどのようなダンスを踊れるのかを確認する。

2　一人一人が元気よく運動会に参加できるようにするため、練習を行う際の安全確保について考える。

3　子どもたちが勝敗にこだわるのを避けるため、かけっこなどの競技は外すことを検討する。

4　運動会のねらいを決定し、それに沿ったプログラムを立てる。

5　保護者の協力も視野に入れた計画を立てる。

問題18 次の文は、「保育所保育指針」第1章「総則」3「保育の計画及び評価」の記述である。（　A　）～（　D　）にあてはまる語句の組み合わせとして正しいものを一つ選びなさい。

　指導計画においては、保育所の生活における子どもの発達過程を見通し、生活の（　A　）、（　B　）の変化などを考慮し、子どもの実態に即した（　C　）なねらい及び内容を設定すること。また、（　C　）なねらいが達成されるよう、子どもの生活する姿や（　D　）を大切にして適切な環境を構成し、子どもが主体的に活動できるようにすること。

（組み合わせ）

	A	B	C	D
1	継続性	時間	計画的	創造性
2	連続性	季節	具体的	発想
3	連続性	時間	具体的	発想
4	継続性	季節	計画的	創造性
5	連続性	時間	計画的	発想

問題19 次の文は、「全国保育士会倫理綱領」の一部である。誤ったものを一つ選びなさい。

1　私たちは、一人ひとりの子どもの最善の利益を第一に考え、保育を通してその福祉を積極的に増進するよう努めます。

2　私たちは、一人ひとりのプライバシーを保護するため、保育を通して知り得た個人の情報や秘密を守ります。

3　自らの行う保育について、常に専門家の視点に立って自己評価を行い、保育の質の向上を図ります。

4　子育てをしているすべての保護者のニーズを受けとめ、それを代弁していくことも重要な役割と考え、行動します。

5　私たちは、研修や自己研鑽を通して、常に自らの人間性と専門性の向上に努め、専門職としての責務を果たします。

問題20 次の【事例】を読んで、【設問】に答えなさい。

【事例】

　F君（4歳、男児）は、5歳の兄、両親の4人で暮らしており、兄と2人でA保育所に通っている。プール活動の際に、F君の背中に大きなあざがあるのを保育士が見つけ、「どうしたの？どこかにぶつけたの？」と聞くと、保育士の顔をみながら黙っている。また、兄も汚れた下着を着て保育所に来ることがあり、保育所に備え付けの下着に着替えさせることがある。送迎の際に母親に「園の下着に着替えさせました」と伝えても、「そうですか」と言うだけで、次の日にはまた汚れた下着を着せて登園させている。

　保育士は、虐待ではないかと疑って園長や主任保育士に相談したところ、園長を通じて児童相談所に知らせることになった。

【設問】

　次のうち、児童相談所の対応として、<u>不適切なもの</u>を一つ選びなさい。

1　F君と兄をすぐに一時保護する。

2　F君の自宅を訪問し、両親と面談する。

3　保育所を訪問して、F君と兄の様子を把握する。

4　保育所に、今後も2人の様子を継続して観察するように伝える。

5　要保護児童対策地域協議会に連絡し、見守りを含めて適切な支援を行ってもらうように伝える。

模擬試験　解答・解説

≪模擬試験　解答一覧≫

科目名	問題番号	解答番号	できたかチェック
保育の心理学	問題 1	2	☐ ☐ ☐
	問題 2	2	☐ ☐ ☐
	問題 3	5	☐ ☐ ☐
	問題 4	1	☐ ☐ ☐
	問題 5	1	☐ ☐ ☐
	問題 6	2	☐ ☐ ☐
	問題 7	2	☐ ☐ ☐
	問題 8	2	☐ ☐ ☐
	問題 9	3	☐ ☐ ☐
	問題 10	3	☐ ☐ ☐
	問題 11	3	☐ ☐ ☐
	問題 12	5	☐ ☐ ☐
	問題 13	3	☐ ☐ ☐
	問題 14	4	☐ ☐ ☐
	問題 15	2	☐ ☐ ☐
	問題 16	3	☐ ☐ ☐
	問題 17	3	☐ ☐ ☐
	問題 18	3	☐ ☐ ☐
	問題 19	3	☐ ☐ ☐
	問題 20	4	☐ ☐ ☐
保育原理	問題 1	3	☐ ☐ ☐
	問題 2	1	☐ ☐ ☐
	問題 3	3	☐ ☐ ☐
	問題 4	3	☐ ☐ ☐
	問題 5	1	☐ ☐ ☐
	問題 6	3	☐ ☐ ☐
	問題 7	2	☐ ☐ ☐
	問題 8	2	☐ ☐ ☐
	問題 9	5	☐ ☐ ☐
	問題 10	1	☐ ☐ ☐
	問題 11	2	☐ ☐ ☐
	問題 12	4	☐ ☐ ☐
	問題 13	3	☐ ☐ ☐
	問題 14	1	☐ ☐ ☐
	問題 15	1	☐ ☐ ☐
	問題 16	5	☐ ☐ ☐
	問題 17	4	☐ ☐ ☐
	問題 18	3	☐ ☐ ☐
	問題 19	2	☐ ☐ ☐
	問題 20	2	☐ ☐ ☐

科目名	問題番号	解答番号	できたかチェック
子ども家庭福祉	問題 1	2	☐ ☐ ☐
	問題 2	4	☐ ☐ ☐
	問題 3	3	☐ ☐ ☐
	問題 4	2	☐ ☐ ☐
	問題 5	3	☐ ☐ ☐
	問題 6	2	☐ ☐ ☐
	問題 7	1	☐ ☐ ☐
	問題 8	1	☐ ☐ ☐
	問題 9	3	☐ ☐ ☐
	問題 10	3	☐ ☐ ☐
	問題 11	5	☐ ☐ ☐
	問題 12	4	☐ ☐ ☐
	問題 13	3	☐ ☐ ☐
	問題 14	4	☐ ☐ ☐
	問題 15	2	☐ ☐ ☐
	問題 16	5	☐ ☐ ☐
	問題 17	3	☐ ☐ ☐
	問題 18	1	☐ ☐ ☐
	問題 19	4	☐ ☐ ☐
	問題 20	1	☐ ☐ ☐
社会福祉	問題 1	1	☐ ☐ ☐
	問題 2	1	☐ ☐ ☐
	問題 3	3	☐ ☐ ☐
	問題 4	3	☐ ☐ ☐
	問題 5	4	☐ ☐ ☐
	問題 6	1	☐ ☐ ☐
	問題 7	2	☐ ☐ ☐
	問題 8	3	☐ ☐ ☐
	問題 9	2	☐ ☐ ☐
	問題 10	4	☐ ☐ ☐
	問題 11	3	☐ ☐ ☐
	問題 12	3	☐ ☐ ☐
	問題 13	3	☐ ☐ ☐
	問題 14	3	☐ ☐ ☐
	問題 15	4	☐ ☐ ☐
	問題 16	1	☐ ☐ ☐
	問題 17	4	☐ ☐ ☐
	問題 18	3	☐ ☐ ☐
	問題 19	3	☐ ☐ ☐
	問題 20	2	☐ ☐ ☐

科目名	問題番号	解答番号	できたかチェック
教育原理	問題 1	3	☐ ☐ ☐
	問題 2	2	☐ ☐ ☐
	問題 3	4	☐ ☐ ☐
	問題 4	2	☐ ☐ ☐
	問題 5	5	☐ ☐ ☐
	問題 6	3	☐ ☐ ☐
	問題 7	2	☐ ☐ ☐
	問題 8	1	☐ ☐ ☐
	問題 9	5	☐ ☐ ☐
	問題 10	4	☐ ☐ ☐
社会的養護	問題 1	5	☐ ☐ ☐
	問題 2	3	☐ ☐ ☐
	問題 3	4	☐ ☐ ☐
	問題 4	4	☐ ☐ ☐
	問題 5	1	☐ ☐ ☐
	問題 6	3	☐ ☐ ☐
	問題 7	2	☐ ☐ ☐
	問題 8	2	☐ ☐ ☐
	問題 9	5	☐ ☐ ☐
	問題 10	2	☐ ☐ ☐
子どもの保健	問題 1	2	☐ ☐ ☐
	問題 2	4	☐ ☐ ☐
	問題 3	1	☐ ☐ ☐
	問題 4	5	☐ ☐ ☐
	問題 5	2	☐ ☐ ☐
	問題 6	2	☐ ☐ ☐
	問題 7	4	☐ ☐ ☐
	問題 8	2	☐ ☐ ☐
	問題 9	4	☐ ☐ ☐
	問題 10	5	☐ ☐ ☐
	問題 11	5	☐ ☐ ☐
	問題 12	4	☐ ☐ ☐
	問題 13	4	☐ ☐ ☐
	問題 14	3	☐ ☐ ☐
	問題 15	2	☐ ☐ ☐
	問題 16	1	☐ ☐ ☐
	問題 17	1	☐ ☐ ☐
	問題 18	5	☐ ☐ ☐
	問題 19	2	☐ ☐ ☐
	問題 20	1	☐ ☐ ☐

科目名	問題番号	解答番号	できたかチェック
子どもの食と栄養	問題 1	2	☐ ☐ ☐
	問題 2	1	☐ ☐ ☐
	問題 3	3	☐ ☐ ☐
	問題 4	3	☐ ☐ ☐
	問題 5	1	☐ ☐ ☐
	問題 6	1	☐ ☐ ☐
	問題 7	3	☐ ☐ ☐
	問題 8	5	☐ ☐ ☐
	問題 9	2	☐ ☐ ☐
	問題 10	4	☐ ☐ ☐
	問題 11	4	☐ ☐ ☐
	問題 12	4	☐ ☐ ☐
	問題 13	5	☐ ☐ ☐
	問題 14	2	☐ ☐ ☐
	問題 15	4	☐ ☐ ☐
	問題 16	1	☐ ☐ ☐
	問題 17	1	☐ ☐ ☐
	問題 18	5	☐ ☐ ☐
	問題 19	2	☐ ☐ ☐
	問題 20	1	☐ ☐ ☐
保育実習理論	問題 1	2	☐ ☐ ☐
	問題 2	1	☐ ☐ ☐
	問題 3	4	☐ ☐ ☐
	問題 4	1	☐ ☐ ☐
	問題 5	3	☐ ☐ ☐
	問題 6	3	☐ ☐ ☐
	問題 7	3	☐ ☐ ☐
	問題 8	2	☐ ☐ ☐
	問題 9	4	☐ ☐ ☐
	問題 10	3	☐ ☐ ☐
	問題 11	5	☐ ☐ ☐
	問題 12	5	☐ ☐ ☐
	問題 13	1	☐ ☐ ☐
	問題 14	4	☐ ☐ ☐
	問題 15	3	☐ ☐ ☐
	問題 16	3	☐ ☐ ☐
	問題 17	3	☐ ☐ ☐
	問題 18	2	☐ ☐ ☐
	問題 19	3	☐ ☐ ☐
	問題 20	1	☐ ☐ ☐

● 保育の心理学〈解答・解説〉

問題1 【正答】2　　　　　　　　　　　　　　　　　　　　　　　　難易度 ★

〈解説〉B　世の中に存在するものは人間がつくり、人間のために存在すると考えることを、人工論という。

D　すべてのものに命や心があると考えることを、アニミズムという。類似した概念に相貌的（そうぼう）知覚がある。

問題2 【正答】2　　　　　　　　　　　　　　　　　　　　　　　　難易度 ★★★

〈解説〉B　児童期前半に有効なのは、提出物に五重丸をつけるような外発的動機づけである。児童期後半になると、本人の興味や関心、自己決定などによる内発的動機づけが適している。

D　自己決定論とは、外発的動機づけと内発的動機づけを同じレベルのものととらえる考え方である。この理論では、動機づけを無動機→外発的動機づけ→取り入れ的動機づけ→同一化的動機づけ→統合的動機づけ→内発的動機づけという順にとらえ、内発的動機づけで自己決定性が最も高くなるとしている。

問題3 【正答】5　　　　　　　　　　　　　　　　　　　　　　　　難易度 ★★

〈解説〉A　子どもが身につけるべき言葉を一次的言葉と二次的言葉に区別したのは岡本夏木である。母親など自分をよく知る人と、具体的な事項について対話するかたちで話をすることを一次的言葉という。また、不特定多数に向けて、具体的場面とは異なる話を一方向的に伝える特性をもつ言葉を二次的言葉という。

👀 視覚でインプット　ブロンフェンブレンナーの生態学的システム

ブロンフェンブレンナーは、人間の発達はその個人を取り巻く環境からの影響を受けるとする考えに基づいて、人を取り巻く環境要因を生態学的システムの形で表した。

問題4 【正答】 1　　　　　　　　　　　　　　　　　　　　　難易度 ★★

〈解説〉　　マルトリートメントとは、（Ａ．不適切な養育）を表す言葉であり、虐待にあたる
行為だけでなく、広く過保護や過干渉、年齢不相応な厳しい教育など、子どもの健全
な成長を阻害するような養育態度や環境を含むものである。マルトリートメントによ
る（Ｂ．ストレス）は子どもの（Ｃ．脳）にダメージを与え、その後の発達や心の健
康に悪影響を及ぼすことが指摘されている。発達を阻害された子どもに対する治療と
しては、心理療法や（Ｄ．プレイセラピー）などがある。
　　　　マルトリートメントにより、発達段階にある子どもの脳は実際に変形してしまうこ
とが報告されており、学習意欲の低下やひきこもり、精神疾患などを引き起こす場合
がある。

問題5 【正答】 1　　　　　　　　　　　　　　　　　　　　　難易度 ★★

〈解説〉　　誤りの選択肢はない。心の理論とは、プレマックとウッドラフが「チンパンジーに
は心の理論があるのか」という論文の中ではじめて用いた言葉である。心の理論と
は、人間の行動の背景には、意図、知識、信念といった心理的要因があることを指
し、他者の心の動きを理解、予測する枠組みである。4歳を過ぎたころから獲得でき
るようになる。

問題6 【正答】 2　　　　　　　　　　　　　　　　　　　　　難易度 ★★

〈解説〉Ｃ　遊びを通した学びは、子ども自身の内発的動機づけによって自発的な遊びという自
然の流れのなかで生じるものである。

問題7 【正答】 2　　　　　　　　　　　　　　　　　　　　　難易度 ★★

〈解説〉Ａ　ウ　レジリエンスは、「回復力」と訳され、心理学用語としてはストレスを受けた
後に立ち直り、回復する能力のことを意味する。レジリエンスの形成には、自尊心
（自己肯定感）が必要であると考えられている。

　　　Ｂ　ア　適応機制は、欲求不満や葛藤などから自分を守るために、無意識に行われる心
理的な働きのことで、代償（本来の欲求を容易に達成できるほかの欲求に置き換え満
足する）や逃避（欲求の達成がうまくいかない状態から逃げる）など、さまざまな種
類がある。

　　　Ｃ　イ　エントレインメントは、「同調」と訳され、心理学用語としては養育者と乳児
の間にみられる同調的な相互作用を意味する。例えば、保育者が話しかけると、新生
児がそれに反応するように同期して自分の手足を動かすといった形で現れる。

問題8 【正答】 2　　　　　　　　　　　　　　　　　　　　　難易度 ★

〈解説〉2　同じ動作を繰り返し行う第一次循環反応は、生後1〜4か月でみられる。ただし、
何かを伝えたいという思いや目的があるのではなく、偶然自分が行った動作が快であ
ったために繰り返し行われるものである。

問題9 【正答】 3　　　　　　　　　　　　　　　　　　　　　難易度 ★★

〈解説〉Ｂ　道徳は適用される相手によっても変わるということを理解できるのは、10歳を過ぎ
た頃である。これを道徳の適応化といい、成人なみの道徳観に達したということがで
きる。

C 道徳は絶対的なものではなく、その時々の情勢に従って変わるものであるということを理解できるようになるのは、8歳を過ぎた頃である。これを道徳の相対化といい、およそ9～10歳で定まってくる。

D 道徳に関する意識が急速に発達するのは、児童期である。

問題10 【正答】 3   難易度 ★

〈解説〉B 発達には一定の順序性が認められる。また、頭部から脚部へ、中心から末梢へというような方向性をもって進んでいく。

C 知的能力は言語理解や社会性の発達に大きな影響を及ぼし、運動能力が知的能力などの発達に影響するというように、領域が相互に関連をもちながら発達する。

問題11 【正答】 3   難易度 ★★

〈解説〉B 青年期後期には、身体的には成人と変わらないほどの成長をみせるが、内面的には自信がもてない、自尊心を傷つけられやすいなど動揺することが多く、精神的に不安定である。

D スチューデントアパシーとは、青年期に無気力になって学業に専念できず、ただ無為な日々を送るばかりの状態をいう。とくに大学生に多くみられる。

問題12 【正答】 5   難易度 ★★

〈解説〉 高齢期には、身体機能だけでなく知能においても加齢の影響を受ける。知能には種類があり、計算能力や情報を新しく覚える（A．記銘力）などの（B．流動性知能）は（C．18～25歳）頃にピークを迎え、その後は加齢とともに低下していく。一方で、人生経験により蓄積、形成される判断力や思考力にあたる（D．結晶性知能）は高齢期でも低下しにくいといわれている。

流動性知能は、新しい場面への適応能力にあたり、加齢による影響を受けやすい。一方、結晶性知能はこれまでに獲得した知識や経験を統合して物事に対処する能力にあたり、加齢による影響を受けにくい。

 合格エッセンス ライカードによる高齢者の性格特性の分類

	分類	内容
適応型	円熟型	年をとることを受け入れ、今までの人生や現在に対する満足度が高い。
	安楽椅子型	人に依存して、受動的な生活を望む。責任から解放されるので、老年期を歓迎する。
	防衛型	老化に対する不安と拒否から、若い人に負けないよう積極的な活動を維持しようとする。
不適応型	外罰的憤慨型	自分の不幸や失敗を他者のせいにして他人を責め、攻撃する。年をとることに反感をもち、満足感が低い。
	自罰型	自分の人生を悔やみ、自分の不幸や失敗に対して自分を責める。考え方が悲観的で孤独。うつ状態に陥りやすい。

〈解説〉A　日常的な時間の流れに沿って生じる状況や行為などに関する一連の知識を**スクリプト**という。日常生活で適切に振る舞うために**スクリプト**を用いていると考えられている。

D　基本的生活習慣の獲得は、保育所だけで取り組むのではなく、**家庭との連携が不可欠**である。

〈解説〉A　特別な配慮を必要とする家庭への支援は、専門家による支援が必要になる。このため、保育所は介入しないのではなく、専門機関を紹介するなどの**情報提供**を行うとともに、相談にのるなどの支援を行うことが求められる。

C　父親の育児への関与の有無は母親のメンタルヘルスに**影響する**。父親が育児に関わった場合、母親の孤独感が軽減されることが多い。父親が育児に関わらない場合に、子育て家庭の母親は孤独になり、**育児不安が生じる**ことが多い。

〈解説〉　リスク要因と考えられるものは、望まない妊娠・出産や若年の妊娠・出産であり、妊娠・出産を（A．ア　受容）することが困難な場合である。また妊娠中に早産等何らかの問題が発生したことで胎児の（A．ア　受容）に影響が出たり、妊娠中又は出産後の子どもの長期入院により子どもへの（B．ウ　愛着形成）が十分に行われない場合がある。母親が妊娠、出産を通して（C．カ　マタニティブルーズ）や産後うつ病等精神的に不安定な状況に陥っている場合もある。

「子ども虐待対応の手引き」では児童虐待に至るおそれのある要因をリスク要因とよび、「保護者側」「子ども側」「**養育環境**」および「その他」として類型化した上で、「リスク要因と**予防策**とを有機的に結びつけて対応することが必要である」としている。

〈解説〉（A）　イ　「ママ」のように単語を話すことで、状況に応じた意味を表す文を**一語文**という。1歳前後にみられる。

（B）　ウ　「ワンワンいた」のように2つの言葉をつなげる文を**二語文**という。1歳半〜2歳ごろにみられる。

（C）　オ　「3つ→ミッチュ」「おかし→オカチ」のようにいろいろな音が「チ」になることを**チ音化**という。

（D）　キ　「とうもろこし→トウモコロシ」のように音の位置が入れ替わることを**音の入れ替え**という。

（E）　ケ　「ひまわり→マワリ」のように一部の音が抜けることを**省略**という。

〈解説〉B　第一子を持たない（理想1人以上・予定0人）理由は、「ほしいけれどもできないから」が最多である。

C　第二子以上を持たない（理想2人以上・予定1人）理由および第三子以上を持たな

い（理想３人以上・予定２人以上）理由は、いずれも「子育てや教育にお金がかかりすぎるから」が最多である。

問題18 【正答】 3 難易度 ★★

〈解説〉B　社会的微笑は生後２〜３か月頃に始まり、人があやすと顔や声に反応して笑うようになることである。３か月微笑ともよばれる。

C　新生児は、自己と他者や環境との境界がはっきりしないため、自他の区別をつけることはできないと考えられている。さまざまな経験を通して他者への認識を深めていく。

問題19 【正答】 3 難易度 ★

〈解説〉3　環境閾値説（いきち）を唱えたのは、ジェンセン（Jensen, A.R.）である。シュテルンは、遺伝的な要因と環境的な要因の両方が独立して発達に影響を与えるとする輻輳説（ふくそう）を唱えた。輻輳説では、環境閾値説が唱える遺伝と環境が互いにかけ算的に影響し合うという視点は示されていない。

問題20 【正答】 4 難易度 ★★

〈解説〉A　現在の発達水準とは、子どもが自力で解決できる水準であるとしている。

B　発達の最近接領域とは、現在の発達水準と、子どもが自力で解決できないが、他者の援助があれば解決できる水準との間をいう。

○ 保育原理 〈解答・解説〉

問題1 【正答】 3 難易度 ★★★

〈解説〉3　「親族等の見舞い」は「保育を必要とする事由」として明記されていない。「同居又は長期入院等している親族の介護・看護」は明記されている。

問題2 【正答】 1 難易度 ★★

〈解説〉・「幼児期の終わりまでに育ってほしい姿」が、ねらい及び内容に基づく活動全体を通して（A．ア　資質・能力）が育まれている子どもの小学校（B．ウ　就学時）の具体的な姿であることを踏まえ、指導を行う際には適宜考慮すること。

・子どもの発達や成長の援助をねらいとした活動の時間については、意識的に（C．カ　保育の計画）等において位置付けて、実施することが重要であること。なお、そのような活動の時間については、保護者の（D．キ　就労状況）等に応じて子どもが保育所で過ごす時間がそれぞれ異なることに留意して設定すること。

問題3 【正答】 3 難易度 ★

〈解説〉B　新潟静修学校附設託児所は、新潟静修学校に通ってくる農家の子どもたちが連れてくる幼い弟妹を預かるために、赤沢鍾美（あつとみ）と仲子（なかこ）夫妻が始めたものである。貧しい農家の子どもたちを対象としていた。

C　託児所から保育所へ名称が変更されたのは、1947（昭和22）年の「児童福祉法」の制定時である。

問題4 【正答】 3　　　　　　　　　　　　　　　　　　　　　　　　　難易度 ★★

〈解説〉A　イ　マクミラン姉妹についての記述である。保育学校では戸外での遊びと健康な生活習慣の指導を中心とする保育が行われた。

　　　　B　ウ　モンテッソーリについての記述である。「子どもの家」では教具を用いた訓練と、異なる年齢の子どもで学級を編成する異年齢保育を特徴とする保育が行われた。

問題5 【正答】 1　　　　　　　　　　　　　　　　　　　　　　　　　難易度 ★★

〈解説〉・保育所は、児童福祉法第48条の4の規定に基づき、その（A．行う保育）に支障がない限りにおいて、地域の実情や当該保育所の（B．体制）等を踏まえ、地域の保護者等に対して、保育所保育の専門性を生かした子育て支援を積極的に行うよう努めること。

　　　　・地域の子どもに対する（C．一時預かり）事業などの活動を行う際には、一人一人の子どもの（D．心身の状態）などを考慮するとともに、日常の保育との関連に配慮するなど、柔軟に活動を展開できるようにすること。

　　　　保育所は、入所する子どもの保護者に対する支援だけではなく、地域の子育て家庭に対する支援等の役割を担うものとされている。「保育所保育指針」第4章「子育て支援」にその留意事項が示されている。

問題6 【正答】 3　　　　　　　　　　　　　　　　　　　　　　　　　難易度 ★★

〈解説〉B　「教育」とは、子どもが健やかに成長し、その活動がより豊かに展開されるための発達の援助である。

　　　　D　この章に示す「ねらい」は、第1章の1の（2）に示された保育の目標をより具体化したものであり、子どもが保育所において、安定した生活を送り、充実した活動ができるように、保育を通じて育みたい資質・能力を、子どもの生活する姿から捉えたものである。また、「内容」は、「ねらい」を達成するために、子どもの生活やその状況に応じて保育士等が適切に行う事項と、保育士等が援助して子どもが環境に関わって経験する事項を示したものである、としている。

 合格エッセンス　　　　　　　　**わが国の保育施設の歴史（明治期）**

設立年	施設（人物）	ポイント
1876（明治9）年	東京女子師範学校附属幼稚園 （松野クララ）	わが国の幼稚園の始まり
1890（明治23）年	新潟静修学校附設託児所 （赤沢鍾美、仲子）	わが国で最初の常設託児施設
1894（明治27）年 1896（明治29）年	東京紡績株式会社附設託児所 三井炭鉱託児所	職場附設託児所
1900（明治33）年	二葉幼稚園 （野口幽香、森島峰）	スラムの子どものための保育施設

保育施設の歴史は、時代（年号）と中心人物を覚えることが大切です。

問題7 【正答】 2　　　　　　　　　　　　　　　　　　　　　　　　　　　難易度 ★

〈解説〉2　「保育所保育指針」では、「保護者との信頼関係を築きながら保育を進めるととも
に、保護者からの相談に応じ、保護者への支援に努めていくこと」としている。

問題8 【正答】 2　　　　　　　　　　　　　　　　　　　　　　　　　　　難易度 ★

〈解説〉C　「保育所保育指針」では、「保育所は、1の（2）に示した保育の目標を達成するた
めに、各保育所の保育の方針や目標に基づき、子どもの発達過程を踏まえて、保育の
内容が組織的・計画的に構成され、保育所の生活の全体を通して、総合的に展開され
るよう、全体的な計画を作成しなければならない」としている。全国一律ではない。

　　　D　「保育所保育指針」では、「全体的な計画は、子どもや家庭の状況、地域の実態、保
育時間などを考慮し、子どもの育ちに関する長期的見通しをもって適切に作成されな
ければならない」としている。短期的ではなく、長期的である。

問題9 【正答】 5　　　　　　　　　　　　　　　　　　　　　　　　　　　難易度 ★★

〈解説〉A　「子どもに障害や発達上の課題が見られる場合には、市町村や関係機関と連携及び
協力を図りつつ、保護者に対する個別の支援を行うよう努めること」とされている。

　　　B　「保護者に不適切な養育等が疑われる場合には、市町村や関係機関と連携し、要保護
児童対策地域協議会で検討するなど適切な対応を図ること」とされている。速やかに
市町村又は児童相談所に通告し、適切な対応を図るのは、虐待が疑われる場合である。

　　　D　「子どもの利益に反しない限りにおいて、保護者や子どものプライバシーを保護し、
知り得た事柄の秘密を保持すること」とされている。

問題10 【正答】 1　　　　　　　　　　　　　　　　　　　　　　　　　　難易度 ★★

〈解説〉1　「保育所保育指針」第1章「総則」3「保育の計画及び評価」の（4）「保育内容等
の評価」では、保育所が自己評価を行うに当たっての留意点の一つとして「設備運営
基準第36条の趣旨を踏まえ、保育の内容等の評価に関し、保護者及び地域住民等の意
見を聴くことが望ましいこと」をあげている。

問題11 【正答】 2　　　　　　　　　　　　　　　　　　　　　　　　　　難易度 ★★

〈解説〉B　「児童福祉法」第6条の3第13項では、「病児保育事業とは、保育を必要とする乳
児・幼児又は保護者の労働若しくは疾病その他の事由により家庭において保育を受け
ることが困難となつた小学校に就学している児童であつて、疾病にかかつているもの
について、保育所、認定こども園、病院、診療所その他内閣府令で定める施設におい
て、保育を行う事業をいう」と規定している。小学校に就学している児童も対象であ
る。

　　　D　家庭的保育事業は、原則として、満3歳未満の保育を必要とする乳幼児を家庭的保
育者の居宅等で預かり、保育を行う事業である。定員は5人以下のものに限るとされ
ている。

問題12 【正答】 4　　　　　　　　　　　　　　　　　　　　　　　　　　難易度 ★★★

〈解説〉A　措置ではなく申し込みである。「児童の権利に関する条約」第23条第2項では「締
約国は、障害を有する児童が特別の養護についての権利を有することを認めるものと
し、利用可能な手段の下で、申込みに応じた、かつ、当該児童の状況及び父母又は当

該児童を養護している他の者の事情に適した援助を、これを受ける資格を有する児童及びこのような児童の養護について責任を有する者に与えることを奨励し、かつ、確保する」としている。

C　施設ではなく身近な場所である。「障害者基本法」第17条では「国及び地方公共団体は、障害者である子どもが可能な限りその身近な場所において療育その他これに関連する支援を受けられるよう必要な施策を講じなければならない」としている。

問題13　【正答】　3　　　　　　　　　　　　　　　　　　難易度 ★★

〈解説〉3　「保育所保育指針解説」では、「保育所の生活を通して一人一人の子どもが育ってきた過程を振り返り、保育における援助の視点や配慮を踏まえ、その育ちの姿を的確に記録することが必要である。こうした記録を基に、子どもの就学先に送付し、小学校において子どもの理解を助け、育ちを支えるための資料として簡潔にまとめたものが保育要録である」としている。

問題14　【正答】　1　　　　　　　　　　　　　　　　　　難易度 ★★

〈解説〉D　「保育所保育指針」第1章「総則」3「保育の計画及び評価」（2）「指導計画の作成」では、「長時間にわたる保育については、子どもの発達過程、生活のリズム及び心身の状態に十分配慮して、保育の内容や方法、職員の協力体制、家庭との連携などを指導計画に位置付けること」としている。通常の時間帯における保育と変わらない視野で保育を実施するのは不適切である。

問題15　【正答】　1　　　　　　　　　　　　　　　　　　難易度 ★★

〈解説〉　・全て国民は、児童が良好な環境において生まれ、かつ、社会のあらゆる分野において、児童の年齢及び発達の程度に応じて、その（A．意見）が尊重され、その（B．最善の利益）が優先して考慮され、心身ともに健やかに育成されるよう努めなければならない。

　・（C．児童の保護者）は、児童を心身ともに健やかに育成することについて第一義的責任を負う。

　　子どもの意見表明権、子どもの最善の利益の原則を示している。児童の保護者が負うこととされている第一義的責任とは、最も重要な責任という意味である。

問題16　【正答】　5　　　　　　　　　　　　　　　　　　難易度 ★★

〈解説〉A　保育所等の利用定員数は減少している。

　B　地域型保育事業の数も増加している。

　D　保育所等数の合計は増加している。

問題17　【正答】　4　　　　　　　　　　　　　　　　　　難易度 ★★

〈解説〉A　保育士がねらいや目標を定め、それに沿って保育を実施する形態は設定保育である。

　C　単に、一斉に歌わせる形態は一斉保育である。歌を歌うという活動であっても、そこに保育士が設定したねらいや目標がある場合が設定保育である。

問題18　【正答】　3　　　　　　　　　　　　　　　　　　難易度 ★★★

〈解説〉C　N君は生後8か月である。母親や担当保育士などとの間に愛着関係が築かれ、初めての人や慣れていない人に対しては泣いたり、ぐずったりするようになる。抱き方が

悪いのではなく人見知りと考えられるため、愛情を込めた関わりが大切である。

D　いろいろな人に関わる経験をもつことも大切であるが、人見知りは特定の大人との愛着関係が育まれている証拠のため、この時期においては担当保育士がしっかりと関わり、情緒が安定するようにしていくことが大切である。

| 問題19 | 【正答】 | 2 | 難易度 ★★★ |

〈解説〉2　牛乳パックやペットボトルは家庭にありそうな素材であるが、そのときにちょうどない、家庭で牛乳やペットボトルに入った飲料をあまり飲まないなど、材料を持ってこられない家庭もあることが考えられる。必ず何かを持ってくるように伝えることは家庭の負担となるため、不適切な内容といえる。

| 問題20 | 【正答】 | 2 | 難易度 ★★ |

〈解説〉C　児童相談所ではなく運営適正化委員会である。「児童福祉施設の設備及び運営に関する基準」第14条の3第4項では「児童福祉施設は、社会福祉法第83条に規定する運営適正化委員会が行う同法第85条第1項の規定による調査にできる限り協力しなければならない」としている。

D　主任保育士ではなく施設長である。「保育所保育指針解説」では、「保育所が、苦情解決責任者である施設長の下に、苦情解決担当者を決め、苦情受付から解決までの手続きを明確化し、その内容や一連の経過と結果について書面での記録を残すなど、苦情に対応するための体制を整備することが必要である」としている。

●子ども家庭福祉〈解答・解説〉

| 問題1 | 【正答】 | 2 | 難易度 ★ |

〈解説〉　われらは、（A．日本国憲法）の精神にしたがい、児童に対する正しい観念を確立し、すべての児童の（B．幸福）をはかるために、この憲章を定める。児童は、人として尊ばれる。児童は、社会の一員として重んぜられる。児童は、よい（C．環境）の中で育てられる。

　「児童憲章」は、1951（昭和26）年に制定された、わが国独自の憲章である。前文に3つの基本理念が盛り込まれ、12の項目が掲げられている。

| 問題2 | 【正答】 | 4 | 難易度 ★★★ |

〈解説〉A「児童虐待の防止等に関する法律」→2000（平成12）年。B「子どもの貧困対策の推進に関する法律」→2013（平成25）年。C「少子化社会対策基本法」→2003（平成15）年。D「児童手当法」→1971（昭和46）年。E「こども基本法」→2022（令和4）年。よって、D→A→C→B→Eである。

| 問題3 | 【正答】 | 3 | 難易度 ★ |

〈解説〉B　「児童扶養手当法」第3条第1項では、児童について、「18歳に達する日以後の最初の3月31日までの間にある者又は20歳未満で政令で定める程度の障害の状態にある

者」としている。

　　C　「児童福祉法」第4条第1項では、児童について、「満18歳に満たない者」としている。

　　D　「母子保健法」では、乳児を1歳に満たない者、幼児を満1歳から小学校就学の始期に達するまでの者と規定しているが、児童については規定していない。

問題4　【正答】　2　　　　　　　　　　　　　　　　　　　　　　　　　　難易度 ★★★

〈解説〉B　2016（平成28）年改正の「児童福祉法」第3条の3第1項において、「市町村（特別区を含む。以下同じ。）は、児童が心身ともに健やかに育成されるよう、基礎的な地方公共団体として、第10条第1項各号に掲げる業務の実施、障害児通所給付費の支給、第24条第1項の規定による保育の実施その他この法律に基づく児童の身近な場所における児童の福祉に関する支援に係る業務を適切に行わなければならない」と規定されている。

　　D　2016（平成28）年改正の「児童福祉法」第3条の3第3項において、「国は、市町村及び都道府県の行うこの法律に基づく児童の福祉に関する業務が適正かつ円滑に行われるよう、児童が適切に養育される体制の確保に関する施策、市町村及び都道府県に対する助言及び情報の提供その他の必要な各般の措置を講じなければならない」と規定されている。

問題5　【正答】　3　　　　　　　　　　　　　　　　　　　　　　　　　　難易度 ★★

〈解説〉3　「児童福祉法」第12条第2項において「児童相談所の管轄区域は、地理的条件、人口、交通事情その他の社会的条件について政令で定める基準を参酌して都道府県が定めるものとする」と規定されている。国が定めるとするのは誤りである。

問題6　【正答】　2　　　　　　　　　　　　　　　　　　　　　　　　　　難易度 ★★

〈解説〉C　「児童福祉法」第47条第3項では、児童福祉施設の長や小規模住居型児童養育事業を行っている者、里親は、入所中や受託中の児童で親権を行う者、未成年後見人があ

合格エッセンス

手当と支給対象

手当	支給対象
児童扶養手当	● 父母が婚姻を解消した児童 ● 父又は母が死亡した児童 ● 父又は母が一定程度の障害の状態にある児童 ● 父又は母が生死不明の児童 ● 父又は母が1年以上遺棄している児童 ● 父又は母が裁判所からDV保護命令を受けた児童 ● 父又は母が1年以上拘禁されている児童 ● 婚姻によらないで生まれた児童 ● 棄児などで父母がいるか明らかでない児童など
特別児童扶養手当	● 20歳未満の障害児の父もしくは母がその障害児を監護するとき ● 父母以外の者が養育するとき
障害児福祉手当	● 重度障害児
特別障害者手当	● 特別障害者

特別児童扶養手当、障害児福祉手当、特別障害者手当は、対象者が施設に入所している場合などには支給されません。

るものについても、監護、教育に関して児童の福祉のため必要な措置をとることができるが、体罰を加えることはできないと規定している。

問題7 【正答】 1	難易度 ★

〈解説〉D　びわこ学園を創設し、「この子らを世の光に」という言葉を述べ、発達保障の概念を示したのは**糸賀一雄**である。石井亮一は、知的障害児施設である**滝乃川学園**を創設した人物である。

問題8 【正答】 1	難易度 ★★

〈解説〉　国及び地方公共団体は、児童虐待を受けた児童がその（**A．心身**）に著しく重大な被害を受けた事例の分析を行うとともに、児童虐待の予防及び（**B．早期発見**）のための方策、児童虐待を受けた児童の（**C．ケア**）並びに児童虐待を行った保護者の指導及び支援のあり方、学校の教職員及び児童福祉施設の職員が児童虐待の防止に果たすべき役割その他児童虐待の防止等のために必要な事項についての調査研究及び検証を行うものとする。

　「児童虐待の防止等に関する法律」第4条第5項である。第4条は、「国及び地方公共団体の責務等」とされ、ほかにも、児童の**親権**を行う者が児童を心身ともに健やかに育成することについての第一義的責任を有すること、誰もが児童の健全な成長のために、良好な家庭的環境や近隣社会の連帯が求められていることに留意しなければならない、と規定している。

問題9 【正答】 3	難易度 ★★

〈解説〉B　特別児童扶養手当は、在宅で障害のある児童を監護している**保護者等**に対して支給される。障害のある児童に対して支給されるのは障害児福祉手当で、在宅の重度障害児が対象である。

　　　D　小児慢性特定疾病医療支援の対象は、小児慢性特定疾病にかかっている児童または児童以外の満20歳に満たない者とされている。

問題10 【正答】 3	難易度 ★★

〈解説〉B　「母子及び父子並びに寡婦福祉法」第31条の6において、父子福祉資金の貸付けについて規定されている。その種類は、①事業を開始し、又は継続するのに必要な資金、②配偶者のない男子が扶養している児童の修学に必要な資金、③配偶者のない男子又はその者が扶養している児童が事業を開始し、又は就職するために必要な知識技能を習得するのに必要な資金、④前述の①～③のほか、「配偶者のない男子及びその者が扶養している児童の福祉のために必要な資金であって政令で定めるもの」とされている。この規定は、母子福祉資金の規定と同じ内容である。

問題11 【正答】 5	難易度 ★★

〈解説〉A　エ　児童家庭支援センターは、地域の子ども家庭福祉に関する相談のうち専門的な知識や技術を必要とするものへの対応、助言を行う施設である。

　　　B　ウ　自立援助ホームは、措置解除者等（施設を退所した児童等）に生活の場を提供する施設である。入所者と共同生活を送る職員が自立へ向けた生活指導や就業の支援を行い、その自立を援助する。

C　ア　ファミリーホームは、児童福祉法上は小規模住居型児童養育事業といい、子ども
を養育者の家庭に迎え入れて養育する事業である。5人または6人の子どもを預か
り、子ども同士の交流を生かしながらその自立を支援する。

問題12　【正答】　4　　　　　　　　　　　　　　　　　　　　　　　　難易度 ★★★

〈解説〉A　「里親が行う養育に関する最低基準」第7条では、「里親は、委託児童に対し、学校
教育法の規定に基づく義務教育のほか、必要な教育を受けさせるよう努めなければな
らない」と規定している。

C　第14条では、「里親は、都道府県知事からの求めに応じ、次に掲げる事項に関し、
定期的に報告を行わなければならない」と規定している。報告事項は、委託児童の心
身の状況、委託児童に対する養育の状況、その他の都道府県知事が必要と認める事項
とされている。

D　第17条では、「里親が同時に養育する委託児童及び当該委託児童以外の児童の人数
の合計は、6人（委託児童については4人）を超えることができない」と規定してい
る。養育できるのは、委託児童については4人まで、実子など委託児童以外の児童と
合計して6人までとなる。

問題13　【正答】　3　　　　　　　　　　　　　　　　　　　　　　　　難易度 ★★

〈解説〉B　「児童福祉法」第6条の3第12項第二号において、「満3歳以上の幼児に係る保育の
体制の整備の状況その他の地域の事情を勘案して、保育が必要と認められる児童であ
つて満3歳以上のものについて、前号に規定する施設において、保育を行う事業」と
規定している。前号に規定する施設とは事業所内保育を実施する保育所をいい、地域
の満3歳以上の幼児も保育することができる。

C　第6条の3第14項では、子育て援助活動支援事業について、児童を一時的に預か
り、必要な保護（宿泊を伴つて行うものを含む）を行うことと、児童が円滑に外出で
きるよう、その移動を支援することのいずれかまたは全てを受けることを希望する者
と援助を行うことを希望する者（援助希望者）との連絡及び調整、援助希望者への講
習の実施その他の必要な支援を行う事業としている。

問題14　【正答】　4　　　　　　　　　　　　　　　　　　　　　　　　難易度 ★★★

〈解説〉A　「母子保健法」では、未熟児について第6条第6項で「この法律において「未熟児」
とは、身体の発育が未熟のまま出生した乳児であつて、正常児が出生時に有する諸機
能を得るに至るまでのものをいう」と規定している。体重についてはふれていない。
2,500g未満で出生した乳児は、低（出生）体重児とされている。

C　第14条において、「市町村は、妊産婦又は乳児若しくは幼児に対して、栄養の摂取に
つき必要な援助をするように努めるものとする」と規定されている。義務ではなく、
努力義務である。

問題15　【正答】　2　　　　　　　　　　　　　　　　　　　　　　　　難易度 ★★

〈解説〉2　児童発達支援では、上肢、下肢、体幹の機能の障害（肢体不自由）のある児童に対
して児童発達支援と治療を行う。

問題16　【正答】　5　　　　　　　　　　　　　　　　　　　　　　　　　難易度 ★★

〈解説〉B　チャイルド・マインダー制度が導入されているのは、イギリスである。日本における保育ママ制度である。

　　　　C　アメリカで実施されているヘッド・スタート計画は、貧困家庭の幼児の就学前教育支援である。すべての子どもが対象ではない。

　　　　D　就学前教育・保育を行う施設を、すべて児童福祉施設として位置づけているのはドイツである。ドイツでは、就学前教育・保育を2歳以下は保育所で、満3〜5歳は幼稚園で実施しているが、保育所、幼稚園ともに児童福祉施設とされている。

問題17　【正答】　3　　　　　　　　　　　　　　　　　　　　　　　　　難易度 ★

〈解説〉　　子どもの貧困対策は、子ども等に対する（A．教育）の支援、生活の安定に資するための支援、職業生活の安定と向上に資するための就労の支援、経済的支援等の施策を、子どもの現在及び将来がその生まれ育った（B．環境）によって左右されることのない社会を実現することを旨として、子ども等の生活及び取り巻く（B．環境）の状況に応じて包括的かつ早期に講ずることにより、推進されなければならない。

　　　　親の貧困が子の貧困につながる貧困の連鎖を断ち切るため、教育の機会均等と必要な環境整備を図ることの必要性が示されている。

問題18　【正答】　1　　　　　　　　　　　　　　　　　　　　　　　　　難易度 ★

〈解説〉D　「保育所保育指針」第1章「総則」1「保育所保育に関する基本原則」の（5）「保育所の社会的責任」では、「保育所は、地域社会との交流や連携を図り、保護者や地域社会に、当該保育所が行う保育の内容を適切に説明するよう努めなければならない」としている。

問題19　【正答】　4　　　　　　　　　　　　　　　　　　　　　　　　　難易度 ★★

〈解説〉A　発達障害の可能性があっても、それを診断するのは医師である。保育士が発達障害であると決めつけることは適切ではない。

 **合格エッセンス**　　　　　　　　　　**諸外国の社会福祉の歴史**

1601年　●「エリザベス救貧法」制定（イギリス）

1798年　●マルサスが『人口論』を発表（イギリス）

1802年　●「工場法」制定（イギリス）

1834年　●「新救貧法」制定（イギリス）

1869年　●慈善組織協会が設立。慈善組織化運動が展開（イギリス）

1884年　●トインビー・ホールが設立される（イギリス）

1889年　●ジェーン・アダムスがハル・ハウスを設立（アメリカ）

1911年　●「国民保険法」制定。世界初の失業保険はじまる（イギリス）

1942年　●「ベヴァリッジ報告」の提出（イギリス）

慈善組織化運動はイギリスではじまり、アメリカに伝わりました。

C　Dちゃんの母親はフルタイムで働いている。その状況に関係なく、仕事を休んで様子を把握するよううながすのは適切ではない。一緒にいる時間に、できるだけ様子に注意をはらってもらうようにする。

問題20　【正答】　1　　　　　　　　　　　　　　　　　　　　　　　　難易度 ★★

〈解説〉C　H君の場合、妹が生まれたことによる赤ちゃん返りが考えられる。このようなときには、自分が大切にされているという実感をH君がもてるようにすることが必要である。「しっかりしなさい」と厳しく接するのではなく、優しく接して気持ちを落ち着かせるような対応が必要である。

　　D　赤ちゃん返りの可能性があることを母親に伝え、泣いているときには「どうしたの」というように優しく声をかけ、対応していくように伝えることが大切である。

● 社会福祉 〈解答・解説〉

問題1　【正答】　1　　　　　　　　　　　　　　　　　　　　　　　　難易度 ★★

〈解説〉　誤りの選択肢はない。「日本国憲法」第11条において、「国民は、すべての基本的人権の享有を妨げられない。この憲法が国民に保障する基本的人権は、侵すことのできない永久の権利として、現在及び将来の国民に与へられる」と規定されている。また、国民が個人として尊重されることについては、第13条において「すべて国民は、個人として尊重される。生命、自由及び幸福追求に対する国民の権利については、公共の福祉に反しない限り、立法その他の国政の上で、最大の尊重を必要とする」と規定されている。

問題2　【正答】　1　　　　　　　　　　　　　　　　　　　　　　　　難易度 ★

〈解説〉A　「身体障害者福祉法」は1949（昭和24）年に制定された。
　　B　「児童福祉法」は1947（昭和22）年に制定された。
　　C　「老人福祉法」は1963（昭和38）年に制定された。
　　D　「精神薄弱者福祉法」（現：「知的障害者福祉法」）は1960（昭和35）年に制定された。
　　E　「母子福祉法」（現：「母子及び父子並びに寡婦福祉法」）は1964（昭和39）年に制定された。
　　以上から、B→A→D→C→Eになる。

問題3　【正答】　3　　　　　　　　　　　　　　　　　　　　　　　　難易度 ★★

〈解説〉3　済世顧問制度は、1917（大正6）年に岡山県知事の笠井信一によって創設された。翌1918（大正7）年に大阪府知事林市蔵と小河滋次郎によって、エルバーフェルト制度を参考にしたとされる方面委員制度が創設された。

問題4　【正答】　3　　　　　　　　　　　　　　　　　　　　　　　　難易度 ★★

〈解説〉B　相談援助は、①インテーク（受理面接）、②アセスメント、③プランニング（計画）、④インターベンション（介入）、⑤モニタリング（効果測定）・エバリュエーシ

ョン（事後評価）、⑥ターミネーション（終結）という順で展開される。プランニングはエバリュエーションの前の段階で行われる。

問題5 【正答】 4 難易度 ★★

〈解説〉A　後期高齢者医療制度の対象は、75歳以上の高齢者と、65歳以上75歳未満で各都道府県に設置された後期高齢者医療広域連合が一定の障害があると認定した者である。

　　　　D　医療保険制度は、病気や出産、死亡事故などが発生した場合に保険給付を行う制度である。

問題6 【正答】 1 難易度 ★

〈解説〉C　「生活保護法」第60条では、被保護者の生活上の義務について「被保護者は、常に、能力に応じて勤労に励み、（中略）支出の節約を図り、その他生活の維持及び向上に努めなければならない」と規定している。

　　　　D　生活保護の基準は、保護の種類に応じて「最低限度の生活」を満たすのに十分なものであり、かつ、これを超えないように厚生労働大臣が定めるとされている。

問題7 【正答】 2 難易度 ★★

〈解説〉C　「社会福祉法」第107条では、「市町村は、地域福祉の推進に関する事項として次に掲げる事項を一体的に定める計画（以下「市町村地域福祉計画」という。）を策定するよう努めるものとする」としている。

　　　　D　社会福祉協議会は、地域福祉の推進を図ることを目的として設立される民間団体である。

問題8 【正答】 3 難易度 ★★

〈解説〉3　第三者評価の結果の公表は、第三者評価機関と都道府県推進組織が、それぞれ「福祉サービス第三者評価結果の公表ガイドライン」に基づいて行う。

問題9 【正答】 2 難易度 ★★

〈解説〉B　「障害者基本法」第3条第三号では、「全て障害者は、可能な限り、言語（手話を含む。）その他の意思疎通のための手段についての選択の機会が確保されるとともに、情報の取得又は利用のための手段についての選択の機会の拡大が図られること」としている。

　　　　D　「障害者基本法」第2条第一号では、障害者について「身体障害、知的障害、精神障害（発達障害を含む。）その他の心身の機能の障害がある者であつて、障害及び社会的障壁により継続的に日常生活又は社会生活に相当な制限を受ける状態にあるものをいう」としている。

問題10 【正答】 4 難易度 ★★

〈解説〉A　「障害者基本法」は、1970（昭和45）年制定。

　　　　B　「障害者の日常生活及び社会生活を総合的に支援するための法律」は、2005（平成17）年制定。

　　　　C　「知的障害者福祉法」は、1960（昭和35）年制定。

　　　　D　「精神保健及び精神障害者福祉に関する法律」は、1950（昭和25）年制定。

よって、D→C→A→Bの順になる。

問題11 【正答】 3 難易度 ★★

〈解説〉B 特定非営利活動法人（NPO法人）は、法人を立ち上げる際に都道府県知事または指定都市市長に認証申請を行わなければならない。

C 特定非営利活動法人は、役員として理事を3人以上、監事を1人以上置くこととされている。

問題12 【正答】 3 難易度 ★★

〈解説〉A アウトリーチは、援助の必要性を自覚していない人や、援助を受けることに消極的な人に対して援助者の方から積極的に働きかける援助方法である。

C 選択肢の記述はクローズドクエスチョン（閉じられた質問）についての説明である。オープンクエスチョン（開かれた質問）は、自由に回答してもらうことでクライエント自身の言葉を引き出すための質問方法である。

問題13 【正答】 3 難易度 ★★

〈解説〉B 社会福祉協議会には、福祉活動専門員、福祉活動指導員、日常生活自立支援事業専門員などが配置されるが、社会福祉主事の資格を所持している職員を配置しなければならないとする規定はない。

C 身体障害者福祉司は、都道府県または指定都市の身体障害者更生相談所、市町村の福祉事務所に配置される職員である。

D 家庭相談員は、福祉事務所に設置される家庭児童相談室に配置される職員である。

問題14 【正答】 3 難易度 ★★

〈解説〉B 選択や決定をクライエントが行うのが、対象者の自己決定であり、援助者が選択や決定を行うことではない。

C 統制された情緒的関与とは、援助者が自分自身の感情を自覚しながら、クライエントの表出した感情を受容的かつ共感的に受け止めることをいう。自分の感情を自覚するのは、クライエントではなく援助者である。

問題15 【正答】 4 難易度 ★★★

〈解説〉A 介護保険制度では、要介護・要支援の認定を受けたうえで、利用者がサービス提供事業者と契約する利用契約制度がとられている。措置制度は、行政が利用の可否および利用サービスを決定し、それに利用者が従う方式である。

D わが国の国民年金被保険者は第1～3号に分類され、最も多いのは、会社員や公務員などの第2号被保険者である。

問題16 【正答】 1 難易度 ★

〈解説〉1 特別障害者手当は、「特別児童扶養手当等の支給に関する法律」第2条第3項に基づいて、20歳以上で、政令で定める程度の著しく重度の障害の状態にあるため、日常生活において常時特別の介護を必要とする者のうち、在宅のものに支給される。すべての障害者ではない。

問題17 【正答】 4 難易度 ★★

〈解説〉A 「令和4年度雇用均等基本調査」（厚生労働省）によれば、2022年度の男性の育児休業取得率は17.13%で、2割に満たない。

B 「第16回出生動向基本調査」（国立社会保障・人口問題研究所）によれば、2021年における未婚者の平均希望子ども数は、男性1.82人、女性1.79人で、男女ともに２人を下回っている。

問題18 【正答】 3	難易度 ★★★

〈解説〉A 母子家庭自立支援給付金の根拠法は、「母子及び父子並びに寡婦福祉法」である。

D 進学準備給付金の根拠法は、「生活保護法」である。

問題19 【正答】 3	難易度 ★★

〈解説〉 「こどもまんなか社会」とは、全てのこども・若者が、日本国憲法、（A．こども基本法）及びこどもの権利条約の精神にのっとり、生涯にわたる（B．人格形成）の基礎を築き、自立した個人としてひとしく健やかに成長することができ、心身の状況、置かれている環境等にかかわらず、ひとしくその権利の擁護が図られ、身体的・精神的・社会的に将来にわたって幸せな状態（（C．ウェルビーイング））で生活を送ることができる社会である。

こども家庭庁により策定された「こども大綱」では、全ての子どもや若者が幸福な生活を送ることができる「こどもまんなか社会」の実現を掲げ、ライフステージに応じた切れ目ない支援の必要性を強調している。

問題20 【正答】 2	難易度 ★★★

〈解説〉C 社会保障給付費は、2020年度が132兆2,149億円、2021年度が138兆7,433億円である。2021年度は、2020年度より増加している。

D 社会保障財源の総額は、2020年度が184兆7,264億円、2021年度が163兆4,389億円である。2021年度は、2020年度より減少している。

〈2日目〉

◯ 教育原理 〈解答・解説〉

問題1 【正答】 3 　　　　　　　　　　　　　　　　　　　　　難易度 ★★

〈解説〉3 「学校教育法」第2条第2項では、「この法律で、国立学校とは、国の設置する学校を、公立学校とは、地方公共団体の設置する学校を、私立学校とは、学校法人の設置する学校をいう」と規定している。

問題2 【正答】 2 　　　　　　　　　　　　　　　　　　　　　難易度 ★

〈解説〉C 能動的ではなく主体的である。「教育基本法」第2条第三号では「正義と責任、男女の平等、自他の敬愛と協力を重んずるとともに、公共の精神に基づき、主体的に社会の形成に参画し、その発展に寄与する態度を養うこと」としている。

問題3 【正答】 4 　　　　　　　　　　　　　　　　　　　　　難易度 ★★

〈解説〉 1872（明治5）年に制定された（A．学制）によって近代学校教育制度が始まり、すべての子どもの国民（B．皆就学）が目指された。当時、蘭学者・教育者として知られていた（C．福沢諭吉）は、『学問のすゝめ』を著し、教育改革に影響を与えた。

「教育令」は、1879（明治12）年に、「学制」の後の教育法規として制定された。「教育令」が施行されたことで、小学校の設置や就学義務が緩和されたため学校閉鎖や不就学児童が増えた。これを改善するために1880（明治13）年に改正「教育令」が制定されている。

問題4 【正答】 2 　　　　　　　　　　　　　　　　　　　　　難易度 ★★

〈解説〉2 澤柳政太郎は、成城小学校を創設した人物である。奈良女子高等師範学校附属小学校で合科学習を実践したのは、木下竹次である。

問題5 【正答】 5 　　　　　　　　　　　　　　　　　　　　　難易度 ★★

〈解説〉A ウ デューイはアメリカの社会心理学者で、教科書の知識を一方的に子どもに教える教育を批判し、子どもが学習の中心になり自身の経験を通して学んでいく経験主義の教育を主張した。

B イ エレン・ケイはスウェーデンの教育学者で、『児童の世紀』で「20世紀は児童の世紀である」と述べ、子どもの自主性を尊重した教育理論を展開した。

C ア イリイチはオーストリアの思想家で、『脱学校の社会』では「教えられ、学ばされる」ことで学習の動機をもてなくなることを「学校化」とよんで学校制度を批判した。

問題6 【正答】 3 　　　　　　　　　　　　　　　　　　　　　難易度 ★★★

〈解説〉A 潜在的カリキュラムは、教科として編成されるものではなく、学校の伝統や文化といった環境が自然に子どもの社会規範や慣習などに影響を及ぼす「目に見えないカリキュラム」である。教科として編成されるカリキュラムとしては、顕在的カリキュラムが代表的である。

D 選択肢の記述は、コアカリキュラムについての説明である。中核（コア）となる教材や学習内容と、それに関連する基礎的な知識や技術によって編成される。

E　潜在的カリキュラムは、学校の環境を通じて子どもの規範意識や行動様式に意図せずして影響を及ぼす。「モラルやマナーを身につける」といった一般的に望ましいと考えられる影響もある一方で、「差別意識やジェンダー・バイアスを助長する」という負の影響も与えうることに注意が必要である。

問題7	【正答】　2	難易度 ★★

〈解説〉B　プロジェクト・メソッドは、デューイの問題解決学習の方法を発展させたもので、デューイの弟子であるキルパトリックが考案した。目標の設定→計画の立案→実践→反省・評価という一連の活動に沿って進められる。

　　　　E　完全習得学習は、ブルームが提唱した。一斉指導において、指導前、指導の過程、指導後でそれぞれ診断的評価、形成的評価、総括的評価を実施して個々の子どもの学習状況を把握し、学習条件を整備することで、すべての子どもに一定の水準の内容を習得させることをめざす理論である。

問題8	【正答】　1	難易度 ★★

〈解説〉　レッジョ・エミリア・アプローチは、イタリアのレッジョ・エミリア市で行われている保育・教育の取組みである。ポートフォリオは、点数で評価できない内容について、レポートや作品など学習の過程で生じる提出物などを子どもが自分で作成・管理し、それをもとにして教師と子どもで評価する方法である。評価の際には保護者が加わることもある。

問題9	【正答】　5	難易度 ★★★

〈解説〉5　「学校における『いじめの防止』『早期発見』『いじめに対する措置』のポイント」（1）いじめの防止②いじめの防止のための措置・エ）自己有用感や自己肯定感を育むの項目では、「社会性や自己有用感・自己肯定感などは、発達段階に応じて身に付いていくものであることを踏まえ、異学校種や同学校種間で適切に連携して取り組むことが考えられる。幅広く長く多様な眼差しで児童生徒を見守ることができるだけでなく、児童生徒自らも長い見通しの中で自己の成長発達を感じ取り、自らを高めることができる」としている。

問題10	【正答】　4	難易度 ★★

〈解説〉4　「幼稚園教育要領」前文に示されている教育の目標の一つである。「正義と責任、男女の平等、自他の敬愛と協力を重んずるとともに、公共の精神に基づき、主体的に社会の形成に参画し、その発展に寄与する態度を養うこと」とされている。間接的ではなく、主体的である。この目標は、「教育基本法」第2条に掲げられている。

● 社会的養護〈解答・解説〉

問題1 【正答】 5　　　　　　　　　　　　　　　　　　　　　　　　　難易度 ★

〈解説〉A　「児童福祉法」第6条の4第二号において、「前号に規定する内閣府令で定める人数以下の要保護児童を養育すること及び養子縁組によって養親となることを希望する者（都道府県知事が内閣府令で定めるところにより行う研修を修了した者に限る）のうち、第34条の19に規定する養子縁組里親名簿に登録されたもの」と規定されている。

B　専門里親が委託される要保護児童には、身体障害、知的障害、精神障害のある児童も含まれている。

問題2 【正答】 3　　　　　　　　　　　　　　　　　　　　　　　　　難易度 ★★

〈解説〉B　「児童養護施設等の小規模化及び家庭的養護の推進について」では、「児童養護施設の小規模化・地域分散化は、施設経営が縮小することではなく、その機能を地域分散化して地域支援へと拡大させ、施設の役割を大きく発展させていくものであり、将来像に向けての積極的な取組が期待されている」としている。

C　「児童養護施設等の小規模化及び家庭的養護の推進について」では、「今後10数年の

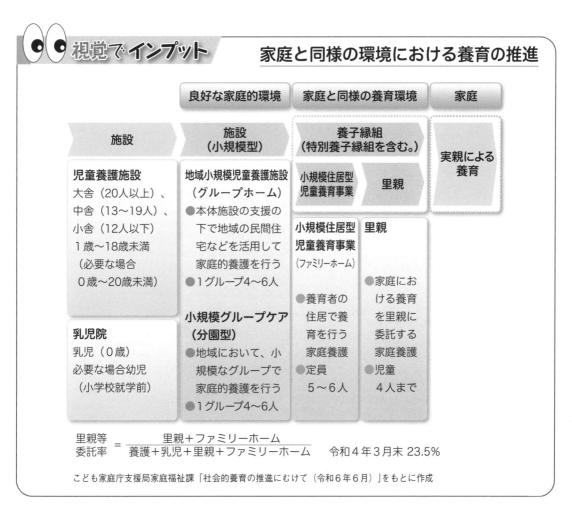

こども家庭庁支援局家庭福祉課「社会的養育の推進にむけて（令和6年6月）」をもとに作成

間に、児童養護施設の本体施設は、全施設を小規模グループケア化（オールユニット化）し、本体施設の定員を45人以下にしていくとともに、グループホームやファミリーホーム、里親支援を推進し、本体施設、グループホーム、里親等を３分の１ずつにしていく、という目標を掲げている」としている。

| 問題3 【正答】 4 | 難易度 ★★ |

〈解説〉A 　「新しい社会的養育ビジョン」では、「地域の変化、家族の変化により、社会による家庭への養育支援の構築が求められており、子どもの権利、ニーズを優先し、家庭のニーズも考慮してすべての子ども家庭を支援するために、**身近な市区町村におけるソーシャルワーク体制の構築と支援メニューの充実を図らなければならない**」としている。

C 　「新しい社会的養育ビジョン」では、「永続的解決（パーマネンシー保障）としての**特別養子縁組**は有力、有効な選択肢として考えるべき」としている。そのうえで、概ね５年以内に、現状の約２倍の年間1,000人以上の特別養子縁組成立を目指し、その後も増加を図るとしている。

| 問題4 【正答】 4 | 難易度 ★★ |

〈解説〉A 　「子どもの発達に応じて、子ども自身の出生や生い立ち、家族の状況について、子どもに適切に知らせる」としている。退所の直前とするのは不適切である。

C 　「個人の所有物について記名する場合は、**年齢や子どもの意向に配慮する**」としている。決まりとして一律に大きく記名するのではなく、例えば記名の方法を子どもに事前に確認する、年齢の高い子どもの所有物への記名はできるだけ小さくしたりイニシャルにしたりするなど、個々の子どもに配慮した対応が求められる。

| 問題5 【正答】 1 | 難易度 ★★ |

〈解説〉　児童虐待が児童の（A．人権）を著しく侵害し、その心身の成長及び（B．人格）の形成に重大な影響を与えるとともに、我が国における将来の世代の育成にも懸念を及ぼすことにかんがみ、児童に対する虐待の禁止、児童虐待の予防及び早期発見その他の児童虐待の防止に関する国及び地方公共団体の責務、児童虐待を受けた児童の保護及び自立の支援のための措置等を定めることにより、児童虐待の防止等に関する施

合格エッセンス　　　　　　　　　　　　　　「児童福祉法」の歴史

1933（昭和8）年	「児童虐待防止法（旧）」で、14歳未満の児童に軽業、見せ物、物乞いなどをさせることを禁止
1947（昭和22）年	「児童福祉法」制定。助産施設、母子寮、乳児院、保育所、児童厚生施設、養護施設、精神薄弱児施設、療育施設、教護院を規定
1961（昭和36）年	「児童福祉法」改正。情緒障害児短期治療施設を創設
1997（平成9）年	「児童福祉法」改正。母子寮→母子生活支援施設、養護施設・虚弱児施設→児童養護施設、教護院→児童自立支援施設に改称。児童家庭支援センター創設
2010（平成22）年	「児童福祉法」改正。障害児入所施設、児童発達支援センター創設

社会的養護の歴史は細部からも出題されます。おさえておきましょう。

策を促進し、もって児童の（C．権利利益）の擁護に資することを目的とする。

「児童虐待の防止等に関する法律」第1条の条文である。法の目的が示されている。

問題6 【正答】 3 　　　　　　　　　　　　　　　　　　　　難易度 ★★

〈解説〉・社会的養護は、保護者の適切な養育を受けられない子どもを、（A．公的責任）で社会的に保護・養育するとともに、養育に困難を抱える家庭への支援を行うものである。

・（B．児童の権利に関する条約）第20条では、「家庭環境を奪われた児童又は児童自身の最善の利益にかんがみその家庭環境にとどまることが認められない児童は、国が与える特別の保護及び援助を受ける権利を有する。」と規定されており、児童は（C．権利の主体）として、社会的養護を受ける権利を有する。

・社会的養護は、「すべての子どもを（D．社会全体）で育む」をその基本理念とする。

「権利の主体」という考え方は「児童の権利に関する条約」で初めて明文化され、子どもを「大人による保護の対象」から「一人の人間（主体）として大人同様に人権をもっている存在」として捉え直した。日本においても、この原則のもとに社会的養護が展開されている。

問題7 【正答】 2 　　　　　　　　　　　　　　　　　　　　難易度 ★★

〈解説〉C 児童自立支援施設入所児童の入所経路は、家庭からが最も多く59.3％を占めている。次いで児童養護施設からの15.7％である。

問題8 【正答】 2 　　　　　　　　　　　　　　　　　　　　難易度 ★★★

〈解説〉2 2022（令和4）年3月末において、全国で53か所設置されている。複数設置している都道府県もあり、まだ、すべての都道府県に設置されていない。

問題9 【正答】 5 　　　　　　　　　　　　　　　　　　　　難易度 ★★

〈解説〉A 児童生活支援員は、児童自立支援施設に配置されて児童の生活支援を行う職員である。母子生活支援施設には、母子支援員や少年を指導する職員などが配置される。

B 家庭支援専門相談員は乳児院、児童養護施設、児童心理治療施設、児童自立支援施設に必置の職員で、入所児童の早期家庭復帰に関する業務だけでなく、里親委託・養子縁組推進の業務、退所後の児童のアフターケアなどさまざまな業務に関わっている。

C 心理担当職員は、福祉型障害児入所施設に配置される職員である。児童心理治療施設には、心理療法担当職員が配置される。

D 里親支援専門相談員は、厚生労働省局長通知により、乳児院と児童養護施設に配置することが推進されている。必置職員ではない。

問題10 【正答】 2 　　　　　　　　　　　　　　　　　　　　難易度 ★★★

〈解説〉2 これまでA保育士になついていたE君の意向を無視することは、E君の心を傷つけることにもなる。これまで通りの接し方をしながら、E君がSさん夫婦のもとに行ってみようと思えるようにしていくことが必要である。

○ 子どもの保健〈解答・解説〉

問題1 【正答】 2　　　　　　　　　　　　　　　　　　　　　　　難易度 ★★

〈解説〉B　「保育所保育指針解説」第3章「健康及び安全」4「災害への備え」(1) 施設・設備等の安全確保アでは、「消火器は落下や転倒しない場所に設置し、その場所と使用方法について全職員に周知する」としている。

　　　　C　「解説」では、「避難する経路はいつでも使えるようにしておくとともに、経路に怪我の要因となるような危険がないか、日常的に点検を行う必要がある」としている。

問題2 【正答】 4　　　　　　　　　　　　　　　　　　　　　　　難易度 ★

〈解説〉A　麻疹の出席停止期間は、解熱後3日を経過するまでとされている。発疹の消失とされているのは風疹である。

　　　　B　鳥インフルエンザを除いたインフルエンザにかかった場合の出席停止期間は、発症後5日、かつ解熱後2日を経過するまでとされている。ただし、幼児は発症後5日、かつ解熱後3日を経過するまでである。

問題3 【正答】 1　　　　　　　　　　　　　　　　　　　　　　　難易度 ★

〈解説〉B　最も多いのは先天奇形、変形及び染色体異常である。不慮の事故は第2位である。

　　　　C　わが国の出生率は、2003（平成15）年には8.9だったが、2022（令和4）年には6.3となっている。徐々に減少している。

　　　　E　周産期死亡は、妊娠満22週以後の死産と生後1週未満の早期新生児死亡を合わせたものである。

問題4 【正答】 5　　　　　　　　　　　　　　　　　　　　　　　難易度 ★★★

〈解説〉A　流行性耳下腺炎（おたふくかぜ）は希望者が自発的に受ける任意予防接種である。

　　　　B　予防接種によって、免疫を得るしくみは、能動免疫である。感染症にかかって免疫を得る場合も同様である。

　　　　D　日本脳炎ワクチンは不活化ワクチンである。

問題5 【正答】 2　　　　　　　　　　　　　　　　　　　　　　　難易度 ★★

〈解説〉1　わが国における母子保健対策は、「母子保健法」「児童福祉法」等に基づいて実施されている。

　　　　3　市町村における母子保健対策の中心拠点は、市町村保健センターである。

　　　　4　先天性代謝異常等検査は、新生児を対象として実施されている。

　　　　5　未熟児養育医療は、市町村が実施主体となって出生時体重が2,000g以下の1歳未満児を対象として実施されている。

問題6 【正答】 2　　　　　　　　　　　　　　　　　　　　　　　難易度 ★★

〈解説〉A　吐物が気管に入らないよう、側臥位にするか、顔を横に向かせる。

　　　　D　湯冷ましなどを少量ずつ何回にも分けて飲ませる。

　　　　E　保育者の判断で薬を使用してはならない。保護者や医師に連絡し、医師からの指示に従う。

問題7　【正答】　4　　　　　　　　　　　　　　　　　　　　　難易度 ★★

〈解説〉A　チックは、男児に多いとされている。チックのうち、ド・ラ・トゥレット症候群では、おうむ返しや汚言症（汚い言葉やわいせつな言葉が出てしまう）がみられる。

　　　　B　限局性学習症（学習障害）は、知的な発達に遅れはなく、生育環境や教育環境にも問題がないのに、読む、話す、書く、聞く、計算する、推論するなどのうち特定のものの習得と使用が困難な状態である。学習の習熟度不足ではうまく説明されないとされている。書字表出の困難さは、文字が書けない、単語のつづりが書けないなどの障害であるが、言語発達の遅れによって生じるものではない。

問題8　【正答】　2　　　　　　　　　　　　　　　　　　　　　難易度 ★★★

〈解説〉　　原始反射とは、新生児に現れる、一定の刺激に対する不随意的な部分運動のことである。

　　　　A　イ　捕捉反射は、口のまわりに何かがふれると、頭を動かして唇や舌でとらえようとする反射で、母乳を飲むために必要なものである。

　　　　B　エ　吸啜反射は、口のまわりに何かがふれると、それに吸い付こうとする反射で、捕捉反射と同様、母乳を飲むために必要なものである。

　　　　C　ウ　モロー反射は、大きな物音など外部から刺激があったとき、両腕を伸ばし何かにしがみつくような動きをする反射で、危険から身を守るために起こる。

　　　　D　ア　バビンスキー反射は、足の裏を柔らかくこすると、指を扇のように開く反射である。

問題9　【正答】　4　　　　　　　　　　　　　　　　　　　　　難易度 ★★★

〈解説〉　「発達障害者支援法」では、発達障害を「自閉症、アスペルガー症候群その他の広汎性発達障害、（Ａ．学習障害）、注意欠陥多動性障害その他これに類する（Ｂ．脳機能）の障害」と定義している。

　　　　自閉症は、３歳までに症状を呈し、知能・言語の発達の遅れを伴うコミュニケーション障害、他者への関心が薄いなどの（Ｃ．対人関係）の障害、特定の環境・ものに強く執着する独特のこだわりが特徴である。症状が同様で（Ｄ．知的障害）を伴わないものに、高機能自閉症やアスペルガー症候群がある。

　　　　（Ａ．学習障害）は、知的な発達に遅れはないが、聞く、話す、書く、読む、計算する、推論するなどのうちいくつかの能力の習得と使用に著しい困難を示す。注意欠陥多動性障害は、７歳までに発症し、知能は正常だが極端に落ち着きがなく、注意力

 **キーワード**　　　　　　　　　　　　　　　　　　　　**発達障害まとめ**

わが国で発達障害という場合、「発達障害者支援法」で定められた下記のことを指します。

①**自閉症、アスペルガー症候群**などの広汎性発達障害

② **ADHD**（注意欠陥多動性障害）

③ **LD**（学習障害）

発達障害は、通常低年齢で発現するものを指し、原因は脳の機能障害であるとする説が有力です。

障害、多動性、（E．衝動性）を示す。（A．学習障害）は注意欠陥多動性障害に合併していることが多い。

　　主要な発達障害の共通点として脳（中枢神経系）機能の障害であること、幼児期までに発症すること、進行性ではないこと、の３点が挙げられる。

問題10　【正答】　5　　　　　　　　　　　　　　　　　　　　　　難易度 ★★

〈解説〉A　感染症に対する抵抗力や免疫がない個体を、感受性のある個体という。保菌者は病原体をもつ者をいう。

　　　　C　黄色ブドウ球菌やノロウイルスの感染経路は、接触感染や経口感染である。

　　　　D　１〜５類感染症と、新型インフルエンザ等感染症、指定感染症、新感染症の８つに類型化している。

問題11　【正答】　5　　　　　　　　　　　　　　　　　　　　　　難易度 ★★

〈解説〉5　報道機関などの外部への対応については、地方自治体と施設・事業者で調整の上、窓口を一本化し、情報の混乱が生じないようにするとしている。

問題12　【正答】　4　　　　　　　　　　　　　　　　　　　　　　難易度 ★★

〈解説〉C　言葉の矯正や発音の注意は無理強いしない。話すことが苦痛になると症状が悪化する。

　　　　E　幼児期から健常児と交流をもつことは、適度な刺激となり好ましいので、交流の環境を整えるようにする。

問題13　【正答】　4　　　　　　　　　　　　　　　　　　　　　　難易度 ★★

〈解説〉　　保育所における感染症対策では、（A．抵抗力）が弱く、身体の機能が（B．未熟）であるという乳幼児の特性等を踏まえ、感染症に対する正しい知識や情報に基づき、適切に対応することが求められます。また、日々感染予防の努力を続けていても、保育所内への様々な感染症の侵入・流行を完全に阻止することは不可能です。このことを理解した上で、感染症が発生した場合の流行規模を最小限にすることを目標として対策を行うことが重要です。例えば、保育所ではインフルエンザ、ノロウイルス感染症等の集団感染がしばしば発生しますが、これらの感染症においては、ほぼ症状が消失した状態となった後でも患者が（C．ウイルス）を排出していることがあります。

　　　　保育所における感染症対策の基本である。「保育所保育指針」でも、乳幼児は抵抗力が弱い、身体の機能が未熟であることなどの記述がみられる。「保育所保育指針」を確実に理解しておくことが大切である。

問題14　【正答】　3　　　　　　　　　　　　　　　　　　　　　　難易度 ★★

〈解説〉1　「保護者の依頼を受けて、医師（子どものかかりつけ医）が記入する」としている。

　　　　2　「アレルギー疾患に関する特別な配慮や管理が必要となった子どもに限って作成されるもの」としている。

　　　　4　「保護者との協議を通じて、１年に１回以上、子どものアレルギーの状態に応じて、生活管理指導表の再提出等を行う」としている。

　　　　5　「医師の診断及び指示に基づく生活管理指導表を用いた原因食品の完全除去を行う」としている。

問題15 【正答】 2   難易度 ★★

〈解説〉 虐待は、身体的虐待、（A．オ 性的）虐待、（B．イ 心理的）虐待、（C．カ ネグレクト）の4種類に分類される。（B．イ 心理的）虐待とは、子どもの心を傷つけるような言動を繰り返したり、子どもを拒否することである。（C．カ ネグレクト）は、不適切な養育、放置、保護の怠慢を指す。虐待を受けた子どもは、心に（D．ケ トラウマ）と呼ばれる傷を負い、重大な後遺症を残す場合もある。虐待を疑わせるサインとして、体重の増加不良、不自然な傷やアザ、無表情、おびえ、（E．ク 言葉の遅れ）、衣服の汚れ、攻撃的態度などがある。

問題16 【正答】 1   難易度 ★★

〈解説〉C 指先だけでつまめるようになるのは、生後12〜14か月頃である。

D 転ばないで走ることができるようになるのは2歳を過ぎる頃からである。

E 発達の目安を絶対視することなく、子どもの置かれている環境、個人差に配慮することが大切である。

問題17 【正答】 1   難易度 ★★

〈解説〉2 喘息様気管支炎は、ウイルス感染により起こる。

3 新生児メレナの原因はビタミンKの欠乏である。

4 クレチン症は先天的甲状腺機能低下症である。

5 成長期のため、同年齢の子どもと同程度のエネルギー摂取量、栄養配分にする。

問題18 【正答】 5   難易度 ★★★

〈解説〉A 医療的ケア児とは、日常生活および社会生活を営むために恒常的に医療的ケアを受けることが不可欠な児童をいい、18歳以上の高校生等も含んでいる。

問題19 【正答】 2   難易度 ★★

〈解説〉1 緘黙（かんもく）は、ある特定の場面になると話せなくなる状態をいう。他児とのトラブルやかんしゃくを起こすなどコミュニケーション上の問題はみられるものの、話せなくなるという状態は確認できないことから緘黙とはいえない。

3 注意欠如・多動症では、ささいなことでかんしゃくを起こすことがあるが、この男児の場合は一つのことに異常に執着する傾向がみられることから、疑われる問題として最も適切とはいえない。

4 子どものうつ病では、憂うつ感、集中力の減退、不眠、頭痛、腹痛、食欲減退、理由のないイライラ感などがみられる。

5 知的障害の場合、運動機能や言葉の遅れなどがみられる場合が多い。この男児の場合は、言葉を覚えたり運動したりするうえでの遅れはみられないことから、知的障害を疑うのは最も適切とはいえない。

問題20 【正答】 1   難易度 ★★

〈解説〉1 半年ほど前に自動車にぶつかりそうになったときのことが心の傷になっていることが考えられる。これが原因となって、自動車に必要以上の恐怖感を抱いている可能性がある。無理矢理連れてくることは女児にとって苦痛であり、自動車があまり通らない道を通る、車道側に母親、女児は歩道側を通るなどし、少しでも恐怖感を軽減でき

るように配慮することが必要である。

○ 子どもの食と栄養〈解答・解説〉

問題1 【正答】 2 難易度 ★

〈解説〉・たっぷり野菜と毎日の果物で、ビタミン、（A．イ　ミネラル）、食物繊維をとりましょう。

・牛乳・乳製品、緑黄色野菜、豆類、小魚などで、（B．オ　カルシウム）を十分にとりましょう。

・（C．ケ　食塩）の多い食品や料理を控えめにしましょう。（C．ケ　食塩）摂取量の目標値は、男性で1日8g未満、女性で7g未満とされています。

「野菜・果物、牛乳・乳製品、豆類、魚なども組み合わせて。」および「食塩は控えめに、脂肪は質と量を考えて。」の「食生活指針の実践」からの出題である。食塩のとりすぎにより血圧が上昇し、循環器疾患や胃がんのリスク増大につながる。

問題2 【正答】 1 難易度 ★★

〈解説〉1　推定平均必要量は、母集団に属する50％の人が必要量を満たす（同時に、50％の人は必要量を満たさない）と推定される摂取量である。

問題3 【正答】 3 難易度 ★★★

〈解説〉B　食物除去の申請には、医師の診断に基づいた生活管理指導表が必要である。生活管理指導表は、診断時と年1回の更新時に提出してもらう。

C　鶏卵アレルギーでの卵殻カルシウム、牛乳アレルギーでの乳糖、小麦での醤油・酢・麦茶、大豆での大豆油・醤油・味噌、ゴマでのゴマ油、魚でのかつおだし・いりこだし、肉類でのエキスなどは除去の必要がないことが多いので、摂取不可能な場合のみ申請する。

問題4 【正答】 3 難易度 ★★★

〈解説〉A　「郷土の食」ではなく、「料理と食」である。食を通じ、素材や調理に関心をもつ力を養う。

C　「保育所保育指針」第3章「健康及び安全」2「食育の推進」に、「子どもと調理員等との関わりや、調理室など食に関わる保育環境に配慮すること」とある。

D　「同食」ではなく、「共食」である。

問題5 【正答】 1 難易度 ★

〈解説〉C　配膳の際には、向かって左手前にご飯、右手前に汁物を置く。

問題6 【正答】 1 難易度 ★★★

〈解説〉C　「令和元年国民健康・栄養調査結果の概要」によると、食習慣改善の意思について、「関心はあるが改善するつもりはない」と回答した者の割合が最も高く、男性24.6％、女性25.0％である。また、BMIが普通および肥満の者では、男女ともに「関心はある

が改善するつもりはない」と回答した者の割合が最も高く、やせの者では、「食習慣に問題はないため改善する必要はない」と回答した者の割合が最も高くなっている。

D 「令和元年国民健康・栄養調査結果の概要」によると、外食を週1回以上利用している者の割合は、男性41.6%、女性26.7%で男女ともに50%を超えていない。

問題7 【正答】 3　　　　　　　　　　　　　　　　　　　　　　難易度 ★★

〈解説〉C 9～11歳の女子では、肥満傾向児の割合は、9～10歳は9%台だが、11歳は10%を超えている。男子は、8～17歳のいずれの年齢においても10%を超えている。

D 小学校の児童について、男子・女子ともにすべての年齢で痩身傾向児の割合は3%を超えていない。

問題8 【正答】 5　　　　　　　　　　　　　　　　　　　　　　難易度 ★

〈解説〉A 幼児は、腎臓の機能が未熟で容易に脱水になるため、間食の際に水分補給をするこ

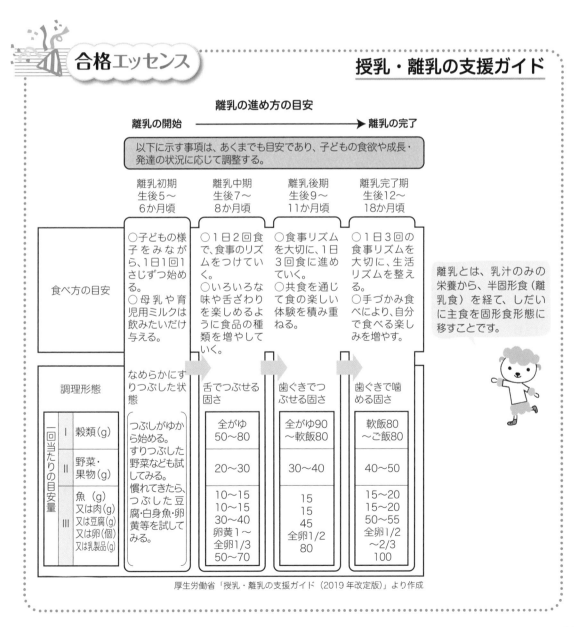

合格エッセンス　　　授乳・離乳の支援ガイド

離乳の進め方の目安

離乳の開始 ━━━━━━━━━━━━→ 離乳の完了

以下に示す事項は、あくまでも目安であり、子どもの食欲や成長・発達の状況に応じて調整する。

	離乳初期 生後5～ 6か月頃	離乳中期 生後7～ 8か月頃	離乳後期 生後9～ 11か月頃	離乳完了期 生後12～ 18か月頃
食べ方の目安	○子どもの様子をみながら、1日1回1さじずつ始める。 ○母乳や育児用ミルクは飲みたいだけ与える。	○1日2回食で、食事のリズムをつけていく。 ○いろいろな味や舌ざわりを楽しめるように食品の種類を増やしていく。	○食事リズムを大切に、1日3回食に進めていく。 ○共食を通じて食の楽しい体験を積み重ねる。	○1日3回の食事リズムを大切に、生活リズムを整える。 ○手づかみ食べにより、自分で食べる楽しみを増やす。
調理形態	なめらかにすりつぶした状態	舌でつぶせる固さ	歯ぐきでつぶせる固さ	歯ぐきで噛める固さ
一回当たりの目安量　I　穀類(g)	つぶしがゆから始める。すりつぶした野菜なども試してみる。慣れてきたら、つぶした豆腐・白身魚・卵黄等を試してみる。	全がゆ 50～80	全がゆ90 ～軟飯80	軟飯80 ～ご飯80
II　野菜・果物(g)		20～30	30～40	40～50
III　魚(g) 又は肉(g) 又は豆腐(g) 又は卵(個) 又は乳製品(g)		10～15 10～15 30～40 卵黄1～ 全卵1/3 50～70	15 15 45 全卵1/2 80	15～20 15～20 50～55 全卵1/2 ～2/3 100

離乳とは、乳汁のみの栄養から、半固形食（離乳食）を経て、しだいに主食を固形食形態に移すことです。

厚生労働省「授乳・離乳の支援ガイド（2019年改定版）」より作成

とは欠かせない。

B　3度の食事を十分とれるよう、食事との間隔をとり、時間を決めて与えることが大切である。

C　3歳未満で2回、3歳以上で1回とする。3歳以上は、一度に食べられる量が増え、消化吸収の能力も発達するからである。

問題9　【正答】　2　難易度 ★★

〈解説〉B　初乳は分娩後約1週間までの間に分泌される母乳のこと。分娩後10日目くらいから成熟乳が分泌される。

C　オキシトシンは母乳分泌に働くホルモンで、産後の子宮の回復を早める作用もある。プロラクチンも母乳分泌に働くホルモンで、乳児の泣き声や授乳時の刺激で濃度が上がるため、母性ホルモンとよばれる。どちらも母乳に含まれる成分ではない。

D　乳児の頭蓋内出血は、特発性乳児ビタミンK欠乏出血症といい、母乳に含まれるビタミンKが少ないために起こる。ビタミンK_2シロップを投与すればほぼ発症しない。タウリンは、母乳に含まれるアミノ酸様物質の一種で脳や網膜の発達のために必要な物質。

問題10　【正答】　4　難易度 ★★

〈解説〉4　日本小児科学会・こどもの生活環境改善委員会が公表している「食品による窒息　子どもを守るためにできること」によると、餅、ごはん、パン類は粘着性が高く、唾液を吸収して飲み込みづらいものに分類され、よく噛まずに詰め込んで食べてしまうと、大きな塊のまま喉に入って窒息するとされている。このため、一口の量を制限する必要があるとしている。

問題11　【正答】　4　難易度 ★★

〈解説〉A　「妊娠前からはじめる妊産婦のための食生活指針」では、「1食分のバランスの良い食事の目安として、主食、主菜、副菜の揃った食事があります。1日に主食、主菜、副菜の揃った食事が2食以上の場合それ未満と比べて、栄養素摂取量が適正となることが報告されています」としている。

D　「妊娠前からはじめる妊産婦のための食生活指針」では、「たばことお酒の害から赤ちゃんを守りましょう」とし、「妊娠・授乳中の喫煙、受動喫煙、飲酒は、胎児や乳児の発育、母乳分泌に影響を与えます。お母さん自身が禁煙、禁酒に努めるだけでなく、周囲の人にも協力を求めましょう」としている。

E　つわりの時期は胎児がまだ小さいため、栄養素の摂取バランスまで神経質になる必要はない。

問題12　【正答】　4　難易度 ★★

〈解説〉4　「産地や生産者を意識して農林水産物・食品を選ぶ国民を増やす」としている。具体例としては、「地元産品や、被災地の産品など自分が応援したい地域の産品や、応援したい生産者を意識して選ぶこと」が挙げられている。

問題13　【正答】　5　難易度 ★★

〈解説〉　鉄は、（A．微量ミネラル）の一種で、約60〜70％が（B．血液）に（C．ヘモグロビン）の成分として存在する。筋肉中には約10％あり、酸素の利用などに関係す

る。それ以外では、酵素の成分や、染色体の形成に使われる。主な欠乏症は（D．貧血）である。食事摂取基準では、（E．6か月）以降に推定平均必要量と推奨量が、それ以前には目安量が示されている。また、過剰摂取は肝機能障害などを起こすため、（F．1歳）以降で耐容上限量が示されている。

鉄は、食事摂取基準にあげられた13の必須ミネラルのうちの一つである。

問題14 【正答】 2　　　　　　　　　　　　　　　　　　　難易度 ★★★

〈解説〉B　体位状況調査ではなく、身体状況調査である。

D　欠食には、「食事をしなかった場合」、「菓子、果物、乳製品、嗜好飲料などの食品のみを食べた場合」、「錠剤などによる栄養素の補給、栄養ドリンク剤のみの場合」の3つが含まれる。

E　男性は平成30年が32.2％、令和元年が33.0％、女性は平成30年が21.9％、令和元年が22.3％で、男女ともに増加している。

問題15 【正答】 4　　　　　　　　　　　　　　　　　　　難易度 ★★

〈解説〉A　偏食は、強制することなく、気長に直すべきである。もちろん、放置するのではなく、食べたらほめ、調理にも工夫をするなどの支援をしなければならない。

C　歯の本数や年齢に合わせて、軟らかいものに、硬いものや弾力のあるものをあわせていく。咀しゃくすることであごの発達も促される。

D　夜更かしは、朝の目覚めが悪いことから朝食を抜く原因になりやすく、生活リズムの変調は、食欲に悪影響を与えるため、食生活上も問題である。

問題16 【正答】 1　　　　　　　　　　　　　　　　　　　難易度 ★★

〈解説〉A　ア　じぶ煮は石川県の郷土料理で、鴨肉やすだれ麩、季節の野菜などを使った煮物である。

B　ウ　いぶりがっこは秋田県の郷土料理で、燻製干しのたくあん漬けである。

合格エッセンス　　　　　　　　　　　　　　　　保育所における食事

■ 保育所における食事の利点

● 同じものを一緒に食べることで、子どもどうしの親近感を育てることができる
● 一人ひとりの食行動発達を把握し、それに見あった援助や指導を行うことができる
● 好き嫌いなく食べる食習慣を育てることが可能で、望ましい食習慣の形成に役立つ
● 食育によって食生活や栄養の改善、生活習慣の定着を図ることができ、よりよい健康の増進や食事マナーの習得などに役立つ

■ 保育所における食事の注意点

● 集団の食事を調理・提供するため、集団食中毒が発生する可能性がある
● 集団のため、食事の内容が画一化されがちだが、年齢や子どもの状況にあわせて調理方法や摂取量などに配慮する必要がある

C　イ　きしめんは愛知県の郷土料理で、薄く平たい形状のうどんの一種である。

D　エ　しば漬けは京都府の郷土料理で、なすやきゅうり、みょうがなどをしその葉と
　　　ともに塩漬けした漬物である。

問題17　【正答】　1　　　　　　　　　　　　　　　　　　　　　　　難易度 ★★

〈解説〉C　「児童福祉施設の設備及び運営に関する基準」で、10人未満の施設では栄養士の配
　　　置義務はなく、調理員またはこれに代わるべき者を置く。また、乳幼児10人以上の施
　　　設で調理業務を全部委託する場合、調理員を置かなくてもよい。

D　女子の推定エネルギー必要量が最も多いのは、身体活動レベルにかかわらず、12～
　　14歳である。男子は15～17歳が最も多い。

E　「児童福祉施設の設備及び運営に関する基準」第11条第4項では、「調理は、あらか
　　じめ作成された献立に従って行わなければならない。ただし、少数の児童を対象とし
　　て家庭的な環境の下で調理するときは、この限りでない」と示されている。

問題18　【正答】　5　　　　　　　　　　　　　　　　　　　　　　　難易度 ★★

〈解説〉A　男女ともに、6～11か月にも目安量250（mg/日）が設定され、1歳以上で推定平均
　　　必要量と推奨量が設定されている。

B　推定平均必要量は、1～2歳で男女ともに350（mg/日）、8～9歳で男性550（mg/
　　日）、女性600（mg/日）、10～11歳で男女ともに600（mg/日）と、すべての年齢で男
　　性のほうが多く設定されているわけではない。

問題19　【正答】　2　　　　　　　　　　　　　　　　　　　　　　　難易度 ★★

〈解説〉2　「冷蔵庫は10度C以下、冷凍庫は、－15度C以下に維持することがめやすです」と
　　　している。

問題20　【正答】　1　　　　　　　　　　　　　　　　　　　　　　　難易度 ★★★

〈解説〉C　「児童福祉施設における食事の提供ガイド」では、「幼児期の食事の留意点」のなか
　　　で「咀嚼機能は、奥歯が生えるにともない乳歯の生え揃う3歳頃までに獲得されるも
　　　の」であるとしている。

● 保育実習理論 〈解答・解説〉

問題1　【正答】　2　　　　　　　　　　　　　　　　　　　　　　　難易度 ★★★

〈解説〉　この曲は♯、♭がないため長調だとするとハ長調なので、伴奏づけに使われる代表
　　　的な主要三和音がまず何であるかを考える。ハ長調のⅠはドミソ、Ⅳはファラド、Ⅴ
　　　はソシレである。メロディーとこれらの和音とを組み合わせて考える。

A　ア　曲の最初はⅠの和音で始まる。Ⅰの和音はドミソである。1小節目の1拍目
　　　（強拍）と3拍目（中強拍）の音がミとドのため、ドミソの和音が伴奏としてあては
　　　まる。また、2小節目はすべてミのため、これもドミソの和音があてはまる。左右ど
　　　ちらの小節もドミソの組み合わせはアである。

B　ウ　3小節目の音はすべてレである。3つの和音のうちレが含まれているのはⅤの
ソシレである。4小節目はミとソのため、ドミソがあてはまる。左側の小節にソシ
レ、右側の小節にドミソという組み合わせはウである。

C　ア　メロディーは1小節目と2小節目と同じため、組み合わせはアである。

D　ウ　7小節目はレレミレというメロディーである。ミはドミソの和音を構成する音
であるが、中心となっている音がレ、最後の小節のⅠの和音に向かう小節のため、ソ
シレの和音があてはまる。曲の最後はⅠで終わるため、8小節目はドミソの和音があ
てはまる。ソシレとドミソの和音の組み合わせはウである。

問題2　【正答】　1　　　　　　　　　　　　　　　　　　　　　　　　　　難易度　★

〈解説〉A　ア　今までより遅くは*meno mosso*（メノ・モッソ）。*accelerando*（アッチェレラ
ンド）はだんだん速く、*più mosso*（ピウ・モッソ）は今までより速くである。

B　イ　だんだん弱くは*decrescendo*（デクレッシェンド）。*crescendo*（クレッシェン
ド）はだんだん強く、*ritardando*（リタルダンド）はだんだん遅くである。

C　ウ　少しずつは*poco a poco*（ポコ・ア・ポコ）。*poco*（ポコ）は少し、*sempre*（セ
ンプレ）は常にである。

D　ア　強くは*f*（フォルテ）。*mf*（メゾ・フォルテ）は少し強く、*ff*（フォルティッシ
モ）はとても強くである。

問題3　【正答】　4　　　　　　　　　　　　　　　　　　　　　　　　　難易度　★★

〈解説〉E₇　イ　ミを根音とした七の和音である（ミソ♯シレ）。鍵盤上で考えられるのは、②
⑤⑧⑩⑭⑰⑳。イの⑩⑭⑳が該当する。

G　ア　ソを根音とした長三和音である（ソシレ）。鍵盤上で考えられるのは、①⑤⑧
⑬⑰⑳。アの①⑤⑧が該当する。

B♭　イ　シ♭を根音とした長三和音（シ♭レファ）である。鍵盤上で考えられるのは、
④⑧⑪⑯⑳である。イの④⑧⑪が該当する。

Fm　ウ　ファを根音とした短三和音（ファラ♭ド）である。鍵盤上で考えられるのは、
②⑥⑪⑭⑱。ウの⑪⑭⑱が該当する。

問題4　【正答】　1　　　　　　　　　　　　　　　　　　　　　　　　　難易度　★★

〈解説〉　問題に示されている楽譜はニ長調である。ニ長調の音階とコード、ハ長調の音階と
コードを表にすると次のようになる。

ニ長調音階	レ	ミ	ファ♯	ソ	ラ	シ	ド♯
ニ長調コード	D	E	F♯	G	A	B	C♯
ハ長調音階	ド	レ	ミ	ファ	ソ	ラ	シ
ハ長調コード	C	D	E	F	G	A	B

問題の楽譜のDはハ長調のC、GはF、AはGになる。

問題5　【正答】　3　　　　　　　　　　　　　　　　　　　　　　　　　難易度　★

〈解説〉1　サッちゃんのリズム譜は、

2 せんせいとおともだちのリズム譜は、

4 ふしぎなポケットのリズム譜は、

5 シャボン玉のリズム譜は、

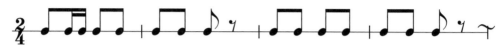

問題6 【正答】 **3** 難易度 ★★

〈解説〉3　大太鼓や小太鼓は、強く張った膜状のものの振動により音を発する膜鳴楽器に分類される。体鳴楽器は楽器本体の振動により音を発する楽器で、木琴、カスタネット、ベルなどがある。

問題7 【正答】 **3** 難易度 ★

〈解説〉　感じたことや考えたことを自分なりに表現することを通して、豊かな（感性）や表現する力を養い、創造性を豊かにする。

「保育所保育指針」第2章「保育の内容」3「3歳以上児の保育に関するねらい及び内容」のオ「表現」の冒頭に示されている目標である。この目標は、第1章「総則」の1「保育所保育に関する基本原則」（2）「保育の目標」においても、「子どもが現在を最も良く生き、望ましい未来をつくり出す力の基礎を培う」ための目標として「様々な体験を通して、豊かな感性や表現力を育み、創造性の芽生えを培うこと」とされている。

問題8 【正答】 **2** 難易度 ★★

〈解説〉N：園庭で収穫したみかんを描いたLちゃんの絵は、みかんの橙色と背景の青色が（A．補色）の関係になっていますね。

R：（A．補色）とはなんですか。

N：（B．色相環）という、色を環状に並べたものの上で、（C．向かい合う）位置にある色同士のことです。こうした色同士を組み合わせると、鮮やかに見えるという効果があるんですよ。

R：たしかに、とても鮮やかですね。

　色相とは色の種類のことである。色相を環状に配置したものを色相環といい、異なる色相同士の関係性を理解するのに役立つ。橙色と青色のほかには、赤色と緑色、紫色と黄色なども補色の関係にある。

問題9 【正答】 **4** 難易度 ★★

〈解説〉A　塗り絵には、クレヨンやクレパス、色鉛筆などを使用する。ケント紙の表面は凹凸

がなくつるつるのため、クレヨンやクレパス、色鉛筆ではうまく塗ることができない。塗り絵には画用紙が適している。

B　フェルトペンには油性ペンと水性ペンがあるが、保育活動の際には、子どもが誤って口に入れても安全な水性ペンが適している。

問題10　【正答】　3　　　　　　　　　　　　　　　　　　　　難易度 ★★

〈解説〉　赤紫、（A．緑みの青）、黄を色料の三原色といい、この三色を混ぜると（B．黒く）なる。このように混合するほど（C．暗い）色になることを減算混合（減法混合）という。

混ぜてつくれない色を原色といい、色料の三原色は一般的には赤・青・黄といわれている。色料の三原色は混色すると黒くなるが、色光の三原色（赤・緑・青）は混色すると白くなる。

混合すると明るくなる場合を加算混合（加法混合）という。

問題11　【正答】　5　　　　　　　　　　　　　　　　　　　　難易度 ★

〈解説〉5　「保育所保育指針」第2章「保育の内容」3「3歳以上児の保育に関するねらい及び内容」の（2）「ねらい及び内容」オ「表現」（ウ）「内容の取扱い」①である。ねらいと内容の取扱いに当たって留意する事項として、領域ごとに示されている。

問題12　【正答】　5　　　　　　　　　　　　　　　　　　　　難易度 ★★

〈解説〉A　『いないいないばあ』は、松谷みよ子の作品である。林明子の代表作には、『おつきさまこんばんは』『はじめてのおつかい』などがある。

B　『アリとキリギリス』は、イソップ童話である。わが国の昔話には『おむすびころりん』『さるかに合戦』『かちかち山』などがある。

C　『てぶくろ』は、ウクライナ民話である。グリム童話の代表的な作品として『白雪姫』がある。

問題13　【正答】　1　　　　　　　　　　　　　　　　　　　　難易度 ★★

〈解説〉2　「日常生活に必要な言葉が分かるようになるとともに、絵本や物語などに親しみ、言葉に対する感覚を豊かにし、保育士等や友達と心を通わせる」ことがねらいの③で示されている。

3　「人の言葉や話などをよく聞き、自分の経験したことや考えたことを話し、伝え合う喜びを味わう」とされている。

4　「相手の話す言葉を聞こうとする意欲や態度を育て、言葉に対する感覚や言葉で表現する力を養う」とされている。

5　「日常生活に必要な言葉が分かるようになるとともに、絵本や物語などに親しみ、言葉に対する感覚を豊かにし、保育士等や友達と心を通わせる」としている。

問題14　【正答】　4　　　　　　　　　　　　　　　　　　　　難易度 ★

〈解説〉A　子ども一人一人の人格を認めてふれあうことが大切であり、子どもが言葉を使うことが楽しいと感じられるような指導が必要である。言葉を誤って使うたびに訂正するのではなく、保育士自身が正しい言葉を使い、子どもが自然に真似をし、身につけていけるようにすることが大切である。

  D 子どもの年齢・発達を考慮して、相手が理解できる言葉を選んで使うことが大切である。

問題15 【正答】 3   難易度 ★★

〈解説〉C 絵本を左右に動かすことで、子どもたちは絵を目で追わなければならず、集中力が切れてしまう。両端に座る子どもにもよく絵が見えるかどうか最初に確認したうえで、絵本は動かさないのが原則である。

問題16 【正答】 3   難易度 ★★

〈解説〉B 「友達と協力して宝探しを楽しむ」というねらいに適合しない。「チームのみんなで相談してみよう」のように、共通の目的のために協力することを促すような言葉掛けをすることが望ましい。

  D 「宝物を見つけた時の喜びと達成感を味わう」というねらいに適合しない。宝探しの難易度が高すぎる場合はヒントを示す、制限時間を設けるなどして、子どもが達成感を得られるよう工夫することが必要である。

問題17 【正答】 3   難易度 ★★

〈解説〉3 かけっこなどの競技は、子どもたちの発達を保護者が確認する機会でもあり、ともに成長を喜ぶことにもつながる。子どもたちが勝敗だけにこだわらないような配慮をしながら実施することが大切である。

問題18 【正答】 2   難易度 ★★

〈解説〉 指導計画においては、保育所の生活における子どもの発達過程を見通し、生活の（A．連続性）、（B．季節）の変化などを考慮し、子どもの実態に即した（C．具体的）なねらい及び内容を設定すること。また、（C．具体的）なねらいが達成されるよう、子どもの生活する姿や（D．発想）を大切にして適切な環境を構成し、子どもが主体的に活動できるようにすること。

  「保育所保育指針」第1章「総則」3「保育の計画及び評価」（2）指導計画の作成ウの記述である。「指導計画の作成」では、長時間保育や障害のある子どもの保育についてもふれている。

問題19 【正答】 3   難易度 ★★

〈解説〉3 「全国保育士会倫理綱領」では、5.チームワークと自己評価で「私たちは、職場におけるチームワークや、関係する他の専門機関との連携を大切にします。また、自らの行う保育について、常に子どもの視点に立って自己評価を行い、保育の質の向上を図ります」としている。

問題20 【正答】 1   難易度 ★

〈解説〉1 背中の大きなあざ、汚れた下着などから、身体的虐待、ネグレクトが疑われるが、保育所からの連絡だけで、すぐに一時保護を行うのは適切とはいえない。両親と面談する、状況を把握するなどして、総合的に判断することが必要である。

●法改正・正誤等の情報につきましては、下記「ユーキャンの本」
　ウェブサイト内「追補（法改正・正誤）」をご覧ください。
　https://www.u-can.co.jp/book/information
●本書の内容についてお気づきの点は
・「ユーキャンの本」ウェブサイト内「よくあるご質問」をご参照ください。
　https://www.u-can.co.jp/book/faq
・郵送・FAX でのお問い合わせをご希望の方は、書名・発行年月日・お客様の
　お名前・ご住所・FAX 番号をお書き添えの上、下記までご連絡ください。
【郵送】〒 169-8682 東京都新宿北郵便局 郵便私書箱第 2005 号
　　　　　　ユーキャン学び出版 保育士資格書籍編集部
【FAX】03-3378-2232
◎より詳しい解説や解答方法についてのお問い合わせ、他社の書籍の
　記載内容等に関しては回答いたしかねます。
●お電話でのお問い合わせ・質問指導は行っておりません。

2025 年版 ユーキャンの保育士 過去＆予想問題集

2006 年 1 月 10 日　初　　版　第 1 刷発行
2024 年 7 月 19 日　第 20 版　第 1 刷発行

編　者　　ユーキャン保育士試験研究会
発行者　　品川泰一
発行所　　株式会社 ユーキャン 学び出版
　　　　　　〒 151-0053
　　　　　　東京都渋谷区代々木 1-11-1
　　　　　　Tel 03-3378-1400

編　集　　株式会社 桂樹社グループ

発売元　　株式会社 自由国民社
　　　　　　〒 171-0033
　　　　　　東京都豊島区高田 3-10-11
　　　　　　Tel 03-6233-0781（営業部）

印刷・製本　　望月印刷株式会社